校企双元合作开发“互联网+教育”新形态一体化系列教材

智慧财务管理

主　编　银　峰　王　迪
副主编　范享玖　蔡理强

郑州大学出版社

图书在版编目(CIP)数据

智慧财务管理／银峰，王迪主编. — 郑州：郑州大学出版社，2023. 8
(2025. 3 重印)
ISBN 978-7-5645-3531-5

Ⅰ. ①智… Ⅱ. ①银…②王… Ⅲ. ①财务管理 Ⅳ. ①F275

中国国家版本馆 CIP 数据核字(2023)第 139268 号

智慧财务管理
ZHIHUI CAIWU GUANLI

策划编辑	王卫疆	封面设计	苏永生
责任编辑	孙 泓	版式设计	苏永生
责任校对	胥丽光	责任监制	朱亚君
出版发行	郑州大学出版社	地 址	河南省郑州市高新技术开发区长椿路 11 号(450001)
出 版 人	卢纪富		
经 销	全国新华书店	网 址	http://www.zzup.cn
印 刷	新乡市豫北印务有限公司	发行电话	0371-66966070
开 本	787 mm×1 092 mm 1／16		
印 张	21.75	字 数	491 千字
版 次	2023 年 8 月第 1 版	印 次	2025 年 3 月第 3 次印刷
书 号	ISBN 978-7-5645-3531-5	定 价	58.00 元

前　言

根据国务院2019年印发的《国家职业教育改革实施方案》的精神，职业教育院校要对接科技发展趋势和市场需求，完善职业教育和培训体系，坚持知行合一、工学结合，深化产教融合、校企合作，这就要求高职院校积极进行课程设置、教学内容和教学方法等方面的改革。教学改革，教材先行。

本书基于工作过程系统化的原则，以工作项目与工作任务为中心组织教材体系，全书共分为上下篇、12个工作项目，共计41个工作任务，较为完整地展示了财务管理、管理会计的全流程。本书设计新颖，内容简明，案例丰富，考核全面，融入通俗性、可读性、应用性教学案例。每个项目包括“教学目标”“案例引入”“德技并举”“能力训练”“知识拓展”“复习思考”等栏目，力求体现“教学做一体化”的职业教育教学改革新思路。

本书基于财务管理工作过程，以实际应用案例为导向，尽量突出对企业财务管理工作各环节的具体操作要求、操作结果的实用性。充分适应“互联网+”职业教育需求，推进数字资源、教育数据共建共享，助力教育服务供给模式升级。本书充分体现“做中学、学中做”的基本宗旨，以及“易学、易教、易用”的基本要求，建成集新形态教材和数字化教学资源为一体的课程式立体化教材，以适应广泛应用线上线下混合教学，促进自主、个性化学习等新时期职业教育的新要求。本书建有丰富的立体化教学资源，包括共享课程“财务管理”网络教学资源中的学习资源，含教学录像、演示文稿、教学课件、习题作业、例题、案例、视频等，使用者可在线使用相应资源；本书还配有丰富的用二维码自连接的资源，学习者可使用智能移动终端设备扫描进行学习。

本书融入课程思政,从教学目标中的“素质目标”到“德技并举”,从新闻热点到时政要素、从实务案例到企业文化,贯彻党的二十大精神,充分体现《会计改革与发展“十四五”规划纲要》。

本书由长期从事财务管理教学与科研的骨干教师和会计行业实务专家共同完成。内蒙古商贸职业学院的银峰教授和王迪老师担任主编,内蒙古商贸职业学院范享玖老师和厦门网中网软件有限公司蔡理强工程师担任副主编,具体编写分工如下:银峰编写项目一、二、十一、十二,王迪编写项目三、四、五、六、七,范享玖编写项目八、九、十,蔡理强负责教材案例的收集与编纂。银峰负责全书的结构设计以及统稿工作。

本书在编写过程中得到了编者所在院校的大力支持以及相关企业的热情协助。另外,本书在编写过程中参阅了财务管理方面的教材,吸收、借鉴并引用了大量国内学者的理论成果、有关资料与案例等,谨在此一并致谢!书中不足之处,敬请广大读者和同行批评指正。

编　者

2023 年 6 月

目　录

上篇　财务管理

上篇

财务管理

项目一 财务管理认知

【知识目标】

1. 理解财务管理的概念、财务活动的主要内容。
2. 掌握财务管理的目标。
3. 了解企业财务管理的环境。
4. 掌握财务职业规范。

【能力目标】

1. 能分析具体企业财务活动的主要内容和财务关系。
2. 能分析不同财务管理目标的特点及其对公司经营的影响。
3. 能根据经济、法律、金融政策的变化判断对财务管理的影响。

【素质目标】

1. 树立守法和创新理财的思想。
2. 树立履行社会责任的意识。

【案例引入】

改变固有思维，构建全面的财务思维

作为财务负责人，在新的经济形势下，改变自身固有的思维模式、方法和思维习惯，构建一套全新的，适应社会经济发展，尤其是企业阶段发展的开放式的财务管理思维体系，对于企业的发展显得十分迫切和重要。

国家近年来发布的一系列有关财务方面重要的法律、法规所具有的背景性、抽象性、

职业判断性及执行花费成本性、严肃性等特性的阐释，以及企业财务与复杂经济生活的关联度和财务管理的目标等方面说明全面构建规则性管控思维体系的重要性。虽然“财务”实际上是个包含许多不同实际岗位的泛指，但人们还是能描述出财务思维的大致特点：关注数据、要求精确、不允许失误。但是，这种过于循规蹈矩、厌恶风险的思维模式在某些方面对于企业管理来说也很致命。作为调配、核查企业内资金来龙去脉的专业人士，财务人员对数据是否准确无误有近乎本能的敏感。曾有人这样说：“关注数据，因为财务工作很多时候总是用数据说话；要求准确，因为数据是确定的东西，除非分析和评估，绝大多数时候财务数据应该是准确的；面对数据和报告，总要检查一下数据的准确性和逻辑性是否相符，否则总觉得不踏实。”

有人指出，对数据的极度关注使财务人员往往能迅速判断出数据的合理性：“比如一家服装销售店面的年营业额，除以365得到日营业额，再除以衣服均价（在商场逛一圈大约可以了解一下价格水平），得到每日销售的衣服件数，再除以每日营业小时数，可以大致了解一个小时能卖出多少件，如果在店里的这一个小时进行观察，就可以看出是否基本达到这个销售水平。如果一个店面门可罗雀，却有特别漂亮的销售数字，就很值得警惕。”注重成本管理、对数据一丝不苟、有极强的风险意识也是财务思维的一把“双刃剑”。某知名创业家就曾经在一期电视节目中说过：“天不怕，地不怕，就怕CFO当CEO。”某领导觉得，财务人员求稳、怕风险、保守、讲证据、讲流程的特点使他往往不具备锐意进取的大胆作风，对于企业来说，“打天下靠销售，守天下靠财务”。

大多数财务管理人员认为，过于依赖数据来做决策的财务人员很难成为战略大师：“很多事情无法在当期看到效益，任何金融财务模型都无法说服自己决策的情况下，财务人员就凌乱了。”财务人员过于循规蹈矩的特点让他们的应变能力变得很差，因此不适合做公关和销售工作。

财务人员的弊端是不了解业务前端，缺乏全局意识。拿生产型的企业来说，财务部门掌握采购、库存、销售、返修、退货等所有业务环节的数据，但这些数据只反映结果，因为不直接接触市场客户，“这导致他们不如销售人员那样清楚自己产品的优缺点；不如市场人员了解可替代产品有哪些，竞争对手的发力方向；不如生产技术人员了解如何在保证产品质量的同时节约成本；不如售后部门了解客户有哪些意见和改进要求”。

针对财务人员缺乏全局意识的问题，资深财务专家提出的建议值得每一个财务人员借鉴：“财务人员既然已经不叫会计了，就不要拘泥于做账理发票了，而要提高自己看待业务的高度，看待公司的高度，和看待资本的高度。”

（来源：张振先　《财务越简单越好了：企业经营，财务为先》）

任务一 熟悉财务管理内容

一、企业及其组织形式

(一)企业的含义及特征

企业是一个契约性组织,它是从事生产、流通、服务等经济活动,以生产或服务满足社会需要,实行自主经营、独立核算、依法设立的一种营利性的经济组织。企业的目标是创造财富(或价值)。

企业通常具有以下五个特征:①企业是经济组织;②企业在经营上是独立的;③企业是以获取盈利为目的的;④企业具有法人资格,可以独立承担民事责任;⑤企业具有完整的组织架构。

(二)企业的组织形式

企业按投资人的出资方式和责任形式不同划分为个人独资企业、合伙企业和公司制企业,其中公司制企业又分为有限责任公司和股份有限公司;企业按规模不同可划分为特大型企业、大型企业、中型企业、小型企业和微型企业。

二、财务管理的概念

简单地说,财务管理是组织企业财务活动、处理财务关系的一项经济管理工作。财务管理是着重研究企业当前或未来经营活动所需要的资金取得、使用与分配的管理活动。它是企业管理的一个重要组成部分,是根据财经法规制度、按照财务管理的原则、组织企业财务活动、处理财务关系的一项经济管理工作。财务管理形式上是财务活动,表现为围绕企业当前或未来的资源取得、使用和分配活动。而实质上是处理财务活动中形成的企业与各方的经济关系。财务管理运用预测、决策、规划、控制、分析等手段增加企业的价值,实现公司所有者利益的最大化。

企业生产经营活动的复杂性,决定了企业管理必须包括多方面的内容,如生产管理、技术管理、劳动人事管理、设备管理、销售管理、财务管理等。各项工作是互相联系、紧密配合的,同时又有科学的分工,具有各自的特点。财务管理的特点有如下几个方面。

1. 财务管理是一项综合性管理工作

企业管理在实行分工、分权的过程中实施了一系列专业管理,有的侧重于使用价值的管理,有的侧重于价值的管理,有的侧重于劳动要素的管理,有的侧重于信息的管理。社会经济的发展,要求财务管理主要是运用价值形式对经营活动实施管理。通过价值形式,把企业的一切物质条件、经营过程和经营结果都合理地加以规划和控制,以达到企业效益不断提高、财富不断增加的目的。因此,财务管理既是企业管理的一个独立方面,又是一项综合性的管理工作。

2. 财务管理与企业各方面具有广泛联系

在企业中,一切涉及资金的收支活动,都与财务管理有关。事实上,企业内部各部门与资金不发生联系的现象是很少见的。每一个部门都会通过资金的使用与财务部门发生联系。每一个部门也都要在合理使用资金、节约资金支出等方面接受财务部门的指导,受到财务制度的约束,以此来保证企业经济效益的提高。

三、财务管理的内容

企业生产经营的过程,从购买生产要素开始,到投入生产过程,生产出中间产品和最终产品,再进入销售过程,最后取得销售收入和利润;然后进行质或量的扩张,进入下一个再生产过程。这是一个资本不断运动、变化的过程,也就是企业财务活动的过程。资本是企业财务活动的基本要素,企业财务活动的基础是资本的运动。资本的运动过程及内容决定了企业财务活动的内容,即是企业财务管理的内容。

财务管理是企业组织财务活动、处理财务关系的一项综合性的管理工作。一般认为,财务管理的对象是资金及其流转。企业的财务管理是基于企业在生产过程中客观存在的财务活动和由此产生的财务关系而进行的,因此,财务管理的内容包括企业财务活动和企业财务关系两个方面。

(一)企业财务活动

企业财务活动包括投资、筹资、资金营运和利润分配等一系列行为。

1. 投资

投资是指以收回现金并取得收益为目的而发生的现金流出。企业为了正常运转和扩大再生产,一是会补充流动资金缺口即进行流动资产投资;二是要完成设备重置和扩张性投资。当企业有现金节余时,有时会投资于金融性资产,以便获取股利或利息收益。在投资管理中,我们应区别不同投资时限投资:短期投资和长期投资;不同种类投资:直接投资和间接投资做出相应的决策。对于短期投资主要应遵从成本—效益原则确定其合理的占用量,并尽量加速其周转速度,提高资金的利用效率。而长期投资由于时间长、风险大,决策应该更重视货币的时间价值和投资风险价值的计算,使投资项目的净现值大于零,即通过投资可以给企业增加价值。

2. 筹资

筹资是指企业通过各种融资渠道,运用不同方式,从企业外部有关单位、个人或从企业内部筹措企业经营活动所需资金的财务活动。企业基于正常经营、扩大再生产、对外投资等目的,往往需要大量资金。这些资金可以通过企业内部积累来提供,但往往不够,还必须通过外部渠道取得,如向银行借款、发行公司债券、发行普通股等。企业通过筹资通常可以形成两种不同性质的资金来源:一是企业权益资金;二是企业债务资金。

3. 资金营运

企业在日常生产经营活动中,会发生一系列的资金收付行为。首先,企业需要采购材料或商品,从事生产和销售活动,并支付工资和其他营业费用;其次,当企业把商品或产品售出后,便可取得收入、收回资金;最后,如果资金不能满足企业经营需要,还要采取短期借款方式来筹集所需资金。为满足企业日常营业活动的需要而垫支的资金,称为营运资金。因企业日常经营而引起的财务活动,称为资金营运活动。在一定时期内,营运资金周转速度越快,资金的利用效率就越高,企业可能生产出的产品就越多,取得的收入和利润也就越多。

4. 利润分配

分配是指对投资收入和利润进行分割和分派的过程。所以,广义来看,分配包括对收入(如销售收入)的分配和利润的分配。本书中仅讨论狭义概念,即利润分配。利润分配过程实际是利润在国家(税收)、企业(留存收益)和投资(股利)之间的分配。这种分配既要遵守相关法律、章程,又要结合企业当时的外部环境和内部条件来决定留存比率。在利润分配决策过程中起码应明确两点:一是利润分配过程绝不是一个孤立的过程,它与企业后续的投资和融资紧密关联;二是分配的数额与方式会影响股票价格及人们对公司的预期。

(二)企业财务关系

财务管理的实质是处理资金运动过程中企业与各方面发生的经济关系,包括企业与投资者之间的财务关系,企业与受资者之间的财务关系,企业与债权人之间的财务关系,企业与债务人之间的财务关系,企业与往来单位之间的财务关系,企业与税务机关之间的关系,企业内部各部门、各单位之间的财务关系,企业与职工之间的财务关系。

1. 企业与投资者、企业与受资者之间的财务关系

一方面,因为企业成立时在工商行政管理部门登记的注册资金来源于投资人,企业成立的目的是通过生产经营活动,销售产品并获取相应的利润,所以应按投资者出资比例将所获利润进行分配。另一方面,企业还可以投资者的身份用自己的法人财产向其他单位投资,而被投资单位就是受资者。

企业与投资者之间的财务关系,属于企业产权和法人权利的性质,企业的所有权是属于投资人的,其法人财产任何人(包括投资人)不得任意侵占、处分。企业必须根据有关法律法规维护投资者、受资者和企业法人的合法权益,正确处理企业与投资者、企业与受资者之间的财务关系,区分投资者个人财产和投入企业的法人财产。

2. 企业与债权人、债务人、往来单位之间的财务关系

企业与银行等金融或非金融机构、企业与其他企业之间,经常会发生资金融通和商业信用等经济行为。债权人和债务人是一组相对的概念。相对于某个具体企业来说,债权人是指给企业提供资金的单位或个人、购买企业债券的单位或个人、企业销售商品或劳务时预付了款项的单位或个人、企业购买商品或劳务时赊欠了货款的单位或个人。与此相反,债务人是企业在销售商品或劳务时尚未付款的单位,企业在采购时预付给供应

方货款的单位和个人。企业与债权人、债务人、往来单位之间的财务关系是经济活动中的债权、债务关系，企业应按照合同约定，如期偿付本息，履行付款义务，也应根据合同规定收回对方所欠账款，保证企业、债权人、债务人各方正常交往的延续。

3. 企业与税务机关之间的关系

各级税务机关代表国家运用行政、法律、经济等手段，行使国家等职能，督促企业遵守各项财经法规。税务机关以代理社会管理者的身份向所有企业征收税款，形成国家财政收入的主要来源。企业应按税法规定及时、足额缴纳各种税款，认真履行纳税义务和社会责任。

4. 企业内部各部门、各单位之间的财务关系

一般来说，企业内部各部门、各单位之间实行内部经济核算制或经营责任制，企业内部各单位都有相对独立的资金定额或独立支配的费用限额，各部门、各单位之间提供产品和劳务都要进行计价结算，使内部各单位责、权、利有机地结合起来，形成良好的机制。这样，在企业财务部门同各部门、各单位之间，就要发生资金结算关系。处理这种财务关系，要严格区分有关各方的经济责任，以便有效地发挥激励机制和约束机制的作用。企业应对内部各单位内部经济核算制、经营责任制、生产经营任务、经济技术指标等的完成情况进行客观公正考核评价，按规定要求进行奖励，确保企业总目标实现。

5. 企业与职工之间的财务关系

企业要用自身的产品销售收入，向职工支付工资、津贴、奖金等。它是根据职工劳动的数量和质量，贯彻按劳分配原则进行的劳动成果结算。企业应建立科学的薪酬机制，并按时用货币进行工资结算。企业与职工之间的财务关系体现了有关分配政策。

企业的资金运动，从表现上看是资金的增减变动，其实，这些资金的增减变动都离不开人与人之间的关系。企业财务活动要正确处理好这些财务关系，保证生产经营活动顺利进行，最终达成理财目标。

任务二　理解财务管理目标

一、财务管理的总体目标

（一）财务管理目标的观点

财务管理目标是在特定的理财环境中，通过组织财务活动，处理财务关系所要达到的目的。财务管理目标是一切财务活动的出发点和归宿。一般而言，最具有代表性的财务管理目标包括以下几种观点。

1. 利润最大化

利润最大化就是假定企业财务管理以实现利润最大为目标。以追逐利润最大化作

为财务管理的目标，其原因有三个方面：①人类进行生产经营活动的目的是创造更多的剩余产品，在商品经济条件下，剩余产品的多少可以用利润这个价值指标来衡量；②在自由竞争的资本市场中，资本的使用权最终属于获利最多的企业；③每个企业都最大限度地获得利润，整个社会的财富才可能实现最大化，从而带来社会的进步和发展。

利润最大化目标在实践中也存在一些难以解决的问题：①没有考虑货币的时间价值；②没有考虑风险因素，高额利润往往要承担过大的风险；③没有反映创造的利润与投入的资本之间的关系，因而不利于不同资本规模的企业之间的比较；④可能导致企业短期财务决策倾向，影响企业长远发展，如忽视科技开发、产品开发、人才开发、生产安全、技术装备水平、生活福利设施、履行社会责任等。

2. 股东财富最大化

股东财富最大化是指企业财务管理以实现股东财富最大为目标。以股东财富最大化作为财务管理目标，主要根源于股东作为公司的所有者，承担着公司的全部风险，因而也应享受因经营活动带来的全部税后收益，或者说，股东对企业收益具有剩余要求权，这种剩余要求权赋予股东的权利、义务、风险、收益都大于公司的债权人、经营者和其他员工。在上市公司，股东财富是由其所持有的股票数量和股票市场价格两方面决定的。在股票数量一定时，股票价格达到最高，股东财富也就达到最大化。

与利润最大化相比，股东财富最大化的主要优点是：①考虑了取得收益的时间因素和风险因素，因为股票的内在价值是按照风险调整折现率折现后的现值；②由于股票价值是一个预期值，股东财富最大化在一定程度上能够克服企业在追求利润上的短期行为，保证了企业的长期发展；③股东财富最大化能够充分体现企业所有者对资本保值与增值的要求。

股东财富最大化也存在一些缺点：①股东财富最大化只适用于上市公司，对非上市公司则很难适用；②由于股票价格的变动不是公司业绩的唯一反映，而是受诸多因素影响的综合结果，因而股票价格的高低实际上不能完全反映股东财富或价值的大小；③股东财富最大化目标在实际工作中可能导致公司所有者与其他利益主体之间的矛盾与冲突。

3. 企业价值最大化

企业价值最大化是指企业财务管理行为以实现企业价值最大为目标。企业价值可以理解为企业所有者权益和债权人权益的市场价值，或者是企业所能创造的预计未来现金流量的现值。未来现金流量这一概念，包括了资金的时间价值和风险价值两个方面的因素。因为未来现金流量的预测包括了不确定性和风险因素，而现金流量的现值是以资金的时间价值为基础对现金流量进行折现计算得出的。

企业价值最大化目标要求企业通过采用最优的财务政策，充分考虑资金的时间价值和风险与报酬的关系，在保证企业长期稳定发展的基础上使企业总价值达到最大。

以企业价值最大化作为财务管理目标具有以下优点：①考虑了货币的时间价值；②考虑了风险和报酬的关系；③有利于克服企业管理上的片面性和短期行为；④这一目标有利于社会资源合理配置，社会资本通常流向企业价值最大化的企业或行业，从而实现社会效益最大化。

以企业价值最大化作为财务管理目标也存在一些问题:①以企业价值最大化作为财务管理目标过于理论化,不易操作;②对于非上市企业,这一目标值不能依靠股票市价做出评判,而需通过资产评估方式进行,出于评估标准和评估方式的影响,这种估价不易做到客观和准确。

4. 相关者利益最大化

在市场经济中,企业的理财主体更加细化和多元化。股东作为企业的所有者,在企业中拥有最高的权力,并承担着最大的义务和风险。但是,债权人、员工、企业经营者、客户、供应商和政府也为企业承担着风险。相关者利益最大化是指企业财务管理行为以实现企业的相关者利益最大为目标。企业的利益相关者不仅包括股东,还包括债权人、企业经营者、员工、客户、供应商和政府等。

以相关者利益最大化作为财务管理目标具有以下优点:①有利于企业长期稳定发展;②体现了合作共赢的价值理念,有利于实现企业经济效益和社会效益的统一;③这一目标本身是一个多元化、多层次的目标体系,较好地兼顾了各利益主体的利益;④体现了前瞻性和现实性的统一,因为不同的利益相关者有各自的评价指标,只要合理合法、互惠互利、相互协调,就可以实现所有相关者利益最大化。

【德技并举】

在《资本论》中曾有这样一段话:"当利润达到10%时,便有人蠢蠢欲动;当利润达到50%的时候,有人敢于铤而走险;当利润达到100%时,他们敢于践踏人间一切法律;而当利润达到300%时,甚至连上绞刑架都毫不畏惧。"企业在经营过程中应"取之有道",企业要把诚信建设摆在突出位置,以诚信守法赢得口碑。

二、财务管理的具体目标

财务管理的总体目标是理财的最根本和最终的目标,总体目标是由许多具体目标构成的。具体目标以总体目标为依据,同时又是为总体目标服务的。财务管理的具体目标取决于财务管理的具体内容。具体目标由三个方面构成,即企业的筹资目标、投资目标及收益分配目标。

1. 筹资目标

筹集资金是公司向资金供应者取得生产经营资金的财务活动。筹集资金是公司资金运动的起点,是决定公司资金运动规模和生产经营发展速度的重要环节。资金好比公司的"血液",是公司生存和发展的前提。公司创建、设立、开展日常生产经营业务,购置设备材料等生产要素,都需要一定数量的资金,扩大生产规模、开发新产品、提高技术水平更要追加投资。因此,公司以较低的资金成本与适度的筹资风险、用合法的方式筹集公司所需生产资金是筹资的目标。具体来说，筹资决策应注意以下几方面：①所筹资金能满足公司不同时期的投资需要；②资金成本尽可能低；③财务风险控制在合理的限度内；④所筹集的资本结构尽量保持合理。

2. 投资目标

在市场竞争环境下，公司必须有效地投放和运用资金以改善公司财务，提高经营成果。公司投资的目的就是通过资金的使用提高公司经济效益。要实现公司价值最大化，必须进行投资，包括扩大生产经营规模的直接投资和提高资产使用效益的间接投资。投资是一个投入产出的过程，产出具有很大的不确定性，因此，投资总是有风险的，这就要求决策者必须认真分析影响投资收益和风险的各种因素，科学地进行投资项目的可行性研究，不但要测算投资项目建成投产后能给公司带来的收益，而且要充分预估投资项目的风险大小。投资决策的主要目标是：权衡投资报酬与风险的得失，使投资项目在一定风险水平下取得最理想的报酬，或者在取得一定的报酬下风险最小，实现投入产出最大化、资产配置合理化、资产利用高效化、资产质量优良化。

3. 收益分配目标

收益分配目标是按国家规定与公司发展需要，正确处理好积累与消费、当前利益与长远利益之间的关系，正确处理公司与各方面之间的经济利益关系。公司价值最大化的总体目标不但要求公司获得最大的收益，而且要求公司合理地分配收益。收益分配不但关系到投资者眼前的利益，也影响公司的发展。收益分配决策应达到的目标是：在不违反国家法律、法规的前提下，处理好发放股利和留存收益之间的矛盾，使两者之间的比例达到最理想的状态。保持公司良好的收益分配目标的实现，为公司实现提高社会效益和经济效益打下基础。

此外，公司管理层应加强公司管理并促进财务管理具体目标的实现，财务管理的具体目标除上述几方面以外，还包括财务预算计划的目标、成本计划与控制的目标等。综上所述，公司的财务管理目标绝不是一种单一的目标，而是经过合理组合的目标群，不断提高公司价值，才能获得财富最大化。

任务三 分析财务管理环境

一、技术环境

财务管理的技术环境是指财务管理得以实现的技术手段和技术条件，它决定着财务管理的效率和效果，目前，我国进行财务管理所依据的会计信息是通过会计信息系统所提供的，占企业经济信息总量的60% ~70%。在企业内部，会计信息主要是提供给管理层决策使用；而在企业外部，会计信息则主要是为企业的投资者、债权人等提供服务。

我国已全面推进会计信息化工作，力争通过5 ~10 年的努力，建立健全会计信息化法规体系和会计信息化标准体系，全力打造会计信息化人才队伍，基本实现大型企事业单位会计信息化与经营管理信息化的融合，进一步提升企事业单位的管理水平和风险防范能力，做到资源共享，便于不同信息使用者获取、分析和利用，进行投资和相关决策；基本实现大型会计师事务所采用信息化手段对客户的财务报告和内部控制进行审计，进一步提高社会审计质量和效率；基本实现政府会计管理和会计监督的信息化，进一步提升会计管理水平和监督效率。通过全面推进会计信息化工作，使我国的会计信息化达到或接近世界先进水平。我国会计信息化的全面推进，必将使企业财务管理的技术环境进一步完善和优化。

二、经济环境

财务管理的经济环境是指对企业财务管理有重要影响的一系列经济因素，一般包括经济体制、经济周期、经济发展水平、宏观经济政策和通货膨胀水平等。

（一）经济体制

在计划经济体制下，企业作为一个独立的核算单位而无独立的理财权利。这时，财务管理活动的内容比较单一，财务管理方法也比较简单。在市场经济体制下，企业成为“自主经营、自负盈亏”的经济实体，有独立的经营权，同时也有独立的理财权。企业可以从其自身需要出发，合理确定资本需要量，然后到市场上筹集资本，再把筹集到的资本投放到高效益的项目上获取更大的收益，最后将收益根据需要和可能进行分配。因此，财务管理活动的内容比较丰富，方法也复杂多样。

（二）经济周期

市场经济条件下，经济发展与运行带有一定的波动性。这种波动大体上经历复苏、繁荣、衰退和萧条几个阶段的循环，这种循环叫作经济周期。

在经济周期的不同阶段，企业应采用不同的财务管理战略。西方财务学者探讨了经济周期中不同阶段的财务管理战略，现择其要点归纳见表1-1。

表1-1　经济周期中不同阶段的财务管理战略内容

复苏	繁荣	衰退	萧条
1. 增加厂房设备	1. 扩充厂房设备	1. 停止扩张	1. 建立投资标准
2. 实行长期租赁	2. 继续储备存货	2. 出售多余设备	2. 保持市场份额
3. 储备存货	3. 提高价格	3. 停产不利产品	3. 缩减管理费用
4. 引入新产品	4. 开展营销规划	4. 停止长期采购	4. 放弃次要利益
5. 增加劳动力	5. 增加劳动力	5. 削减存货	5. 削减存货
		6. 停止雇员	6. 裁减雇员

（三）经济发展水平

财务管理的发展水平是与经济发展水平密切相关的，经济发展水平越高，财务管理水平也越高。财务管理水平的提高,将推动企业降低成本、改进效率、提高效益,从而促进经济发展水平的提高;而经济发展水平的提高,将改变企业的财务战略、财务理念、财务管理模式和财务管理的方法手段,从而促进企业财务管理水平的提高。财务管理应当以经济发展水平为基础,以宏观经济发展目标为导向,从业务工作角度保证企业经营目标和经营战略的实现。

(四)宏观经济政策

不同的宏观经济政策,对企业财务管理影响不同。金融政策中的货币发行量、信贷规模会影响企业投资的资金来源和投资的预期收益;财税政策会影响企业的资金结构和投资项目的选择等;价格政策会影响资金的投向和投资的回收期及预期收益;外汇政策中汇率制度会影响企业国际投融资活动的预期收益和资本成本;会计制度的改革会影响会计要素的确认和计量,进而对企业财务活动的事前预测、决策及事后的评价产生影响等。

(五)通货膨胀水平

通货膨胀水平对企业财务活动的影响是多方面的。主要表现在:①引起资金占用的大量增加,从而增加企业的资金需求。②引起企业利润虚增,造成企业资金由于利润分配而流失。③引起利润上升,加大企业的权益资金成本。④引起有价证券下降,增加企业的筹资难度。⑤引起资金供应紧张,增加企业的筹资难度。

为了减轻通货膨胀对企业造成的不利影响,财务人员应当采取措施加以防范。在通货膨胀初期,货币面临着贬值的风险,这时企业进行投资可以规避风险,实现资本保值;与客户应签订长期购货合同,以减少物价上涨造成的损失;取得长期负债,保持资本成本的稳定。在通货膨胀持续期,企业可以采用比较严格的信用条件,减少企业债权;调整财务政策,防止和减少企业资本流失等。

三、金融环境

企业总是需要资金从事投资和经营活动。资金的取得,除了自有资金外,主要通过金融机构和金融市场。金融政策的变化必然影响企业的筹资、投资和资金营运活动。所以,金融环境是企业最主要的环境因素。

(一)金融机构

金融机构主要是指银行和非银行金融机构。银行是指经营存款、放款、汇兑、储蓄等金融业务,承担信用中介的金融机构,包括各种商业银行和政策性银行,如中国工商银行、中国农业银行、中国银行、中国建设银行、国家开发银行、中国农业发展银行。非银行金融机构主要包括保险公司、信托投资公司、证券公司、财务公司、金融资产管理公司、金融租赁公司等机构。

(二)金融工具

金融工具是指形成一方的金融资产并形成其他方的金融负债或权益工具的合同。

借助金融工具,资金从供给方转移到需求方。金融工具分为基本金融工具和衍生金融工具两大类。常见的基本金融工具有企业持有的现金、从其他方收取现金或其他金融资产的合同权利、向其他方交付现金或其他金融资产的合同义务等;衍生金融工具又称派生金融工具,是在基本金融工具的基础上通过特定技术设计形成的新的金融工具,常见的衍生金融工具包括远期合同、期货合同、互换合同和期权合同等,种类非常复杂、繁多,具有高风险、高杠杆效应的特点。

一般认为,金融工具具有流动性、风险性和收益性的特征。

(1)流动性。流动性是指金融工具在必要时迅速转变为现金而不致遭受损失的能力。

(2)风险性。风险性是购买金融工具的本金和预定收益遭受损失的可能性。一般包括信用风险和市场风险。

(3)收益性。收益性是指金融工具能定期或不定期地给持有人带来收益。

(三)金融市场

金融市场是指资金供应者和资金需求者双方通过一定的金融工具进行交易进而融通资金的场所。金融市场的构成要素包括资金供应者(或称资金剩余者)和资金需求者(或称资金不足者)、金融工具、交易价格、组织方式等。金融市场的主要功能就是把社会各个单位和个人的剩余资金有条件地转让给社会各个缺乏资金的单位和个人,使财尽其用,促进社会发展资金供应者,为了取得利息或利润,期望在最高利率条件下贷出;资金需求者则期望在最低利率条件下借入。因利率、时间、安全性条件不会使借贷双方都十分满意,于是就出现了金融机构和金融市场从中协调,使之各得其所。

在金融市场上,资金的转移方式有两种:

(1)直接转移。它是需要资金的企业或其他资金不足者直接将股票或债券出售给资金供应者,从而实现资金转移的一种方式。

(2)间接转移。它是需要资金的企业或其他资金不足者,通过金融中介机构,将股票或债券出售给资金供应者;或者以他们自身所发行的证券来交换资金供应者手中的资金,再将资金转移到各种股票或债券的发行者(即资金需求者)手中,从而实现资金转移的一种方式。

金融市场不仅为企业融资和投资提供了场所,而且还可以帮助企业实现长短期资金转换、引导资本流动,提高资金转移效率。

四、法律环境

(一)法律环境的范畴

法律环境是指企业与外部发生经济关系时所涉的法律因素总和,主要包括企业应遵守的有关法律、法规和规章(以下简称“法规”),主要包括《公司法》《证券法》《民法典》《企业财务通则》《内部控制基本规范》《管理会计指引》及《税法》等。市场经济是法制经济,企业的经济活动总是在一定法律规范内进行的。法律既约束企业的非法经济行为,也为企业从事各种合法经济活动提供保护。

国家相关法律法规按照对财务管理内容的影响情况可以分为以下几类:

(1)影响企业筹资的各种法规主要有:《公司法》《证券法》《民法典》等。这些法规可以从不同方面规范或制约企业的筹资活动。

(2)影响企业投资的各种法规主要有:《证券法》《公司法》《企业财务通则》等。这些法规从不同角度规范企业的投资活动。

(3)影响企业收益分配的各种法规主要有:《公司法》《企业财务通则》及《税法》等。这些法规从不同方面对企业收益分配进行了规范。

(二)法律环境对企业财务管理的影响

法律环境对企业的影响是多方面的,影响范围包括企业组织形式、公司治理结构、投融资活动、日常经营、收益分配等,比如《公司法》规定,企业可以采用独资、合伙、公司制等企业组织形式。企业组织形式不同,业主(股东)权利责任、企业投融资、收益分配、纳税、信息披露等不同,公司治理结构也不同。上述不同种类的法律、法规、规章,分别从不同方面约束企业的经济行为,对企业财务管理产生影响。

【复习思考】

一、单选题

1. 下列各项中,不属于企业相关者利益最大化财务管理目标特点的是(　　)。

A. 有利于企业长期稳定发展

B. 体现了合作共赢的价值理念,有利于实现企业经济效益和社会效益的统一

C. 体现了现实性和前瞻性的统一

D. 这一目标没有兼顾各利益主体的利益

2. 与利润最大化相比,下列属于股东财富最大化优点的是(　　)。

A. 考虑了其他相关者的利益　　B. 适合所有企业

C. 考虑了风险因素　　D. 体现了合作共赢的价值理念

3. 在经济衰退期,企业应该采取的措施是(　　)。

A. 开发新产品　　B. 增加劳动力

C. 削减存货　　D. 实行长期租赁

4. 在通货膨胀初期,下列应对通货膨胀风险的各项措施中,不正确的是(　　)。

A. 进行长期投资　　B. 签订长期购货合同

C. 取得长期借款　　D. 签订长期销货合同

5. 下列各项中,不属于企业价值最大化目标优点的是(　　)。

A. 考虑了资金的时间价值

B. 考虑了投资的风险因素

C. 有效地规避了企业的短期行为

D. 股票价格客观真实地反映了企业价值

6. 下列各项中，不属于金融工具特征的是(　　)。

A. 流动性　　B. 风险性

C. 收益性　　D. 稳定性

二、多选题

1. 下列各项中，属于利润最大化目标优点的有(　　)。

A. 利润可以直接反映企业创造的剩余产品的多少

B. 考虑了资金时间价值

C. 有利于企业资源的合理配置，有利于企业整体经济效益的提高

D. 反映了创造的利润与投入的资本之间的关系

2. 在某公司财务目标研讨会上，张经理主张“贯彻合作共赢的价值理念，做大企业的财富蛋糕”；李经理认为“既然企业的绩效按年度考核，财务目标就应当集中体现当年利润指标”；王经理提出“应将企业长期稳定的发展放在首位，以便创造更多的价值”。上述观点涉及的财务管理目标有(　　)。

A. 利润最大化　　B. 企业规模最大化

C. 企业价值最大化　　D. 相关者利益最大化

3. 下列有关财务管理目标的观点中，考虑了所获利润和投入资本数额的关系的有(　　)。

A. 利润最大化　　B. 每股收益最大化

C. 股东财富最大化　　D. 股价最大化

4. 财务管理环境中经济环境内容十分广泛，主要包括(　　)。

A. 通货膨胀　　B. 宏观经济政策

C. 经济周期　　D. 经济体制

三、判断题

1. 企业是依法设立的，以营利为目的，运用各种生产要素(土地、劳动力、资本和技术等)，向市场提供商品或服务，实行自主经营、自负盈亏、独立核算的法人或其他社会经济组织。(　　)

2. 在企业价值最大化中，企业价值可以理解为企业所有者权益和债权人权益的账面价值，或者是企业所能创造的预计未来现金流量的现值。(　　)

3. 作为财务管理目标理论，股东财富最大化和企业价值最大化通常都只适用于上市公司。(　　)

4. 企业的社会责任主要包括对所有者的责任、对员工的责任、对债权人的责任、对消费者的责任、对社会公益的责任和对环境和资源的责任等。(　　)

5. 利润最大化、企业价值最大化以及相关者利益最大化等各种财务管理目标，都以股东财富最大化为基础。(　　)

四、案例思考题

雷曼公司破产与财务管理目标的选择

美国雷曼兄弟控股公司（以下简称雷曼公司）成立于1850年，总部设在美国纽约，在英国伦敦和日本东京还设有地区性总部。雷曼公司通过它的分支机构向全球企业、政府部门、市政当局、投资机构和高资产净值个人客户提供各种金融服务。公司业务主要分三大块：资本市场业务、投资银行业务和投资管理业务。

雷曼公司在2008年6月16日发布财报称，第二季度（至5月31日）亏损28.70亿美元，是公司1994年上市以来首次出现亏损。雷曼公司股价自2008年以来不断下跌。2008年9月10日雷曼公司提前发布的第三季度财报显示，第三季度巨亏39亿美元，创下该公司成立158年以来历史最大季度亏损。财报公布之后，雷曼公司股价应声下挫近7%。雷曼公司股价从年初超过60美元跌至7.79美元，短短9个月狂泻近90%，市值仅剩约60亿美元。在从外部投资者获取资金的努力失败后，雷曼公司决定出售其旗下资产管理部门的多数股权，并分拆价值300亿美元的房地产资产，以期在这场金融危机中生存下来。

雷曼公司首席执行官理查德·福尔德（Riehard Fuld）承认说，公司正处于其158年历史上"最为艰难的时期之一"，但会挺过当前的困境。而分析认为，不排除雷曼公司需要政府援手以免破产。

2008年9月15日，由于陷入严重的财务危机，雷曼公司当日宣布将申请破产保护。雷曼公司作为曾经在美国金融界叱咤风云的巨人，在此次爆发的金融危机中也无奈破产，这不仅与过度的金融创新和乏力的金融监管等外部环境有关，也与雷曼公司本身的财务管理目标有着某种内在的联系。

1. 股东财富最大化：雷曼公司财务管理目标的现实选择

雷曼公司在成立初期，公司主要从事利润比较丰厚的棉花等商品的贸易，公司性质为家族企业，且规模相对较小，其财务管理目标自然是利润最大化。在雷曼公司从经营干洗、兼营小件寄存的小店逐渐转型为金融投资公司的同时，公司的性质也从一个地道的家族企业逐渐成长为在美国乃至世界都名声显赫的上市公司。由于公司性质的变化，其财务管理目标也随之由利润最大化转变为股东财富最大化。其原因至少有：①美国是一个市场经济比较成熟的国家，建立了完善的市场经济制度和资本市场体系，因此，以股东财富最大化为财务管理目标能够获得更好的企业外部环境支持；②与利润最大化的财务管理目标相比，股东财富最大化考虑了不确定性、时间价值和股东资金的成本，无疑更为科学和合理；③与企业价值最大化的财务管理目标相比，股东财富最大化可以直接通过资本市场股价来确定，比较容易量化，操作上显得更为便捷。因此，从某种意义上讲，股东财富最大化是雷曼公司财务管理目标的现实选择。

2. 股东财富最大化：成也萧何，败也萧何

股东财富最大化是通过财务上的合理经营，为股东带来最多的财富。当雷曼公司选择股东财富最大化为其财务管理目标之后，公司迅速从一个名不见经传的小店发展成闻

名于世界的华尔街金融巨头，但同时，由于股东财富最大化的财务管理目标利益主体单一（仅强调了股东的利益）、适用范围狭窄（仅适用于上市公司）、目标导向错位（仅关注现时的股价）等原因，雷曼公司最终也无法在此次百年一遇的金融危机中幸免于难。股东财富最大化对于雷曼公司来说，颇有“成也萧何，败也萧何”的意味。主要表现在：

（1）过度追求利润而忽视经营风险控制是雷曼公司破产的直接原因。在利润最大化的财务管理目标指引之下，雷曼公司开始转型经营美国当时最有利可图的大宗商品期货交易，其后，公司又开始涉足股票承销、证券交易、金融投资等业务。1899 年至 1906 年的 7 年间，雷曼公司从一个金融门外汉成长为纽约当时最有影响力的股票承销商之一。其每一次业务转型都是资本追逐利润的结果，然而由于公司在过度追求利润的同时忽视了对经营风险的控制，从而最终为其破产埋下了伏笔。雷曼公司破产的原因，从表面上看是美国过度的金融创新和乏力的金融监管所导致的全球性的金融危机，但从实质上看，则是由于公司一味地追求股东财富最大化，而忽视了对经营风险进行有效控制的结果。对合成 CDO（担保债务凭证）和 CDS（信用违约互换）市场的深度参与，而忽视了 CDS 市场相当于 4 倍美国 GDP 的巨大风险，是雷曼公司轰然倒塌的直接原因。

（2）过多关注股价而使其偏离了经营重心是雷曼公司破产的推进剂。股东财富最大化认为，股东是企业的所有者，其创办企业的目的是扩大财富，因此企业的发展理所当然应该追求股东财富最大化。在股份制经济条件下，股东财富由其所拥有的股票数量和股票市场价格两方面决定。而在股票数量一定的前提下，股东财富最大化就表现为股票价格最高化，即当股票价格达到最高时，股东财富达到最大。为了使本公司的股票在一个比较高的价位上运行，雷曼公司自 2000 年开始连续 7 年将公司税后利润的 92% 用于购买自己的股票，此举虽然对抬高公司的股价有所帮助，但同时也减少了公司的现金持有量，降低了其应对风险的能力。另外，将税后利润的 92% 全部用于购买自己公司而不是其他公司的股票，无疑是选择了“把鸡蛋放在同一个篮子里”的投资决策，不利于分散公司的投资风险；过多关注公司股价短期的涨和跌，也必将使公司在实务经营上的精力投入不足，经营重心发生偏移，使股价失去高位运行的经济基础。因此，因股东财富最大化过多关注股价而使公司偏离了经营重心是雷曼公司破产的推进剂。

（3）强调股东的利益而忽视相关者的利益是雷曼公司破产的内在原因。雷曼公司自 1984 年上市以来，公司的所有权和经营权实现了分离，所有者与经营者之间形成委托代理关系。同时，在公司中形成了股东阶层（所有者）与职业经理阶层（经营者）。股东委托职业经理人代为经营企业，其财务管理目标是为达到股东财富最大化，并通过会计报表获取相关信息，了解受托者的受托责任履行情况以及理财目标的实现程度。上市之后的雷曼公司，实现了 14 年连续盈利的显著经营业绩和 10 年间高达1 103% 的股东回报率。然而，现代企业是多种契约关系的集合体。不仅包括股东，还包括债权人、经理层、职工、顾客、政府等利益主体。股东财富最大化片面强调了股东利益的至上性，而忽视了其他利益相关者的利益，导致雷曼公司内部各利益主体的矛盾冲突频繁爆发，公司员工的积极性不高，虽然其员工持股比例高达 37%，但主人翁意识淡薄。另外，雷曼公司选择股东财富最大化,导致公司过多关注股东利益,而忽视了一些公司应该承担的社会责任,加剧了其与社会之间的矛盾,这也是雷曼公司破产的原因之一。

(4)股东财富最大化仅适用于上市公司是雷曼公司破产的又一原因。为了提高集团公司的整体竞争力,1993 年,雷曼公司进行了战略重组,改革了管理体制。和中国大多企业上市一样,雷曼公司的母公司(美国运通公司)为了支持其上市,将有盈利能力的优质资产剥离后注入上市公司,而将大量不良资产甚至可以说是包袱留给了集团公司,在业务上实行核心业务和非核心业务分开,上市公司和非上市公司分立运行。这种上市方式注定了其上市之后无论是在内部公司治理,还是外部市场运作上,都无法彻底地与集团公司保持独立。因此,在考核和评价其业绩时,必须站在整个集团公司的高度,而不能仅从上市公司这一个子公司甚至是孙公司的角度来分析和评价其财务状况和经营成果。由于只有上市公司才有股价,因此股东财富最大化的财务管理目标只适用于上市公司,而集团公司中的母公司及其他子公司并没有上市,因而,股东财富最大化财务管理目标也无法引导整个集团公司进行正确的财务决策,还可能导致集团公司中非上市公司的财务管理目标缺失,财务管理活动混乱等。

因此,股东财富最大化仅适用于上市公司是雷曼公司破产的又一原因。

请问:企业财务管理目标的重要性体现在哪里?企业应该如何制定合适的财务管理目标?股东财富最大化是否可以作为雷曼公司的财务管理目标?

[分析提示]

(1)关于财务管理目标的重要性。企业财务管理目标是企业从事财务管理活动的根本指导,是企业财务管理活动所要达到的根本目的,是企业财务管理活动的出发点和归宿。财务管理目标决定了企业要建立什么样的财务管理组织;遵循什么样的财务管理原则;运用什么样的财务管理方法和建立什么样的财务指标体系。财务管理目标是财务决策的基本准则,每一项财务管理活动都是为了实现财务管理的目标。因此,无论从理论意义还是从实践需要的角度看,制定并选择合适的财务管理目标都是十分重要的。

(2)关于财务管理目标的制定原则。雷曼公司破产给我们的启示是,企业在制定财务管理目标时,需遵循如下原则:①价值导向和风险控制原则。财务管理目标首先必须激发企业创造更多的利润和价值,但同时也必须时刻提醒经营者要控制经营风险。②兼顾更多利益相关者的利益而不偏袒少数人利益的原则。企业是一个多方利益相关者利益的载体,财务管理的过程就是一个协调各方利益关系的过程,而不是激发矛盾的过程。③兼顾适宜性和普遍性原则。既要考虑财务管理目标的可操作性,又要考虑财务管理目标的适用范围。④绝对稳定和相对变化原则。财务管理目标既要保持绝对的稳定,以便制定企业的长期发展战略,同时又要考虑对目标的及时调整,以适应环境的变化。

(3)关于财务管理目标的选择。无论是雷曼公司奉行的股东财富最大化,还是其他的财务管理目标,如产值最大化、利润最大化、企业价值最大化,甚至包括非主流财务管理目标——相关者利益最大化等,在具有诸多优点的同时,也存在一些自身无法克服的缺点,企业在选择财务管理目标时,可以同时选择两个或两个以上的目标,以便克服各目标的不足，在确定具体选择哪几个组合为财务管理目标时可遵循以下原则：①组合后的财务管理目标必须有利于企业提高经济效益；有利于企业提高"三个能力"（营运能力、偿债能力和盈利能力）；有利于维护社会的整体利益。②组合后的财务管理目标之间必须要有主次之分，以便克服各财务管理目标之间的矛盾和冲突。

（来源：佚名　雷曼兄弟破产对企业财务管理目标选择的启示）

项目二 财务管理基础

【知识目标】

1. 熟悉资金时间价值的含义。
2. 精通资金时间价值的计算原理。
3. 掌握折现率、期间和利率的推算原理。
4. 熟悉风险及其衡量原理。
5. 理解风险收益率的确定原理。

【能力目标】

1. 能够熟练地运用复利现值、复利终值、年金现值、年金终值的计算方法分析有关企业日常资金问题。

2. 能够熟练地运用资金时间价值观念来分析家庭、个人日常生活中的一些实际问题。

3. 能够结合和运用不同种类的利率分析有关经济问题。

4. 能够掌握单项资产风险价值的计算方法以及组合投资风险的衡量方法。

【素质目标】

1. 树立勤俭节约的思想，注重长期发展。
2. 加强风险意识和风险控制能力，促进社会和谐与团结。
3. 树立正确消费观。

【案例引入】

巴菲特讲述的3个神奇的滚雪球故事

巴菲特这样总结自己的成功秘诀:“人生就像滚雪球,重要的是发现很湿的雪和很长的坡。”

其实巴菲特是用滚雪球比喻通过复利的长期作用实现巨大财富的积累,雪很湿,比喻年收益率很高,坡很长,比喻复利增值的时间很长。

巴菲特1963年写给合伙人的信中说:“我们的合伙基金存在的根本原因就是要以高于平均水平的收益率复利增长,而且长期资本损失的风险比主要投资公司更低。”

他早在自己只有30多岁的时候就明白了复利的重要性,1962年、1963年、1964年他先后讲了三个神奇的历史故事说明复利的神奇作用。

第一个故事:从3万美元到2万亿美元

我根据并非完全可靠的消息来源得知,伊萨贝拉女王当初资助哥伦布环球探险航行的投资资本大约是3万美元。大家普遍认为这笔投资至少来说是一项相当成功的风险投资了。但我认为,如果不考虑发现地球的另一半所带来的心理上的满足的话,我必须指出,尽管当时普遍盛行擅自占地者通过对不动产的占有达到一定期限而获得所有权的权利,这项交易的回报也肯定没有投资IBM更加赚钱。非常粗略地估算一下,如果当时把这3万美元投入年复合收益率为4%的项目,那些到1962年将会累计增值到2万亿美元(这2万亿是真金白银而不是政府统计的数据)。那些为卖掉曼哈顿岛的印第安土著进行辩护的历史学家们或许也可以从类似的计算中找到辩护的理由。这样的几何级财富增长过程表明,要想实现神话般的财富增值,要么让自己活得很长,要么让自己的钱以很高的收益率复合增长。关于如何让自己活得很长,我本人并没什么特别有益的经验可以提供给各位。

第二个故事:从2万美元到1 000万亿美元

由于复利这件事情看起来十分无聊,这一次我将尝试转向艺术品世界,用小小的一堂课来解释复利的神奇。法国国王弗朗西斯一世在1540年支付了4 000埃居,购买了达·芬奇画作《蒙娜丽莎》。只有万分之一的可能性,你们中少数人才不会注意到埃居的价格波动,当时的4 000埃居约合20 000美元左右。

如果法兰西一世能脚踏实地做些实实在在的投资,他(和他的受托人)能够找到一个每年税后复利收益率6%的投资项目,那么到现在的1963年这笔投资将会累计超值到1 000万亿美元。这笔超级庞大的财产超过1 000万亿美元,或者说超过现在法国全国负债的3 000倍以上,全部来自每年6%的复利增长。(译者注,用本金2万美元乘以1.06%的423次方)。我想这个故事可以终结我们家里关于购买一幅油画严格来说是不是一笔投资的争论了。

第三个故事:从 24 美元到 420 亿美元

这是一个关于曼哈顿岛的印第安人把这座小岛卖给臭名昭著的挥霍浪费的荷属美洲新尼德兰省总督彼得·米纽伊特(Peter Minuit)的传奇故事,印第安人在交易中体现出来的精明将会永远铭刻在历史上。我了解到,印第安人从这笔交易中净落到手的钱约合 24 美元。付出金钱的 Peter Minuit 得到了曼哈顿岛上 22.3 平方英里的所有土地,约合 621 688 320 平方英尺。按照可比土地销售的价格基础进行估算,我们不难做出一个相当准确的估计,现在每平方英尺土地价格估计为 20 美元,因此可以合理推算整个曼哈顿岛的土地现在总价值为 12 433 766 400 美元,约 125 亿美元。对于那些投资新手来说,这个数据听起来会让人感觉米纽伊特总督做的这笔交易赚大了。但是,印第安人只需要能够取得每年 6.5% 的投资收益率,就可以轻松笑到最后。按照 6.5% 的年复利收益率,他们卖岛拿到的 24 美元经过 338 年到现在会累计增值到 42 109 362 790(约 420 亿)美元,而且只要他们努力争取每年多赚上半个百分点让年收益率达到 7%,338 年后的现在就能增值到 2050 亿美元。

一张表格:年收益率的微小差别长期会导致最终增值的巨大差别。

巴菲特 1963 年和 1964 年在信中附上一张表格,进一步说明取得神奇的长期复利增值的关键因素。

巴菲特在 1963 年分析说:"要取得如此神奇的投资业绩,还需要有其他关键因素的作用。一个因素拥有聪明才智让自己活得非常长寿,另一个影响重大的因素是复利利率相对而言非常微小变化就能导致最终累计增值的巨大变化。而且也非常明显的是期限越长这种影响越大。"

从 1965 年巴菲特接管伯克希尔公司,到 2010 年,过去 46 年巴菲特平均取得了 20.2% 的年复合收益率,同期标准普尔 500 指数年复合收益率为 9.4%,巴菲特每年只不过比市场多赚了 10.8% 而已。但是 46 年期间巴菲特累计赚了 90 409%,而指数累计增长了 6 262%。

1994 年 10 月 10 日巴菲特在内布拉斯加大学的演讲中说:"复利有点像从山上往下滚雪球。最开始时雪球很小,但是往下滚的时间足够长(从我买入第一只股票至今,我的山坡有 53 年这么长),而且雪球黏得适当紧,最后雪球会很大很大。"

想学习巴菲特滚雪球,你找到很湿的雪和很长的坡了吗?

(来源:第一财经日报)

任务一　货币时间价值认知与计算

一、货币时间价值的含义

货币时间价值,也称为资金时间价值,是指资金经历一定时间的投资和再投资所增加的价值,它表现为同一数量的货币在不同的时点上具有不同的价值。

在实务中,人们习惯使用相对数字表示货币的时间价值,即用增加的价值占投入货币的百分数来表示。用相对数表示的货币时间价值也称为纯粹利率,简称纯利率。纯利率是指在没有通货膨胀、无风险情况下资金市场的平均利率。没有通货膨胀时,短期国债利率可以视为纯利率。

由于货币随时间的延续而增值,不同时间单位货币的价值不相等,所以,不同时间的货币不宜直接进行比较,需要把它们换算到相同的时点进行比较才有意义。由于货币随时间的增长过程与复利的计算过程在数学上相似,因此,在换算时广泛使用复利计算方法。

二、复利终值和现值

利息有单利和复利两种计算方法。单利是指一定期间内只根据本金计算利息,当期产生的利息在下一期不作为本金,不重复计算利息。例如,本金为 1 000 元、年利率为 3.6%的 5 年期单利定期存款,到期时的利息收入为 180 元,每年的利息收入为 36 元(1 000×3.6%)。而复利则是不仅本金要计算利息,利息也要计算利息,即通常所说的"利滚利"。复利的概念充分体现了资金时间价值的含义,因为资金可以再投资,而且理性的投资者总是尽可能快地将资金投入合适的方向,以赚取报酬。在讨论资金的时间价值时,一般都按复利计算。

(一)复利终值

复利终值(future value,简写为 F)是指现在的特定资金按复利计算方法,折算到将来某一定时点的价值,或者说是现在的一定本金在将来一定时间,按复利计算的本金与利息之和,简称本利和。

【例 2-1】　小 A 将 100 万元存入银行,年利率为 10%,计算 1 年、2 年后的本利和。

1 年后的本利和:$F=100+100\times10\%=100\times(1+10\%)$

2 年后的本利和:$F=100\times(1+10\%)\times(1+10\%)=100\times(1+10\%)^2$

由此递推,可知经过 n 年的本利和为:$F=100\times(1+10\%)^n$

因此,复利终值的计算公式如下:

$$F=P\times(1+i)^{n}$$

式中，F 表示终值（本利和），P 表示现值（本金），i 表示利率，n 表示期数，$(1+i)^n$ 表示复利终值系数，用 $(F/P,i,n)$ 表示，如 $(F/P,5\%,3)$ 表示利率为5%、3期的复利终值系数。复利终值系数可以通过查阅“复利终值系数表”（见本书附表一）直接获得。“复利终值系数表”的第一行是利率 i，第一列是计息期数 n，相应的 $(1+i)^n$ 值在其纵横相交处。通过该表可查出，$(F/P,10\%,3)=1.331$。表明在利率为10%的情况下，现在的1元和3年后的1.331元在经济上是等效的。

（二）复利现值

复利现值（present value，简写为P）是指未来某一时点的特定资金按复利计算方法，折算到现在的价值。或者说是为取得将来一定本利和，现在所需要的本金。

根据复利终值公式计算复利现值，是指已知 F、i、n 时，求 P。

将复利终值计算公式 $F=P\times(1+i)^n$ 移项，可得：

$$P=F\times(1+i)^{-n}$$

式中，$(1+i)^{-n}$ 称为复利现值系数，用符号 $(P/F,i,n)$ 来表示（见本书附录二），即：$P=F\times(P/F,i,n)$。

【例2-2】 小A拟在5年后获得本利和100万元。假设存款年利率为4%，按照复利计息，他现在应存入多少元？

$$P=F\times(P/F,4\%,5)=100\times(P/F,4\%,5)=100\times0.8219=82.19\text{（万元）}$$

需要说明的是，在复利终值、复利现值的计算中，现值可以泛指资金在某个特定时间段的“前一时点”（而不一定真的是“现在”）的价值。终值可以泛指资金在该时间段的“后一时点”的价值；可以按照要求将该时间段划分为若干个计息期，使用相应的利息率和复利计息方法，将某个时点的资金计算得出该笔资金相当于其他时点的价值是多少。

复利终值和复利现值之间存在以下关系：①复利终值和复利现值互为逆运算；②复利终值系数 $(1+i)^n$ 和复利现值系数 $(1+i)^{-n}$ 互为倒数。

【德技并举】

理性消费不借贷，不负青春不负“债”

三、年金的终值和现值

（一）年金的概念和形式

年金是系列收付款项的特殊形式，即在一定时期内每隔相同的时间（如一年）就发生相同数额的系列收付款项，如折旧、租金、利息、保险金等通常都采用年金的形式。所谓系列收付款项，是指在 n 期内多次发生收付款业务，形成多时点收付款数列。年金收付款的方式有多种，年金按其每次收付发生的时点不同，可分为普通年金、预付年金、递延年金和永续年金等。

1. 普通年金

普通年金是年金的最基本形式，是指从第一期起，在一定时期内每期期末等额发生的系列收付款项，又称后付年金（图 2-1）。

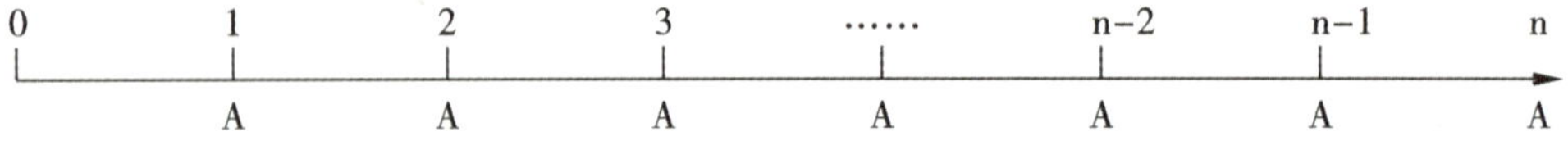

图 2-1　普通年金的收付形式

需要说明的是，图中的序号代表的时间点是期末，例如“2”代表的时点是第 2 期期末。需要说明的是，上期期末和下期期初是同一个时点，所以，“2”代表的时点也可以表述为第 3 期期初，通常称“0”代表的时点是第 1 期期初。竖线下端数字 A 表示每次等额收付的金额。

2. 预付年金

预付年金是指从第一期起，在一定时期内每期期初等额收付的系列款项，又称即付年金或先付年金。预付年金与普通年金的区别仅在于收付款的时间不同（图 2-2）。

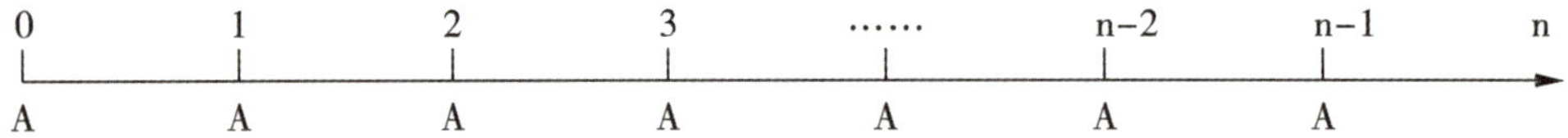

图 2-2　预付年金的收付形式

3. 递延年金

递延年金是指第一次支付发生在第二期或第二期以后的年金。它是普通年金的特殊形式，凡不是从第一期开始的年金都是递延年金（图 2-3）。

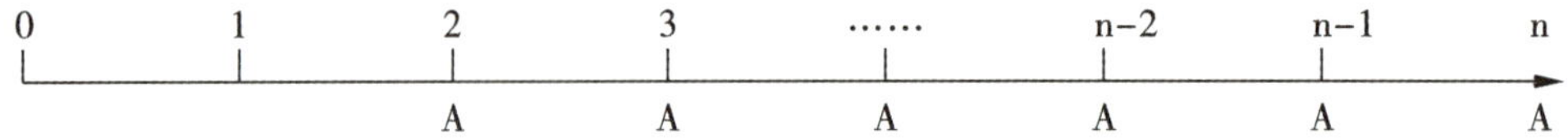

图 2-3　递延年金的收付形式

4. 永续年金

永续年金是指无限期定额支付的年金。永续年金可视为普通年金的特殊形式,即期限趋于无穷的普通年金(图2-4)。

图2-4　永续年金的收付形式

(二)年金的计算

1. 普通年金的终值和现值

(1)普通年金终值。普通年金终值是一定时期内每期期末收付款项的复利终值之和。设每年的支付金额即年金为A,利率为i,期数为n,则普通年金终值的计算公式为:

$$F=A+A(1+i)+A(1+i)^2+A(1+i)^3+\cdots+A(1+i)^{n-2}+A(1+i)^{n-1} \quad ①$$

等式两边同乘$(1+i)$可得到:

$$F(1+i)=A(1+i)+A(1+i)^2+A(1+i)^3+\cdots+A(1+i)^{n-1}+A(1+i)^n \quad ②$$

②式减①式得到:

$$F\times i=A(1+i)^n-A$$

$$F=A\times\frac{(1+i)^n-1}{i}$$

式中,$\frac{(1+i)^n-1}{i}$称为年金终值系数,记作$(F/A,i,n)$,可通过直接查阅“年金终值系数表”(见本书附表三)求得有关数值。上式也可写作:

$$F=A\times(F/A,i,n)$$

【例2-3】　小A在5年中每年年底存入银行10 000元,年存款利率为4%,则第5年年末能取出多少钱?

$$F=10\ 000\times(F/A,4\%,5)=10\ 000\times5.416\ 3=54\ 163(\text{元})$$

(2)普通年金现值。普通年金现值是指一定时期内每期期末等额收付款项的复利现值之和。普通年金现值的计算公式为:

$$P=A(1+i)^{-1}+A(1+i)^{-2}+A(1+i)^{-3}+\cdots+A(1+i)^{-(n-1)}+A(1+i)^{-n} \quad ①$$

等式两边同乘$(1+i)$可得到:

$$P(1+i)=A+A(1+i)^{-1}+A(1+i)^{-2}+\cdots+A(1+i)^{-(n-1)} \quad ②$$

②式减①式得到:

$$P\times i=A-A(1+i)^{-n}$$

$$P=A\times\frac{1-(1+i)^{-n}}{i}$$

式中,$\frac{1-(1+i)^{-n}}{i}$称为年金现值系数,记作$(P/A,i,n)$,可通过直接查阅“年金现值系数表”（见本书附表四）求得有关数值。上式也可写作：

$$P=A\times(P/A,i,n)$$

【例 2-4】 小 A 在 5 年中每年年末需要缴纳租金 10 000 元，年折现率为 8%，则 5 年支付的租金总额现值是多少？

$$P=A\times(P/A,i,n)=10\ 000\times3.992\ 7=39\ 927(\text{元})$$

【能力训练】

A 矿业公司决定将其一处矿产 10 年开采权公开拍卖，因此它向世界各国煤炭企业招标开矿。已知甲公司和乙公司的投标书最具有竞争力，甲公司的投标书显示，如果该公司取得开采权，从获得开采权的第 1 年开始，每年年末向 A 公司交纳 10 亿美元的开采费，直到 10 年后开采结束。乙公司的投标书表示，该公司在取得开采权时，直接付给 A 公司 40 亿美元，在 8 年末再付给 60 亿美元。如 A 公司要求的年投资回报率达到 15%，问应接受哪个公司的投标？

参考答案

2. 预付年金的终值和现值

（1）预付年金终值。预付年金的终值仍是其最后一期期末时的本利和，是各期收付款项的复利终值之和。根据图 2-2 所示，预付年金终值的计算公式为：

$$F=A(1+i)+A(1+i)^2+A(1+i)^3+\cdots+A(1+i)^{n-1}+A(1+i)^n \quad ①$$

等式两边同乘(1+i)可得到：

$$F(1+i)=A(1+i)^2+A(1+i)^3+\cdots+A(1+i)^n+A(1+i)^{n+1} \quad ②$$

②式减①式得到：

$$F\times i=A(1+i)^{n+1}-A(1+i)$$

$$F=A\times\left[\frac{(1+i)^{n+1}-1}{i}-1\right]$$

式中，方括号内的数值称作预付年金终值系数，它是在普通年金终值系数的基础上，期数加 1、系数减 1 所得的结果。通常记为 $[(F/A,i,n+1)-1]$，可直接查阅“年金终值系数表”得到 $(n+1)$ 期的值，减去 1 后便可得出对应的预付年金终值系数的值。因此，上述公式也可写作：

$$F=A\times[(F/A,i,n+1)-1]$$

另外，如图 2-1、2-2 所示，期数相同的预付年金与普通年金收付款次数相同，其不同之处在于预付年金系列款项的收付款时间比普通年金提前一期，因此预付年金的每一笔资金收付都比普通年金多计算一期利息，所以可以先求出普通年金终值，再乘以 $(1+i)$，即可求出 n 期预付年金终值，因此，预付年金终值的计算公式也可表示为：

$$F=A\times(F/A,i,n)\times(1+i)$$

【例2-5】　小A在5年中每年年初存入银行10 000元，年存款利率为4%，则第5年年末能取出多少钱？

$$F=10\ 000\times[(F/A,4\%,5+1)-1]=10\ 000\times(6.633\ 0-1)=56\ 330(\text{元})$$

(2)预付年金现值。预付年金的现值可以在普通年金现值的基础上加以调整。预付年金的计算公式为：

$$P=A+A(1+i)^{-1}+A(1+i)^{-2}+A(1+i)^{-3}+\cdots+A(1+i)^{-(n-1)} \quad ①$$

等式两边同乘$(1+i)$可得到：

$$P(1+i)=A(1+i)+A+A(1+i)^{-1}+A(1+i)^{-2}+\cdots+A(1+i)^{-(n-2)} \quad ②$$

②式减①式得到：

$$P\times i=A(1+i)-A(1+i)^{-(n-1)}$$

$$P=A\times[\frac{1-(1+i)^{-(n-1)}}{i}+1]$$

式中，方括号内的数值称作预付年金现值系数，它是在普通年金现值系数的基础上，期数减1、系数加1所得的结果。通常记为$[(P/A,i,n-l)+l]$，可直接查阅“年金现值系数表”得到$(n-1)$期的值，然后加1，便可得出对应的预付年金现值系数的值。上述公式也可写作：

$$P=A\times[(P/A,i,n-1)+1]$$

另外，如图2-1、2-2所示，期数相同的预付年金与普通年金收付款次数相同，其不同之处在于预付年金系列款项的收付款时间比普通年金提前一期，因此预付年金的每一笔资金收付都比普通年金多计算一期利息，所以可先求出普通年金现值，再乘以$(1+i)$，即可求出n期预付年金现值。因此，预付年金现值的计算公式也可表示为：

$$P=A\times(P/A,i,n)\times(1+i)$$

【例2-6】　小A在5年中每年年初需要缴纳租金10 000元，年折现率为8%，则5年支付的租金总额现值是多少？

$$P=10\ 000\times[(P/A,8\%,5-1)+1]=10\ 000\times(3.312\ 1+1)=43\ 121(\text{元})$$

【能力训练】

某公司打算购买一台设备，有两种付款方式：一是一次性支付500万元，二是每年初支付200万元，3年付讫。由于资金不充裕，公司计划向银行借款用于支付设备款。假设银行借款年利率为5%，复利计息。请问公司应采用哪种付款方式？

参考答案

3. 递延年金的终值和现值

(1)递延年金终值。递延年金终值的计算方法和普通年金终值的计算方法相似，但要注意其中的n表示的是年金A的个数，不是整个期数。计算公式同普通年金。

(2)递延年金现值的计算方法有两种：

第一种方法：假设递延期为 m，年金期为 n，可先求出 n 期的普通年金现值，然后将此现值折算到第一期期初的现值，二者之差便是递延期为 m、年金期为 n 的递延年金现值。其计算公式为：

$$P=A\times(P/A,i,n)\times(P/F,i,m)$$

第二种方法：假设整个期限 $m+n$ 期均有收付款年金发生，先求出 $m+n$ 期普通年金的现值，然后扣除实际并未收付款的 m 期普通年金现值。其计算公式为：

$$P=A\times[(P/A,i,n+m)-(P/A,i,m)]$$

【例 2-7】 某递延年金为从第 4 期开始，每期期末支付 10 万元，共计支付 6 次，假设利率为 4%，相当于现在一次性支付的金额是多少？

本例中，由于第一次支付发生在第 4 期期末，即 $m+1=4$，所以，递延期 $m=3$；由于连续支付 6 次，因此，$n=6$。所以：

$$P=10\times(P/A,4\%,6)\times(P/F,4\%,3)=10\times5.2421\times0.8890=46.60(\text{万元})$$

即相当于现在一次性支付的金额是 46.60 万元。

【例 2-8】 某递延年金为从第 4 期开始，每期期初支付 10 万元，共计支付 6 次，假设利率为 4%，相当于现在一次性支付的金额是多少？

本例中，由于第一次支付发生在第 4 期期初，第 4 期期初与第 3 期期末是同一时点，所以 $m+1=3$，递延期 $m=2$。

$$P=10\times(P/A,4\%,6)\times(P/F,4\%,2)=10\times5.2421\times0.9246=48.47(\text{万元})$$

【能力训练】

MD 公司准备购买一套办公用房，有三种付款方案可供选择：

(1)甲方案：从现在起每年年初付款 24 万元，连续支付 5 年，共计 120 万元。

(2)乙方案：从第 3 年起，每年年初付款 26 万元，连续支付 5 年，共计 130 万元。

(3)丙方案：从现在起每年年末付款 25 万元，连续支付 5 年，共计 125 万元。

参考答案

要求：假定该公司要求的投资报酬率为 10%，通过计算说明应选择哪种方案。

4. 永续年金的现值

永续年金可视为普通年金的特殊形式，即期限趋于无穷的普通年金。由于永续年金没有终止时间，因此永续年金没有终值，只有现值。永续年金的现值可以通过普通年金现值的计算公式推导出：

$$P = A \times \frac{1-(1+i)^{-n}}{i}$$

当 $n \to \infty$，$(1+i)^{-n}$ 的极限为零，故上式可写成：

$$P=A/i$$

【例 2-9】　MD 大学拟建立一项永久性的奖学金，每年计划颁发 10 万元奖学金。若利率为 5%，现在应存入多少钱？

$$P=10/5\%=200(万元)$$

【能力训练】

1. MD 公司最近两年不发放股利，预计从第三年开始每年年末支付 0.5 元/股的股利，假设折现率为 10%，则现值是多少？

2. 某年金的收付形式从第 1 期期初开始，每期支付 100 元，一直到永远。假设利率为 5%，其现值为多少？

参考答案

四、货币时间价值计算中的特殊问题

（一）年偿债基金和年资本回收额

年偿债基金是指为了在约定的未来某一时点清偿某笔债务或积聚一定数额的资金而必须分次等额形成的存款准备金。也就是为使年金终值达到既定金额的年金数额（即已知终值 F，求年金 A）。在普通年金终值公式中解出 A，这个 A 就是年偿债基金。所以普通年金终值与年偿债基金互为逆运算。

年资本回收额是指在约定年限内等额回收初始投入资本的金额。年资本回收额的计算实际上是已知普通年金现值 P，求年金 A。所以普通年金现值与年资本回收额互为逆运算。

【例 2-10】　小 A 计划 10 年后一次性取出 100 万元，作为孩子的出国费用。假设某理财产品年利率为 6%，复利计息，该家长计划 1 年后开始存款，每年存一次，每次存款数额相同，共计存款 10 次。请问每次存款数额是多少？

假设每次存款数额为 A 万元，则有：

$A\times(F/A,6\%,10)=100$

$A\times11.491\,3=100$

$A=8.70$ 万元

【例 2-11】　某人于 2023 年 1 月 25 日按揭贷款买房，贷款金额为 34 万元，年限为 10 年，年利率为 6%，月利率为 0.5%，从 2023 年 2 月 25 日开始还款，每月还一次，采用等额本息还款方式（每次还款的金额相同）。请问每月还款数额为多少？

假设每次还款数额为 A 万元，则有：

$A\times(P/A,0.5\%,120)=34$

$A\times90.07=34$

$A=0.3775$ 万元 $=3774$ 元

例 2-10 属于年偿债基金计算问题，例 2-11 属于年资本回收额计算问题。另外，$(P/A,0.5\%,120)$ 可通过年金现值系数公式 $\frac{1-(1+i)^{-n}}{i}$ 计算得出，也可通过 Excel 中 PV 函数或 PMT 函数求得。

（二）混合收付款项

混合收付款项是指各期收入或付出款项不相等的情况。对于混合收付款项的终值（或现值）计算，可先计算出每次收付款的复利终值（或现值），然后加总。

【例 2-12】 小 A 准备第一年存入银行 1 万元，第二年存入 3 万元，第三至第五年存入 4 万元，存款利率 4%。要求：计算 5 年存款的现值总额（每期存款于每年年末存入）。

$P=1\times(P/F,4\%,1)+3\times(P/F,4\%,2)+4\times(P/A,4\%,3)\times(P/F,4\%,2)$

$=1\times0.9615+3\times0.9246+4\times2.7751\times0.9246$

$=14.00$（万元）

（三）利率的计算

1. 内插法的应用

复利计息方式下，利率与现值（或者终值）系数之间存在一定的数量关系。已知现值（或者终值）系数，则可以通过内插法计算对应的利率。假设所求利率为 i，i 对应的现值（或者终值）系数为 B，B_1、B_2 为现值（或者终值）系数表中与 B 相邻的系数，i_1、i_2 为 B_1、B2 对应的利率。可以按照下面的方程计算：

$$\frac{i_2-i}{i_2-i_1}=\frac{B_2-B}{B_2-B_1}$$

解得：$i=i_2-[(B_2-B)/(B_2-B_1)]\times(i_2-i_1)$

也可以按照下面的方程计算：

$$\frac{i-i_1}{i_2-i_1}=\frac{B-B_1}{B_2-B_1}$$

解得：$i=i_1+[(B-B_1)/(B_2-B_1)]\times(i_2-i_1)$

列方程时应该把握一个原则：具有对应关系的数字在等式两边的位置相同（例如 i_2 在等式左边的位置与 B_2 在等式右边的位置相同）。按照这个原则还可以列出其他的等式。不同等式计算的结果是相同的。

【例 2-13】 已知 $(P/A,i,5)=4.20$，求 i 的数值。

查阅年金现值系数表可知，在期数为 5 的情况下，无法查到 4.20 这个数值，与 4.20 相邻的数值为 4.2124 和 4.1002，对应的利率为 6% 和 7%，因此有：

$$(7\%-i)/(7\%-6\%)=(4.1002-4.20)/(4.1002-4.2124)$$

解得：$i=7\%-[(4.1002-4.20)/(4.1002-4.2124)]\times(7\%-6\%)=6.11\%$

【例2-14】 MD公司于第一年年初借款200万元，每年年末还本付息额均为40万元，连续9年还清。请计算借款利率。

根据题意，已知$P=200$，$A=40$，$n=9$得到：

$$200=40\times(P/A,i,9)$$

$$(P/A,i,9)=5$$

查表不能查到$n=9$时对应的系数5，但可以查到和5相邻的两个系数利率为12%对应的5.3282和14%对应的4.9464。假设普通年金现值系数5对应的利率为i，则有：

$$(i-12\%)/(14\%-12\%)=(5-5.3282)/(4.9464-5.3282)$$

解得：$i=12\%+[(5-5.3282)/(4.9464-5.3282)]\times(14\%-12\%)=13.72\%$

2. 名义利率与实际利率

（1）年内多次计息。一年多次计息时，给出的年利率为名义利率，按照复利计算的年利息与本金的比值为实际利率。

假设本金为100元，年利率为10%，一年计息2次，即一年复利2次，则每次复利的利率（半年利率）$=10\%/2=5\%$，一年后的本利和（复利终值）$=100\times(1+5\%)^2$，按照复利计算的年利息$=100\times(1+5\%)^2-100=100\times[(1+5\%)^2-1]$，实际利率$=100\times[(1+5\%)^2-1]/100=(1+5\%)^2-1$，用公式表示如下：

$$i=(1+r/m)^m-1$$

式中，i表示实际利率，r表示名义利率，m表示每年复利计息的次数。

从公式可以看出，在一年多次计息时，实际利率高于名义利率，并且在名义利率相同的情况下，一年计息次数越多，实际利率越大。

【例2-15】 小A存入某金融机构10万元，投资5年，年利率8%，按季度复利计息，试求实际利率。

按季度复利计息等于一年复利4次

$$实际利率\ i=(1+8\%/4)^4-1=8.24\%$$

（2）通货膨胀情况下的实际利率。名义利率是央行或其他提供资金借贷的机构所公布的未调整通货膨胀因素的利率，即指包括补偿通货膨胀（包括通货紧缩）风险的利率。实际利率是指剔除通货膨胀率后储户或投资者得到利息回报的真实利率。

假设本金为100元，实际利率为5%，通货膨胀率为2%，如果不考虑通货膨胀因素，一年后的本利和$=100\times(1+5\%)=105$（元）；如果考虑通货膨胀因素，由于通货膨胀导致货币贬值，所以，一年后的本利和$=105\times(1+2\%)$，年利息$=105\times(1+2\%)-100=100\times(1+5\%)\times(1+2\%)-100=100\times[(1+5\%)\times(1+2\%)-1]$，即名义利率$=(1+5\%)\times(1+2\%)-1$，1+名义利率$=(1+5\%)\times(1+2\%)$。

名义利率与实际利率之间的关系为：

$$1+名义利率=(1+实际利率)\times(1+通货膨胀率)$$

所以，实际利率的计算公式为：

实际利率=(1+名义利率)/(1+通货膨胀率)-1

【例 2-16】 20×2 年我国某商业银行一年期存款年利率为 3%,假设通货膨胀率为 2%,则实际利率为多少?

实际利率=(1+3%)/(1+2%)-1=0.98%

任务二　投资风险价值认知与计算

一、投资风险价值认知

(一)投资风险价值的概念

风险是指收益的不确定性。虽然风险的存在可能意味着收益的增加,但人们考虑更多的则是损失发生的可能性。从财务管理的角度看,风险就是企业在各项财务活动过程中,由于各种难以预料或无法控制的因素作用,使企业的实际收益与预计收益发生背离,从而蒙受经济损失的可能性。

投资风险价值可用风险收益额和风险收益率表示。投资者由于冒着风险进行投资而获得的超过资金时间价值的额外收益,称为风险收益额;风险收益额对于投资额的比率,则为风险收益率。在实际工作中,通常以风险收益率进行计量。

在不考虑通货膨胀的情况下,投资收益率包括两部分:一部分是无风险投资收益率,即资金时间价值(R_f);另一部分是风险投资收益率(R_r),即风险价值。其基本关系是:投资收益率=无风险投资收益率+风险投资收益率。

(二)风险管理

风险管理是指项目或者企业在一个有风险的环境里,把风险及其可能造成的不良影响降至最低的管理过程。风险管理过程包括对风险的量度、评估和制定策略,企业需要在降低风险的收益与成本之间进行权衡并决定采取何种措施。风险管理对现代企业而言十分重要,良好的风险管理有助于降低决策错误概率、降低损失可能性以及相对提高企业本身的附加价值。

1. 风险的类型

从投资者的角度看,按风险能否分散,可将风险分为市场风险和公司特有风险。

(1)市场风险。市场风险,又称系统风险,是指由政治、经济及社会环境等公司外部因素的不确定性产生的风险,例如通货膨胀、经济衰退、政策调整、战争等。这些因素波及所有投资对象,由此引发的风险不可能通过多元化投资来分散,因而市场风险又称为不可分散风险,投资者无论投资于哪种股票都必须承担这种风险。

(2)公司特有风险。公司特有风险,又称非系统风险,是指由个别公司内部特殊因素产生的风险，例如新产品开发失败、项目投资决策失误、企业管理水平低下、诉讼失败等。这类事件是随机发生的，可以通过多元化投资分散风险，即发生于一家公司的不利事件可以被其他公司的有利事件抵消，因而这类风险又称为可分散风险。

从公司本身看，按风险形成的原因，可将风险分为经营风险和财务风险。

（1）经营风险。经营风险是指公司生产经营活动中的不确定性因素引起的风险，通常采用息税前利润的变动程度描述经营风险的大小。经营风险主要来自经济形势及经营环境的改变、市场供求及价格的变化、税收及金融政策的调整等客观环境的不确定性和公司自身产品结构、生产数量及成本、研发能力及技术装备等的变化。这些不确定性因素存在于所有商业活动中，使公司的收益变得不确定，因而经营风险又称为商业风险。

（2）财务风险。财务风险是指公司由于举债经营而承担的风险，通常用净资产收益率或每股收益的变动描述财务风险的大小。财务风险主要来自债务，这是公司未来必须履行的义务，因而负债比重越高公司承担的风险就越大，此外财务风险还与利率、汇率的波动有关。这种风险与公司筹资决策直接相关，因而也叫筹资风险。

2. 风险管理原则

（1）战略性原则。风险管理主要运用于企业战略管理层面，站在战略层面整合和管理企业层面风险是全面风险管理的价值所在。

（2）全员性原则。企业风险管理是一个由企业治理层、管理层和所有员工参与，旨在把风险控制在风险容量以内、增加企业价值的过程。在这个过程中，只有将风险意识转化为全体员工的共同认识和自觉行动，才能确保风险管理目标的实现。

（3）专业性原则。要求风险管理的专业人才实施专业化管理。

（4）二重性原则。企业全面风险管理的商业使命在于：损失最小化管理、不确定性管理和绩效最优化管理。当风险损失不能避免时，尽量减少损失至最小化；风险损失可能发生可能不发生时，设法降低风险发生的可能性；风险预示着机会时，化风险为增加企业价值的机会。

（5）系统性原则。全面风险管理必须拥有一套系统的、规范的方法，建立健全全面风险管理体系，包括风险管理策略、风险理财措施、风险管理的组织职能体系、风险管理信息系统和内部控制系统，从而为实现风险管理的总体目标提供合理保证。

3. 风险管理对策

（1）风险规避。风险规避是指企业回避、停止或退出蕴含某一风险的商业活动或商业环境，避免成为风险的所有人。例如，退出某一市场以避免激烈竞争；拒绝与信用不好的交易对手进行交易；禁止各业务单位在金融市场上进行投机。

（2）风险承担。风险承担是指企业对所面临的风险采取接受的态度，从而承担风险带来的后果。对未能辨识出的风险，企业只能采用风险承担；对于辨识出的风险，企业可能由于缺乏能力进行主动管理、没有其他备选方案等因素而选择风险承担；对于企业的重大风险，企业一般不采用风险承担。

（3）风险转移。风险转移是指企业通过合同将风险转移到第三方，企业对转移后的风险不再拥有所有权。转移风险不会降低其可能的严重程度，只是从一方移除后转移到另一方。例如，购买保险；采取合营方式实现风险共担。

（4）风险转换。风险转换是指企业通过战略调整等手段将企业面临的风险转换成另一个风险，其简单形式就是在减少某一风险的同时增加另一风险。例如，通过放松交易客户信用标准增加了应收账款，但扩大了销售。

（5）风险对冲。风险对冲是指引入多个风险因素或承担多个风险，使得这些风险能互相冲抵。风险对冲不是针对单一风险，而是涉及风险组合。常见的例子有资产组合使用、多种外币结算的使用和战略上的多种经营。

（6）风险补偿。风险补偿是指企业对风险可能造成的损失采取适当的措施进行补偿，形式包括财务补偿、人力补偿、物资补偿。常见的财务补偿包括企业自身的风险准备金或应急资本等。

（7）风险控制。风险控制是指控制风险事件发生的动因、环境、条件等，来达到减轻风险事件发生时的损失或降低风险事件发生概率的目的。风险控制对象一般是可控风险，包括多数运营风险，如质量、安全和环境风险以及法律风险中的合规性风险。

二、投资风险价值计算

投资风险是客观存在的，它广泛影响着企业的财务和经营活动。因此，正视投资风险并将其风险程度予以量化，进行较准确的衡量，便成为企业财务管理中的一项重要工作。投资风险衡量，需要用概率和统计方法。具体方法如下：

（一）概率分布

在现实生活中，某一事件在完全相同的条件下可能发生，也可能不发生，既可能出现这种结果，又可能出现那种结果，我们称这类事件为随机事件。概率就是用百分数或小数来表示随机事件发生可能性及出现某种结果可能性大小的数值。用 X 表示随机事件，X_i 表示随机事件的第 i 种结果，P_i 为出现该种结果的相应概率。若 X_i 出现，则 $P_i=1$；若不出现，则 $P_i=0$。同时，所有可能结果出现的概率之和必定为 1。因此，概率必须符合下列两项要求：

（1）$0 \leqslant P_i \leqslant 1$。

（2）$\sum_{i=1}^{n} P_i = 1$。

将随机事件各种可能的结果按一定的规则进行排列，同时列出各结果出现的相应概率，这一完整的描述称为概率分布。

概率分布可以用以可能结果为横轴，以概率为纵轴的坐标点画线表示。概率分布有两种类型：一种是离散型分布，也称不连续的概率分布，其特点是概率分布在各个特定的点（指 X 值）上。另一种是连续型分布，其特点是概率分布在连续图像的两点之间的区间内。

（二）期望值

期望值是一个概率分布中的所有可能结果，以各自相应的概率为权数计算的加权平均值，是加权平均的中心值，通常用符号$\overline{E}$表示。期望收益反映预计收益的平均化，在各种不确定性因素的影响下，它代表着投资者的合理预期。其计算公式如下：

$$\overline{E} = \sum_{i=1}^{n} X_i P_i$$

【例2-17】　MD公司有甲、乙两个投资项目，两个投资项目收益率的概率分布情况见表2-1，试计算两个项目的期望收益率。

表2-1　甲乙项目投资收益率的概率分布情况

项目实施情况	该种情况出现的概率		投资收益率	
	甲项目	乙项目	甲项目	乙项目
好	0.2	0.3	15%	20%
一般	0.6	0.4	10%	15%
差	0.2	0.3	0	-10%

甲项目的期望收益率=0.2×15%+0.6×10%+0.2×0=9%

乙项目的期望收益率=0.3×20%+0.4×15%+0.3×(-10%)=9%

即甲、乙项目的期望收益率都为9%。

（三）离散程度

离散程度是用以衡量风险大小的统计指标。一般来说，离散程度越大，风险越大；离散程度越小，风险越小。反映随机变量离散程度的常用指标主要包括方差、标准差、标准离差率三项。

1. 方差

方差是用来表示随机变量与期望值之间离散程度的一个数值。其计算公式为：

$$\sigma^2 = \sum_{i=1}^{n} (X_i - \overline{E})^2 \cdot P_i$$

2. 标准差

标准差也叫标准离差或均方差，是方差的平方根。其计算公式为：

$$\sigma = \sqrt{\sum_{i=1}^{n} (X_i - \overline{E})^2 \cdot P_i}$$

标准差以绝对数衡量决策方案的风险。在期望值相同的情况下，标准差越大，风险越大；反之，标准差越小，则风险越小。

【例2-18】　以【例2-17】中的数据为例，分别计算甲、乙两个项目投资收益率的方差和标准差，并比较甲、乙两个项目的风险大小。

甲项目投资收益率的方差 $=(15\%-9\%)^2\times0.2+(10\%-9\%)^2\times0.6+(0-9\%)^2\times0.2=0.0024$

甲项目投资收益率的标准差 $=\sqrt{0.0024}=0.049$

乙项目投资收益率的方差 $=(20\%-9\%)^2\times0.3+(15\%-9\%)^2\times0.4+(-10\%-9\%)^2\times0.3=0.0159$

乙项目投资收益率的标准差 $=\sqrt{0.0159}=0.1261$

由于甲项目和乙项目投资收益率的期望值相同(均为9%),所以,标准差大的风险大,计算结果表明乙项目的风险高于甲项目。

3.标准离差率

标准离差率是标准差同期望值之比,通常用符号 V 表示,其计算公式为:

$$V=\sigma/E\times100\%$$

标准离差率是一个相对指标,它以相对数反映决策方案的风险程度。方差和标准差作为绝对数,只适用于期望值相同的决策方案风险程度的比较。对于期望值不同的决策方案,评价和比较其各自的风险程度只能借助于标准离差率这一相对数值。在期望值不同的情况下,标准离差率越大,风险越大;反之,标准离差率越小,风险越小。

【例2-19】 假设项目A和项目B的期望投资收益率分别为10%和12%,投资收益率的标准差分别为6%和7%,比较项目A和项目B的风险大小。

由于项目A和项目B投资收益率的期望值不相同,所以,不能根据标准差比较风险大小,应该计算各自的标准差率,然后得出结论。

项目A投资收益率的标准差率 $=6\%/10\%\times100\%=60\%$

项目B投资收益率的标准差率 $=7\%/12\%\times100\%=58.33\%$

计算结果表明项目A的风险高于项目B。

通过上述方法将决策方案的风险加以量化后,决策者便可据此做出决策。对于多方案择优,决策者的行动准则应是选择低风险、高收益的方案,即选择标准差最低、期望收益最高的方案。然而高收益往往伴有高风险,低收益方案其风险程度往往也较低,究竟选择何种方案,不仅要权衡期望收益与风险,还要考虑决策者对风险的态度,综合做出决定。对风险比较反感的人可能会选择期望收益较低同时风险也较低的方案,喜欢冒风险的人则可能选择风险虽高但同时收益也高的方案。

【复习思考】

一、单选题

1.下列各项中,关于货币时间价值的说法不正确的是(　　)。

A.货币时间价值,是指在没有风险和没有通货膨胀的情况下,货币经历一定时间的投资和再投资所增加的价值

B.用相对数表示的货币时间价值也称为纯粹利率

C. 没有通货膨胀时，短期国债的利率可以视为货币时间价值

D. 货币时间价值是指不存在风险但含有通货膨胀情况下资金市场的平均利率

2. 甲企业预计在本年年初取得银行借款 500 万元，借款的年利率为 8%，每年年末偿还利息，第五年年末偿还本金，则甲企业该笔借款第五年年末的本利和为（　　）万元。[已知：(*F/P*,8%,5) = 1.469 3，(*F/P*,8%,6) = 1.586 9]

A. 500　　B. 600

C. 700　　D. 734.65

3. 王某打算 10 年后从银行收到本利和 51 874 元，假设目前银行的存款利率为 10% 且保持稳定不变，则王某现在应该存入（　　）元。[已知：(*F/P*,10%,10) = 2.593 7，(*F/P*,10%,11) = 2.853 1]

A. 5 187.4　　B. 15 000

C. 20 000　　D. 23 000

4. 有一项年金，前 3 年无流入，后 5 年每年年初流入 1 200 元，年利率为 8%，则其现值为（　　）元。[已知：(*P/A*,8%,7) = 5.206 4，(*P/A*,8%,2) = 1.783 3]

A. 6 247.68　　B. 4 107.72

C. 3 803.4　　D. 4 755.96

5. 已知 (*P/A*,6%,5) = 4.212 4，(*P/A*,6%,6) = 4.917 3，(*P/A*,6%,7) = 5.582 4。则 6 年期、折现率为 6% 的预付年金现值系数是（　　）。

A. 4.465 1　　B. 3.212 4

C. 5.917 3　　D. 5.212 3

6. 李先生打算存入一笔资金，使其可以在十年后，每年年末取出 10 万元作为旅游基金，银行存款年利率为 6%，则李先生应于现在存入银行（　　）万元。[已知：(*P/F*,6%,10) = 0.558 4，(*P/F*,6%,11) = 0.526 8]

A. 93.07　　B. 100

C. 112.36　　D. 166.67

7. 某企业每半年存入银行 5 万元，假设银行存款年利率为 8%，已知 (*F/A*,4%,6) = 6.633，(*F/A*,8%,3) = 3.246 4，(*P/A*,4%,6) = 5.242 1，(*P/A*,8%,3) = 2.577 1。则 3 年后收到本利和共计（　　）万元。

A. 16.232　　B. 26.21

C. 33.165　　D. 12.89

8. 某人拟在 5 年后还清 50 000 元的债务，假设从现在开始每年年末等额存入银行一笔款项，银行存款利率为 10%，已知 (*A/F*,10%,5) = 0.163 8，则每年年末存入（　　）元。

A. 10 000　　B. 8 190

C. 9 000　　D. 9 347.28

9. 假设我国商业银行的年存款利率是 5%，已知当年通货膨胀率是 2%，则其实际利

率是(　　)。

A. 3%　　B. 3.5%

C. 2.94%　　D. 7%

10. 某企业年初花10 000元购得A公司股票,假设持有期间未分配股利,预计股票价格为11 000元的概率是50%,股票价格为12 000元的概率是30%,股票价格为9 000元的概率是20%,该企业的预期收益率是(　　)。

A. 8%　　B. 9%

C. 10%　　D. 11%

11. 目前有甲、乙两个投资项目,甲、乙两个投资项目的期望收益率分别是10%,12%,标准差分别是0.1,0.12,则下列说法中正确的是(　　)。

A. 甲项目的风险大于乙项目　　B. 甲项目的风险小于乙项目

C. 甲项目的风险等于乙项目　　D. 无法判断

12. 某企业拟进行一项风险投资,有甲、乙两个方案可供选择:甲、乙两方案的期望值均为9%。甲方案的标准差为0.54,乙方案的标准差为0.72,下列结论正确的是(　　)。

A. 甲方案的风险小于乙方案的风险　　B. 甲方案的风险大于乙方案的风险

C. 甲、乙两个方案的风险相同　　D. 无法评价甲、乙两个方案的风险大小

13. 某公司准备购买一家上市公司股票,经财务部门分析得出结论,未来该公司股票收益率达到4%的可能性为10%,达到8%的可能性为45%,达到10%的可能性为40%,达到15%的可能性为5%,则该公司股票预期收益率为(　　)。

A. 8.75%　　B. 9.25%

C. 8.25%　　D. 6.48%

二、多选题

1. 某投资者准备投资一个项目,该项目前 m 年没有取得现金流量,从第 $m+1$ 年开始每年年末获得等额的现金流量 A 万元,假设一共取得 n 年,则这笔项目收益的现值为(　　)万元。

A. $A\times(P/A,i,n)\times(P/F,i,m)$　　B. $A\times[(P/A,i,m+n)-(P/A,i,m)]$

C. $A\times(P/A,i,n)\times(P/F,i,m+n)$　　D. $A\times(P/A,i,n)$

2. 下列选项中,可以通过普通年金现值系数计算出确切结果的有(　　)。

A. 递延年金现值　　B. 复利现值

C. 预付年金现值　　D. 资本回收额

3. 下列关于现值系数和终值系数的说法中,错误的有(　　)。

A. 永续年金现值系数等于普通年金现值系数除以 i

B. 偿债基金系数和普通年金终值系数互为倒数

C. 年资本回收额和普通年金现值互为逆运算

D. 递延年金现值无法根据普通年金终值系数计算

4. 下列关于名义利率和实际利率的说法中，正确的有(　　)。

A. 实际利率包含通货膨胀率

B. 如果按照短于一年的计息期计算复利，实际利率高于名义利率

C. 名义利率是指剔除通货膨胀率后储户或投资者得到利息回报的真实利率

D. 若每年计算一次复利，实际利率等于名义利率

5. 下列说法中正确的有(　　)。

A. 在期望值相同的情况下，方差越大，风险越大

B. 在期望值相同的情况下，标准差越大，风险越大

C. 无论期望值是否相同，标准差率越大，风险越大

D. 在期望值相同的情况下，标准差越小，风险越大

6. 企业风险，是指对企业的战略与经营目标实现产生影响的不确定性。下列各项中，属于企业风险管理的原则有(　　)。

A. 融合性原则　　B. 全面性原则

C. 重要性原则　　D. 平衡性原则

7. 如果按照短于一年的计息期计算复利，下列关于名义利率与实际利率关系的说法中，不正确的有(　　)。

A. 名义利率大于实际利率　　B. 名义利率小于实际利率

C. 名义利率等于实际利率　　D. 不确定

三、判断题

1. 短期国债是一种几乎没有风险的有价证券，其利率可以代表货币时间价值。(　　)

2. 年金是指间隔期相等的系列等额收付款项，其间隔期必须等于1年。(　　)

3. 当市场不存在通货膨胀的影响时，实际利率是等于名义利率的。(　　)

4. 当存在通货膨胀时，实际收益率不应当扣除通货膨胀率的影响，此时实际收益率就是真实的收益率。(　　)

5. 衡量风险的指标主要有收益率的期望值、方差、标准差和标准差率等。(　　)

6. 如果以年为计息单位，每年复利一次时，名义利率等于实际利率。(　　)

7. 若期数相同，利率相等，则普通年金终值系数与普通年金现值系数之积等于1。(　　)

8. 递延年金终值的计算类似于普通年金终值，与递延期无关。(　　)

四、计算分析题

1. 甲公司2018年年初对A设备投资1 000 000元，该项目2020年年初完工投产，2020年、2021年、2022年年末预期收益分别为200 000元、300 000元、500 000元，年利率为12%。

要求：

(1)按单利计算，2020年年初投资额的终值。

(2)按复利计算,并按年计息,2020年年初投资额的终值。

(3)按复利计算,并按季计息,2020年年初投资额的终值。

(4)按单利计算,2020年年初各年预期收益的现值之和。

(5)按复利计算,并按年计息,2020年年初各年预期收益的现值之和。

(6)按复利计算,并按季计息,2020年年初各年预期收益的现值之和。

2. 已知A、B两个股票的投资收益率及其概率分布情况见表2-2:

表2-2 A股票和B股票投资收益率以及概率分布

市场情况	该种情况出现的概率		投资收益率	
	股票A	股票B	股票A	股票B
好	0.20	0.30	15%	20%
一般	0.60	0.40	10%	15%
差	0.20	0.30	0	-10%

(1)计算A、B两个股票期望收益率和标准差。

(2)计算A、B股票的标准离差率,并判断哪个股票的相对风险更大。

五、案例思考题

还房贷的两种方式:等额本息和等额本金哪个更划算?

买房贷款一般有两种选择方式:等额本金和等额本息。对于等额本金和等额本息这两种方式很多人不甚了解,今天就来详解等额本金和等额本息的含义、区别,以及适用人群等。

等额本金,贷款人将本金分摊到每个月内,同时付清上一交易日至本次还款日之间的利息。这种还款方式总的利息支出较低,但是前期支付的本金和利息较多,还款负担逐月递减。

等额本息,借款人每月按相等的金额偿还贷款本息,其中每月贷款利息按月初剩余贷款本金计算并逐月结清。由于每月的还款额相等,因此,在贷款初期每月的还款中,剔除按月结清的利息后,所还的贷款本金就较少;而在贷款后期因贷款本金不断减少、每月的还款额中贷款利息也不断减少,每月所还的贷款本金就较多。

等额本金特点:每月的还款额不同,呈现逐月递减的状态;它是将贷款本金按还款的总月数均分,再加上上期剩余本金的利息,这样就形成月还款额,所以等额本金法第一个月的还款额多,然后逐月减少,越还越少。

等额本息特点:每月的还款额相同,从本质上来说是本金所占比例逐月递增,利息所占比例逐月递减,月还款数不变,即在月供"本金与利息"的分配比例中,前半段时期所还的利息比例大、本金比例小,还款期限过半后逐步转为本金比例大、利息比例小。

等额本金法在前期的还款金额较大,而后逐月递减,所以比较适合在前段时间还款能力强的贷款人,当然一些年纪稍微大一点的人也比较适合这种方式,因为随着年龄增大或退休,收入可能会减少。

等额本息每月的还款额度相同,所以比较适合有正常开支计划的家庭,特别是年轻人,而且随着年龄增大或职位升迁,收入会增加,生活水平自然会上升;如果这类人选择本金法的话,前期压力会非常大。

等额本息还款和等额本金还款

项目三 筹资管理

【知识目标】

1. 熟悉筹资的含义、渠道和筹资方式。
2. 掌握资金需要量确定的销售百分比法和资金习性预测法。
3. 掌握各种筹资成本的计算方法与应用。
4. 掌握财务杠杆和经营杠杆的含义及相应的计算。
5. 掌握最优资本结构的计算方法。

【能力目标】

1. 能够运用销售百分比法和资金习性预测法准确预测企业的资金需要量。
2. 能够进行个别资金成本和加权平均资金成本计算与决策。
3. 能够进行经营杠杆、财务杠杆和总杠杆计算与分析决策。
4. 能够运用比较资本成本法和每股收益分析法进行资本结构优化。

【素质目标】

1. 树立依法筹集资金的理念。
2. 培养诚实守信的思想,及时归还各种债务本金与利息。
3. 培养严格遵守资本市场相关规则的职业习惯。

【案例引入】

H公司发债融资140亿被疯抢?解读H公司筹资方式

2022年4月12日,据上清所官网披露,H公司拟发行30亿元、期限为180天的H公司2022年度第二期超短期融资券，发行日为4月13日—4月14日，缴款和起息日为4月15日，将于4月18日上市流通，到期一次性还本付息。

随着H公司各项业务规模不断扩大，营业成本及研发支出也相应增长。对于此次超短期融资券的发行，H公司表示，“上述资金将用于补充公司本部及下属子公司营运资金，支撑各项业务发展和关键战略落地”。

4月2日，H公司宣布拟派出公司历史上最大的红包，将614亿元用于13万名员工分红，人均近47万元。没想到H公司发债也这么受欢迎，有网友说：“做不成H公司股东，要当H公司债主。”

2022年以来，H公司已经融资140亿元，而每次发债，都会遭到机构“疯抢”。3月份，H公司刚刚发行了一笔超短期融资券，募集资金30亿元。据H公司披露公告显示，3月8日至9日发行的第一期融资券引来18家机构申购，合规申购金额78.7亿元，最后有效申购的机构为11家。H公司还发行了3期中期票据，共募集资金110亿元。

H公司官网披露的年报显示，2021年，H公司实现全球销售收入6 368亿元，同比下降28.6%；净利润为1 137亿元，同比增长75.9%。得益于主营业务盈利能力的提升，2021年H公司经营现金流有较大增加，达到597亿元，同比增长69.4%；资产负债率从2020年的62.3%下降到2021年的57.8%，整体财务结构的韧性和弹性都在加强。

资金是企业发展的基础，企业的生产需求无不来自对资金的需要。筹资是指企业根据生产经营的实际情况通过适当的方式、合理的渠道获得所需要资金的一种行为。而筹资过程中，筹集资金的来源即筹资渠道，获得形式则是筹资方式。企业筹资方式是指企业筹措资金时所采用的具体形式。H公司筹资的方式主要有商业信用、短期借款、长期借款、发行股票、债券筹资等。H公司通过商业信用筹资主要是通过应付账款，通过延期支付获得所需资金。短期借款和长期借款则是最为广泛的筹资方式。

我国企业主要的短期筹资类型有商业信用和短期借款两大类，商业信用又包括应付账款、应付票据、预收账款及应付费用。H公司的短期筹资方式主要是短期借款和应付账款，截至2021年12月31日，H公司的短期借款额为128.24亿元，较2020年的5.41亿元同比增长了2 270.4%；应付账款为816.94亿元，较2020年的748.65亿元同比增长了9.1%。

长期债务资本的筹资方式有长期借款、发行债券、融资租赁、经营租赁（表外筹资方式）。H公司长期债务资本的筹措方式主要有长期借款、发行债券、经营租赁三种。截至2021年12月31日，H公司的长期借款金额达1 622.76亿元，较2020年的长期借款金额1 412.7亿元同比变动了14.9%。H公司大部分租赁均为经营租赁，而与租赁资产所有权相关的大部分风险和报酬实质上并没有转移给H公司。

通过发行股票、吸收直接投资、留存收益筹资都是长期权益资本的筹措方式。H公司的长期权益资本的筹措方式是发行股票，但又与常规意义上的发行股票有所不同，H公司发行的是虚拟受限股。据H公司2021年年报称，H公司共13万多名员工持有公司股份，与此同时，H公司创始人的持股比例再次下降，降低0.06个百分点至0.84%。

H公司董事长在年报中表示，新的一年，H公司仍将面临一系列挑战和更加严峻的外部环境，仍有很多困难，但H公司对未来发展更有信心。H公司将携手全球伙伴，紧密合作，解决生存发展中的问题与挑战，同时持续强力投资未来。

（来源：佚名 《管理变革记》）

任务一 筹资管理认知

一、筹资概述

筹资，是指企业为了满足其经营活动、投资活动、资本结构管理和其他需要，运用一定的筹资方式，通过一定的筹资渠道，筹措和获取所需资金的一种财务行为。企业的生存与发展皆以筹集足够的资金并灵活运用这些资金为前提。因而筹资管理是企业财务管理的一项基本内容。

企业筹资最基本的目的，是为了企业经营的维持和发展，为企业的经营活动提供资金保障，但每次具体的筹资行为，往往受特定动机的驱动。如企业创建、构建厂房设备属于创立性筹资动机；对外开展投资活动属于扩张性筹资动机；原材料购买的大额支付属于支付性筹资动机；举借长期债务来偿还短期债务属于调整性筹资动机以及一些混合性动机等。

筹资活动是企业资金流转运动的起点，筹资管理要求解决企业为什么要筹资；需要筹集多少资金；从什么渠道筹集；以什么方式筹集；以及如何协调财务风险和资本成本、合理安排资本结构等问题。

二、筹资方式

筹资方式，是指企业筹集资金所采取的具体形式，它受到法律环境、经济体制、融资市场等筹资环境的制约，特别是受国家对金融市场和融资行为方面的法律法规制约。

一般来说，企业最基本的筹资方式有两种：股权筹资和债务筹资。股权筹资形成企业的股权资金，通过吸收直接投资、公开发行股票等方式取得；债务筹资形成企业的债务资金，通过向银行借款、发行公司债券、利用商业信用等方式取得。发行可转换债券、发行优先股股票筹集资金的方式，属于兼有股权筹资和债务筹资性质的混合筹资方式。

（一）吸收直接投资

吸收直接投资，是指企业以投资合同、协议等形式定向地吸收国家、法人单位、自然人等投资主体资金的筹资方式。这种筹资方式不以股票这种融资工具为载体，而是通过签订投资合同或投资协议规定双方的权利和义务,主要适用于非股份制公司筹集股权资本。吸收直接投资,是一种股权筹资方式。

(二)发行股票

发行股票,是指企业以发售股票的方式取得资金的筹资方式。股票是股份有限公司发行的,表明股东按其持有的股份享有权益和承担义务的可转让的书面投资凭证。股票的发售对象,可以是社会公众,也可以是定向的特定投资主体。只有股份有限公司才能发行股票,因此这种筹资方式只适用于股份有限公司,而且必须以股票作为载体。发行股票,是一种股权筹资方式。

【知识拓展】

关于修改《首次公开发行股票并上市管理办法》的决定

(三)发行债券

发行债券,是指企业以发售公司债券的方式取得资金的筹资方式。按照中国证监会颁布的《公司债券发行与交易管理办法》,除了地方政府融资平台公司以外,所有公司制法人,均可以发行公司债券。公司债券是公司依照法定程序发行、约定还本付息期限、标明债权债务关系的有价证券。发行公司债券,适用于向法人单位和自然人两种渠道筹资。发行债券,是一种债务筹资方式。

【知识拓展】

公司债券发行与交易管理办法

（四）向金融机构借款

向金融机构借款，是指企业根据借款合同从银行或非银行金融机构取得资金的筹资方式。这种筹资方式广泛适用于各类企业，它既可以筹集长期资金，也可以筹集短期资金，具有灵活、方便的特点。向金融机构借款，是一种债务筹资方式。

（五）租赁

租赁，是指在一定期间内，出租人将资产的使用权让与承租人以获取对价的合同。从承租方角度，租赁是指企业与出租人签订租赁合同，取得租赁物资产，通过对租赁物的占有、使用取得资金的筹资方式。租赁方式不直接取得货币性资金，通过租赁信用关系，直接取得实物资产，快速形成生产经营能力，然后通过向出租人分期交付租金方式偿还资产的价款。租赁，是一种债务筹资方式。

（六）商业信用

商业信用，是指企业之间在商品或劳务交易中，由于延期付款或延期交货所形成的借贷信用关系。商业信用是由于业务供销活动而形成的，它是企业短期资金的一种重要的和经常性的来源。商业信用，是一种债务筹资方式。

（七）留存收益

留存收益，是指企业从税后利润中提取的盈余公积金以及从企业可供分配利润中留存的未分配利润。留存收益，是企业将当年利润转化为股东对企业追加投资的过程，是一种股权筹资方式。

（八）发行可转换债券

可转换债券，是指由发行公司发行并规定债券持有人在一定期间内依据约定条件可将其转换为发行公司股票的债券。发行可转换债券，是指企业以发售可转换债券的方式取得资金的筹资方式。《上市公司证券发行管理办法》规定，可转换债券的期限最短为1年，最长为6年，自发行结束之日起6个月方可转换为公司股票。可转换债券兼有股权筹资和债务筹资性质，是一种混合筹资方式，也称为衍生工具筹资。

【知识拓展】

可转换公司债券管理办法

（九）发行优先股股票

优先股股票，是指有优先权的股票，优先股的股东优先于普通股股东分配公司利润和剩余财产，但对公司事务无表决权。发行优先股股票，是指企业以发售优先股股票的方式取得资金的筹资方式。优先股的股息率通常事先固定，一般按面值的一定百分比来计算，有类似债券的特征。优先股股票筹资兼有股权筹资和债务筹资性质，是一种混合筹资方式，也称为衍生工具筹资。

三、筹资分类

企业采用不同方式所筹集的资金，按照不同的分类标准，可分为不同的筹资类别。

（一）股权筹资、债务筹资与混合筹资

按企业所取得资金的权益特性不同，企业筹资分为股权筹资、债务筹资与混合筹资。

股权筹资又称所有权筹资，是指可供公司长期拥有、自主调配使用、不需归还的一种筹资方式。股权筹资通常以国家资本（如财政注资）、其他公司资本、职工资本与民间资本、境外资本等为筹资渠道，采用吸收直接投资、发行股票、留存收益等方式筹措资本。债务筹资是指公司按约定代价和用途取得且需按期还本付息的一种筹资方式。债务筹资往往通过银行、非银行金融机构、民间等渠道，采用申请贷款、发行债券、利用商业信用、租赁等方式筹措资本。混合筹资是指兼具股权筹资与债务筹资性质的筹资。我国上市公司目前最常见的混合筹资方式是发行可转换债券和发行认购权证。

（二）直接筹资与间接筹资

按是否借助于金融机构为媒介来获取社会资金，企业筹资分为直接筹资与间接筹资。

直接筹资是企业直接与资金供应者协商融通资金的筹资活动。直接筹资不需要通过金融机构来筹措资金，是企业直接从社会取得资金的方式。直接筹资方式主要有发行股票、发行债券、吸收直接投资等。间接筹资是指企业借助于银行和非银行金融机构来筹集资金。在间接筹资方式下，银行等金融机构发挥中介作用，预先集聚资金，然后提供给企业。间接筹资的基本方式是银行借款，此外还有融资租赁等方式。

（三）内部筹资与外部筹资

按资金的来源范围不同，企业筹资分为内部筹资与外部筹资。

内部筹资是指企业通过利润留存而形成的筹资来源。内部筹资数额大小主要取决于企业可供分配利润的多少和利润分配政策。外部筹资是指企业向外部筹措资金而形成的筹资来源。外部筹资主要包括发行股票、债券，取得商业信用、银行借款等。

（四）短期筹资与长期筹资

按所筹集资金的使用期限不同，企业筹资分为短期筹资与长期筹资。短期筹资是指企业筹集使用期限在 1 年以内的资金。短期筹资通常采取利用商业信用和取得银行流动借款等方式。长期筹资是指企业筹集使用期限在 1 年以上的资金。长期筹资通常采用吸收直接投资,发行股票,发行公司债券,取得长期借款,融资租赁和内部积累等方式。

四、筹资原则

企业筹资是一项重要而复杂的工作。为了有效地筹集所需资金,企业必须遵循以下基本原则。

(一)筹措合法原则

筹措合法原则,是指企业筹资要遵循国家法律法规,合法筹措资金。企业的筹资活动不仅为自身的生产经营提供了资金来源,也会影响投资者的经济利益,影响社会经济秩序。企业的筹资行为和筹资活动必须遵循国家的相关法律法规,依法履行法律法规和投资合同约定的责任,合法合规筹资,依法披露信息,维护各方的合法权益。

(二)规模适当原则

规模适当原则,是指企业要根据生产经营及其发展的需要,合理安排资金需求。企业筹集资金,要合理预测确定资金的需要量。筹资规模与资金需要量应当匹配一致,既要避免因筹资不足,影响生产经营的正常进行,又要防止筹资过多,造成资金闲置。

(三)取得及时原则

取得及时原则是指企业要合理安排筹资时间,适时取得资金。企业筹资时,需要通过合理预测确定资金需要的时间。要根据资金需求的具体情况,合理安排资金的筹集到位时间,使筹资与用资在时间上相衔接。既避免过早筹资形成资金投放前的闲置,又防止取得资金的时间滞后,错过资金投放的最佳时间。

(四)来源经济原则

来源经济原则是指企业要充分利用各种筹资渠道,选择经济、可行的资金来源。企业所筹集的资金都要付出一定的代价,不同筹资方式条件下的资金成本有高有低。为此,就需要对各种筹资方式进行分析、对比,选择经济、可行的筹资方式以确定合理的资金结构,以便降低成本,减少风险。

(五)结构合理原则

结构合理原则是指企业筹资管理要综合考虑各种筹资方式,优化资本结构。企业要综合考虑股权筹资与债务筹资的关系、短期筹资与长期筹资的关系、内部筹资与外部筹资的关系,合理安排资本结构,保持适当偿债能力,防范企业财务危机。

【德技并举】

2022 年中国企业信用 500 强名单

任务二　资金需要量预测

资金需要量是筹资的数量依据，应当科学合理地进行预测。筹资数量预测的基本目的是保证筹集的资金既能满足生产经营的需要，又不会产生多余资金而闲置。

一、因素分析法

因素分析法又称分析调整法，是以有关项目基期年度的平均资金需要量为基础，根据预测年度的生产经营任务和资金周转加速的要求，进行分析、调整，来预测资金需要量的一种方法。这种方法计算简便，容易掌握，但预测结果不太精确。它通常用于品种繁多、规格复杂、资金用量较小的项目。因素分析法的计算公式如下：

资金需要量=(基期资金平均占用额-不合理资金占用额)×(1±预测期销售增减率)×(1-预测期资金周转速度增长率)

【例 3-1】　MD 公司上年度资金平均占用额为 3 100 万元。经分析，其中不合理部分 100 万元，预计本年度销售增长 6%，资金周转加速 2%。预测其年度资金需要量。

预测年度资金需要量=(3 100-100)×(1+6%)×(1-2%)=3 116.4(万元)

即预测年度资金需要量为 3 116.4 万元。

二、销售百分比法

(一)基本原理

销售百分比法，是假设某些资产和负债与销售存在稳定的百分比关系，根据这个假设预计外部资金需要量的方法。企业的销售规模扩大时，要相应增加流动资产；如果销售规模增加很多，还必须增加长期资产。为取得扩大销售所需增加的资产，企业需要筹措资金。这些资金,一部分来自随销售收入同比例增加的流动负债,还有一部分来自预测期的收益留存,另一部分通过外部筹资取得。

销售百分比法,将反映生产经营规模的销售因素与反映资金占用的资产因素连接起来,根据销售与资产之间的数量比例关系来预计企业的外部筹资需要量。销售百分比法首先假设某些资产与销售额存在稳定的百分比关系,根据销售与资产的比例关系预计资产额,根据资产额预计相应的负债和所有者权益,进而确定筹资需求量。

(二)基本步骤

1. 将资产负债表项目划分为变动项目和不变项目

变动项目是指随销售额的变动而同步变动的项目,主要包括货币资金、应收账款、存货等流动资产项目,应付账款、应付票据、应交税费等自发性负债项目。

与变动项目相对应的是不变项目,如固定资产、长期投资、短期借款、短期融资券、长期负债和实收资本等,它们在短期内都不会随销售规模的扩大而相应改变。

2. 计算基年各变动项目销售百分比

某变动项目销售百分比=该项目金额/销售额×100%

资产销售百分比=各资产类变动项目销售百分比之和=资产类变动项目总金额/销售额×100%

负债销售百分比=各负债类变动项目销售百分比之和=负债类变动项目总金额/销售额×100%

3. 计算外部融资额

外部融资额=Δ资产-Δ自发性负债-Δ留存收益

=资产销售百分比×新增销售额-自发性负债销售百分比×新增销售额-预计销售额×销售净利率×利润留存率

【例3-2】 MD公司2022年12月31日的简要资产负债及相关信息见表3-1。假定MD公司2022年销售额为10 000万元,销售净利率为10%,利润留存率为40%。2023年销售额预计增长20%,公司有足够的生产能力,无须追加固定资产投资。

表3-1 MD公司资产负债及相关信息表(2022年12月31日)

资产	金额(万元)	与销售关系(%)	负债与权益	金额(万元)	与销售关系(%)
现金	500	5	短期借款	2 500	N
应收账款	1 500	15	应付账款	1 000	10
存货	3 000	30	预提费用	500	5
固定资产	3 000	N	公司债券	1 000	N
			实收资本	2 000	N
			留存收益	1 000	N
合计	8 000	50	合计	8 000	15

(1)将资产负债表项目划分为变动项目和不变项目。在表3-1中,N表示不变动,是指该项目不随销售的变化而变化。即现金、应收账款、存货为变动项目,应付账款、预提费用为自发性负债。

(2)计算基年各变动项目销售百分比。从表3-1可以看出,资产类变动项目总额占销售额比重是50%,负债类变动项目总额占销售额比重是15%。

(3)计算外部融资额。

外部融资额=50%×10 000×20%-15%×10 000×20%-10 000×(1+20%)×10%×40%=300(万元)

销售百分比法的优点,是能为筹资管理提供短期预计的财务报表,以适应外部筹资的需要,且易于使用。但在有关因素发生变动的情况下,必须相应地调整原有的销售百分比。

三、资金习性预测法

资金习性是指资金的变动同产销量变动之间的依存关系。按照资金同产销量之间的依存关系,资金可以区分为不变资金、变动资金和半变动资金。

不变资金指在一定的产销量范围内保持不变的那部分资金,如维持企业最低数额的现金、固定资产和保险储备的原材料。

变动资金指随产销量成比例变动的那部分资金,如最低储备以外的现金、存货、应收账款等。

半变动资金随产销量变动但不成比例,如一些辅助材料上占用的资金。但也可以划分为不变资金和变动资金。

资金习性预测法就是根据历史上企业资金占用总额与产销量之间的关系,把资金划分为不变和变动两部分,然后结合预计的销售量来预测资金需求量。

其基本预测模型为:

$$Y=a+bX$$

式中:Y 为资金占用额;

X 为销售量;

a、b 分别为不变资金总额和单位销量所需的变动资金。

通过将历史数据代入模型,用高低点法或回归分析法得出 a、b 值后,再将预计销售量代入已知模型,计算出预计资金需要量。

(一)高低点法

高低点法是在相关范围内,根据资金量的最高点和产销量的最高点之间的线性关系,及资金量的最低点与产销量的最低点之间的线性关系,推算出资金中不变资金(a)和单位产销量所需变动资金(b)的数值,进而计算出预测期的资金需要量。其计算公式如下:

选择业务量最高、最低两点的资料：

b=（最高业务量期的资金占用-最低业务量期的资金占用）/（最高业务量-最低业务量）

a =最高业务量期的占用资金-b×最高业务量

或　=最低业务量期的占用资金-b×最低业务量

【例 3-3】 MD 公司历年现金占用与销售额之间的关系见表 3-2，需要根据两者的关系，采用高低点法来计算现金占用项目中不变资金和变动资金的数额。

表 3-2　现金与销售额变化情况表　　单位：元

年度	销售收入 X	现金占用 Y
20×7	2 000 000	110 000
20×6	2 400 000	130 000
20×7	2 600 000	140 000
20×8	2 800 000	150 000
20×9	3 000 000	160 000

根据资料和基本预测模型 $Y=a+bX$，可列出以下方程：

$$160\ 000=a+b\times 3\ 000\ 000 \quad ①$$

$$110\ 000=a+b\times 2\ 000\ 000 \quad ②$$

①-②得出：$50\ 000=b\times 1\ 000\ 000$，$b=0.05$

将 $b=0.05$ 的数据代入 20×9 年 $Y=a+bX$，得：

$a=160\ 000-0.05\times 3\ 000\ 000=10\ 000$（元）

【能力训练】

某企业 20×9—20×2 年销售收入与资产及无息流动负债的情况见表 3-3。

表 3-3　销售收入与资产及无息流动负债的情况表　　单位：万元

时间	销售收入	现金	应收账款	存货	固定资产	无息流动负债
20×9	600	1 400	2 100	3 500	6 500	1 080
20×0	500	1 200	1 900	3 100	6 500	930
20×1	680	1 620	2 560	4 000	6 500	1 200
20×2	700	1 600	2 500	4 100	6 500	1 230

要求：

(1)采用高低点法分项建立资金预测模型。

(2)计算20×2年的资金需要量。

(3)如果预测20×3年销售收入为1 000万元，利润留存为40万元，计算20×3年的资金需要总量和外部筹资额。

(4)如果预测20×4年销售收入为1 200万元，销售净利率为10%，股利支付率为60%，计算20×4年需要增加的资金，20×4年对外筹资数额。

参考答案

(二)回归分析法

回归分析法是根据有关历史资料，用数学上最小平方方法原理，计算能代表平均资金水平的直线截距和斜率，建立回归直线方程，并利用其预测资金需要量的方法。

其回归方程的截距和斜率的计算公式如下：

$$b=\frac{n\sum xy-\sum x\sum y}{n\sum x^2-(\sum x)^2}$$

$$a=\frac{\sum y-b\sum x}{n}$$

【例3-4】 MD公司20×1—20×6年历年产销量和资金变化情况见表3-4。20×7年预计销售量为1 500万件，采用回归分析法来预测20×7年的资金需要量。

表3-4　资金需要量预测表

年度	产销量 (X:万件)	资金占用 (Y:万元)	XY	X^2
20×1	1 200	1 000	1 200 000	1 440 000
20×2	1 100	950	1 045 000	1 210 000
20×3	1 000	900	900 000	1 000 000
20×4	1 200	1 000	1 200 000	1 440 000
20×5	1 300	1 050	1 365 000	1 690 000
20×6	1 400	1 100	1 540 000	1 960 000
合计n=6	$\sum X=7\ 200$	$\sum Y=6\ 000$	$\sum XY=7\ 250\ 000$	$\sum X^2=8\ 740\ 000$

解得 $a=400$，$b=0.5$

所以 $Y=400+0.5X$

把20×7年预计销售量1 500万件代入上式，得出20×7年资金需要量为：

400+0.5×1 500=1 150(万元)

运用回归分析法必须注意以下几个问题：

(1)资金需要量与业务量之间线性关系的假定应符合实际情况；

(2)确定 a、b 数值，应利用连续若干年的历史资料，一般要有3年以上的资料；

(3)应考虑价格等因素的变动情况。

任务三　资本成本计算与筹资方式选择

一、资本成本概述

(一)资本成本的含义

资本成本是指企业为筹集和使用资本而付出的代价，包括筹资费用和占用费用。筹资费用是指企业在筹集阶段而付出的代价，比如债券的发行费用，股票的发行费用、手续费等，其特点是一次性支付且数额小。占用费用是指企业为使用资金而付出的代价，比如债务资金的利息和权益资金的股利、分红等，其特点是分次支付、数额较大。资金成本是资本所有权与资本使用权分离的结果。资本成本可以用绝对数表示，也可以用相对数表示。但是因为绝对数不利于不同资金规模的比较，所以在财务管理当中一般采用相对数表示。

(二)资本成本的种类

企业的资本成本通常分为以下三类：①个别资本成本。个别资本成本是企业各种资本来源的成本，主要包括长期借款资本成本、长期债券资本成本、普通股资本成本、优先股资本成本和留存收益资本成本等，个别资本成本可以用于企业融资方式的选择。②加权平均资本成本。加权平均资本成本，又称综合资本成本，是以各类长期资本占总资本的比例为权重，对个别资本成本进行加权平均计算而得的企业全部长期资本的成本，主要用于企业进行长期资本结构决策。③边际资本成本。边际资本成本是指企业追加融资的成本，边际资本成本主要用于企业追加融资方案的选择。

(三)资本成本的意义

资本成本作为企业财务管理的重要概念之一，是连接企业投资与融资的重要纽带。企业的投资决策决定融资的金额及时间，而融资决策的资本成本又成为投资决策的重要依据。因此，资本成本不仅对企业融资管理至关重要，还对企业投资管理甚至经营管理都产生重要影响。

1. 资本成本是企业进行融资决策的重要依据

对于企业融资决策来说，资本成本是最重要的考量因素之一。面对银行借款、公司债券、普通股、优先股等多种融资方式，企业需要综合考虑各项融资方式的个别资本成本;在面对多种融资组合方案时,企业需要依靠加权平均资本成本确定最优资本结构;当企业需要追加融资时,边际资本成本能够作为确定追加融资方案的重要评价标准。

2. 资本成本是企业决定投资项目的重要标准

对于企业投资决策来说,资本成本通常被视为投资项目的最低收益水平,即投资项目的最低报酬率或必要报酬率。当投资项目的投资报酬率高于其资本成本时,该项目才是相对合理的,企业可以考虑投资该项目;否则企业应该放弃该投资项目,重新考虑其他项目。

3. 资本成本是衡量企业经营业绩的重要尺度

资本成本是投资人要求的报酬率,与企业的实际报酬率相比较可以反映企业的经营业绩。在一定时期内,如果企业的总资产报酬率高于其加权平均资本成本,则说明企业经营状况相对良好;反之,则说明企业资本使用效率较差,经营业绩不佳,企业需要改善经营管理。

二、个别资本成本

个别资本成本是指单一融资方式本身的资本成本,包括银行借款资本成本、公司债券资本成本、租赁资本成本、优先股资本成本、普通股资本成本和留存收益成本等,其中前三类是债务资本成本,后三类是权益资本成本。

1. 一般模式

$$\text{资本成本率}=\frac{\text{用资费用}}{\text{筹资总额}-\text{筹资费用}}=\frac{\text{用资费用}}{\text{筹资总额}\times(1-\text{筹资费用率})}$$

一般模式不考虑货币时间价值。

2. 贴现模式

对于金额大、时间超过 1 年的长期资本,更为准确的资本成本计算方式是采用贴现模式,即将债务未来还本付息或股权未来股利分红的贴现值与目前筹资净额相等时的贴现率作为资本成本率。即:

由:筹资净额现值-未来资本清偿额现金流量现值=0

得:资本成本率=所采用的贴现率

(一)银行借款

1. 资本成本计算

银行借款的资金成本包括借款利息和借款手续费。由于借款利息一般允许在所得税前支付,因此,企业实际负担的利息为税后利息。所以,银行借款的资本成本的计算公式为:

$$K_b=\frac{\text{年利率}\times(1-\text{所得税税率})}{1-\text{手续费率}}=\frac{i(1-T)}{1-f}$$

式中,K_b 表示银行借款资本成借率,i 表示银行借款年利率,f 表示筹资费用率,T 表示所得税税率。

对于长期借款,考虑货币时间价值问题,还可以用贴现模式计算资本成本率。

【例3-5】 MD公司取得5年期长期借款200万元,年利率为10%,每年末付息一次,到期一次还本,借款费用率0.2%,企业所得税税率25%。

要求:计算该借款的资本成本率。

一般模式:$K_b=10\%\times(1-25\%)/(1-0.2\%)=7.52\%$

贴现模式:现金流入现值$=200\times(1-0.2\%)=199.6$

现金流出现值$=200\times10\%\times(1-25\%)\times(P/A,K_b,5)+200\times(P/F,K_b,5)=15\times(P/A,K_b,5)+200\times(P/F,K_b,5)$

用内插法解得$K_b=7.56\%$

2. 长期借款的保护性条款

由于银行等金融机构提供的长期贷款金额高、期限长、风险大,因此,除借款合同的基本条款之外,债权人通常还在借款合同中附加各种保护性条款,以确保企业按要求使用借款和按时足额偿还借款。保护性条款一般有以下三类:

(1)例行性保护条款。这类条款作为例行常规,在大多数借款合同中都会出现。主要包括:①要求定期向提供贷款的金融机构提交财务报表,以使债权人随时掌握公司的财务状况和经营成果。②不准在正常情况下出售较多的非产成品存货,以保持企业正常生产经营能力。③如期清偿应缴纳税金和其他到期债务,以防被罚款而造成不必要的现金流失。④不准以资产做其他承诺的担保或抵押。⑤不准贴现应收票据或出售应收账款,以避免或有负债等。

(2)一般性保护条款。一般性保护条款是对企业资产的流动性及偿债能力等方面的要求条款,这类条款应用于大多数借款合同。主要包括:①保持企业的资产流动性。要求企业持有一定限度的货币资金及其他流动资产,以保持企业资产的流动性和偿债能力,一般规定了企业必须保持的最低营运资金数额和最低流动比率数值。②限制企业非经营性支出。如限制支付现金股利、购入股票和职工加薪的数额规模,以减少企业资金的过度外流。③限制企业资本支出的规模。控制企业资产结构中的长期性资产的比例,以减少公司日后不得不变卖固定资产以偿还贷款的可能性。④限制公司再举债规模。目的是防止其他债权人取得对公司资产的优先索偿权。⑤限制公司的长期投资。如规定公司不准投资于短期内不能收回资金的项目,不能未经银行等债权人同意而与其他公司合并等。

(3)特殊性保护条款。这类条款是针对某些特殊情况而出现在部分借款合同中的条款,只有在特殊情况下才能生效。主要包括:要求公司的主要领导人购买人身保险,借款的用途不得改变,违约惩罚条款,等等。

3. 银行借款筹资的优缺点

(1)优点:①筹资速度快。与发行债券、融资租赁等债权筹资方式相比,银行借款的程序相对简单,所花时间较短,公司可以迅速获得所需资金。②资本成本较低。利用银行借款筹资,比发行债券和融资租赁的利息负担要低。而且,无须支付证券发行费用、租赁手续费用等筹资费用。③筹资弹性较大。在借款之前,公司根据当时的资本需求与银行等贷款机构直接商定贷款的时间、数额和条件。在借款期间,若公司的财务状况发生某些变化,也可与债权人再协商,变更借款数额、时间和条件,或提前偿还本息。因此,借款筹资对公司具有较大的灵活性,特别是短期借款更是如此。

(2)缺点:①财务风险大。借款通常有固定的利息负担和固定的偿付期限,当企业经营不善时,可能产生不能偿付的风险,甚至会导致破产。②限制条款多。与债券筹资相比较,银行借款合同对借款用途有明确规定,通过借款的保护性条款,对公司资本支出额度、再筹资、股利支付等行为有严格的约束,以后公司的生产经营活动和财务政策必将受到一定程度的影响。③筹资数额有限。银行借款的数额往往受到贷款机构资本实力的制约,不可能像发行债券、股票那样一次筹集到大笔资金,无法满足公司大规模筹资的需要。

(二)公司债券

1. 资本成本计算

公司债券资本成本,包括债券利息和借款发行费用。债券可以溢价发行,也可以折价发行,其资本成本率按一般模式计算为:

$$K_b=\frac{\text{年利息}\times(1-\text{所得税税率})}{\text{债券筹资总额}\times(1-\text{手续费率})}=\frac{I(1-T)}{L(1-f)}$$

式中,L 表示公司债券筹资总额,I 表示公司债券年利息。

【例 3-6】 MD 公司以 1 100 元的价格,溢价发行面值为 1 000 元、期限为 5 年、票面利率为 7% 的公司债券一批。每年付息一次,到期一次还本,发行费用率 3%,所得税税率 25%。

要求:计算该批债券的资本成本率。

一般模式:$K_b=[1\ 000\times7\%\times(1-25\%)]/[1\ 100\times(1-3\%)]=4.92\%$

贴现模式:$1\ 100\times(1-3\%)=1\ 000\times7\%\times(1-25\%)\times(P/A,K_b,5)+1\ 000\times(P/F,K_b,5)$

解得 $K_b=3.76\%$

2. 债券的种类

公司债券有很多形式,大致有如下分类:

(1)按是否记名,分为记名债券和无记名债券。记名债券是指企业发行债券时,债券购买者姓名和地址在发行债券企业登记的一种债券。偿付本息时,按名册付款。不记名债券,即带有息票的债券。企业发行这种债券时无须登记购买者名字,持有人凭息票领取到期利息,凭到期债券收回本金。

(2)按能否转换为公司股票,分为可转换债券和不可转换债券。可转换债券是指债券持有人按规定的条件将债券转换为股票。与之相反,不可转换债券,是指债券持有者不能把持有的债券转换为股票。

(3)按有无特定财产担保,分为担保债券和信用债券。担保债券是以企业特定财产为抵押担保的债券。其中特定资产是指动产、不动产或其他企业股票。如果发行企业无力偿还到期本息，持有人或作为其他代表的信托人有权处置抵押品作为补偿。信用债券是凭借企业信用而发行的债券，由于这种债券无抵押作保证，债券持有者要承担一定风险。同时这种债券的利率往往高于有担保的债券利率。

3. 债券筹资的优缺点

（1）优点：①资金成本低。由于债权人承担的风险小于股东承担的风险，加之债券利息在所得税前支付，具有一定的抵税作用，因此债券筹资的成本低于股票筹资的成本。②筹资对象广，市场大。与银行借款相比，发行债券所面对的是众多的社会投资者，资金充裕，筹资潜力大。③可获得财务杠杆利益。当全部资本报酬率大于借款利率时，债券筹资可以提高自有资金的收益率，带来财务杠杆利益。

（2）缺点：①财务风险大。债券筹资提高了企业的负债比率，固定的利息支付负担和本金偿还义务增加了企业的财务负担和破产风险，加大了企业未来举债的难度。②限制条件多。首先，企业发行债券要具备相应的资格，需符合严格的条件，这在一定程度上限制了企业对债券筹资方式的使用。其次，发行债券时的各种限制性条款将会影响公司正常发展及未来举债能力。

（三）优先股

1. 资本成本计算

优先股具有债权和股权的双重特性，一方面优先股类似于债券，企业需要定期支付利息；另一方面优先股与普通股一样，不需要到期偿还本金，也不具有抵扣企业所得税的作用。优先股的成本由预定股利和筹资费用两部分组成，通常依据股利折现模型进行计算。优先股资本成本的计算公式如下：

$$K_p=\frac{D_p}{P\times(1-f)}$$

式中，用 K_p 表示优先股资本成本，D_p 表示优先股的年股利，P 表示优先股的发行价格或者实收股金，f 表示优先股筹资费用率。

2. 优先股的基本性质

（1）约定股息。相对于普通股而言，优先股的股利收益是事先约定的，也是相对固定的。另外，优先股也可以采用浮动股息率分配利润。公司章程中规定优先股采用浮动股息率的，应当明确优先股存续期内票面股息率的计算方法。

（2）权利优先。优先股在年度利润分配和剩余财产清偿分配方面，具有比普通股股东优先的权利。优先股可以先于普通股获得股息，公司的可分配利润先分给优先股股东，剩余部分再分给普通股股东。在剩余财产方面，优先股的清偿顺序先于普通股而次于债权人。公司清算，剩余财产先分给债权人，再分给优先股股东，最后分给普通股股东。

（3）权利范围小。优先股股东一般没有选举权和被选举权，对股份公司的重大经营事项无表决权。仅在股东大会表决与优先股股东自身利益直接相关的特定事项时，具有有限表决权。例如,修改公司章程中与优先股股东利益相关的事项条款时,优先股股东有表决权。

3. 优先股的种类

按不同标准,优先股可做不同分类。现介绍以下几种最主要的分类方式。

(1)累积优先股和非累积优先股。累积优先股是指在任何营业年度内未支付的股利可累积起来,由以后营业年度的盈利一起支付的优先股股票。非累积优先股是仅按当年利润分取股利,而不予以累积补付的优先股股票。

(2)可转换优先股与不可转换优先股。可转换优先股是股东可在一定时期内按一定比例把优先股转换成普通股的股票。不可转换优先股是指不能转换成普通股的股票。不可转换优先股只能获得固定股利报酬,而不能获得转换收益。

(3)参与优先股和非参与优先股。根据优先股股东按照确定的股息率分配股息后,是否有权同普通股股东一起参加剩余税后利润分配,可分为参与优先股和非参与优先股。持有人只能获取一定股息但不能参加公司额外分红的优先股,称为非参与优先股。持有人除可按规定的股息率优先获得股息外,还可与普通股股东分享公司的剩余收益的优先股,称为参与优先股。对于有权同普通股股东一起参加剩余利润分配的参与优先股,公司章程应明确优先股股东参与剩余利润分配的比例、条件等事项。

(4)可赎回优先股与不可赎回优先股。可赎回优先股又称可收回优先股,是指股份有限公司可以按一定价格收回的优先股股票。不可赎回优先股是指不能收回的优先股股票。

(5)固定股息率优先股和浮动股息率优先股。优先股股息率在股权存续期内不做调整的,称为固定股息率优先股;优先股股息率根据约定的计算方法进行调整的,称为浮动股息率优先股。优先股采用浮动股息率的,在优先股存续期内票面股息率的计算方法在公司章程中要事先明确。

(6)强制分红优先股与非强制分红优先股。公司在章程中规定,在有可分配税后利润时必须向优先股股东分配利润的,称为强制分红优先股,否则即为非强制分红优先股。

4. 优先股筹资的优缺点

(1)优点:①没有固定到期日,不用偿还本金。②股利支付既固定,又有一定弹性。③有利于增强公司信誉。

(2)缺点:①筹资成本高。②筹资限制多。③财务负担重。

(四)普通股

1. 资本成本计算

普通股资本成本主要是向股东支付的各期股利。由于各期股利并不一定固定,随企业各期收益波动,因此普通股的资本成本只能按贴现模式计算,并假定各期股利的变化呈一定规律性。如果是上市公司普通股,其资本成本还可以根据该公司股票收益率与市场收益率的相关性,按资本资产定价模型法估计。

(1)股利增长模型法。如果公司的收益每年按一个固定的比率 g 增长,并采用固定股利率分配政策，则股利也会每年按比率 g 增长，此时普通股资金成本的计算公式为：

$$K_s=\frac{D_0(1+g)}{P(1-f)}+g=\frac{D_1}{P(1-f)}+g$$

式中，用 K_s 表示普通股资本成本，D_0 表示本期支付的股利，D_1 表示下一期支付的股利，P 表示目前市场价格，f 表示普通股筹资费用率。

【例 3-7】 MD 公司普通股市价 30 元，筹资费用率为 2%，本年发放现金股利每股 0.6 元，预期股利年增长率为 10%。要求计算该普通股资本成本。

$$K_s=[0.6\times(1+10\%)]/[30\times(1-2\%)]+10\%=12.24\%$$

(2)资本资产定价模型法。资本资产定价模型法实质是一种将股东的预期投资收益率作为企业资本成本的方法。股东的预期投资收益率可以分为无风险收益率和风险收益率两部分。假设资本市场有效，股票市场价格与价值相等。其计算公式如下：

$$K_s=R_f+\beta(R_m-R_f)$$

式中，K_s 为普通股的资本成本，R_m 为股票市场的平均必要报酬率，R_f 为无风险报酬率，β 为某种股票风险程度的指标。

【例 3-8】 MD 公司拟发行普通股。假定国债收益率为 4%，股票市场平均收益率为 12%，该企业股票的 β 系数为 1.5。根据资本资产定价模型，计算该普通股的资本成本。

解：$K_s=4\%+1.5\times(12\%-4\%)=16\%$

【知识拓展】

资本资产定价模型
与 β 系数

2. 普通股及股东的权利

普通股是股份有限公司发行的无特别权利的股份，也是最基本的、标准的股份。它代表了股东对股份制公司的所有权。发行普通股是股份有限公司筹集权益资金的主要方式。持有普通股股份者为普通股股东。

普通股股东主要有如下权利：①公司管理权。股东对公司的管理权主要体现在重大决策参与权、经营者选择权、财务监控权、公司经营的建议和质询权、股东大会召集权等方面。②收益分享权。股东有权通过股利方式获取公司的税后利润，利润分配方案由董事会提出并经过股东大会批准。③股份转让权。股东有权将其所持有的股票出售或转让。④优先认股权。原有股东拥有优先认购本公司增发股票的权利。⑤剩余财产要求权。当公司解散、清算时，股东有对清偿债务、清偿优先股股东以后的剩余财产索取的权利。

3. 股票的种类

（1）按股东权利和义务，分为普通股股票和优先股股票。普通股股票简称普通股，是公司发行的代表着股东享有平等的权利、义务，不加特别限制的，股利不固定的股票。普通股是最基本的股票，股份有限公司通常情况下只发行普通股。

优先股股票简称优先股，是公司发行的相对于普通股具有一定优先权的股票。其优先权利主要表现在股利分配优先权和分取剩余财产优先权上。优先股股东在股东大会上无表决权，在参与公司经营管理上受到一定限制，仅对涉及优先股权利的问题有表决权。

（2）按票面有无记名，分为记名股票和无记名股票。记名股票是在股票票面上记载有股东姓名或名称或者将姓名或名称记入公司股东名册的股票，无记名股票不登记股东姓名或名称，公司只记载股票数量、编号及发行日期。

（3）按发行对象和上市地点，分为 A 股、B 股、H 股、N 股和 S 股等。A 股即人民币普通股票，由我国境内公司发行，境内上市交易，它以人民币标明面值，以人民币认购和交易。B 股即人民币特种股票，由我国境内公司发行，境内上市交易，它以人民币标明面值，以外币认购和交易。H 股是注册地在内地、上市在香港的股票。以此类推，在纽约和新加坡上市的股票，就分别称为 N 股和 S 股。

4. 普通股筹资的优缺点

（1）优点：①发行普通股筹措的资本具有永久性，无到期日，不需归还。②发行普通股筹资没有固定的股利负担。③发行普通股筹集的资本是公司最基本的资金来源，可作为其他方式筹资的基础，尤其可为债权人提供保障，增加公司的举债能力。④由于普通股的预期收益较高，并可一定程度地抵消通货膨胀的影响，因此普通股筹资容易吸收资金。

（2）缺点：①普通股的资本成本较高。首先，从投资者的角度讲，投资于普通股风险较高，相应地要求有较高的投资报酬率。其次，对筹资公司来讲，普通股股利从税后利润中支付，不具有抵税作用。此外，普通股的发行费用也较高。②以普通股筹资增加新股东，可能分散公司的控制权。此外，新股东分享公司未发行新股前积累的盈余，会降低普通股的每股净收益，从而可能引发股价的下跌。

（五）留存收益

1. 资本成本计算

留存收益是由企业税后净利润形成的，是一种所有者权益，其实质是所有者向企业的追加投资。企业利用留存收益筹资无须发生筹资费用。如果企业将留存收益用于再投资，所获得的收益率低于股东自己进行一项风险相似的投资项目的收益率，企业就应该将其分配给股东。留存收益的资本成本率,表现为股东追加投资要求的收益率,其计算与普通股成本相同,也分为股利增长模型法和资本资产定价模型法,不同点在于其不考虑筹资费用。

2. 留存收益的筹资途径

(1)提取盈余公积金。盈余公积金是从当期企业净利润中提取的积累资金,其提取基数是本年度的净利润。盈余公积金主要用于企业未来的经营发展,经投资者审议后也可以用于转增股本(实收资本)和弥补以前年度经营亏损,但不得用于以后年度的对外利润分配。

(2)未分配利润。未分配利润,是指未限定用途的留存净利润。未分配利润有两层含义:①这部分净利润本年度没有分配给公司的股东投资者;②这部分净利润未指定用途,可以用于企业未来的经营发展、转增资本(实收资本)、弥补以前年度的经营亏损及以后年度的利润分配。

3. 利用留存收益筹资的优缺点

(1)优点:①不用发生筹资费用。企业从外界筹集长期资本,与普通股筹资相比较,留存收益筹资不需要发生筹资费用,资本成本较低。②维持公司的控制权分布。利用留存收益筹资,不用对外发行新股或吸收新投资者,由此增加的权益资本不会改变公司的股权结构,不会稀释原有股东的控制权。

(2)缺点:①留存收益筹资数额有限。留存收益的最大数额是企业到期的净利润和以前年度未分配利润之和,不像外部筹资一次性可以筹集大量资金。如果企业发生亏损,那么当年就没有利润留存。②另外,股东和投资者从自身期望出发,往往希望企业每年发放一定的利润,保持一定的利润分配比例。

三、加权平均资本成本

加权平均资金成本,也称综合资金成本,是指企业以各种长期资本在全部资金中所占的比重为权数,对各种长期资本的资本成本加权平均计算出来的资金总成本。当企业通过多种方式筹资时,加权平均资金成本比个别资金成本更为重要,因为它衡量的是企业筹资的总体代价。其计算公式为:

$$K_w = \sum_{j=1}^{n} W_j K_j$$

式中,K_w为加权平均资本成本,n 为长期资本的类别个数;W_j为第 j 种个别资本在全部资本中的比重;K_j为第 j 种个别资本成本率。

计算加权平均资本成本中的个别资本占全部资本的权数时,可分别选用账面价值、市场价值、目标价值权数法来计算。

账面价值权数法是指按照各种资本的账面价值来计算权数。优点是易于从资产负债表中取得资料;缺点是账面价值可能与市场价值不符,从而导致筹资决策的失误。

市场价值权数法是指债券、股票以当前的市场价格来确定权数。优点是能够反映企业现实的资本结构；缺点是市场价值变动频繁，不易确定。因此经常用平均价格来弥补这个缺点。

目标价值权数法是指债券、股票以未来预计的目标市场价值确定权数。优点是能体现期望的资本结构，而不是像账面价值权数和市场价值权数那样只反映过去和现在的资本结构，所以按目标价值权数计算的加权平均资本成本更适用于企业筹措新资金。缺点是企业很难客观合理地确定证券的目标价值，使得这种计算方法不易推广。

【例 3-9】 MD 公司拟筹措资金 2 000 万元，其中，计划发行债券 600 万元，发行优先股 200 万元，发行普通股 800 万元，并使用留存收益 400 万元，各种资金成本分别为 6%、12%、16% 和 15%。要求：计算该企业的加权平均资金成本。

解：$K_w=(600/2\ 000)\times6\%+(200/2\ 000)\times12\%+(800/2\ 000)\times16\%+(400/2\ 000)\times15\%=12.4\%$

【能力训练】

甲公司 20×2 年年末长期资本为 5 000 万元，其中长期银行借款为 1 000 万元，年利率为 6%；所有者权益（包括普通股股本和留存收益）为 4 000 万元。公司计划在 20×3 年追加筹集资金 5 000 万元，其中按面值发行债券 2 000 万元，票面年利率为 6.86%，期限 5 年，每年付息一次，到期一次还本，筹资费用率为 2%；发行优先股筹资 3 000 万元，固定股息率为 7.76%，筹集费用率为 3%。公司普通股 β 系数为 2，一年期国债利率为 4%，市场平均报酬率为 9%。公司适用的所得税税率为 25%。假设不考虑筹资费用对资本结构的影响，发行债券和优先股不影响借款利率和普通股股价。

要求：

(1) 计算甲公司长期银行借款的资本成本。

(2) 假设不考虑货币时间价值，计算甲公司发行债券的资本成本。

(3) 计算甲公司发行优先股的资本成本。

(4) 利用资本资产定价模型计算甲公司留存收益的资本成本。

(5) 计算甲公司 20×3 年完成筹资计划后的平均资本成本。

参考答案

四、边际资本成本

边际资本成本是企业追加筹资的成本。企业的个别资本成本和平均资本成本，是企业过去筹集的单项资本的成本或目前使用全部资本的成本。然而，企业在追加筹资时，不能仅仅考虑目前所使用资本的成本，还要考虑新筹集资金的成本，即边际资本成本。边际资本成本，是企业进行追加筹资的决策依据。筹资方案组合时，边际资本成本的权数采用目标价值权数。

【例 3-10】 MD 公司设定的目标资本结构为:银行借款 20%、公司债券 15%、股东权益 65%。现拟追加筹资 300 万元,按此资本结构来筹资。个别资本成本率预计分别为:银行借款 7%、公司债券 12%、股东权益 15%。追加筹资 300 万元的边际资本成本见表 3-5。

表 3-5 边际资本成本计算表

资本种类	目标资本结构	追加筹资额	个别资本成本	边际资本成本
银行借款	20%	60 万元	7%	1.4%
公司债券	15%	45 万元	12%	1.8%
普通股	65%	195 万元	15%	9.75%
合计	100%	300 万元	-	12.95%

任务四 杠杆效应及应用

财务管理中存在类似于物理学中的杠杆效应。表现为:由于特定费用(如固定生产经营成本或固定的财务费用)的存在而导致的某一财务变量较小幅度变动时,另一相关变量会以较大幅度变动。了解这些杠杆的原理,有助于企业合理地规避风险,提高财务管理水平。财务管理中的杠杆效应有三种形式:经营杠杆、财务杠杆和总杠杆。

一、经营杠杆效应

(一)经营杠杆

经营杠杆是企业由于固定生产经营成本的存在而使息税前利润变动率大于销售量(或销售额)变动率的杠杆效应。

企业生产经营过程中的固定成本总额在一定的营业收入范围内是不变的,因此随着营业收入的增加,每单位产品所分摊的固定成本,也就是单位固定成本会降低,从而提高单位产品的利润,使息税前利润的增长率高于营业收入的增长率。相反,营业收入的下降会导致单位固定成本的提升,则息税前利润的下降率高于营业收入的下降率。如果企业固定成本为零,则息税前利润的变动率将与营业收入变动率相同。

经营杠杆效应一般使用经营杠杆系数(*DOL*)来度量,等于企业息税前利润(*EBIT*)变动率与销售量(或销售额)变动率之间的比值。经营杠杆系数的计算公式如下:

$$DOL=\frac{\text{息税前利润变化的百分比}}{\text{销售额(量)变化的百分比}}=\frac{\Delta EBIT/EBIT}{\Delta S/S}=\frac{\Delta EBIT/EBIT}{\Delta Q/Q}$$

$$EBIT=S-V-F=(p-v)Q-F$$

式中，S 表示销售额，V 表示变动性经营成本，F 表示固定性经营成本，Q 表示产销业务量，p 表示销售单价，v 表示单位变动成本，$\Delta EBIT$ 表示息税前利润变动额，ΔS 表示销售额变动额，ΔQ 表示产销业务量变动额，$EBIT$、S、Q 均为基期数据。

假设企业的成本—销量—利润保持线性关系，固定成本保持不变，变动成本占营业收入的比重也是一定的，经营杠杆系数可以由营业收入和成本计算而得。因此经营杠杆系数还可以用以下两个计算公式表示。

$$DOL=\frac{S-V}{S-V-F} \quad ①$$

公式①用于计算单一产品的经营杠杆系数，其中 $S-V$（销售额-变动性经营成本）也叫作边际贡献，为基期数据。

$$DOL=\frac{EBIT+F}{EBIT} \quad ②$$

公式②既可以计算单一产品的经营杠杆系数，还可以计算多种产品的经营杠杆系数。所有数据均为基期数据。

（二）经营风险

经营风险是生产经营活动产生的未来预期收益的不确定性或可能的波动程度，主要指息税前利润的不确定性。影响经营风险的因素主要有以下五项：①产品需求。如果不考虑其他因素，市场对企业产品的需求稳定时，经营风险较低；而市场需求波动较大时，企业经营风险也较高。②产品售价。当企业产品销售价格相对稳定时，经营风险较低；反之，经营风险较高。③产品成本。产品成本是利润的决定因素之一，如果企业能够有效控制产品成本，则有助于降低收益波动性，经营风险较低；反之，经营风险较高。④企业生产研发能力。当企业产品的生命周期较短，同时又缺乏研究开发新技术、新产品的能力时，企业面临的经营风险较高。⑤产品固定成本的比重。固定性经营成本将会引发经营杠杆效应，当固定成本在企业全部成本中占比较大时，单位产品分摊的固定成本较多，产品数量削减时单位产品分摊的固定成本上升更快，导致利润波动更大，经营风险较高；反之，经营风险较低。

（三）经营杠杆与经营风险

根据经营杠杆的计算公式：

$$DOL=\frac{EBIT+F}{EBIT}$$

可以看出，当固定成本为 0 时，则经营杠杆系数为 1。表示不存在经营杠杆效应。若固定成本不为 0，则经营杠杆系数大于 1（一般 $EBIT$ 为正值），表示存在经营杠杆效应。经营杠杆效应由固定成本引发，息税前利润相同的企业，固定成本越高，经营杠杆系数越大，表明经营杠杆效应越大，经营风险也越高。而企业的销售量水平和盈亏平衡点的相对位置决定了经营杠杆的大小，当企业的固定成本不变时，息税前利润越大，其经营杠杆系数越小，经营风险也相应更低，当企业达到盈亏平衡点时，经营杠杆系数趋向无穷大。因此固定性经营成本和息税前利润共同决定了企业经营杠杆的大小。

【例 3-11】 MD 公司经营数据见表 3-6，请计算该公司 20×2 年的经营杠杆系数。

表 3-6　MD 公司经营数据表　　单位：万元

项目	20×1 年	20×2 年	变动额	变动率
销售额	10 000	12 000	2 000	20%
变动成本	6 000	7 200	1 200	20%
边际贡献	4 000	4 800	800	20%
固定成本	2 000	2 000	0	0
息税前利润	2 000	2 800	800	40%

$$DOL=\frac{\Delta EBIT/EBIT}{\Delta S/S}=\frac{800/2\ 000}{2\ 000/10\ 000}=\frac{40\%}{20\%}=2$$

或

$$DOL=\frac{EBIT+F}{EBIT}=\frac{2\ 000+2\ 000}{2\ 000}=2$$

计算结果表明，该公司销售额增长了 20%，息税前利润增长了 40%，产生了 2 倍的经营杠杆效应。

【例 3-12】 MD 公司生产甲产品，固定性经营成本总额为 130 万元，变动成本率为 35%，当销售收入为 400 万元时，经营杠杆系数为多少？销售收入为 300 万元时，经营杠杆系数为多少？销售收入为 200 万元时，经营杠杆系数为多少？

当销售收入为 400 万元时，

$$DOL=\frac{S-V}{S-V-F}=\frac{400-400\times35\%}{400-400\times35\%-130}=2$$

当销售收入为 300 万元时，

$$DOL=\frac{S-V}{S-V-F}=\frac{300-300\times35\%}{300-300\times35\%-130}=3$$

当销售收入为 200 万元时，

$$DOL=\frac{S-V}{S-V-F}=\frac{200-200\times35\%}{200-200\times35\%-130}\to\infty$$

由上述计算可知，当企业固定成本不变时，在一定范围内，企业经营杠杆系数随着企业营业收入的降低而增加。当企业营业收入为 200 万元时，企业盈利状况恰好达到盈亏平衡点，经营杠杆趋向于无穷大，盈利波动性非常大，经营风险也非常高。

二、财务杠杆效应

（一）财务杠杆

财务杠杆，是在资本结构保持稳定的情况下，由于存在固定性融资成本而使每股收益（或税后利润）变动率高于息税前利润变动率的杠杆效应。企业采用负债融资时，无论经营状况如何，固定性融资成本是不变的。当息税前利润提升时，固定财务费用分摊到单位利润的金额会相应减少，则单位利润可供股东分配的数额会相应增加，因而普通股股东每股收益的增长率将高于息税前利润的增长率。相反，当息税前利润下降时，每一元利润所负担的固定财务费用会相应增加，固定财务费用分摊到单位利润的金额会相应提高，导致普通股股东每股收益的下降率将高于息税前利润的下降率。如果企业固定性财务费用为零，则普通股股东每股收益的变动率等于息税前利润的变动率。通常来说，企业债务资本成本是税前扣除的固定性资本成本，而权益资本成本是税后支付的变动成本。因此企业财务杠杆可能会提高股东的收益，但有时也可能提升财务风险。

财务杠杆效应通常用财务杠杆系数（DFL）衡量，等于企业每股收益变动率与息税前利润变动率的比值。具体计算公式如下：

$$DFL=\frac{\text{每股收益变化的百分比}}{\text{息税前利润变化的百分比}}=\frac{\Delta EPS/EPS}{\Delta EBIT/EBIT}$$

$$EPS=[(EBIT-I)(1-T)-D]/N$$

式中，ΔEPS 表示普通股每股收益变动额，EPS 表示变动前的普通股每股收益，$\Delta EBIT$ 表示息税前利润变动额，$EBIT$ 表示变动前的息税前利润。I 表示债务资金利息，D 表示优先股股利，T 表示所得税税率，N 表示普通股股数。

与经营杠杆系数的衡量类似，上述公式是计算财务杠杆系数的理论公式，根据上述公式还可以推导出以下财务杠杆系数计算公式：

$$DFL=\frac{EBIT}{EBIT-I}\text{（不存在优先股股息）} \quad ①$$

$$DFL=\frac{EBIT}{EBIT-I-D/(1-T)}\text{（存在优先股股息）} \quad ②$$

上述①②两式不仅适用于计算单一产品的财务杠杆系数，也适用于计算多种产品的财务杠杆系数，分为不存在优先股股息和存在优先股股息两种情况。

$$DFL=\frac{S-V-F}{S-V-F-I-D/(1-T)} \quad ③$$

公式③适用于计算单一产品的财务杠杆系数。所有数据均使用基期数据。

（二）财务风险

财务风险是由于企业使用债务融资等财务费用固定的融资方式而产生的丧失偿付能力的风险，此风险最终由普通股股东承担。当企业采用债务或者优先股等融资方式时，会产生固定性融资成本，即企业无论经营状况如何，都需要向该类资金提供者支付数额确定的利息(或股息),甚至要按约定的方式偿还本金。当企业经营状况不佳时,很可能没有足够的现金流偿还上述固定性融资费用,因而陷入财务危机甚至破产,这就是财务风险。财务风险通常以普通股每股收益的波动性衡量。影响财务风险的因素很多,主要有总资本规模、资本结构、债务利率、息税前利润等,其中固定性融资成本是引发财务风险的根源。

(三)财务杠杆与经营风险

根据财务杠杆的计算公式:

$$DFL=\frac{EBIT}{EBIT-I-D/(1-T)}$$

可以看出,若固定性融资成本等于0,则财务杠杆系数为1,即不存在财务杠杆效应。若固定性融资成本不为0,则财务杠杆系数大于1,表示存在财务杠杆效应,因此财务杠杆是企业可以选择的。当企业总资本、息税前利润确定时,企业的固定性融资成本越高,财务杠杆系数越大,财务风险也越大。当企业的息税前利润远超过固定性融资成本时,财务杠杆系数较小,甚至将趋近于1。

【例3-13】 MD、ND两公司的资本结构及每股利润计算资料见表3-7。根据资料计算两企业的财务杠杆系数并加以说明。

表3-7　资本结构及每股收益计算表

单位:元

项目	MD公司	ND公司
普通股股本	1 000 000	2 000 000
发行在外股数	10 000	20 000
债务(利息率为6%)	1 000 000	0
资本总额	2 000 000	2 000 000
基期息税前利润	200 000	200 000
债务利息	60 000(1 000 000×6%)	0
基期税前利润	140 000(200 000-60 000)	200 000(200 000-0)
基期所得税(25%)	35 000(140 000×25%)	50 000(200 000×25%)
基期净利润	105 000(140 000-35 000)	150 000(200 000-50 000)
基期普通股每股收益(元)	10.5(105 000/10 000)	7.5(150 000/20 000)
息税前利润增长率	10%	10%
息税前利润增加额	20 000(200 000×10%)	20 000(200 000×10%)
债务利息	60 000	0
计划期税前利润	160 000(220 000-60 000)	220 000
计划期所得税(25%)	40 000(160 000×25%)	55 000(220 000×25%)

续表 3-7

项目	MD 公司	ND 公司
计划期净利润	120 000(160 000-40 000)	165 000(220 000-55 000)
计划期普通股每股收益(元)	12(120 000/10 000)	8.25(165 000/20 000)
EPS 变动比率	14.29%	10%

根据计算可得到:

$$DFL_{MD}=\frac{\Delta EPS/EPS}{\Delta EBIT/EBIT}=\frac{\Delta EPS/EPS}{\Delta EBIT/EBIT}=14.29\%/10\%=1.43$$

或者

$$DFL_{MD}=\frac{EBIT}{EBIT-I}=\frac{200\ 000}{200\ 000-60\ 000}=1.43$$

$$DFL_{ND}=\frac{\Delta EPS/EPS}{\Delta EBIT/EBIT}=\frac{\Delta EPS/EPS}{\Delta EBIT/EBIT}=10\%/10\%=1$$

或者

$$DFL_{ND}=\frac{EBIT}{EBIT-I}=\frac{200\ 000}{200\ 000-0}=1$$

由上述计算结果可知,当企业不采用债务或者优先股进行融资时,无论企业经营状况如何,其财务杠杆系数均为1,每股收益与息税前利润变动比例相同;当企业采用债务或者优先股融资时,其财务杠杆系数一定大于1,并且债务或者优先股资本占比越大,其财务杠杆系数越高。

【知识拓展】

财务杠杆

三、总杠杆效应

(一)总杠杆

总杠杆,也称联合杠杆或复合杠杆,指由于企业存在固定性经营成本和固定性融资成本,导致普通股每股收益变动率高于营业收入(销售量)变动率的杠杆效应。经营杠杆反映营业收入波动对息税前利润变动的作用,而财务杠杆反映息税前利润波动对普通股每股收益变动的作用,总杠杆则反映二者共同作用的结果,即营业收入的变动对普通股每股收益的影响程度。

总杠杆效应通常用总杠杆系数来衡量,等于企业每股收益的变动率与息税前利润的变动率的比值。具体计算公式如下:

$$DTL=\frac{\text{每股收益变化的百分比}}{\text{销售额(量)变化的百分比}}=\frac{\Delta EPS/EPS}{\Delta S/S}=\frac{\Delta EPS/EPS}{\Delta Q/Q}$$

根据总杠杆系数、经营杠杆系数、财务杠杆系数的理论公式,总杠杆系数可以进一步表示为经营杠杆系数与财务杠杆系数的乘积,反映企业经营风险与财务风险的组合效果,具体公式如下:

$$DTL=DOL\times DFL$$

根据总杠杆与经营杠杆、财务杠杆的关系,也可以推导出以下两个总杠杆系数的计算公式:

$$DTL=\frac{S-V}{S-V-F-I-D/(1-T)}$$

$$DTL=\frac{EBIT+F}{EBIT-I-D/(1-T)}$$

(二)总风险

企业的总风险是在经营风险和财务风险的共同作用下普通股每股收益的不确定性,总风险可以看作经营风险与财务风险的总和。对于只采用普通股融资或者无固定性融资成本的企业来说,股东只面临经营风险,而对于使用负债融资或发行优先股的企业来说,股东除面临经营风险之外,还需要面临由于使用财务杠杆而引发的财务风险。

(三)总杠杆与总风险

企业可以合理组合经营杠杆和财务杠杆得到较为理想的总杠杆系数和总风险水平。一般来说,企业对于财务风险的控制程度要高于对经营风险的控制,企业可以通过制定合理的财务决策控制企业财务风险,比如经营杠杆高的企业可以使用较低的财务杠杆,高经营风险与低财务风险组合可能得到适度的企业总风险。需要注意的是,在对经营杠杆和财务杠杆进行组合时,需要合理权衡风险与收益,以企业(股东)价值最大化为最终目标。

【例 3-14】 MD 公司的经营杠杆系数为 2,财务杠杆系数为 1.43。该公司的总杠杆系数为多少?

$$DTL=DOL\times DFL=2\times 1.43=2.86$$

由上述计算结果可知,当企业的销售额增长(或下降)10%时,企业的普通股每股收益将增长(或下降)30%,企业总杠杆系数反映了企业面临的总风险,是企业经营风险与财务风险的综合体现。

【德技并举】

L 集团控股提前实现“一条红线”转绿，去杠杆再提速

L 集团从锚定未来五年的战略出发，着眼为中长期高质量发展开好局、起好步，降负债稳发展。2021 年 2 月底，“三年三步走去杠杆”计划提前阶段性达标显效。截至 2021 年 2 月底，L 集团控股在稳健应对春节前后付款高峰的同时，顺利实现现金短债比超过 1，“一条红线”提前“转绿”达标，比原计划整整提前了一个多季度；有息负债总额再度下降 60 亿元，自 2020 年推进去杠杆计划以来，累计较高点已下降超过 500 亿元；净负债率、剔除预售款后的资产负债率等指标也延续了持续回落态势。L 集团董事长表示，L 集团将降负债稳发展、高效去杠杆放在重要战略位置，多管齐下，成果显著，为“十四五”高质量发展奠定了基础。

在积极降负债、去杠杆的同时，L 集团核心业绩保持了良好发展势头。2021 年 2 月 10 日，L 集团以自有资金按期完成本息总计约 4.72 亿美元境外美元债券兑付打款。同时，L 集团近期明显加大相关债券回购注销力度，已回购美元债券共计6 000 多万美元，目前已注销 1 300 多万美元。此前，L 集团以自有资金为主先后按期足额完成了 2015 年公司债券（第一期）、2016 年公司债券（第一期）本息兑付，总计约 180 亿元。L 集团已成为房企高效去杠杆的样本，下一步将持续加大力度降负债、推动相关指标早日达标。L 集团将切实把握新发展阶段，贯彻新发展理念，持续降负债去杠杆，使发展与安全相得益彰，重点落实促转型、提质量、优运营、强风控等措施，为“十四五”的持续成长注入更大的确定性。

L 集团 2020 全年业绩初步数据显示，去年下半年短短数月间，L 集团通过多管齐下主动降负债去杠杆，多措并举持续优化财务结构，稳步下调整体信贷成本，着重加强资金管理，持续提升抗风险能力和经营韧性，成果显著。其中，现金短债比快步提升，累计提升幅度超 40%；净负债率明显下降，累计下降近 50 个百分点；剔除预售款后的资产负债率逐步回落，有息负债总额较高点下降约 450 亿元，单月经营活动产生的现金流量净额均为正且持续稳步提升。

（来源：佚名　绿地集团）

任务五　资本结构决策

一、资本结构的含义

筹资管理中，资本结构有广义和狭义之分。广义的资本结构是指全部债务与股东权益的构成比例；狭义的资本结构则是指长期负债与股东权益的构成比例。本书所指的资本结构，是指狭义的资本结构。

资本结构是在企业多种筹资方式下筹集资金形成的，各种筹资方式不同的组合决定着企业资本结构及其变化。企业筹资方式虽然很多，但总的来看分为债务资本和权益资本两大类。权益资本是企业必备的基础资本，因此资本结构问题实际上也就是债务资本的比例问题，即债务资金在企业全部资本中所占的比重。

在资本结构决策中，合理地利用债务筹资，安排债务资本的比率，对企业具有重要的影响。在新时代背景下，企业管理者应该深刻理解中央“三去一降一补”的具体含义，在筹资环节应把如何优化资本结构、降低资产负债率、遏制产能过剩等作为重要关注点，在降低成本的同时，提高企业自身价值，为供给侧改革的成功实践出一份力，以促进社会主义市场经济持续健康发展。

【知识拓展】

资本结构理论

二、资本结构的影响因素

在现实中，影响资本结构的因素可以总结为以下几个方面。

（1）企业的获利能力。企业的息税前利润最低应满足债务利息的要求，否则不可能运用财务杠杆。在实际工作中，获利水平相当高的企业往往并不使用大量的债务资本，因为其可以利用较多的留存收益来满足增资需要。

（2）企业的现金流量状况。债务利息和本金通常都必须以现金支付，这就涉及企业现金流量问题。企业现金流入量越大，举债筹资能力就越强。因此，企业产生现金流的能力,对提高资本结构中债务资本比率有着重要的作用。

(3)企业经营状况的稳定性和成长性。经营状况稳定性好的企业可较多地负担固定的财务费用,而成长率高的企业会在很大程度上依赖于外部筹资,可以采用高负债的资本结构,以提升权益资本的报酬。

(4)企业投资人和管理当局的态度。从所有者角度来看,如果企业股权分散,可能更多采用权益资本筹资以分散企业风险;如果企业为少数股东控制,为防止控股权稀释,一般尽量避免普通股筹资,而采用优先股或债务资本筹资。从管理当局角度看,稳健的管理当局偏好于选择低负债比例的资本结构。

(5)经济环境的税收政策和货币政策。如果企业所得税税率高,则债务资本抵税作用大,企业应充分利用这种作用以提高企业价值;如果货币政策是紧缩的,则市场利率高,企业债务资本的成本增大。

(6)行业特征和企业发展周期。从行业特征来看,产品市场稳定的成熟产业可提高负债比重,高新技术企业可降低债务资本比重。从企业发展周期来看,初创阶段的企业经营风险高,应控制负债比例;成熟阶段的企业经营风险低,可适度增加债务资本比重;收缩阶段的企业经营风险逐步加大,应逐步降低债务资本比重。

三、资本结构优化

资本结构优化,要求企业权衡负债低成本和高财务风险的关系,确定最优资本结构。最优资本结构是指在一定条件下(适度财务风险),使企业加权平均资金成本最低、企业价值最大的资本结构。从理论上讲,最佳资本结构是存在的,但由于企业的内外部条件经常变化,寻找最佳资本结构非常困难。资本结构决策的方法主要有:比较资本成本法和每股收益分析法。

(一)比较资本成本法

比较资本成本法是指通过计算不同筹资方案的加权平均资金成本,并从中选出加权平均资金成本最低的方案为最佳资本结构方案的方法。

【例3-15】 MD公司需筹集100万元长期资本,可以从贷款、发行债券、发行普通股三种方式筹集,其个别资本成本率已分别测定,有关资料见表3-8所示。

表3-8 资本成本与资本结构数据表

筹资方式	资本结构			个别资本成本率
	A方案	B方案	C方案	
贷款	40%	30%	20%	6%
债券	10%	15%	20%	8%
普通股	50%	55%	60%	9%
合计	100%	100%	100%	

A 方案平均资本成本 = 40% ×6% + 10% ×8% + 50% ×9% = 7.7%

B 方案平均资本成本 = 30% ×6% + 15% ×8% + 55% ×9% = 7.95%

C 方案平均资本成本 = 20% ×6% + 20% ×8% + 60% ×9% = 8.2%

由于 A 方案平均资本成本最低,因此,应当选择 A 方案。

比较资本成本法通俗易懂,计算过程也不是十分复杂,是确定资本结构的一种常用的方法。但由于所拟定的方案数量有限,故有把最优方案漏掉的可能。

(二)每股收益无差别点法

每股收益无差别点法,是通过分析资本结构与每股收益之间的关系,进而来确定合理的资本结构。一般来说,能提高每股收益的资本结构是合理的;反之则不够合理。每股收益受到经营利润水平、债务资本成本水平等因素的影响,分析每股收益与资本结构之间的关系,可以找到每股收益无差别点。每股收益无差别点,是指每股收益不受筹资方式影响的息税前利润水平,或者说,是使不同的资本结构每股收益相等的息税前利润水平。

每股收益(EPS)的计算公式为:

$$EPS = [(EBIT - I)(1 - T) - D] / N$$

式中,$EBIT$ 为息税前利润;I 为负债利息;T 为所得税税率;D 为优先股股息;N 为流通在外的普通股股数。

在每股收益无差别点上,无论采取负债筹资,还是采用权益筹资,每股收益都是相等的。若以 EPS_1 代表负债筹资,以 EPS_2 代表权益筹资,则有:$EPS_1 = EPS_2$。能使 $EPS_1 = EPS_2$ 成立的 $EBIT$ 为每股收益无差别点的息税前利润。则每股收益无差别点的计算公式为:

$$[(EBIT - I_1)(1 - T) - D] / N_1 = [(EBIT - I_2)(1 - T) - D] / N_2$$

解出上式方程中的 $EBIT$,即可求出每股收益无差别点的息税前利润。当预期息税前利润或业务量水平大于每股收益无差别点时,应当选择负债筹资方案;反之,选择权益筹资方案。如图 3-1 所示。

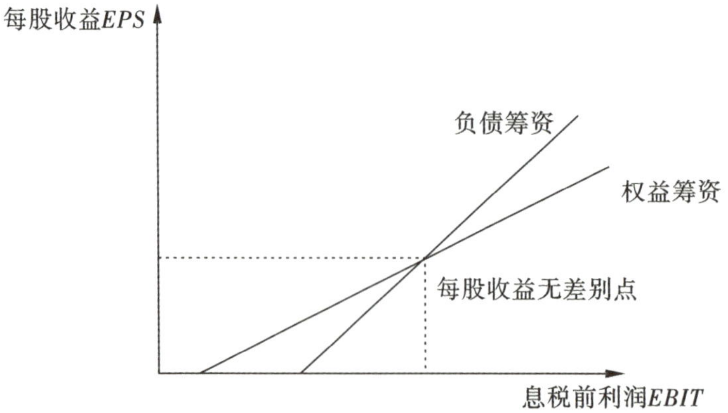

图 3-1 每股收益无差别点分析图

【例 3-16】 MD 公司目前资本结构为：总资本 1 000 万元，其中债务资金 400 万元（年利息 40 万元）；普通股资本 600 万元（600 万股，面值 1 元，市价 5 元）。企业由于有一个较好的新投资项目，需要追加筹资 300 万元，有两种筹资方案：

甲方案：增发普通股 100 万股，每股发行价 3 元。

乙方案：向银行取得长期借款 300 万元，利息率 16%。

根据财务人员测算，追加筹资后销售额可望达到 1 200 万元，变动成本率 60%，固定成本为 200 万元，所得税税率 20%，不考虑筹资费用因素。根据以上资料，对两种筹资方案进行选择。

甲方案：增发普通股 100 万股，每股发行价 3 元。

每股收益 $EPS_1=(EBIT-40)\times(1-20\%)\div(600+100)$

乙方案：向银行取得长期借款 300 万元，利息率 16%。

每股收益 $EPS_2=(EBIT-40-300\times16\%)\times(1-20\%)\div600$

由 $EPS_1=EPS_2$，得到：

$(EBIT-40)\times(1-20\%)\div(600+100)=(EBIT-40-300\times16\%)\times(1-20\%)\div600$

每股收益无差别点的息税前利润 $EBIT=376$

实际的息税前利润 $=1\ 200-1\ 200\times60\%-200=280$（万元）

预期获利 280 万元，低于无差别点 376 万元，应当采用财务风险较小的甲方案，即增发普通股方案。在 1 200 万元销售额水平上，甲方案的 *EPS* 为 0.274 元，乙方案的 *EPS* 为 0.256 元。

【复习思考】

一、单选题

1. 资本成本是企业筹资和使用资金需要付出的代价，下列不属于筹资费用的是（　　）。

A. 证券印刷费　　B. 公证费

C. 融资租赁的利息费用　　D. 股票发行费

2. 兼有股权筹资和债务筹资性质的混合筹资方式是（　　）。

A. 吸收直接投资　　B. 发行公司债券

C. 发行可转换债券　　D. 公开发行股票

3. 以下属于发行普通股筹资特点的是（　　）。

A. 会降低公司的社会声誉

B. 有利于公司自主管理、自主经营

C. 相对吸收直接投资方式来说，能够快速形成生产能力

D. 相对于债券筹资来说，资本成本较低

4. 下列选项中，能够体现优先股的优先权的是（　　）。

A. 剩余财产清偿分配

B. 要求无法支付股息的公司进入破产程序

C. 要求经营成果不佳无法分配股利的公司支付固定股息

D. 对股份公司的重大经营事项有表决权

5. 某公司2019年资金平均占用额为500万元，经分析，其中不合理部分为20万元，预计2016年销售增长率为8%，但资金周转下降3%。则预测2020年资金需要量为(　　)万元。

A. 533.95　　B. 556.62

C. 502.85　　D. 523.8

6. 采用销售百分比法预测对外筹资需要量时，下列各项变动中，会使对外筹资需要量减少的是(　　)。

A. 股利支付率提高　　B. 固定资产增加

C. 应付账款增加　　D. 销售净利率降低

7. 预计某公司2018年的财务杠杆系数为1.45，2017年息税前利润为120万元，则2017年该公司的利息费用为(　　)万元。

A. 82.76　　B. 37

C. 54　　D. 37.24

8. 某公司生产汽车零部件A，2017年固定成本为100万元，A零部件单位售价为100元/件，单位变动成本为60元/件，2017年全年销售量为10万件，则2018年的经营杠杆系数为(　　)。

A. 2　　B. 1.35

C. 1.32　　D. 1.33

9. 同一企业不同发展阶段上，资本结构安排不同，可适度增加负债比例的发展阶段是(　　)。

A. 初创阶段　　B. 成熟阶段

C. 衰退阶段　　D. 萧条阶段

10. 某企业经批准平价发行优先股，筹资费率和年股息率分别为6%和10%，所得税税率为25%，则优先股资本成本率为(　　)。

A. 7.98%　　B. 10.64%

C. 10%　　D. 7.5%

二、多选题

1. 根据因素分析法，下列各项中，会引起资金需要量增加的有(　　)。

A. 不合理资金占用额减少　　B. 预测期销售收入增长

C. 预测期资金周转速度下降　　D. 预测期资金周转速度增长

2. 下列各项中，会导致公司资本成本提高的有(　　)。

A. 因总体经济环境变化，导致无风险报酬率降低

B. 企业经营风险低,财务风险小
C. 资本市场缺乏效率,证券的市场流动性低
D. 企业一次性需要筹集的资金规模大、占用资金时限长

3. 下列各项费用中,属于筹资费的有(　　)。
A. 借款手续费　　B. 公司债券的发行费
C. 股利　　D. 借款利息

4. 在边际贡献大于固定成本的情况下,下列措施有利于降低企业总风险的有(　　)。
A. 减少产品销量　　B. 提高产品销售单价
C. 降低利息费用　　D. 节约固定成本支出

5. 下列选项中,与经营杠杆系数同方向变化的因素有(　　)。
A. 单价　　B. 固定经营成本
C. 单位变动成本　　D. 利息费用

6. 按企业所取得资金的权益特性不同,将企业筹资分为(　　)。
A. 股权筹资　　B. 债务筹资
C. 衍生工具筹资　　D. 间接筹资

7. 一般来说,债务筹资的资本成本要低于股权筹资,主要原因有(　　)。
A. 取得资金的手续费用等筹资费用较低
B. 利息、租金等用资费用比股权资本要低
C. 利息等资本成本可以税前支付
D. 债务筹资一般不发生筹资费用

8. 与股权筹资相比,下列选项中,属于债务筹资的缺点的有(　　)。
A. 财务风险较大　　B. 筹资数额有限
C. 不能形成企业稳定的资本基础　　D. 资本成本负担较重

9. 与普通股股票筹资相比,利用留存收益筹资的特点包括(　　)。
A. 没有筹资费用　　B. 有利于稳定公司控制权
C. 筹资数额有限　　D. 有利于公司自主经营

10. 下列各种筹资方式中,有利于降低公司财务风险的有(　　)。
A. 吸收直接投资　　B. 发行优先股
C. 发行普通股　　D. 发行可转换债券

三、判断题

1. 如果现有的生产能力已经饱和,则固定资产也是敏感资产,按照销售额的增长比例增加固定资产投资。如果已知固定资产增加的具体数额,可直接在对外筹资需要量的公式中加上。(　　)

2. 运用高低点法计算现金占用项目中不变资金和变动资金时,高点和低点的确认依据为资金占用量的高点和低点。(　　)

3. 留存收益的资本成本率，表现为股东追加投资要求的收益率，其计算与普通股成本完全相同，也分为股利增长模型法和资本资产定价模型法。 （ ）

4. 一般来说，在企业初创阶段，企业筹资主要依靠债务资本，在较高程度上使用财务杠杆；在企业扩张成熟期，企业筹资主要依靠股权资本，在较低程度上使用财务杠杆。 （ ）

5. 如果企业的资金来源全部为自有资金，则企业财务杠杆系数等于1。 （ ）

6. 息税前利润大于零的情况下，只要有固定性经营成本存在，经营杠杆系数总是大于1。 （ ）

7. 不考虑风险的情况下，利用每股收益无差别点进行企业资本结构分析时，当预计息税前利润低于每股收益无差别点时，采用低财务杠杆筹资方式比采用高财务杠杆筹资方式有利。 （ ）

8. 企业投资人和管理当局的态度会影响资本结构，一般来说，稳健的管理当局偏好于高负债比例的资本结构。 （ ）

9. 由因素分析法计算公式可知，预测期资金周转速度与资金需要量成正比例变动。 （ ）

10. 占用费用通常在资本筹集时一次性发生，在资本使用过程中不再发生。 （ ）

四、计算分析题

1. ND公司是一家服装企业，只生产销售某种品牌的西服。2021年度固定成本总额为20 000万元，单位变动成本为0.4万元，单位售价为0.8万元，销售量为100 000套，ND公司2021年度发生的利息费用为4 000万元。

要求：

（1）计算2021年度的息税前利润。

（2）以2021年为基期，计算下列指标：①经营杠杆系数；②财务杠杆系数；③总杠杆系数。

2. 某公司原有资本700万元，其中债务资本200万元（每年负担利息24万元），普通股资本500万元（发行普通股10万股，每股面值50元）。由于扩大业务，需追加筹资300万元，假设没有筹资费用。其筹资方式有三种：

方案一：按面值发行普通股：增发6万股，每股发行价50元；

方案二：全部增加长期借款：借款利率仍为12%，利息36万元；

方案三：增发新股4万股，每股发行价47.5元；剩余部分用发行债券筹集，债券按10%溢价发行，票面利率为10%；

筹资后，公司的营业收入为800万元，公司的变动成本率为60%，固定成本为180万元，所得税税率为25%。

要求：使用每股收益分析法计算确定公司应当采用哪种筹资方式。

3. 某公司是一家上市公司，2022年的相关资料见表3-9：

表 3-9 某公司相关资料

单位:万元

资产	金额	负债及所有者权益	金额
货币资金	10 000	短期借款	3 750
应收账款	6 250	应付账款	11 250
存货	15 000	预收款项	7 500
固定资产	20 000	应付债券	7 500
无形资产	250	股本	15 000
		留存收益	6 500
资产合计	51 500	负债及所有者权益合计	51 500

该公司 2022 年的营业收入为 62 500 万元,营业净利率为 12%,股利支付率为 50%。经测算,2023 年该公司营业收入会增长 20%,营业净利率和股利支付率不变,无形资产保持不变。但是由于生产经营的需要,增加生产设备一台,价值 2 500 万元。经分析,流动资产项目与流动负债项目(短期借款除外)随营业收入同比例增减。

要求:

(1)计算 2022 年资产类变动性项目占营业收入的比。

(2)计算 2022 年年末的自发性负债占营业收入的比。

(3)计算 2023 年增加的资金需要量。

(4)计算 2023 年外部筹资额。

4. 某公司正在着手编制 2023 年的财务计划,预计追加筹资 3 200 万元,有关资料见表 3-10:

表 3-10 追加筹资资本结构数据表

单位:万元

长期借款	192
长期债券	960
普通股	800
留存收益	1 248

其他有关信息如下:

(1)公司长期借款年利率为 4.6%;

(2)公司债券面值为 1 000 元,票面利率为 8%,期限为 5 年,每年年末支付一次利息,当前市价为 1 120 元;如果按公司债券当前市价溢价发行新的债券,发行成本为市价的 3%;

(3)公司普通股面值为 1 元,筹资费率是 2%,当前每股市价为 6.6 元,本年派发现金

股利每股0.55元,预计股利增长率维持6%;

(4)公司普通股的β值为1.15,当前国债的收益率为5%,市场平均收益率14%;

(5)公司所得税税率为25%。

要求:

(1)按照一般模式计算长期借款资本成本。

(2)按照贴现模式计算债券的资本成本。

(3)分别使用股利增长模型和资本资产定价模型计算普通股资本成本,并将两种结果的平均值作为普通股资本成本。

(4)分别使用股利增长模型和资本资产定价模型计算留存收益资本成本,并将两种结果的平均值作为留存收益资本成本。

(5)计算追加筹资的平均资本成本。(计算时个别资本成本百分数保留两位小数)

项目四

投资管理

【知识目标】

1. 掌握现金流量的计算。
2. 掌握各种投资决策评价指标的计算与特点。
3. 掌握独立方案和互斥方案各自的决策方法。
4. 掌握固定资产更新决策方法。
5. 掌握债券和股票价值、收益率的计算和证券投资的优缺点。

【能力目标】

1. 能运用评价指标对项目进行投资决策。
2. 能判断净现值、内含报酬率、投资回收期在实际中的应用。
3. 能够准确分析项目现金流量的构成,并准确估算投资项目的现金流量。
4. 能准确计算债券和股票价值、收益率。

【素质目标】

1. 分析评价项目可行性,选择可行和最佳项目增加企业财富。
2. 培养创新精神和合作意识,树立使命感,为项目投资做好财务管理工作。
3. 树立诚实守信、遵纪守法的意识,严格遵守资本市场的相关法律法规。

【案例引入】

T公司是中国最大的互联网服务上市公司,2021年营收5 601.18亿元(878.52亿美元),年度盈利为1 279.19亿元(200.64亿美元)。最新美股市值3 634.80亿美元,港股市值2.93万亿港元。

T投资成立于2008年，是T公司集团的投资部门与核心战略部门之一（CVC），主导集团投资相关业务。长期专注于全球范围内消费互联网和产业互联网相关领域投资及并购，致力于发现为用户提供长期价值的创业者和企业，并帮助其成长。在北京、上海、深圳、香港都设有办公室，拥有一支超过60人的团队。T投资是中国最大的CVC（企业创业投资平台），已经在全球范围内投资上千家企业，主要投资网络游戏、社交网络、无线互联网、电子商务、新媒体、医疗健康、汽车交通、本地生活、社交网络、工具软件等。据说，T投资企业约1 000家，金额累计超过700亿美元。知名投资案例有美团、拼多多、快手、京东、快手等超80家已经IPO。

（来源：朱梅胤　《零壹财经》）

任务一　投资管理认知

一、投资的概念与分类

（一）投资的概念

投资是特定经济主体（包括国家、企业和个人）为了在未来可预见的时期内获得收益或使资金增值，通过合理安排资金，将足够数额的资金或实物投入某个企业、项目或活动的经济行为。企业投资是企业为获取收益而向特定对象投放相应资金的一种经济行为。企业投资的主要目的是获取与其所承担风险相匹配的回报，从而增加利润。另外，企业投资是实现资产保值增值、降低经营风险、达到股东财富最大化目标的主要途径。在当今市场条件下，企业能否将筹资所获得的资金有效地投入合适的投资项目上，对于企业的生存和发展具有重要的意义。

（二）投资的分类

将企业投资进行科学分类，有利于分清投资的性质，按不同的特点和要求进行投资决策，加强投资管理。

1. 直接投资与间接投资

按投资活动与企业本身生产经营活动的关系，企业投资可以划分为直接投资和间接投资。直接投资，是指将资金直接投放于形成生产经营能力的实体性资产，直接谋取经营利润的企业投资。通过直接投资，购买并配置劳动力、劳动资料和劳动对象等具体生产要素，开展生产经营活动。间接投资，是指将资金投放于股票、债券等资产上的企业投资。之所以称为间接投资，是因为股票、债券的发行方，在筹集到资金后，再把这些资金投放于形成生产经营能力的实体性资产，以获取经营利润。而间接投资方不直接介入具体生产经营过程，通过股票、债券上所约定的收益分配权利，获取股利或利息收入，分享直接投资的经营利润。基金投资也是一种间接投资，通过投资于股票、债券等的投资组合获取收益。

2. 项目投资与证券投资

按投资对象的存在形态和性质，企业投资可以划分为项目投资和证券投资。

企业可以通过投资，购买具有实质内涵的经营资产，包括有形资产和无形资产，形成具体的生产经营能力，开展实质性的生产经营活动，谋取经营利润。这类投资称为项目投资。项目投资的目的在于改善生产条件、扩大生产能力，以获取更多的经营利润。项目投资属于直接投资。企业可以通过投资，购买证券资产，通过证券资产上所赋予的权利，间接控制被投资企业的生产经营活动，获取投资收益。这类投资称为证券投资，即购买属于综合生产要素的权益性权利资产的企业投资。证券，是一种金融资产，即以经济合同契约为基本内容，以凭证票据等书面文件为存在形式的权利性资产。证券投资的目的，在于通过持有证券，获取投资收益，或控制其他企业的财务或经营政策，并不直接从事具体生产经营过程。因此，证券投资属于间接投资。直接投资与间接投资，项目投资与证券投资，两种投资分类方式的内涵和范围是一致的，只是分类角度不同。直接投资与间接投资强调的是投资方式，项目投资与证券投资强调的是投资对象。

3. 发展性投资与维持性投资

按投资活动对企业未来生产经营前景的影响，企业投资可以划分为发展性投资和维持性投资。发展性投资是指对企业未来的生产经营发展全局有重大影响的企业投资。发展性投资也可以称为战略性投资，如企业间兼并合并的投资；转换新行业和开发新产品投资；大幅度扩大生产规模的投资等。发展性投资项目实施后，往往可以改变企业的经营方向和经营领域，或者明显地扩大企业的生产经营能力，或者实现企业的战略重组。维持性投资是为了维持企业现有的生产经营正常顺利进行，不会改变企业未来生产经营发展全局的企业投资。维持性投资也可以称为战术性投资，如更新替换旧设备的投资、配套流动资金投资等。维持性投资项目所需要的资金不多，对企业生产经营的前景影响不大，投资风险相对也较小。

4. 对内投资与对外投资

按投资活动资金投出的方向，企业投资可以划分为对内投资和对外投资。对内投资是指在本企业范围内部的资金投放，用于购买和配置各种生产经营所需的经营性资产。对外投资是指向本企业范围以外的其他单位的资金投放。对外投资多以现金、有形资产、无形资产等资产形式，通过联合投资、合作经营、换取股权、购买证券资产等投资方式，向企业外部其他单位投放资金。对内投资都是直接投资；对外投资主要是间接投资，也可能是直接投资。

5. 独立投资与互斥投资

按投资项目之间的相互关联关系，企业投资可以划分为独立投资和互斥投资。

独立投资是相容性投资，各个投资项目之间互不关联、互不影响，可以同时存在。对于一个独立投资项目而言，其他投资项目是否被采纳，对本项目的决策并无显著影响。因此，独立投资项目决策考虑的是方案本身是否满足某种决策标准。互斥投资是非相容性投资，各个投资项目之间相互关联、相互替代，不能同时存在。对于一个互斥投资项目而言，其他投资项目是否被采纳或放弃，直接影响本项目的决策，其他项目被采纳，本项目就不能被采纳。因此，互斥投资项目决策考虑的是各方案之间的排斥性，也许每个方案都是可行方案，但互斥决策需要从中选择最优方案。

二、投资管理的原则

投资管理程序包括投资计划制订、可行性分析、实施过程控制、投资后评价等。为了适应投资项目的特点和要求，实现投资管理的目标，做出合理的投资决策，需要制定投资管理的基本原则，据以保证投资活动的顺利进行。

（一）可行性分析原则

投资项目的金额大，资金占用时间长，一旦投资后具有不可逆转性，对企业的财务状况和经营前景影响重大。因此，在投资决策时，必须建立严密的投资决策程序，进行科学的可行性分析。投资项目可行性分析是投资管理的重要组成部分，其主要任务是对投资项目实施的可行性进行科学的论证，主要包括环境可行性、技术可行性、市场可行性、财务可行性等方面。通过对项目实施后未来的运行和发展前景进行预测，并进行定性分析和定量分析来比较项目的优劣，为投资决策提供参考。

（二）结构平衡原则

由于投资往往是一个综合性的项目，不仅涉及固定资产等生产能力和生产条件的购建，还涉及使生产能力和生产条件正常发挥作用所需要的流动资产的配置。同时，由于受资金来源的限制，投资也常常会遇到资金需求超过资金供应的矛盾。如何合理配置资源，使有限的资金发挥最大的效用，是投资管理中资金投放所面临的重要问题。投资项目在实施后，资金就较长期地固化在具体项目上，退出和转向都不太容易。只有遵循结构平衡原则，投资项目实施后才能正常顺利地运行，才能避免资源的闲置和浪费。

（三）动态监控原则

投资的动态监控，是指对投资项目实施过程中的进程控制。建设性投资项目应当按工程进度，对分项工程、分步工程、单位工程的完成情况，逐步进行资金拨付和资金结算，控制工程的资金耗费，防止资金浪费。金融资产投资项目则要广泛收集投资对象和资本市场的相关信息，全面了解被投资单位的财务状况和经营成果，动态地估算投资价值，保护自身的投资权益。

三、企业投资的意义

企业需要通过投资配置资产，才能形成生产能力，取得未来的经济利益。

（一）投资是企业生存与发展的基本前提

企业的生产经营，就是企业资产的运用和资产形态的转换过程。投资是一种资本性支出行为，通过投资支出，企业购建流动资产和长期资产，形成生产条件和生产能力。实际上，不论是新建一个企业，还是建造一条生产流水线，都是一种投资行为。通过投资，确立企业的经营方向，配置企业的各类资产，并将它们有机地结合起来，形成企业的综合生产经营能力。如果企业想要进军一个新兴行业，或者开发一种新产品，都需要先进行投资。因此，投资决策的正确与否，直接关系到企业的兴衰成败。

（二）投资是企业获取利润的基本前提

企业投资的目的，是要通过支付一定数量的货币或实物形态的资本，购建和配置形成企业的各类资产，从事某类经营活动，获取未来的经济利益。通过投资形成生产经营能力，企业才能开展具体的经营活动，获取经营利润。那些以购买股票、债券等有价证券方式对其他单位的投资，可以通过取得股利或债息来获取投资收益，也可以通过转让证券来获取资本利得，除购买股票债券外，企业也可通过购买基金的方式获得基金收益。

（三）投资是企业风险控制的重要手段

企业经营面临着各种风险，有来自市场竞争的风险，有资金周转的风险，还有原材料涨价、费用居高不下等成本风险。投资，是企业风险控制的重要手段。通过投资，可以将资金投向企业生产经营的薄弱环节，使企业的生产经营能力配套、平衡、协调。通过投资，可以实现多元化经营，将资金投放于经营相关程度较低的不同产品或不同行业，分散风险，稳定收益来源，降低资产的流动性风险、变现风险，增强资产的安全性。

【德技并举】

穿行的“钢铁蚯蚓”！中国建筑自主生产的盾构机再次投用

听说，中国建筑造了些“大家伙”，既可智能打洞吞土，又抗造耐用，凭借优秀的地下穿越能力，不断推进、延伸着城市动脉。从高山到地下，从江底到海底，这些本领高强、技艺多样的国之利器，托起了中国装备制造业的未来，它们是谁？它们就是“钢铁蚯蚓”盾构机！

2019 年，中国建筑旗下中建隧道装备制造公司自主生产的“军魂 1 号”盾构机在郑州地铁 3 号线顺利始发。早在 2018 年，中建隧道装备首批自产盾构机“军魂号”就在苏州地铁 5 号线 12 标首段隧道成功掘进，破土出洞。盾构机，全名盾构隧道掘进机，广泛用于地铁、铁路、公路、市政等隧道掘进工程，是当今世界最先进的隧道施工设备，被喻为“国之重器”。过去，我国盾构机主要依赖发达国家进口，中国建筑积极践行国务院发布的“中国制造 2025”战略，投资 20 亿元打造国内顶级装备制造基地中建安装旗下的中建隧道装备制造公司。

中建隧道装备是中建集团唯一一家集盾构机技术研发、制造、施工、售后一体化的高端装备制造公司，其引进全球最先进软土和复杂地质盾构技术，成功制造并投用首批大型土压平衡复合式盾构机，目前已在中铁、中建等项目上投用。

我国的盾构机产业发展历史可谓一部爱国敬业的创业史，12年前盾构机的关键技术还被国外垄断，国内使用的盾构机严重依赖进口，仅仅用了10年，中国不仅突破了封锁，还垄断了全球市场，盾构机也被称为中国芯片工业的榜样。盾构机的项目投资值得我们每一个中国人感到自豪，展现了盾构机产业人的爱岗敬业、爱国精神、社会责任意识、团队合作精神、创新精神等思想。作为财务管理者应该发扬爱国、创新和敬业精神，努力提高管理水平，为企业进行项目投资乃至我国高新技术产业发展提供财务支持。

（来源：佚名　《中国建筑》）

任务二　投资项目财务评价指标

一、项目现金流量

现金流量是投资项目财务可行性分析的主要分析对象，净现值、内含收益率、回收期等财务评价指标，均是以现金流量为对象进行可行性评价的。利润只是期间财务报告的结果，对于投资方案财务可行性来说，项目的现金流量状况比会计期间盈亏状况更为重要。一个投资项目能否顺利进行，有无经济效益，不一定取决于有无会计期间利润，而在于能否带来正现金流量，即整个项目能否获得超过项目投资的现金回收。

由一项长期投资方案所引起的在未来一定期间所发生的现金收支，叫作现金流量（cash flow）。其中，现金收入称为现金流入量，现金支出称为现金流出量，现金流入量与现金流出量相抵后的余额，称为现金净流量（net cash flow，NCF）。在一般情况下，投资决策中的现金流量通常指现金净流量（NCF）。这里，所谓的现金既指库存现金、银行存款等货币性资产，也可以指相关非货币性资产（如原材料、设备等）的变现价值。

投资项目从整个经济寿命周期来看，大致可以分为三个时点阶段：投资期、营业期、终结期，现金流量的各个项目也可归属于各个时点阶段之中。

（一）投资期

投资期，即项目建设期，其现金流量主要是现金流出量，即在该投资项目上的原始投资，包括在长期资产上的投资和垫支的营运资金。一般包括：①土地使用费用支出，主要指因投资项目占用土地而支出的土地使用费。②固定资产方面的投资，包括固定资产的购入或建造成本、运输成本和安装成本等。③流动资产方面的投资,包括投入的现金、材料等。④其他方面的投资,包括与固定资产投资有关的职工培训费、注册费等。⑤原有固定资产的变价收入,这主要在更新改造投资项目时考虑。⑥垫支的营运资金。假设某投资项目,建成投产之时,需要100万元原材料,以满足日常经营活动需要,企业支付了90万元的价款,另外10万元形成应付账款。则资金占用90万元,即垫支营运资金90万元。这些资金循环周转使用,项目结束时,原材料可以出售,卖价依然为100万元,偿还10万元应付账款后,企业实际回收的价款是90万元。即垫支的营运资金全额回收。投资期现金流量除原有固定资产的变价收入为现金流入量外,其他部分均为现金流出量。

(二)营业期

营业期的现金流量是指投资项目投入使用后,在其寿命期内正常生产经营活动所带来的现金流入和现金流出的数量。营业期的现金流入量,主要是营运各年的营业收入。营业期的现金流出量,主要是营运各年的付现成本。付现成本是指每年需要实际支付的现金成本。营运成本中不需要每年实际支付现金的某些成本,则属于非付现成本。非付现成本主要是固定资产年折旧费用、长期资产摊销费用、资产减值准备等。其中,长期资产摊销费用主要有筹建开办费摊销、跨年的大修理费用摊销、改良工程费用摊销等。项目投资的营业期年现金净流量(NCF)计算公式为:

营业现金净流量(NCF)=营业收入-付现成本-所得税

式中:付现成本=营业成本-折旧-摊销

或:营业现金净流量(NCF)=营业收入-(营业成本-折旧-摊销)-所得税

=(营业收入-营业成本)×(1-所得税税率)+折旧+摊销

=税后营业利润+折旧+摊销

=税后营业利润+非付现成本

(三)终结期

终结期的现金流量是指项目经济寿命完结时发生的现金流量。终结时项目现金流量主要表现为现金流入量,包括固定资产变价净收入和垫支营运资金的收回。项目终结时固定资产清理的变价收入和扣除清理费用后的净额,应当作为项目投资的一项现金流入。项目终结后,原投入周转的流动资金可以转化为现金,应作为该项目的现金流入。

【例4-1】 MD公司A投资项目需要3年建成,每年年初投入建设资金90万元,共投入270万元。建成投产之时,需投入营运资金140万元,以满足日常经营活动需要。项目投产后,估计每年可获税后营业利润60万元。固定资产使用年限为7年,使用后第5年预计进行一次改良,估计改良支出80万元,分两年平均摊销。资产使用期满后,估计有残值净收入11万元,采用平均年限法折旧。项目期满时,垫支营运资金全额收回。根据以上资料,编制成“投资项目现金流量表”见表4-1。

表 4-1　投资项目现金流量表

单位:万元

项目	年份										
	0	1	2	3	4	5	6	7	8	9	10
固定资产价值	-90	-90	-90								
固定资产折旧					37	37	37	37	37	37	37
改良支出									-80		
改良支出摊销										40	40
税后营业利润					60	60	60	60	60	60	60
残值净收入											11
营运资金				-140							140
合计	-90	-90	-90	-140	97	97	97	97	17	137	288

计算思路列示:

1. 需要3年建成,每年年初投入建设资金90万元,共投入270万元,故0、1、2三期的现金流出均为90万元。

2. 建成投产之时,需投入营运资金140万元,所以3时点现金流出140万元。

3. 共投入270万元,使用年限为7年,有残值净收入11万元,平均年限法折旧,每年折旧为(270-11)/7=37(万元),项目投产后,估计每年可获税后营业利润60万元。营业现金净流量=税后营业利润+非付现成本=60+37=97(万元),所以4、5、6、7四期的现金流入均为97万元。

4. 使用后第5年预计进行一次改良,建设期3年+使用5年=8年,所以改良支出发生在第八年年末,估计改良支出80万元,所以第八年现金净流量=60+37-80=17(万元)。

5. 估计改良支出80万元,分两年平均摊销,所以第九年营业现金净流量=60+37+40=137(万元)。

6. 预计残值收入11万元,回收营运资金共计140万元,所以第十年现金净流量=60+37+40+11+140=288(万元)。

【例4-2】 MD公司增添一条生产流水线,以扩充生产能力。现有甲、乙两种方案可供选择。甲方案需投资520 000元,乙方案需投资780 000元。两种方案的预计使用寿命均为5年,折旧均采用直线法,甲方案预计残值为20 000元,乙方案预计残值为30 000元。甲方案预计年营业收入为1 000 000元,第一年付现成本为660 000元,以后在此基础上每年增加维修费10 000元。乙方案预计年营业收入为1 400 000元,年付现成本为1 050 000元。项目投入营运时,甲方案需垫支营运资金200 000元,乙方案需垫支营运资金250 000元。公司所得税税率为25%。根据上述资料,分别计算两种方案各年的现金流量。

1. 甲方案的现金流量计算

甲方案投资期的现金流量=-520 000-200 000=-720 000(元)

甲方案营业期的现金流量计算见表 4-2。

表 4-2　甲方案营业期现金流量计算过程

单位:元

项目	年份				
	1	2	3	4	5
营业收入	1 000 000	1 000 000	1 000 000	1 000 000	1 000 000
税后营业收入(1)	750 000	750 000	750 000	750 000	750 000
付现成本	660 000	670 000	680 000	690 000	700 000
税后付现成本(2)	495 000	502 500	510 000	517 500	525 000
折旧	100 000	100 000	100 000	100 000	100 000
折旧抵扣额(3)	25 000	25 000	25 000	25 000	25 000
营业现金净流量(4)=(1)-(2)+(3)	280 000	272 500	265 000	257 500	250 000

注:营业期现金流量可选择前述任一公式进行计算,各计算结果均相同。

甲方案终结期的现金流量=20 000+200 000=220 000(元)

甲方案各年现金流量计算结果见表 4-3。

表 4-3　甲方案各年现金流量计算

单位:元

项目	年份					
	0	1	2	3	4	5
固定资产投资	-520 000					
营运资金垫支	-200 000					
营业现金流量		280 000	272 500	265 000	257 500	250 000
固定资产残值						20 000
营运资金收回						200 000
现金流量合计	-720 000	280 000	272 500	265 000	257 500	470 000

2. 乙方案的现金流量计算

乙方案投资期的现金流量=-780 000-250 000=-1 030 000(元)

乙方案营业期的每年营业现金净流量=1 400 000×(1-25%)-1 050 000×(1-25%)+150 000×25%=300 000(元)

乙方案终结期的现金流量=30 000+250 000=280 000(元)

乙方案各年现金流量计算结果见表 4-4。

表 4-4 乙方案各年现金流量计算

单位:元

项目	年份					
	0	1	2	3	4	5
固定资产投资	-780 000					
营运资金垫支	-250 000					
营业现金流量		300 000	300 000	300 000	300 000	300 000
固定资产残值						30 000
营运资金收回						250 000
现金流量合计	-1 030 000	300 000	300 000	300 000	300 000	580 000

二、净现值

净现值(net present value,NPV)是指项目计算期内未来现金净流量现值与原始投资额现值之间的差额。计算公式为:

净现值(NPV)= 未来现金净流量现值-原始投资额现值

计算净现值时,要按预定的贴现率对投资项目的未来现金流量和原始投资额进行贴现。预定贴现率是投资者所期望的最低投资收益率。净现值为正,方案可行,说明方案的实际收益率高于所要求的收益率;净现值为负,方案不可取,说明方案的实际投资收益率低于所要求的收益率。当净现值为零时,说明方案的投资收益刚好达到所要求的投资收益,方案也可行。

净现值的经济含义是投资方案收益超过基本收益后的剩余收益。其他条件相同时,净现值越大,方案越好。采用净现值法来评价投资方案,一般有以下步骤:

第一,测定投资方案各年的现金流量,包括现金流出量和现金流入量,并计算出各年的现金净流量。

第二,设定投资方案采用的贴现率。

第三,按设定的贴现率,将各年的现金净流量折算成现值。

第四,将未来的现金净流量现值与投资额现值进行比较,若前者大于或等于后者,方案可行;若前者小于后者,方案不可行,说明方案的实际收益率达不到投资者所要求的收益率。

【例 4-3】 沿用〔例 4-2〕资料,假设 MD 公司的资本成本为 10%。要求:计算甲、乙两种方案各自的净现值。

甲方案的净现值=280 000×0.909 1+272 500×0.826 4+265 000×0.751 3+257 500×0.683 0+470 000×0.620 9-720 000

=254 548+225 194+199 094.5+175 872.5+291 823-720 000

=426 532(元)

乙方案的净现值=300 000×(*P/A*,10%,4)+580 000×(*P/F*,10%,5)-1 030 000

=300 000×3.169 9+580 000×0.620 9-1 030 000

=950 970+360 122-1 030 000

=281 092(元)

净现值法简便易行,其主要优点在于以下几个方面。

第一,适用性强,能基本满足项目年限相同的互斥投资方案决策。如有A、B两个项目,资本成本率为10%,A项目投资50 000元可获净现值10 000元,B项目投资20 000元可获净现值8 000元。尽管A项目投资额大,但在计算净现值时已经考虑了实施该项目所承担的还本付息负担,因此净现值大的A项目优于B项目。

第二,能灵活地考虑投资风险。净现值法在所设定的贴现率中包含投资风险收益率要求,从而能有效地考虑投资风险。例如,某投资项目期限15年,资本成本率为18%,由于投资项目时间长,风险也较大,所以投资者认定,在投资项目的有效使用期限15年中第一个五年期内以18%折现,第二个五年期内以20%折现,第三个五年期内以25%折现,以此来体现投资风险。

净现值法也具有明显的缺陷,主要表现在以下几个方面。

第一,所采用的贴现率不易确定。如果两方案采用不同的贴现率贴现,采用净现值法不能够得出正确结论。同一方案中,如果要考虑投资风险,要求的风险收益率不易确定。

第二,不适用于独立投资方案的比较决策。如果各方案的原始投资额现值不相等,有时无法做出正确决策。独立投资方案,是指两个以上投资项目互不依赖,可以同时并存。如对外投资购买甲股票或购买乙股票,它们之间并不冲突。在独立投资方案比较中,尽管某项目净现值大于其他项目,但所需投资额大,获利能力可能低于其他项目,而该项目与其他项目又是非互斥的,因此只凭净现值大小无法决策。

第三,不能直接用于对寿命期不同的互斥投资方案进行决策。某项目尽管净现值小,但其寿命期短;另一项目尽管净现值大,但它是在较长的寿命期内取得的。两项目由于寿命期不同,因而净现值是不可比的。要采用净现值法对寿命期不同的投资方案进行决策,需要将各方案均转化为相等寿命期进行比较。

三、现值指数

现值指数(present value index,PI)是投资项目的未来现金净流量现值与原始投资额现值之比。计算公式为:

现值指数=未来现金净流量现值/原始投资额现值

从现值指数的计算公式可见,现值指数的计算结果有三种:大于1、等于1、小于1。若现值指数大于或等于1,方案可行,说明方案实施后的投资收益率高于或等于必要收益率;若现值指数小于1,方案不可行,说明方案实施后的投资收益率低于必要收益率。现值指数越大,方案越好。

【例 4-4】 沿用〔例 4-2〕资料，假设 MD 公司的资本成本为 10%。要求：计算甲、乙两种方案各自的现值指数。

甲方案的现值指数 = (280 000×0.909 1+272 500×0.826 4+265 000×0.751 3+257 500×0.683 0+470 000×0.620 9)/720 000

= (254 548+225 194+199 094.5+175 872.5+291 823)/720 000

= 1.59

乙方案的现值指数 = [300 000×(*P/A*,10%,4)+580 000×(*P/F*,10%,5)]/1 030 000

= (300 000×3.169 9+580 000×0.620 9)/1 030 000

= (950 970+360 122)/1 030 000

= 1.27

现值指数法也是净现值法的辅助方法，在各方案原始投资额现值相同时，实质上就是净现值法。由于现值指数是未来现金净流量现值与所需投资额现值之比，是一个相对数指标，反映了投资效率，所以，用现值指数指标来评价独立投资方案，可以克服净现值指标不便于对原始投资额现值不同的独立投资方案进行比较和评价的缺点，从而对方案的分析评价更加合理、客观。

四、年金净流量

投资项目的未来现金净流量与原始投资额，构成该项目的全部现金净流量。项目期间内全部现金净流量的总现值或总终值折算为年金形式的现金净流量，称为年金净流量(ANCF)。年金净流量的计算公式为：

年金净流量 = 现金净流量总现值/年金现值系数

= 现金净流量总终值/年金终值系数

式中，现金净流量总现值即为 NPV。与净现值指标一样，年金净流量指标大于零，说明每年平均的现金流入能抵补现金流出，投资项目的净现值(或净终值)大于零，方案的收益率大于所要求的收益率，方案可行。在两个以上寿命期不同的投资方案比较时，年金净流量越大，方案越好。

【例 4-5】 沿用〔例 4-2〕资料，假设 MD 公司的资本成本为 10%。要求：计算甲、乙两种方案各自的年金净流量。

甲方案的年金净流量 = 426 532/(*P/A*,10%,5) = 112 517.67(元)

乙方案的年金净流量 = 281 092/(*P/A*,10%,5) = 74 151.10(元)

年金净流量法是净现值法的辅助方法，在各方案寿命期相同时，实质上就是净现值法。因此它适用于期限不同的投资方案决策。但同时，它也具有与净现值法同样的缺点，不便于对原始投资额不相等的独立投资方案进行决策。

五、内含收益率

内含收益率(internal rate of return，IRR)，是指对投资方案未来的每年现金净流量进行贴现，使所得的现值恰好与原始投资额现值相等，从而使净现值等于零时的贴现率。

内含收益率法的基本原理是：在计算方案的净现值时，以必要投资收益率作为贴现率计算，净现值的结果往往是大于零或小于零，这就说明方案实际可能达到的投资收益率大于或小于必要投资收益率；而当净现值为零时，说明两种收益率相等。根据这个原理，内含收益率法就是要计算出使净现值等于零时的贴现率，这个贴现率就是投资方案实际可能达到的投资收益率。用公式表示为：

未来每年现金净流量×年金现值系数-原始投资额现值=0

利用试错法和插值法即可计算出相应的贴现率，该贴现率就是方案的内含收益率。

【例 4-6】 沿用〔例 4-2〕资料。要求：计算甲、乙两种方案各自的内含收益率。

设甲方案的内含收益率为 r_1，根据内含报酬率的定义，有以下等式成立。

$280\ 000\times(P/F,r_1,1)+272\ 500\times(P/F,r_1,2)+265\ 000\times(P/F,r_1,3)+257\ 500\times(P/F,r_1,4)+470\ 000\times(P/F,r_1,5)=720\ 000$（元）

得 $r_1=29.66\%$

设乙方案的内含收益率为 r_2，根据内含报酬率的定义，有以下等式成立。

$300\ 000\times(P/A,r_2,4)+580\ 000\times(P/F,r_2,5)=1\ 030\ 000$（元）

得 $r_2=19.20\%$

【知识拓展】

使用 EXCEL 计算内含收益率

用试错法和内插法计算内含收益率计算是比较麻烦的，而且容易出错。可以用 EXCEL 中的 IRR 函数来计算内含收益率。IRR 函数是返回由数值代表的一组现金流的内部收益率。这些现金流不必为均衡的，但作为年金，它们必须按固定的间隔产生，如按月或按年。内部收益率为投资的回收利率，其中包含定期支付（负值）和定期收入（正值）。

IRR 函数语法为 IRR(values,guess)，values 为数组或单元格的引用，包含用来计算返回的内部收益率的数字。必须包含至少一个正值和一个负值，以计算返回的内部收益率。

函数 IRR 根据数值的顺序来解释现金流的顺序。故应确定按需要的顺序输入了支付和收入的数值。如果数组或引用包含文本、逻辑值或空白单元格，这些数值将被忽略。guess 为对函数 IRR 计算结果的估计值。

内含收益率法的主要优点在于：①内含收益率反映了投资项目可能达到的收益率，易于被高层决策人员所理解。②对于独立投资方案的比较决策，如果各方案原始投资额现值不同，可以通过计算各方案的内含收益率，反映各独立投资方案的获利水平。

内含收益率法的主要缺点在于：①计算复杂，不易直接考虑投资风险大小。②在互斥投资方案决策时，如果各方案的原始投资额现值不相等，有时无法做出正确的决策。某一方案原始投资额低，净现值小，但内含收益率可能较高；而另一方案原始投资额高、净现值大，但内含收益率可能较低。

六、回收期

回收期（payback period，PP），是指投资项目的未来现金净流量与原始投资额相等时所经历的时间，即原始投资额通过未来现金流量回收所需要的时间。投资者希望投入的资本能以某种方式尽快地收回来，收回的时间越长，所担风险就越大。因而，投资方案回收期的长短是投资者十分关心的问题，也是评价方案优劣的标准之一。用回收期指标评价方案时，回收期越短越好。

（一）静态回收期

静态回收期没有考虑货币时间价值，直接用未来现金净流量累计到原始投资数额时所经历的时间作为静态回收期。

【例 4-7】 沿用〔例 4-2〕资料。要求：计算甲、乙两种方案各自的静态投资回收期，见表 4-5。

表 4-5　甲方案现金流量表　　单位：元

	年份	现金净流量	累计现金净流量
甲方案	1	280 000	280 000
	2	272 500	552 500
	3	265 000	817 500
乙方案	年份	现金净流量	累计现金净流量
	1	300 000	300 000
	2	300 000	600 000
	3	300 000	900 000
	4	300 000	1 200 000

从表 4-5 的累计现金净流量栏中可以发现，甲方案的回收期在第 2 年与第 3 年之间。因此，甲方案的静态投资回收期 $=2+\dfrac{720\ 000-552\ 500}{265\ 000}=2.63$（年）

乙方案的静态投资回收期 $=3+\dfrac{1\ 030\ 000-900\ 000}{300\ 000}=3.43$（年）

静态投资回收期法的优点是容易理解、计算简单，可以衡量投资方案的回本速度。其缺点是忽视了方案的获利能力以及回收期满后发生的现金流量，且没有考虑资金的时间价值。

(二)动态回收期

【例4-8】 沿用〔例4-2〕资料。要求:计算甲、乙两种方案各自的动态投资回收期,见表4-6、表4-7。

表4-6　甲方案现金流量表

单位:元

年份	现金净流量	现值系数	净流量现值	累计现值
1	280 000	0.909 1	254 548	254 548
2	272 500	0.826 4	225 194	479 742
3	265 000	0.751 3	199 094.5	678 836.5
4	257 500	0.683 0	175 872.5	854 709

$$甲方案的动态投资回收期=3+\frac{720\ 000-678\ 836.5}{175\ 872.5}=3.23(年)$$

表4-7　乙方案现金流量表

单位:元

年份	现金净流量	现值系数	净流量现值	累计现值
1	300 000	0.909 1	272 730	272 730
2	300 000	0.826 4	247 920	520 650
3	300 000	0.751 3	225 390	746 040
4	300 000	0.683 0	204 900	950 940
5	580 000	0.620 9	360 122	1 311 062

$$乙方案的动态投资回收期=3+\frac{1\ 030\ 000-950\ 940}{360\ 122}=4.22(年)$$

与静态投资回收期法相比,动态投资回收期法的进步之处在于考虑了资金的时间价值。然而,动态投资回收期法在计算回收期时只考虑了未来现金净流量小于或等于原始投资额的部分,没有考虑超过原始投资额的部分。

任务三　项目投资决策

在企业投资实务中,项目投资主要集中于包括厂房和设备在内的生产线的修理、更新和购置,新产品的研发及旧产品的改造,资源的开发和利用等方面,企业面临固定资产更新决策、固定资产租赁或购买决策、资本限额投资决策、投资时机选择决策和投资期选择决策等众多投资决策。另外，项目投资具有初始投资金额大、现金流回收期长以及投资风险较高等特点，必须在熟练运用各类投资评价方法和充分了解项目风险之后，才能做出使企业价值最大化的投资决策。

一、独立投资方案的决策

独立投资方案，是指两个或两个以上项目互不依赖，可以同时并存，各方案的决策也是独立的。独立投资方案的决策属于筛分决策，评价各方案本身是否可行，即方案本身是否达到某种预期的可行性标准。独立投资方案之间进行比较时，如何确定各种可行方案的投资顺序，即各独立方案之间评价方案的优先次序。排序分析时，以各独立方案的获利程度作为评价标准，一般采用内含收益率法进行比较决策。

【例 4-9】 MD 公司目前有足够的资金准备投资于三个独立投资项目，A 项目投资额 10 000 元，期限 5 年；B 项目投资额 18 000 元，期限 5 年；C 项目投资额 18 000 元，期限 8 年。贴现率 10%，其他有关资料见表 4-8。MD 公司应如何安排投资顺序？

表 4-8 相关评价指标

单位：元

项目	A 项目	B 项目	C 项目
每年现金净流量（*NCF*）	4 000	6 500	5 000
净现值（*NPV*）	5 164	6 642	8 675
现值指数（*PI*）	1.52	1.37	1.48
内含报酬率（*IRR*）	28.68%	23.61%	22.28%
年金净流量（*ANCF*）	1 362	1 752	1 626

将三个方案的相关指标进行对比分析，见表 4-9。可以看出：

1. A 项目与 B 项目比较：两项目原始投资额不同但期限相同，尽管 B 项目净现值和年金净流量均大于 A 项目，但 B 项目原始投资额高，获利程度低。因此，应优先安排内含收益率和现值指数较高的 A 项目。

2. B 项目与 C 项目比较：两项目原始投资额相等但期限不同，尽管 C 项目净现值和现值指数高，但它需要经历 8 年才能获得。B 项目 5 年项目结束后，所收回的投资可以进一步投资于其他后续项目。因此，应该优先安排内含收益率和年金净流量较高的 B 项目。

3. A 项目与 C 项目比较：两项目的原始投资额和期限都不相同，A 项目内含收益率较高，但净现值和年金净流量都较低。C 项目净现值高，但期限长；C 项目年金净流量也较高，但它是依靠较大的投资额取得的。因此，从获利程度的角度来看，A 项目是优先方案。

表 4-9　三个方案的比较决策

评价指标	投资顺序
净现值(NPV)	C>B>A
现值指数(PI)	A>C>B
内含报酬率(IRR)	A>B>C
年金净流量(ANCF)	B>C>A

综上所述,在独立投资方案比较性决策时,内含收益率指标综合反映了各方案的获利程度,在各种情况下的决策结论都是正确的。本例中,投资顺序应该按 A、B、C 顺序实施投资。现值指数指标也反映了方案的获利程度,除了期限不同的情况外,其结论也是正确的。但在项目的原始投资额相同而期限不同的情况下(如 B 项目和 C 项目的比较),现值指数实质上就是净现值的表达形式。至于净现值指标和年金净流量指标,它们反映的是各方案的获利数额,要结合内含收益率指标进行决策。

二、互斥投资方案的决策

互斥投资方案之间互相排斥,不能并存,因此决策的实质在于选择最优方案,属于选择决策。选择决策要解决的问题是应该淘汰哪个方案,即选择最优方案。从选定经济效益最大的要求出发,互斥决策以方案的获利数额作为评价标准。因此,一般采用净现值法和年金净流量法进行选优决策。但由于净现值指标受投资项目寿命期的影响,因而年金净流量法是互斥方案最恰当的决策方法。

【例 4-10】 MD 公司有项目资金 12 500 万元可投资甲、乙方案中的一种,甲方案需一次性投资 12 000 万元,可用 8 年,残值 2 000 万元,每年取得净利润 2 500 万元;乙方案需一次性投资 10 000 万元,可用 5 年,无残值,第一年获利 2 000 万元,以后每年递增 10%。如果资本成本为 10%。MD 公司应采用哪种方案。

两个项目的寿命期不同,故应采用年金净流量法进行决策。

甲方案每年的营业现金净流量=2 500+(12 000-2 000)/8=3 750(万元)

乙方案各年的营业现金净流量如下:

第 1 年的营业现金净流量=2 000+10 000/5=4 000(万元)

第 2 年的营业现金净流量=2 000×(1+10%)+10 000/5=4 200(万元)

第 3 年的营业现金净流量=2 000×$(1+10\%)^2$+10 000/5=4 420(万元)

第 4 年的营业现金净流量=2 000×$(1+10\%)^3$+10 000/5=4 662(万元)

第 5 年的营业现金净流量=2 000×$(1+10\%)^4$+10 000/5=4 928.2(万元)

甲方案净现值=3 750×$(P/A,10\%,8)$+2 000×$(P/F,10\%,8)$-12 000

=3 750×5.334 9+2 000×0.466 5-12 000

=8 938.88(万元)

乙方案净现值 $=4\ 000\times(P/F,10\%,1)+4\ 200\times(P/F,10\%,2)+4\ 420\times(P/F,10\%,3)+4\ 662\times(P/F,10\%,4)+4\ 928.2\times(P/F,10\%,5)-10\ 000$

$=4\ 000\times0.909\ 1+4\ 200\times0.826\ 4+4\ 420\times0.751\ 3+4\ 662\times0.683\ 0+4\ 928.2\times0.620\ 9-10\ 000$

$=6\ 672.09$（万元）

甲方案的年金净流量 $=8\ 938.88/(P/A,10\%,8)=1\ 675.55$（万元）

乙方案的年金净流量 $=6\ 672.09/(P/A,10\%,5)=1\ 760.07$（万元）

由于乙方案的年金净流量大于甲方案的年金净流量，故应采用乙方案。

综上所述，互斥投资方案的选优决策中，年金净流量全面反映了各方案的获利数额，是最佳的决策指标。因此，在互斥方案决策的方法选择上，项目寿命期相同时可采用净现值法，项目寿命期不同时主要采用年金净流量法。

三、固定资产更新决策

固定资产反映了企业的生产经营能力，固定资产更新决策是项目投资决策的重要组成部分。从决策性质上看，固定资产更新决策属于互斥投资方案的决策类型。因此，固定资产更新决策所采用的决策方法是净现值（寿命期相同）和年金净流量法（寿命期不同），一般不采用内含收益率法。

【例 4–11】 MD 公司现有一台旧机床是三年前购进的，目前准备用一台新机床替换。该公司企业所得税税率为 25%，资本成本为 10%，其余资料见表 4–10。试做出是否更新设备的决策。

表 4–10　新旧设备资料　　单位：元

项目	旧设备	新设备
原价	84 000	76 500
税法残值	4 000	4 500
税法使用年限（年）	8	6
已使用年限（年）	3	0
尚可使用年限（年）	6	6
垫支营运资金	10 000	11 000
大修理支出	18 000（第 2 年年末）	9 000（第 4 年年末）
每年折旧费（直线法）	10 000	12 000
每年营运成本	13 000	7 000
目前变现价值	40 000	76 500
最终报废残值	5 500	6 000

(1)保留旧机床方案如下:

第 1 年营业现金净流量=-13 000×(1-25%)+10 000×25%=-7 250(元)

第 6 年营业现金净流量=-13 000×(1-25%)=-9 750(元)

保留旧机床方案的净现值=-7 250×(*P/A*,10%,5)-9 750×(*P/F*,10%,6)-18 000×(1-25%)×(*P/F*,10%,2)+5 500×(*P/F*,10%,6)-(5 500-4 000)×25%×(*P/F*,10%,6)+10 000×(*P/F*,10%,6)-40 000-(54 000-40 000)×25%-10 000

=-89 089.13(元)

(2)购买新机床方案如下:

第 1~6 年营业现金净流量=-7 000×(1-25%)+12 000×25%=-2 250(元)

购买新机床方案净现值=-2 250×(*P/A*,10%,6)-9 000×(1-25%)×(*P/F*,10%,4)+6 000×(*P/F*,10%,6)-(6 000-4 500)×25%×(*P/F*,10%,6)+11 000×(*P/F*,10%,6)-76 500-11 000

=-92 515.88(元)

结果说明,在两方案营业收入一致的情况下,新设备现金流出总现值为 92 515.88 元,旧设备现金流出总现值为 89 089.13 元。因此,继续使用旧设备比较经济。

【例 4-12】 ND 公司拟采用新设备取代已使用 3 年的旧设备,旧设备原价 14 950 元,当前估计尚可使用 5 年,每年操作成本 2 150 元,预计最终残值 1 750 元,目前变现价值 8 500 元;购置新设备需花费 13 750 元,预计可使用 6 年,每年操作成本 850 元,预计最终残值 2 500 元。该公司预期报酬率为 12%,企业所得税税率为 25%,税法规定该类设备应采用直线法折旧,折旧年限 6 年,残值为原值的 10%。请问 ND 公司是否应进行设备的更新?

(1)继续使用旧设备的平均年成本计算如下:

每年付现操作成本的现值=2 150×(1-25%)×(*P/A*,12%,5)=5 812.74(元)

年折旧额=(14 950-14 950×10%)/6=2 242.50(元)

每年折旧抵税的现值=2 242.50×25%×(*P/A*,12%,3)=1 346.51(元)

残值收益的现值=[1 750-(1 750-14 950×10%)×25%]×(*P/F*,12%,5)=956.78(元)

目前旧设备变现收益=8 500-[8 500-(14 950-2 242.50×3)]×25%=8 430.63(元)

继续使用旧设备的现金流出总现值=5 812.74+8 430.63-1 346.51-956.78

=11 940.08(元)

继续使用旧设备的平均年成本=11 940.08/(P/A,12%,5)=3 312.27(元)

(2)更换新设备的平均年成本计算如下:

购置成本=13 750(元)

每年付现操作成本现值=850×(1-25%)×(*P/A*,12%,6)=2 621.02(元)

年折旧额=(13 750-13 750×10%)6=2 062.50(元)

每年折旧抵税的现值=2 062.50×25%×(P/A,12%,6)=2 119.94(元)

残值收益的现值=[2 500-(2 500-13 750×10%)×25%]×(P/F,12%,6)

=1 124.02(元)

更换新设备的现金流出总现值=13 750+2 621.02-2 119.94-1 124.02

=13 127.06(元)

更换新设备的平均年成本=13 127.06/(P/A,12%,6)=3 192.84(元)

因为更换新设备的平均年成本(3 192.84 元)低于继续使用旧设备的平均年成本(3 312.27元),故应更换新设备。

任务四　证券投资决策

证券资产是企业进行金融投资所形成的资产。证券投资不同于项目投资。项目投资的对象是实体性经营资产,如固定资产、无形资产等。而证券投资的对象是金融资产。金融资产是一种以凭证、票据或者合同合约形式存在的权利性资产,如股票、债券及其衍生证券等。

一、证券投资概述

(一)证券投资的概念与目的

证券投资是指投资者将资金投资于股票、债券、基金及衍生证券等资产,从而获取收益的一种投资行为。证券投资可以使投资者灵活运用资金,并获得更多的投资收益。企业进行证券投资的目的主要有以下几个方面:

1. 存放暂时闲置的资金

企业在生产经营过程中,需要维持一定的现金余额。但是现金不能产生收益,因此,在日常现金管理中,企业财务人员都选择将闲置的资金进行证券投资。这样,既能获得投资收益,又能在企业需要现金时将其迅速变现,换回企业所需资金。此时,证券投资的目的就是将证券投资看作现金的替代物。

2. 与企业长期资金计划相配合

企业进入成长期后,需要多次发行证券进行大规模的筹资。但是发行长期证券筹集的资金在短期内往往都不可能使用完毕。企业将暂时不用的资金投资于证券,按投资项目的需要合理选择不同兑现期的证券以获取较高的投资收益。

3. 获得长期稳定的投资收益

有时企业拥有大量闲置资金,且在较长的时间内没有大量现金支出的计划,也没有收益较强的项目投资,那么企业就可以利用这笔资金进行长期投资。与短期投资不同，长期投资的收益主要来自投资期间的现金形式的利息、股利和价值增长。

4. 获得对相关企业的控制权

持有某一公司一定量的股票就可影响甚至控制该公司的经营决策。因此，通过长期投资企业股票，就可以达到控制被投资企业的目的。很多企业在发展过程中，需要控制与其处于同一产业或者相关产业链上的企业，它们往往就采取投资目标企业股票的方式来达到目的。

（二）证券投资的特征

相对于实物投资而言，证券投资具有如下特点：

1. 流动性强

证券资产的流动性明显高于实物资产。

2. 价格不稳定

证券相对于实物资产来说，受人为因素的影响较大，且没有相应的实物做保证，其价值受政治、经济环境等各种因素的影响较大，具有价值不稳定、投资风险较大的特征。

3. 交易成本低

证券交易过程快速、简捷，成本较低。

（三）证券投资的风险

由于证券资产的市价波动频繁，证券投资的风险往往较大。获取投资收益是证券投资的主要目的，证券投资的风险是投资者无法获得预期投资收益的可能性。按风险性质划分，证券投资的风险分为系统性风险和非系统性风险两大类别。

1. 系统性风险

证券投资的系统性风险，是指由于外部经济环境因素变化引起整个资本市场不确定性加强，从而对所有证券都产生影响的共同性风险。系统性风险影响到资本市场上的所有证券，无法通过投资多元化的组合而加以避免，也称为不可分散风险。

系统性风险波及所有证券资产，最终会反映在资本市场平均利率的提高上，所有的系统性风险几乎都可以归结为利率风险。利率风险是由于市场利率变动引起证券资产价值变化的可能性。市场利率反映了社会平均收益率，投资者对证券资产投资收益率的预期总是在市场利率基础上进行的，只有当证券资产投资收益率大于市场利率时，证券资产的价值才会高于其市场价格。一旦市场利率提高，就会引起证券资产价值的下降，投资者就不易得到超过社会平均收益率的超额收益。市场利率的变动会造成证券资产价格的普遍波动，两者呈反向变化：市场利率上升，证券资产价格下跌；市场利率下降，证券资产价格上升。

2. 非系统性风险

证券资产的非系统性风险，是指由特定经营环境或特定事件变化引起的不确定性，从而对个别证券资产产生影响的特有风险。非系统性风险源于每个公司自身特有的营业活动和财务活动，与某个具体的证券资产相关联，同整个证券资产市场无关。非系统性风险可以通过持有证券资产的多元化来抵消,也称为可分散风险。

非系统性风险是公司特有风险,从公司内部管理的角度考察,公司特有风险的主要表现形式是公司经营风险和财务风险。从公司外部的证券资产市场投资者的角度考察,公司经营风险和财务风险的特征无法明确区分,公司特有风险是以违约风险、变现风险、破产风险等形式表现出来的。

二、债券投资

债券是依照法定程序发行的约定在一定期限内还本付息的有价证券,它反映证券发行者与持有者之间的债权债务关系。

(一)债券的基本要素

1. 债券面值

债券面值是指债券设定的票面金额,它代表发行人借入并且承诺于未来某一特定日偿付债券持有人的金额,债券面值包括两方面的内容:①票面币种。即以何种货币作为债券的计量单位,一般而言,在国内发行的债券,发行的对象是国内有关经济主体,则选择本国货币,若在国外发行,则选择发行地国家或地区的货币或国际通用货币(如美元)作为债券的币种。②票面金额。票面金额对债券的发行成本、发行数量和持有者的分布具有影响,票面金额小,有利于小额投资者购买,从而有利于债券发行,但发行费用可能增加;票面金额大,会降低发行成本,但可能减少发行量。

2. 债券票面利率

债券票面利率是指债券发行者预计一年内向持有者支付的利息占票面金额的比率。票面利率不同于实际利率,实际利率是指按复利计算的一年期利率,债券的计息和付息方式有多种,可能使用单利或复利计算,利息支付可能半年一次、一年一次或到期一次还本付息,这使得票面利率可能与实际利率发生差异。

3. 债券到期日

债券到期日是指偿还债券本金的日期,债券一般都有规定到期日,以便到期时归还本金。

(二)债券的价值

债券的价值,也称债券的内在价值,是指债券未来现金流入的现值。债券投资的现金流出是其购买债券的价格。其现金流入主要包括利息和到期归还的本金或出售时获得的现金。在考虑资金的时间价值时,要比较债券投资的现金流入与流出的现值,即比较债券的价值和债券的购买价格。当债券的价值大于购买价格时,才值得购买。

债券价值计算的基本模型是:$V_b = \sum_{t=1}^{n} \frac{I}{(1+i)t} + \frac{M}{(1+i)n}$

式中,V_b为债券的价值,I为第 t 年的债券利息,M 为债券的面值,n 为现在至债券到期的年限,i 为贴现率,一般采用当时的市场利率或投资人要求的最低报酬率。

若债券是固定利率，每年计算并支付利息，到期归还本金，则债券的价值可表示为：

$$V_b = I\times(P/A,i,n)+M\times(P/F,i,n)$$

【例4-13】 某债券面值1 000元，期限20年，每年支付一次利息，到期归还本金，以市场利率作为评估债券价值的贴现率，目前的市场利率为10%，如果票面利率分别为8%、10%和12%，有：

$V_b=80\times(P/A,10\%,20)+1\ 000\times(P/F,10\%,20)=829.69$（元）

$V_b=100\times(P/A,10\%,20)+1\ 000\times(P/F,10\%,20)=999.96$（元）

$V_b=120\times(P/A,10\%,20)+1\ 000\times(P/F,10\%,20)=1\ 170.23$（元）

综上可知，债券的票面利率可能小于、等于或大于市场利率，因而债券价值就可能小于、等于或大于债券票面价值，因此在债券实际发行时就要折价、平价或溢价发行。折价发行是对投资者未来少获利息而给予的必要补偿；平价发行是因为票面利率与市场利率相等，此时票面价值和债券价值是一致的，所以不存在补偿问题；溢价发行是为了对债券发行者未来多付利息而给予的必要补偿。

（三）债券的到期收益率

投资者在投资债券时，最关心的就是债券收益有多少。债券收益来自两个方面：一方面持有期分得的债券利息；另一方面是买卖债券的价差收益。人们一般使用债券收益率这个指标来衡量债券的投资收益。债券收益率是债券收益与其投入本金的比率，通常用年率表示。决定债券收益率的主要因素有债券的票面利率、期限、面值和购买价格。衡量债券收益，一般使用债券到期收益率这个指标。债券到期收益率是指购进债券后，一直持有至到期日可获得的收益率。这个收益率也称为债券投资的实际收益率，是指按复利计算的收益率，它是能够使债券未来现金流入现值等于债券购入价格的折现率。

计算债券到期收益率的方法是求解含有折现率的方程。若债券是固定利率，每年计算并支付利息，到期归还本金，则其到期收益率的计算可求解如下方程：

现金流出现值=现金流入现值

【例4-14】 假定投资者目前以1 040元的价格，购买一份面值为1 000元、每年付息一次、到期归还本金、票面利率为12%的5年期债券，投资者将该债券持有至到期日。计算该债券的内部收益率。

设内部收益率为i，由题意可得

$$1\ 040=120\times(P/A,i,5)+1\ 000\times(P/F,i,5)$$

用内插法求内部收益率i，解得$i=10.94\%$

（四）债券投资的优缺点

1. 债券投资的优点

（1）投资风险较小。与股票投资相比，债券投资的风险比较小。政府债券有国家财力作后盾，其本金的安全性非常高，通常被视为无风险证券。企业债券的持有者拥有优先求偿权，即当企业破产时，可以先于股东分得企业资产，因此其本金损失的可能性较小。

(2)收益比较稳定。债券的票面上一般都标有固定利息率，债券的发行人有按时支付利息的法定义务。因此，在正常情况下，投资于债券能获得比较稳定的收入。

(3)变现力较强。由于许多债券都具有较强的流动性，因此，投资于债券，一般可以在市场上迅速出售，及时变现。

2. 债券投资的缺点

(1)购买力风险较大。债券的面值和利息率在发行时就已确定，如果投资期间的通货膨胀率比较高，则本金和利息的购买力将不同程度地受到侵蚀。在通货膨胀率非常高时，投资者虽然名义上仍有收益，但实际上不可避免地会遭受损失。

(2)没有经营管理权。投资于债券，只能获得一定的收益，而无权对债券发行单位施以影响和控制。

三、股票投资

股票是股份有限公司发给股东(出资者)证明其投资入股，并有权取得股息收入的凭证，也是股份有限公司对出资者表示股东权利的证书。股票作为股份有限公司发给股东作为入股凭证并借以取得股息的一种有价证券，是投资入股的凭证，代表着对一定的经济利益的分配支配权，亦是在市场上可以转让、买卖、流通的一种有价证券。

企业进行股票投资的目的主要有两种：一是获利，即作为一般的证券投资，获得股利收入及股票买卖价差收入；二是控股，即通过购买某一企业的大量股票达到控制该企业的目的。

(一)股票投资的特点

1. 永久性

永久性即股票投资者的长期性。一旦买入某一公司的股票，投资者就不能中途向公司退股，抽回投资。但是，由于存在股票交易所，投资者可以通过股票交易所卖出或转让他的股票，收回投资。

2. 参与性

参与性即股票投资者具有参与股份有限公司经营，盈利分配和承担有限责任的权利和义务。

3. 流通性

股票可以随时在股票市场上买卖、转让，也可以作为一种抵押品，所以，股票持有者可以随时将股票买卖、转让而获得现金。无记名股票的转让只要将股票交付给受让人，即可达到转让的法律效果。记名股票的转让则要在卖出人盖章背书后才可转让。

4. 风险性

风险性即股票投资收益存在的风险。

（二）股票的价值

投资于股票预期获得的未来现金流量的现值，即为股票的价值或内在价值、理论价格。股票是一种权利凭证，它之所以有价值，是因为它能给持有者带来未来的收益，这种未来的收益包括各期获得的股利、转让股票获得的价差收益、股份公司的清算收益等。

1. 股票价值的基本估价模型

从理论上说，如果股东中途不转让股票，股票投资没有到期日，投资于股票所得到的未来现金流量是各期的股利。假定某股票未来各期股利为 D_t（t 为期数），r 为估价所采用的贴现率即所期望的最低收益率，股票价值的估价模型为：

$$V_s = \sum_{t=1}^{\infty} \frac{D_t}{(1+r)^t}$$

2. 常用的股票价值模型

（1）固定增长模式。一般来说，公司并没有把每年的盈余全部作为股利分配出去，留存的收益扩大了公司的资本额，不断增长的资本会创造更多的盈余，进一步引起下期股利的增长。如果公司本期的股利为 D_0，未来各期的股利按上期股利的 g 速度呈几何级数增长，根据股票估价基本模型可得出：

$$V_s = \sum_{t=1}^{\infty} \frac{D_0(1+g)^t}{(1+r)^t}$$

因为 g 是一个固定的常数，当 r 大于 g 时，上式可以化简：

$$V_s = \frac{D_0(1+g)}{r-g}$$

【例 4-15】　小 A 准备购买 MD 公司的股票，并且准备长期持有，要求达到 12% 的收益率，该公司今年每股股利为 0.8 元，预计未来股利会以 9% 的速度增长，该股票目前的价格是 25 元，请问小 A 是否应购买？

该股票的价值为：

$$V_s = 0.8 \times (1+9\%)/(12\%-9\%) = 29.07（元）$$

因为该股票目前价格是 25 元，低于 29.07 元，所以是值得购买的。

（2）零增长模式。如果公司未来各期发放的股利都相等，并且投资者准备永久持有，那么这种股票与优先股类似。或者说，当固定增长模式中 $g=0$ 时，有：

$$V_s = D_0/r$$

【例 4-16】　沿用【例 4-15】的资料，如果 g=0，A 股票的价值为：

$$V_s = 0.8/12\% = 6.67（元）$$

（3）非固定增长模式。在现实生活中，任何企业的股利都不可能是绝对固定的。许多公司的股利在某一段时间有一个超常的增长率，而后阶段公司的股利固定不变或正常增长。在这种情况下，要计算股票的投资价值一般要分段计算，才能确定此种股票的价值。也可以说，非固定成长股票价值的计算，实际上就是固定成长股票价值计算的分段运用。

【例 4-17】 MD 公司计划投资 ND 公司股票，并且准备长期持有，要求达到 12% 的收益率。ND 公司最近支付的股利为每股 1 元，预计 ND 公司在未来 3 年内股利以 15% 的速度高速增长，而后以 10% 的速度转为正常增长。试计算 ND 公司股票目前的市场价值。

ND 公司股票的市场价值计算如下：

首先，计算前 3 年的股利现值：

年份	股利(D_t)	现值系数(12%)	现值
1	$1\times(1+15\%)$	0.892 9	1.03
2	$1\times(1+15\%)^2$	0.797 2	1.05
3	$1\times(1+15\%)^3$	0.711 8	1.08
合计	-	-	3.16

然后，计算第 3 年年底该股票的价值：

$$\begin{aligned}V &= D_4/(r-g)\\&=1\times(1+15\%)^3\times(1+10\%)/(12\%-10\%)\\&=83.65(\text{元})\end{aligned}$$

再计算其第 3 年年底股票价值的现值：

$$P=83.65\times0.711\ 8=59.54(\text{元})$$

最后，将上述两步所计算的现值相加，便能得到目前该股票的价值。即：

$$V=3.16+59.54=62.70(\text{元})$$

如果 ND 公司的股价小于或等于 62.70 元，即可购买该公司的股票。

(三)股票投资的收益率

股票投资的收益由股利收益、股利再投资收益、转让价差收益三部分构成。并且只要按货币时间价值的原理计算股票投资收益，就无须单独考虑再投资收益的因素。

股票的内部收益率是使得股票未来现金流量贴现值等于目前的购买价格时的贴现率，也就是股票投资项目的内含报酬率。股票的内部收益率高于投资者所要求的最低报酬率时，投资者才愿意购买该股票。在固定增长模式中，用股票的购买价格 P_0 代替内在价值 V_s，则：$r=D_1/P_0+g$。

从上式可以看出，股票投资的内部收益率由两部分构成：一部分是预期股利收益率 D_1/P_0，另一部分是股利增长率 g。

如果投资者不打算长期持有股票，而将股票转让出去，则股票投资的收益由股利收益和资本利得(转让价差收益)构成。这时，股票内部收益率 r 是使股票投资净现值为零时的贴现率，计算公式为：

$$NPV=\sum_{t=1}^{n}\frac{D_t}{(1+r)t}+\frac{P_t}{(1+r)n}-P_0=0$$

(四)股票投资的优缺点

1. 股票投资的优点

(1)拥有被投资公司一定的经营控制权。当股票投资者将资金投资于一家股份公司后,他就成为这家公司的股东并拥有股东的一切权利和义务,有权监督和控制企业(根据所拥有的股份多少)的生产经营情况。如果股票投资者想控制这家公司,就可以收购这家公司的股票。

(2)能取得较高的投资收益。虽然股票投资的风险较大,股票的价格也会随着各种影响因素的变化而变化,但从长远来看,绩优股票的价格总是上涨的居多。因此,只要注意选择在绩优股上涨阶段进行投资,则股票投资与其他有固定收益的证券投资相比,能适当降低购买力风险。

2. 股票投资的缺点

与其他证券投资相比,股票投资的主要缺点是投资风险较大。这主要是由股票的特性决定的。①由于股票的市场价格受诸多因素的影响,很不稳定,这使股票投资具有较大的风险;②由于普通股对企业资产的求偿权和盈利的分配权均居后,企业一旦破产,股东所受的损失可能会很大。另外,股票投资的收益也不稳定,因为股份公司分配给股东股利的多少,是根据企业的经营状况和经营战略及企业的财务状况而确定的。因此,投资于股票,风险也比其他有固定收益的证券投资的大。

【德技并举】

想要操纵股价者,需牢记"伸手必被捉"

近期,监管针对个人的操纵市场处罚力度空前。单就近期披露的4份操纵市场类行政处罚决定书来看,5名当事人合计罚没金额高达9.75亿元。2019年修订的《证券法》大幅提高了证券违法成本,罚款金额可在违法所得的一倍以上十倍以下。

据监管调查,2018年5月至2019年5月期间,唐隆、朱未实际控制"唐某信"等18个证券账户交易得邦照明,操纵期间共234个交易日。唐隆、朱未合谋控制使用涉案账户组,集中资金优势、持股优势,通过连续交易和在自己实际控制的账户之间交易方式买卖得邦照明,操纵该股交易价格。证监会决定,没收唐隆、朱未违法所得6 022.55万元,其中唐隆承担4 818.04万元,朱未承担1 204.51元;并对唐隆、朱未处以2.41亿元的罚款,其中由唐隆承担1.93亿元的罚款,由朱未承担4 818.04万元的罚款。值得关注的是,早在2016年,唐隆就曾因操纵"渤海活塞"而被监管开出巨额罚单。

据悉,2014年8月至2015年5月,唐隆控制使用"夏某艳"等20个证券账户,通过集中资金优势连续买卖、在自己实际控制的账户之间交易、虚假申报等方式影响"渤海活塞"股票价格和交易量,其间股价涨幅77%(按复权价格计算),获利约3 059

万元。证监会认定，唐隆上述行为违反了《证券法》有关规定，构成操纵证券市场行为。证监会依法决定，没收唐隆违法所得约 3 059 万元，并处以约 9 178 万元罚款，合计罚没金额高达 1.22 亿元。

就近期证监会公布的操纵市场罚单来看，“二进宫”者并不罕见。例如，近期证监会对李卫卫操纵“汇金通”案合计罚没金额超 4 000 万元。而在 2018 年 7 月，证监会就曾因李卫卫操纵“大连电瓷”对其处以 200 万元罚款，并采取终身证券市场禁入措施。另外，证监会近期还公布了陈霄操纵“牧高笛”等 13 只股票案和王宝元操纵“吉林高速”等 8 只股票案。其中，王宝元控制并使用 145 个证券账户，操纵 8 只股票，“没一罚三”合计罚没 5.71 亿元，创下了 2022 年证监会对个人处罚的最高金额记录。陈霄则是控制使用 142 个证券账户获利 3 083.6 万元，“没一罚一”合计罚没 6 167.2 万元。

2019 年修订的《证券法》大幅提高了证券违法成本，罚款金额可在违法所得的一倍以上十倍以下。单就上述 4 起操纵市场案处罚情况来看，5 名当事人合计罚没金额高达 9.75 亿元。想要操纵股价者，需牢记“伸手必被捉”。

（来源：深圳商报）

【知识拓展】

投资的可行性分析

【复习思考】

一、单选题

1. 某公司打算投资一个项目，预计该项目需固定资产投资 400 万元，预计可使用 5 年。固定资产采用直线法计提折旧，估计净残值为 10 万元。营业期间估计每年固定成本为（不含折旧）25 万元，变动成本为每件 75 元。销售部门估计各年销售量均为 5 万件，该公司可以接受 150 元/件的价格，适用的所得税税率为 25%。则该项目最后一年现金净流量为（　　）万元。

A. 292　　　　B. 282

C. 204　　D. 262

2. 某项目预计投产第一年年初流动资产需用额为160万元,流动负债需用额为55万元,投产第二年年初流动资产需用额为300万元,流动负债需用额为140万元,则该项目第二年垫支的营运资金为(　　)万元。

A. 160　　B. 55

C. 105　　D. 35

3. 在一般投资项目中,当一项投资方案的净现值等于零时,即表明(　　)。

A. 该方案的年金净流量大于0

B. 该方案动态回收期等于0

C. 该方案的现值指数大于1

D. 该方案的内含收益率等于设定的贴现率

4. 已知某项目的现金净流量分别为:$NCF_0=-100$ 元,$NCF_1=0$ 元,$NCF_{2-6}=200$ 元,投资人要求的收益率为10%,则该项目的净现值为(　　)元。[已知:$(P/A,10\%,5)=3.790\ 8$;$(P/F,10\%,1)=0.909\ 1$]

A. 658.16　　B. 589.24

C. 489.16　　D. 689.24

5. 下列各项因素中不会影响年金净流量大小的是(　　)。

A. 每年的现金净流量　　B. 折现率

C. 原始投资额　　D. 投资的实际收益率

6. 某公司准备投资一项目,目前有3个方案可供选择,A方案:期限为10年,净现值为80万元;B方案:期限为8年,年金净流量为15万元;C方案:期限为10年,净现值为-5万元;该公司要求的最低收益率为10%,则该公司应选择的方案是(　　)。[已知:$(P/A,10\%,10)=6.144\ 6$]

A. A方案　　B. B方案

C. C方案　　D. 无法判断

7. 下列关于现值指数优点的说法中,错误的是(　　)。

A. 反映了投资效率

B. 适用于寿命期相同、原始投资额现值不同的独立方案决策

C. 反映了投资项目可能达到的收益率

D. 考虑了原始投资额与获得收益之间的比率关系

8. 下列指标中,不易直接考虑投资风险大小的是(　　)。

A. 净现值　　B. 年金净流量

C. 现值指数　　D. 内含收益率

9. 已知某投资项目的原始投资额为100万元,投资期为2年,投产后第1—3年每年 $NCF=25$ 万元,第4—10年每年 $NCF=20$ 万元。则该项目包括投资期的静态回收期为(　　)年。

A. 4.25　　B. 6.25

C. 4　　D. 5

10. 某企业计划投资一个项目,原始投资额为 100 万元,在建设始点一次投入,按直线法计提折旧,无残值,项目寿命期为 10 年,预计项目每年可获净利润 15 万元,投资者要求的最低收益率为 8%,则该项目动态投资回收期为(　　)年。[已知:$(P/A,8\%,5)=3.992\ 7$,$(P/A,8\%,6)=4.622\ 9$]

A. 3　　B. 5

C. 4　　D. 5.01

11. 在原始投资额不同且项目寿命期不同的独立投资方案比较决策时,以各独立方案的获利程度作为评价标准,一般采用的评价指标是(　　)。

A. 现值指数　　B. 内含收益率

C. 净现值　　D. 动态回收期

12. 某企业打算继续使用旧机器,该机器是 5 年前以 60 000 元购入的,残值率为 10%,预计尚可使用 3 年,税法规定使用年限 6 年,目前变现价值为 14 000 元。假定所得税税率为 25%,则继续使用该设备初始的现金流出量为(　　)元。

A. 14 000　　B. 13 750

C. 14 250　　D. 17 900

13. 某公司拟发行 5 年期债券进行筹资,债券票面金额为 100 元,票面利率为 12%,而当时市场利率为 10%,每年年末付息一次,到期还本,则该公司债券的价值为(　　)元。[已知:(P/F,10%,5)= 0.620 9,(P/A,10%,5)= 3.790 8]

A. 93.22　　B. 100

C. 105.35　　D. 107.58

14. 某投资者打算购买一只股票并打算长期持有,购买价格为 21.5 元/股,该股票预计下年的股利为每股 2.2 元,估计股利年增长率为 2%,则投资该股票的内部收益率为(　　)。

A. 12.44%　　B. 12.23%

C. 10.23　　D. 10.44%

15. 某公司目前有发行在外的普通股股票,最近刚支付的股利为每股 2.2 元,估计股利年增长率为 2%,预期最低收益率为 10%,则该股票的价值为(　　)元。

A. 22.44　　B. 22

C. 27.5　　D. 28.05

二、多选题

1. 某投资项目需要 3 年建成,从明年开始每年年初投入建设资金 45 万元。建成投产之时,需投入营运资金 70 万元,以满足日常经营活动需要。生产出的 A 产品,估计每年可获净利润 60 万元。固定资产使用年限为 8 年,资产使用期满后,估计有残值净收入 11 万元,采用年限平均法计提折旧。使用后第 4 年预计进行一次改良,估计改良支出40万元,分4年平均摊销。根据上述资料下列各项计算正确的有(　　)。

A. 原始投资为135万元　　B. NCF_3 为-70万元

C. NCF_7 为115.5万元　　D. NCF_{11} 为166.5万元

2. 下列各项中,属于内含收益率指标优点的有(　　)。

A. 反映了投资项目可能达到的收益率,易于被高层决策人员所理解

B. 对于独立投资方案的比较决策,如果各方案原始投资额现值不同,可以通过计算各方案的内含收益率,反映各独立投资方案的获利水平

C. 可以直接考虑投资风险大小

D. 在互斥投资方案决策时,如果各方案的原始投资额现值不相等,可以做出正确的决策

3. 下列各项中,会引起内含收益率变动的有(　　)。

A. 项目的最低收益率　　B. 原始投资额

C. 现金净流量　　D. 项目计算期

4. 下列关于评价投资项目的静态回收期法的说法中,正确的有(　　)。

A. 它忽略了货币时间价值

B. 它需要一个主观上确定的最长的可接受回收期作为评价依据

C. 它不能测度项目的盈利性

D. 它考虑了回收期满以后的现金流量

5. 下列各项关于独立投资方案决策的表述中,正确的有(　　)。

A. 两项目原始投资额不同但期限相同,采用现值指数较高的项目

B. 两项目原始投资额不同但期限相同,采用内含收益率较高的项目

C. 两项目原始投资额相同但期限不同,采用年金净流量较高的项目

D. 两项目的原始投资额和期限都不相同,采用内含收益率较高的项目

6. 下列各项关于互斥投资方案决策的表述中,正确的有(　　)。

A. 两项目原始投资额不同但期限相同,采用净现值较高的项目

B. 两项目原始投资额不同但期限相同,采用年金净流量较高的项目

C. 两项目原始投资额相同但期限不同,采用年金净流量较高的项目

D. 两项目原始投资额相同但期限不同,采用净现值较高的项目

7. 设备重置方案运用年金成本方式决策时,应考虑的现金流量主要有(　　)。

A. 旧设备的变现价值　　B. 新设备的购价

C. 新旧设备残值变价收入　　D. 年付现成本

8. 下列关于固定资产更新决策的说法中,不正确的有(　　)。

A. 属于独立投资方案决策

B. 一般采用内含收益率法进行决策

C. 大部分以旧换新的设备重置属于扩建重置

D. 对于寿命期不同的设备重置决策应采用年金净流量法

9. 债券投资的收益是投资于债券所获得的全部投资收益，这些投资收益的来源包括(　　)。

A. 利息再投资收益　　B. 名义利息收益

C. 价差收益　　D. 资本利得收益

10. 在固定增长模式下，与股票内在价值呈反方向变化的因素有(　　)。

A. 股利年增长率　　B. 预计第一年股利

C. 必要收益率　　D. β 系数

三、判断题

1. 对内投资都是直接投资，对外投资不一定都是间接投资。(　　)

2. 非付现成本主要有固定资产年折旧费用、长期资产摊销费用、资产减值损失以及垫支的营运资金摊销等。(　　)

3. 当资产的变现价值和税法规定的残值不一致时，要考虑对所得税的影响，如果变现价值大于税法规定的残值，就要考虑变现损失抵税，如果变现价值小于税法规定的残值，就要考虑变现收益纳税。(　　)

4. 年金净流量法是净现值法的辅助方法，在各方案原始投资额现值相同时，实质上就是净现值法。(　　)

5. 由于现值指数是未来现金净流量现值与原始投资额现值之比，是一个相对数指标，反映了投资效益。(　　)

6. 在项目投资决策中，内含收益率的计算与项目设定的贴现率的高低无关。(　　)

7. 动态回收期和静态回收期都没有考虑超过原始投资额(或现值)的现金净流量。(　　)

8. 全部投资均于建设起点一次性投入，建设期为零，投产后每年的现金净流量相等，则静态投资回收期等于按内含收益率法确定的年金现值系数。(　　)

9. 系统性风险可以通过持有证券资产的多元化来抵销，也称为可分散风险。(　　)

10. 根据股票内在价值的计算公式可知，股票的内在价值包括两部分，一部分是在以前持有期间取得的股利收入的现值，另一部分是在将来卖出股票后取得的转让收入与购买价格差额的现值。(　　)

四、计算分析题

1. 某公司计划开发一种新产品，该产品的寿命期为 5 年，开发新产品的成本及预计收入为：需投资固定资产 200 000 元，需垫支营运资金 150 000 元，5 年后可收回固定资产残值为 20 000 元，用双倍余额递减法计提折旧。投产后，预计每年的销售收入可达 250 000元，每年需支付直接材料、直接人工等变动成本 100 000 元，每年的设备维修费为 10 000 元。该公司要求的最低投资收益率为 10%，适用的所得税税率为 25%。

要求：请用净现值法对该项新产品是否开发做出分析评价。

2. ND 公司现有旧设备一台，由于节能减排的需要，准备予以更新。有关新旧设备的资料如下所示：

单位：元

项目	旧设备	新设备
原价	42 000	43 200
预计使用年限(年)	10	10
已使用年限(年)	4	0
税法残值	6 000	4 800
最终报废残值	4 200	5 040
目前变现价值	12 000	43 200
每年折旧费(直线法)	3 600	3 840
每年营运成本	12 600	9 600

假设公司所要求的必要收益率为15%，所得税税率为25%。

要求：

(1)计算新旧设备的年金成本。

(2)判断该公司是否应该更新设备。

3. ND公司2020年1月1日发行票面利率10%，每张面值1 000元，4年期的公司债券。该债券每年12月31日付息一次，到期按面值偿还。假定某投资人存在下列事项：

(1)2020年1月1日以每张1 000元的价格购入该债券并持有到期。

(2)2022年1月1日以每张1 020元的价格购入该债券并持有到期。

(3)2021年1月1日购入该债券并持有到期，要求的必要收益率为12%。

要求：

(1)针对事项(1)，计算该债券的内部收益率。

(2)针对事项(2)，计算该债券的内部收益率。

(3)针对事项(3)，计算该债券的价格低于多少时可以购入。

4. 某投资者2022年年初准备投资购买股票，现有甲、乙、丙三家公司可供选择，甲、乙、丙三家公司的有关资料如下：

(1)2022年年初甲公司已发放的每股股利为4元，股票每股市价为18元；预期甲公司未来2年内股利固定增长率为15%，在此以后转为零增长；

(2)2022年年初乙公司已发放的每股股利为1元，股票每股市价为6.8元；预期乙公司股利将持续增长，年固定增长率为6%；

(3)2022年年初丙公司已发放的每股股利为2元，股票每股市价为8.2元；预期丙公司未来2年内股利固定增长率为18%，在此以后转为固定增长，年固定增长率为4%；

假定目前无风险收益率为8%，市场上所有股票的平均收益率为16%，甲、乙、丙三家公司股票的β系数分别为2、1.5和2.5。

要求：

(1)根据资本资产定价模型，分别计算甲、乙、丙三家公司股票的必要收益率。

(2)分别计算甲、乙、丙三家公司的股票价值。

(3)通过计算股票价值并与股票市价相比较，判断甲、乙、丙三家公司股票是否应当购买。

(4)假设按照40%、30%和30%的比例投资购买甲、乙、丙三家公司股票构成投资组合，计算该投资组合的β系数和组合的必要收益率。

项目五 营运资金管理

【知识目标】

1. 理解营运资金的特点及管理原则。
2. 掌握现金管理持有量的确定方法。
3. 掌握应收账款信用政策的确定方法。
4. 掌握存货的经济订货批量法。
5. 掌握流动负债实际利率的计算。

【能力目标】

1. 能根据企业持有现金的动机与成本安排现金的最佳持有量。
2. 能根据企业与客户的不同情况确定适合企业的信用政策。
3. 能根据企业不同需要控制存货的经济订货批量并对存货进行日常管理。
4. 能结合现金、应收账款、存货日常管理的具体方法对企业理财的不足之处提出建议。

【素质目标】

1. 认真分析确定企业现金、存货和应收账款数量，提高资金使用效率，增加企业财富。
2. 合理巧妙地既能满足企业日常经营管理需要，又能提高营运资金的利用效率。

【案例引入】

营运资金管理，守住企业安全底

营运资金是企业生产经营活动占用在流动资产上的资金，是企业经营中可供运用、周转的流动资金净额,狭义来讲营运资金指流动资产减去流动负债的差额。营运资金的管理是企业财务管理中极其重要的一环,营运资金管理不善将会造成企业资源的浪费,甚至在面临债务到期偿付、资金不足时导致破产。

因营运资金管理不善导致的破产案例屡见不鲜,其中不乏一些实力雄厚的大公司,如著名的“德隆事件”。德隆集团作为曾经的中国最大民营企业之一,被人们称作“股市第一强庄”,然而德隆却由于在并购扩张的过程中,未能做好营运资金规划,导致资金链断裂陷入财务危机,最终轰然倒下。

据调查称,企业财务经理大约有60%的精力都用于营运资金管理,而我国企业目前在营运资金管理方面的水平普遍不高。如何提升营运资金管理水平,守好企业的资金安全底,是很多企业财务管理方面面临的重大问题。

(来源:佚名 《未来财务人研究院》)

任务一　营运资金管理认知

一、营运资金的含义

营运资金是指在企业生产经营活动中占用在流动资产上的资金。营运资金有广义和狭义之分。广义的营运资金是指一个企业流动资产的总额。这是一个具体的概念,主要用来研究企业资产的流动性和周转状况。而这些具体的营运资金控制、持有状况确定等的管理,是企业日常财务管理中的重要部分。狭义的营运资金是指流动资产减去流动负债后的余额。这是一个抽象的概念,并不特指某项资产,但它是判断和分析企业流动资金运作状况和财务风险程度的重要依据。这个概念主要在研究企业的偿债能力和财务风险时使用。因此,企业营运资金的持有状况和管理水平直接关系到企业的盈利水平和财务风险两个方面。营运资金的内容则包括了流动资产的管理和流动负债的管理。

二、营运资金的特点

要想有效地管理企业的营运资金,就必须认真研究营运资金的特点,以便在企业营运资金运作过程中采取有针对性的措施。营运资金一般有以下特点。

(一)周转期短

营运资金周转速度较快,所以周转期较短,通常是在一年或一个营业周期内收回。因此,企业在营运资金的供应上,可以根据这一特点,采用短期的筹资方式来解决,如短期银行借款、商业信用等。

(二)形态波动大

营运资金的实物形态除了按货币资产、储备资产、生产资产、成品资产、结算资产之间顺序转化外,其占用的数量也会随着企业内外经营条件的变化而变化。时高时低,波动很大。因此,企业在流动资产管理上,必须对各项流动资产合理配置,并根据波动情况,随时调整其数量。

(三)变现性强

营运资金中的大部分资产一般都具有较强的变现能力。即便在企业出现紧急状况时,相比长期资产,更容易变现而获得现金,以满足企业生产经营中的急需。

(四)来源渠道多而灵活

营运资金的来源渠道多,其筹集的形式也多,期限的选择较为灵活。

三、营运资金的管理原则

企业的营运资金在全部资金中占有相当大的比重,而且周转期短,形态易变,因此,营运资金管理是企业财务管理工作的一项重要内容。企业进行营运资金管理,应遵循以下原则。

(一)满足正常资金需求

企业应认真分析生产经营状况,合理确定营运资金的需要数量。企业营运资金的需求数量与企业生产经营活动有直接关系。一般情况下,当企业产销两旺时,流动资产会不断增加,流动负债也会相应增加;而当企业产销量不断减少时,流动资产和流动负债也会相应减少。因此,企业财务人员应认真分析生产经营状况,采用一定方法预测营运资金的需要数量,营运资金的管理必须把满足正常合理的资金需求作为首要任务。

(二)提高资金使用效率

营运资金的周转是指企业的营运资金从现金投入生产经营开始,到最终转化为现金的过程。加速资金周转是提高资金使用效率的主要手段之一。提高营运资金使用效率的关键是采取得力措施,缩短营业周期,加速变现过程,加快营运资金周转。因此,企业要千方百计地加速存货、应收账款等流动资产的周转,以便用有限的资金服务于更大的产业规模,为企业取得更优的经济效益提供条件。

(三)节约资金使用成本

在营运资金管理中,必须正确处理保证生产经营需要和节约资金使用成本两者之间的关系。要在保证生产经营需要的前提下,尽力降低资金使用成本。一方面,要挖掘资金潜力,加速资金周转,精打细算地使用资金;另一方面,积极拓展融资渠道,合理配置资源,筹措低成本资金,服务于生产经营。

（四）维持短期偿债能力

偿债能力是企业财务风险高低的标志之一。合理安排流动资产与流动负债的比例关系，保持流动资产结构与流动负债结构的适配性，保证企业有足够的短期偿债能力是营运资金管理的重要原则之一。流动资产、流动负债以及两者之间的关系能较好地反映企业的短期偿债能力。流动负债是在短期内需要偿还的债务，而流动资产则是在短期内可以转化为现金的资产。因此，如果一个企业的流动资产比较多，流动负债比较少，说明企业的短期偿债能力较强；反之，则说明短期偿债能力较弱。但如果企业的流动资产太多，流动负债太少，也不是正常现象，这可能是因流动资产闲置或流动负债利用不足所致。

【德技并举】

M 集团自 2013 年整体上市以来，公司盈利能力稳步提升。2019 年，M 集团实现营业收入 2 782 亿元，同比增长 7.14%，居中国家电行业第 1 位；实现归属于母公司股东净利润 242.11 亿元，同比增长 19.67%；同时，整体实力和行业竞争力明显增强，小家电销量增速乐观，产品结构优化，毛利率、净利率稳步提升，营运能力提升。在整体竞争力不断加强的同时，M 集团品牌影响力也获得了全面提升。2020 年，M 集团居《财富》世界 500 强榜单第 307 位，品牌价值 1 315.20 亿元，居中国最有价值品牌第 5 位。

结果表明，M 集团现金周转期在逐年缩短，从 2017 年的-47 天缩短至 2019 年的-51 天，表明其营运资金的使用效率在不断提高。对比分析 M 集团 2017 年和 2019 年的现金周转结构可以发现，其现金周转期缩短，主要得益于应付款项周转期的延长，其应付款项周转期由 2017 年的 133 天延长至 2019 年的 147 天，说明 M 集团大幅利用了贸易融资政策，长期、大额“占用”供应商资金补充自身运营所需。

M 集团积极利用商业信用政策延长应付款项周转期，得益于公司在同业中较高的品牌声誉。M 集团是国内唯一拥有全产业链、全产品线的家电生产企业，这一特点一方面使公司的产品组合更全面、更具竞争力，另一方面也使公司在品牌效应、渠道议价上实现协同效应。这有助于提高公司对供应商资金的占用水平和使用效率，从而提高现金周转速度。

（来源：韩慧博　《财务管理案例》）

任务二 现金管理

现金有广义、狭义之分。广义的现金是指在生产经营过程中以货币形态存在的资金,包括库存现金、银行存款和其他货币资金等。狭义的现金仅指库存现金。这里所讲的现金是指广义的现金。

一、持有现金的动机

(一)交易动机

交易动机是指企业为满足生产经营活动中的各种支付需要(如购买原材料、支付工资、偿还利息、支付现金股利等)而持有的现金。由于企业在生产经营活动中不可能始终保持现金收入与现金支出相等,因此,保持一定的现金余额以应付各种日常开支是必要的。通常情况下,企业的销售量越大,所要保持的现金余额也越大。

(二)预防动机

预防动机是指企业保持一定的现金余额以应付意外的现金需求。企业生产经营活动中正常现金需要可通过资金预测和计划来估算,但许多意外事件的发生将会影响和改变企业的正常现金需要量。比如,自然灾害、生产事故、客户款项不能如期支付,以及国家政策的某些突然变化等,这些都会打破企业原先预计的现金收支平衡,因此企业需要保持一定的额外现金余额来应付可能发生的意外情况。一般来讲,企业保持的用于预防动机的现金余额的多少取决于以下几个因素:①现金收支预测的可靠程度;②企业的临时借款能力;③企业其他流动资产(如有价证券等)的变现能力;④企业对意外事件发生的可能性大小的判断和风险承受能力。

(三)投机动机

企业持有现金的另一个可能的动机是投机,即通过在证券市场上的炒作或原材料市场的投机买卖来获取投机收益。比如,当企业预计原材料价格将有较大幅度的上升时,可利用手中多余的现金以目前较低价格购入原材料,使将来价格上升时少受影响。投机动机只是企业确定现金余额所需考虑的次要因素之一,其持有数量往往与企业在金融市场上的投资机会和企业对待风险的态度有关。

二、持有现金的成本

持有现金的成本是指持有现金付出的各种代价。企业持有现金的成本具体包括:

(一)机会成本

机会成本是指因持有现金而丧失的再投资收益,一般可用企业投资收益率来表示。

假设某企业的投资收益率为8%,年平均持有现金100万元,则该企业每年现金的机会成本为8万元(100×8%)。机会成本与现金持有量正相关,即现金持有越多,机会成本越高。机会成本一般与现金持有量成正比。

(二)管理成本

管理成本是指企业为管理现金而发生的管理费用。如管理人员工资和安全措施费等。管理成本具有固定成本的性质,它与现金持有量之间无明显的比例关系。

(三)转换成本

转换成本是指现金与有价证券转换过程中所发生的交易费用,如经纪人佣金、税金、证券过户费等。转换成本一般只与交易的次数有关,而与现金持有量的多少无关。

(四)短缺成本

短缺成本是指企业因现金短缺而遭受的损失。如不能按时支付购料款而造成的信用损失,不能按期缴纳税款而被罚滞纳金等。短缺成本随现金持有量的增加而下降,即与现金持有量负相关。

三、最佳现金持有量确定

(一)成本模型

成本模型是根据对企业持有现金的机会成本、管理成本和短缺成本来确定最佳现金持有量的方法。其计算公式为:

现金总成本=机会成本+管理成本+短缺成本

成本模型就是对机会成本、管理成本和短缺成本进行分析,找出三种成本之和最低点时的现金持有量,该点就是最佳现金持有量。成本模型持有现金总成本如图5-1所示。

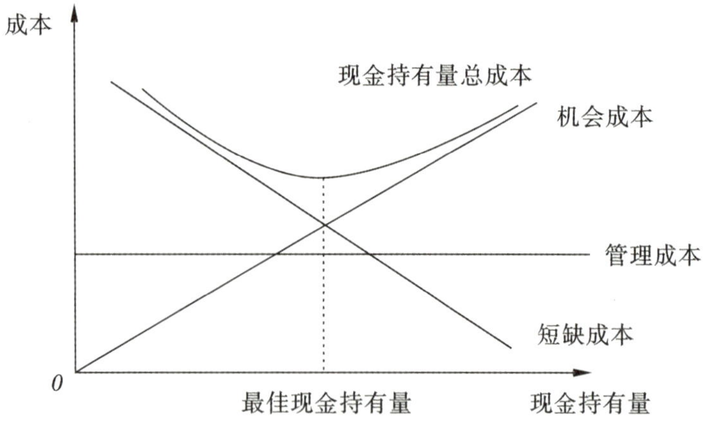

图5-1 成本模型的现金持有总成本

在实际工作中运用成本分析模式确定最佳现金持有量的具体步骤为：

(1)根据不同现金持有量测算并确定现金成本数值。

(2)按照不同现金持有量及其相关成本资料编制最佳现金持有量测算表。

(3)在测算表中找出现金持有总成本最低时的现金持有量，即最佳现金持有量。

【例 5-1】 MD 公司为寻求最佳现金持有量，现拟定四种现金持有方案，见表 5-1。假设 MD 公司的投资收益率为 10%，请确定其最佳现金持有量。

表 5-1 现金持有方案

单位：元

项目	甲方案	乙方案	丙方案	丁方案
现金持有量	100 000	200 000	300 000	400 000
机会成本率	10%	10%	10%	10%
管理成本	10 000	10 000	10 000	10 000
短缺成本	48 000	25 000	10 000	8 000

编制 MD 公司最佳现金持有量测算表，见表 5-2：

表 5-2 最佳现金持有量测算表

单位：元

项目	甲方案	乙方案	丙方案	丁方案
现金持有量	100 000	200 000	300 000	400 000
机会成本	10 000	20 000	30 000	40 000
管理成本	10 000	10 000	10 000	10 000
短缺成本	48 000	25 000	10 000	8 000
总成本	68 000	55 000	50 000	58 000

由表 5-2 可知，四个方案中丙方案的总成本最低，因此，该企业的最佳现金持有量是 300 000 元。

(二)存货模型

存货模型是将现金看作企业的一种特殊存货，按照存货管理中的经济批量法的原理，确定企业现金最佳持有量的方法。

运用存货模式确定最佳现金持有量时，是以下列假设为前提的：企业所需要的现金可通过证券变现取得，且证券变现的不确定性很小；企业预算期内现金需要总量可以预测；现金的支出过程比较稳定、波动较小，而且每当现金余额降至零时，均通过部分证券变现得以补足；证券的利率或报酬率以及每次固定性交易费用可以获悉。

利用存货模式计算最佳现金持有量时，对于短缺成本不予考虑，只对机会成本和固定性转换成本予以考虑。机会成本和固定性转换成本随着现金持有量的变动而呈现出相反的变动趋向，因而能够使现金的机会成本与固定性转换成本之和保持最低的现金持有量，即为最佳现金持有量。存货模式示意图如图 5-2 所示。

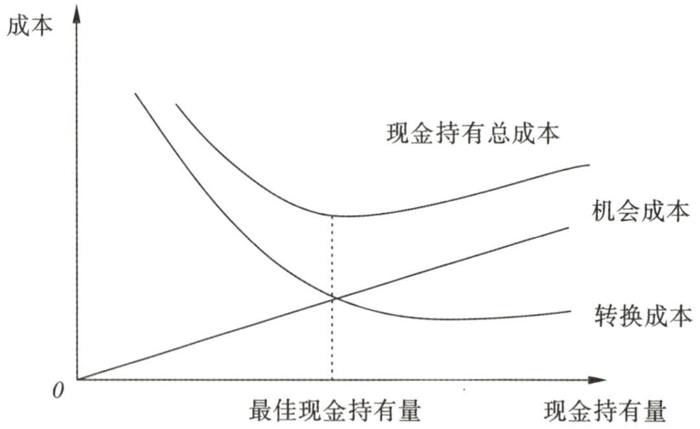

图 5-2　存货模型的现金持有总成本

假设 T 为一定时期现金总需求量，F 为每次的转换成本，C 为最佳现金持有量（每次证券变现的数量），K 为有价证券利息率（机会成本），TC 为现金管理相关总成本。则：

现金管理相关总成本＝机会成本＋转换成本

即：$TC=(C/2)\times K+(T/C)\times F$

存货模式示意图中，现金管理相关总成本与现金持有量呈凹形曲线关系。可用导数的方法求出它们的最小值。其计算公式为：

最佳现金持有量$(C)=\sqrt{\dfrac{2\times T\times F}{K}}$

最低现金管理相关总成本$=\sqrt{2\times T\times F\times K}$

【例 5-2】　MD 公司预计全年现金需要量为 200 000 元，现金与有价证券的转换成本为每次 400 元，有价证券的年利率为 10%，计算该公司最佳现金持有量。

最佳现金持有量 $C=\sqrt{\dfrac{2\times 200\ 000\times 40\ 000}{10\%}}=40\ 000$（元）

最低现金管理相关总成本$=\sqrt{2\times 200\ 000\times 400\times 10\%}=4\ 000$（元）

即 MD 公司的最佳现金持有量为 40 000 元，此时现金管理的相关总成本为 4 000 元。

（三）随机模型

在实际工作中，企业现金流量往往具有很大的不确定性。假定每日现金流量的分布接近正态分布，每日现金流量可能低于也可能高于期望值，其变化是随机的。由于现金流量波动是随机的，只能对现金持有量确定一个控制区域，定出上限和下限。当企业现金余额在上限和下限之间波动时，表明企业现金持有量处于合理的水平，无须进行调整。

当现金余额达到上限时，则将部分现金转换为有价证券；当现金余额下降到下限时，则卖出部分证券。

图5-3是现金管理的随机模型（米勒-奥尔模型），该模型有两条控制线和一条回归线。最低控制线L取决于模型之外的因素，其数额是由现金管理部经理在综合考虑短缺现金的风险程度、企业借款能力、企业日常周转所需资金、银行要求的补偿性余额等因素的基础上确定的。

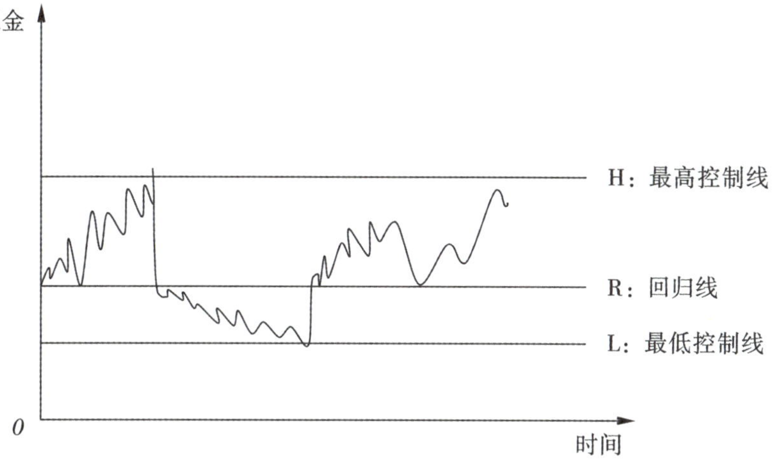

图5-3　现金管理随机模型

回归线R可按下列公式计算：

$$R=\sqrt[3]{\frac{3b\times\delta^2}{4i}}+L$$

式中，b表示证券转换为现金或现金转换为证券的成本，δ表示企业每日现金流量变动的标准差，i表示以日为基础计算的现金机会成本。最高控制线H的计算公式为：$H=3R-2L$。

【例5-3】 假设MD公司现金部经理决定L值应为10 000元，通过估算企业现金流量标准、持有现金的年机会成本率、证券转换为现金成本等数据可求得回归线R为16 607元，可得到最高控制线H=3×16 607-2×10 000=29 821元，说明该公司目标现金余额为16 607元。若现金持有额达到29 821元，则买进13 214元的证券；若现金持有额降至10 000元，则卖出6 607元的证券。

四、现金的日常管理

企业在确定了最佳现金持有量后，还应采取各种措施，加强现金的日常管理。尽快加速账款的回收和现金的周转，尽量延缓现金支出的时间，充分利用闲置现金，以提高现金的使用效益。

（一）收款管理

一个高效的收款系统能够使收款成本和收款浮动期达到最小，同时能够保证与客户汇款及其他现金流入来源相关的信息质量。收款成本包括浮动期成本、管理收款系统的相关费用（如银行手续费）及第三方处理费用或清算相关费用。在获得资金之前，收款在途项目使企业无法利用这些资金，也会产生机会成本。信息质量包括收款方得到的付款人姓名、付款内容和付款时间。信息要求及时、准确地到达收款方，以便收款人及时处理资金，做出发货的安排。

收款浮动期是指从支付开始到企业收到资金的时间间隔。收款浮动期主要是由纸基支付工具导致的。有以下三种类型：①邮寄浮动期，是指从付款人寄出支票到收款人或收款人的处理系统收到支票的时间间隔。②处理浮动期，是指支票的接收方处理支票和将支票存入银行以收回现金所花的时间。③结算浮动期，是指通过银行系统进行支票结算所需要的时间。

（二）付款管理

付款管理即现金支出管理的主要任务是尽可能延缓现金的支出时间。控制现金支出的目标是在不损害企业信誉的条件下，尽可能推迟现金的支出。企业现金支出的控制主要包括金额上的控制和时间上的控制。控制现金支出的方法有以下几种：

1. 合理利用现金浮游量

现金浮游量是指由于企业提高收款效率和延长付款时间所产生的企业账户上的现金余额与银行账户上列示的存款余额之间的差额。现金浮游量实际上是企业与银行双方在款项接收和划转上的时间差造成的。正确预测现金浮游量并有效加以利用，可节约大量现金。但是，一定要控制好使用的时间，否则会发生银行存款透支。

2. 推迟支付应付款

为了最大限度地利用现金，企业在不影响自身信誉的前提下，可采取一定措施，尽可能地推迟应付款的支付时间。

3. 汇票代替支票

与支票不同的是，承兑汇票并不是见票即付。它延长了企业调入资金支付汇票的实际所需时间，这样企业就只需在银行中保持较少的现金余额。

4. 改进工资支付模式

企业通常会为支付工资而设立一个专门的存款账户。为了减少这一存款数额，企业可以预先估计出从开出支付工资支票到银行兑现的具体时间，合理安排工资存款账户的存款数额，达到节约使用现金的目的。

5. 透支

企业开出支票的金额大于活期存款余额。它实际上是银行向企业提供的信用。透支的限额，由银行和企业共同商定。

6. 力争现金流量同步

现金流量同步就是指企业尽量使它的现金流入和现金流出发生的时间趋于一致，可使企业所持有的交易性现金余额降到最低水平。为此，企业可通过合理编制现金预算，并依照现金预算来安排现金流入和现金流出，尽量使现金流入和现金流出同步。

7. 使用零余额账户

企业与银行合作，保持一个主账户和一系列子账户。企业只在主账户保持一定的安全储备，而在一系列子账户不需要保持安全储备。当从某个子账户签发的支票需要现金时，所需要的资金立即从主账户划拨过来，从而使更多的资金可以用作他用。

任务三　应收账款管理

企业通过提供商业信用，采取赊销、分期付款等方式可以扩大销售，增强竞争力，获得利润。应收账款作为企业为扩大销售和盈利的一项投资，也会发生一定的成本，所以企业需要在应收账款所增加的盈利和所增加的成本之间做出权衡。应收账款管理就是分析赊销的条件，使赊销带来的盈利增加大于应收账款投资产生的成本费用增加，最终使企业利润增加，企业价值上升。

一、应收账款的成本

应收账款作为企业为增加销售和盈利进行的投资，会发生一定的成本。应收账款的成本主要有：

（一）应收账款的机会成本

应收账款会占用企业一定量的资金，而企业若不把这部分资金投放于应收账款，便可以用于其他投资并可能获得收益，例如投资债券获得利息收入。这种因投放于应收账款而放弃其他投资所带来的收益，即为应收账款的机会成本。其计算公式如下：

应收账款平均余额＝日销售额×平均收现期

应收账款占用资金＝应收账款平均余额×变动成本率

应收账款占用资金的应计利息（即机会成本）

＝应收账款占用资金×资本成本

＝应收账款平均余额×变动成本率×资本成本

＝日销售额×平均收现期×变动成本率×资本成本

＝全年销售额/360×平均收现期×变动成本率×资本成本

＝（全年销售额×变动成本率）/360×平均收现期×资本成本

＝全年变动成本/360×平均收现期×资本成本

式中，平均收现期为各种收现期的加权平均数。

（二）应收账款的管理成本

应收账款的管理成本主要是指在进行应收账款管理时所增加的费用。主要包括：调查顾客信用状况的费用、收集各种信息的费用、账簿的记录费用、收账费用、数据处理成本、相关管理人员成本和从第三方购买信用信息的成本等。

（三）应收账款的坏账成本

在赊销交易中，债务人由于种种原因无力偿还债务，债权人就有可能因无法收回应收账款而发生损失，这种损失就是坏账成本。可以说，企业发生坏账成本是不可避免的，而此项成本一般与应收账款发生的数量成正比。坏账成本一般用下列公式测算：

应收账款的坏账成本＝赊销额×预计坏账损失率

二、信用政策的制定

信用政策也称赊销政策，它是企业基于对客户资信情况的认定，而对客户给予先行付款而后收款的结算优惠，这种优惠实质是企业对客户的一种短期融资。企业应收账款管理的重点，就是要根据企业的实际情况和客户不同的信誉情况制定合理的信用政策，这是企业信用管理的重要内容。因此，企业在制定信用政策时，一方面要考虑有利于扩大销售；另一方面要考虑有利于降低应收账款占用的资金，缩短应收账款的回收期，防止发生坏账损失。

信用政策包括制定信用标准、制定信用条件和制定收账政策三个方面。

（一）制定信用标准

信用标准是指信用申请者获得企业提供信用所必须达到的最低信用水平，通常以预期的坏账损失率作为判别标准。如果企业执行的信用标准过于严格，可能会降低对符合可接受信用风险标准客户的赊销额，减少坏账损失，减少应收账款的机会成本，但不利于扩大企业销售量甚至会因此限制企业的销售机会；如果企业执行的信用标准过于宽松，可能会对不符合可接受信用风险标准的客户提供赊销，因此，会增加随后还款的风险并增加应收账款的管理成本与坏账成本。

1. 信用的定性分析

信用的定性分析是指对申请人“质”的方面的分析。常用的信用定性分析法是5C信用评价系统，即评估申请人信用品质的五个方面：品质（character）、能力（capacity）、资本（capital）、抵押（collateral）和条件（condition）。品质是指个人申请人或公司申请人管理者的诚实和正直表现。

品质反映了个人或企业在过去的还款中所体现的还款意图和愿望，这是5C中最主要的因素。通常要根据过去记录结合现状调查来进行分析。

能力是指经营能力。通常通过分析申请者的生产经营能力及获利情况，管理制度是否健全，管理手段是否先进，产品生产销售是否正常，在市场上有无竞争力，经营规模和经营实力是否逐年增长等来评估。

资本是指如果企业或个人当前的现金流不足以还债，他们在短期和长期内可供使用的财务资源。信用分析必须调查、了解企业资本规模和负债比率，反映企业资产或资本对负债的保障程度。

抵押是指当公司或个人不能满足还款条款时，可以用作债务担保的资产或其他担保物。信用分析必须分析担保抵押手续是否齐备，抵押品的估值和出售有无问题，担保人的信誉是否可靠等。

条件是指影响申请人还款能力和还款意愿的经济环境。信用分析必须对企业的经济环境，包括企业发展前景、行业发展趋势、市场需求变化等进行分析，预测其对企业经营效益的影响。

2. 信用的定量分析

进行商业信用的定量分析可以从考察信用申请人的财务报表开始。通常使用比率分析法评价顾客的财务状况。常用的指标有：流动性和营运资本比率（如流动比率、速动比率以及现金与负债总额比率）、债务管理和支付比率（如利息保障倍数、长期债务与资本比率、带息债务与资产总额比率，以及负债总额与资产总额比率）、盈利能力（如销售回报率、总资产回报率和净资产收益率）。将这些指标和信用评级机构及其他协会发布的行业标准进行比较，可以观察申请人的信用状况。

（二）制定信用条件

当企业制定信用标准后，需要进一步明确具体的信用条件。信用条件是企业接受客户信任的前提下，对客户偿还赊销款项所提出的具体条件，主要包括信用期限、折扣期限和现金折扣。

（1）信用期限是销售方企业为客户设定的最长付款时间。信用期限的延长有利于销量的增加，但过度延长信用期限也会引发应收账款资金占用的数量和时间的增加，提高应收账款的持有成本。

（2）折扣期限是销售方企业为客户设定的可享受现金折扣的付款时间。为及时收回应收账款，促使客户在信用期限内尽早付款，销售方企业可以为客户设置折扣期限，规定客户在该期限内付款将享受一定的付款折扣，作为提前付款的优惠。

（3）现金折扣是销售方企业给予客户在折扣期限内付款所能享受的优惠，通常以应支付货款总额的一定比率表示。假设销售合同中信用条件表述为“2/30，n/60”，这一表述说明信用期限为60天，折扣期限为30天，现金折扣为应支付货款总额的2%。信用期限、折扣期限过短或现金折扣过低，不足以吸引客户，在竞争中会使销售额下降；信用期限、折扣期限过长或现金折扣过高，能够促进销售的实现，但也会提高应收账款的机会成本、坏账成本和现金折扣成本。因此，企业必须进行权衡，确定恰当的信用条件。

【例5-4】 MD公司目前采用30天按发票金额（即无现金折扣）付款的信用政策，拟将信用期间放宽至60天，仍按发票金额付款。假设等风险投资的最低报酬率为15%，其他有关数据见表5-3所示。

表 5-3 信用期决策数据

项目	信用期间(30 天)	信用期间(60 天)
全年销售量(件)	100 000	120 000
全年销售额(单价 5 元)	500 000	600 000
变动成本(每件 4 元)	400 000	480 000
固定成本	50 000	52 000
可能发生的收账费用(元)	3 000	4 000
可能发生的坏账损失(元)	5 000	9 000

在分析时,先计算放宽信用期带来的盈利增加,然后计算增加应收账款投资产生的成本费用增加,最后计算放宽信用期增加的税前损益,并做出判断。

(1)盈利增加=增加的边际贡献-增加的固定成本

=(120 000-100 000)×(5-4)-(52 000-50 000)

= 18 000(元)

(2)成本费用增加

变动成本率=4/5×100% =80%

改变信用期间导致的机会成本增加

=60 天信用期应计利息-30 天信用期应计利息

=600 000/360×60×80% ×15% -500 000/360×30×80% ×15%

=7 000(元)

收账费用增加=4 000-3 000=1 000(元)

坏账损失增加=9 000-5 000=4 000(元)

(3)放宽信用期增加的税前损益=盈利增加-成本费用增加

=18 000-7 000-1 000-4 000

=6 000(元)

由于放宽信用期增加的税前损益大于 0,故应放宽信用期,即采用 60 天信用期。

【例 5-5】 MD 公司拟将信用期放宽至 60 天,假定该公司在放宽信用期的同时,为了吸引顾客尽早付款,提出了 0.8/30,N/60 的现金折扣条件,估计会有一半的顾客将享受现金折扣优惠。最低报酬率为 15%。其他有关数据见表 5-4。

表 5-4 信用期决策数据

项目	信用期间(30 天)	信用期间(60 天)
全年销售量(件)	100 000	120 000
全年销售额(单价 5 元)	500 000	600 000

续表 5-4

项目	信用期间(30 天)	信用期间(60 天)
变动成本(每件 4 元)	400 000	480 000
固定成本	50 000	52 000
可能发生的收账费用(元)	3 000	4 000
可能发生的坏账损失(元)	5 000	9 000

(1)盈利增加

=(120 000-100 000)×(5-4)-(52 000-50 000)= 18 000(元)

(2)计算应收账款占用资金的应计利息增加

30 天信用期应计利息=500 000/360×30×80%×15%=5 000(元)

提供现金折扣的平均收现期=30×50%+60×50%=45(天)

提供现金折扣的应计利息=600 000/360×45×80%×15%=9 000(元)

应收账款占用资金的应计利息增加=9 000-5 000=4 000(元)

计算收账费用和坏账损失增加

收账费用增加=4 000-3 000=1 000(元)

坏账费用增加=9 000-5 000=4 000(元)

现金折扣成本增加

=新的销售水平×享受现金折扣的顾客比例×新的现金折扣率-旧的销售水平×享受现金折扣的顾客比例×旧的现金折扣率

=600 000×50%×0.8%-500 000×0×0=2 400(元)

(3)增加的税前损益=盈利增加-成本费用增加

=18 000-(4 000+1 000+4 000+2 400)= 6 600(元)

由于增加的税前损益大于 0,故应当放宽信用期并提供现金折扣。

【能力训练】

MD 公司 2021 年采用“N/30”的信用条件,全年销售额(全部为赊销)为 10 000 万元,平均收现期为 40 天。2022 年初,MD 公司为了尽早收回货款,提出了“2/10,N/30”的信用条件。新的折扣条件对销售额没有影响,但坏账损失和收账费用共减少 200 万元。预计占销售额一半的客户将享受现金折扣优惠,享受现金折扣的客户均在第 10 天付款;不享受现金折扣的客户,平均付款期为 40 天。该公司的资本成本为 15%,变动成本率为 60%。假设一年按 360 天计算,不考虑增值税及其他因素的影响。请计算:①信用条件改变引起的现金折扣成本的增加额。②信用条件改变后的应收账款平

参考答案

均收现期。③信用条件改变引起的应收账款机会成本的增加额。④信用条件改变引起的税前利润增加额。⑤判断提供现金折扣的信用条件是否可行,并说明理由。

(三)制定收账政策

收账政策是指信用条件被违反时,企业采取的收账策略。企业如果采取较积极的收账政策,可能会减少应收账款投资,减少坏账损失,但要增加收账成本。如果采用较消极的收账政策,则可能会增加应收账款投资,增加坏账损失,但会减少收账费用。企业需要作出适当的权衡。一般来说,可以参照评价信用标准、信用条件的方法来评价收账政策。

三、应收账款的日常控制

企业设置信用政策后,应对持有的应收账款加强日常管理控制工作,包括对客户进行信用调查和评价,对应收账款进行追踪监控,对违反信用条件的客户做好账款的催收工作。

(一)加强客户信用管理

作为企业应收账款日常管理的重要内容,加强客户信用管理是企业制定和实施信用政策的前提基础。在进行信用调查工作时,可以采用直接调查法,通过当面采访或询问的方式,与被调查对象直接接触,从而较为准确和及时地了解被调查对象的信用状况;也可以采用间接调查法,以被调查方披露的财务信息或其他机构发布的信用记录、信用等级报告、媒体报道等为基本资料,对其进行加工整理,进而了解被调查方的信用状况。

(二)追踪监控应收账款

企业信用管理部门和销售部门应对应收账款进行跟踪管理。从赊销开始到应收账款到期日前,企业应对客户进行跟踪、监督,从而确保客户正常支付货款,最大限度地降低逾期账款的发生率。通过应收账款的跟踪管理,保持与客户的经常联系,提醒付款到期日,催促付款。一方面可以发现货物质量、包装、运输以及结算上存在的问题和纠纷,以便实施相应的对策,维护与客户的良好关系;另一方面也会使客户感觉到支付货款的压力,使客户一般不会轻易推迟付款,提高应收账款的回收率。

企业财务部门应定期对应收账款的回收情况进行监控,对尚未收回的应收账款编制应收账款账龄分析表,利用比率、比较、趋势、结构等分析方法,分析逾期应收账款的坏账风险及其对财务状况的影响。

(三)及时催收应收账款

对于持有的应收账款,如果客户违反信用条件,延期或者拒付货款,企业应采取相应的催收策略。作为应收账款日常管理的一个重要内容,企业需根据具体情况做好应收账款的催收工作。通常来说,如果应收账款过期时间不长,则企业不宜过度催讨欠款,以免失去客户;如果应收账款过期时间稍长,则企业应书面告知客户并催促其尽快还款;如果应收账款过期时间过长，则企业应加大催款频率，必要时可诉诸法律。如前文所述，实施应收账款催收工作的过程中会减少企业持有应收账款的机会成本和坏账成本，但也会引发收账成本的增加，因此企业应权衡催收工作的利弊，并按照总收款成本最低原则，选择合适的收账政策。

【知识拓展】

应收账款保理

任务四　存货管理

存货是指企业在生产经营过程中为销售或者耗用而储备的物资，包括材料、燃料、低值易耗品、在产品、半成品、产成品、协作件、商品等。存货管理水平的高低直接影响着企业的生产经营能否顺利进行，并最终影响企业的收益、风险等状况。因此，存货管理是财务管理的一项重要内容。存货管理的目标，就是在保证生产或销售经营需要的前提下，最大限度地降低存货成本。具体包括以下几个方面：①保证生产正常进行；②有利于销售；③便于维持均衡生产，降低产品成本；④降低存货取得成本；⑤防止意外事件的发生。

一、存货的成本

（一）取得成本

取得成本是指为取得某种存货而支出的成本，通常用 TC_a 来表示。它又可分为订货成本和购置成本。

1. 订货成本

订货成本是指取得存货订单的成本，如办公费、差旅费、邮资、电报电话费、运输费等支出。订货成本有一部分与订货次数无关，如常设机构的基本开支等，称为订货的固定成本，用 F_1 表示；另一部分与订货次数有关，如邮资和差旅费等，称为订货的变动成本，每次订货的变动成本用 K 表示；订货次数等于存货年需求 D 与每次进货量 Q 之商。订货成本的计算公式为：

$$订货成本=F_1+D/Q\times K$$

2. 购置成本

购置成本是指存货本身的价值,一般用数量与单价的乘积来确定。如果年需求量用 D 表示,单价用 U 表示,则购置成本为 DU。

订货成本与购置成本之和,即为存货的取得成本。其公式为:

取得成本=订货成本+购置成本

=订货固定成本+订货变动成本+购置成本

$$TC_a=F_1+D/Q\times K+DU$$

(二)储存成本

储存成本指为储备存货而发生的成本,包括存货占用资金所应计的利息(即机会成本)、仓储成本、保险费用、存货破损和变质损失等,通常用 TC_c 表示。

储存成本也分为固定成本和变动成本。固定成本与存货数量的多少无关,如仓库折旧、仓库职工的固定工资等,常用 F_2 表示。变动成本与存货的数量有关,如存货资金的应计利息、存货的破损和变质损失、存货的保险费用等,其单位变动成本用 K_c 表示。由此,储存成本的公式为:

$$TC_c=F_2+Q/2\times K_c$$

(三)缺货成本

缺货成本是指由于存货供应中断而造成的损失,包括材料供应中断造成的停工损失、产成品库存缺货造成的拖欠发货损失和丧失销售机会的损失等。缺货成本用 TC_s 表示。

如果以 TC 表示与存货相关的总成本,其公式为:

$$TC=TC_a+TC_c+TC_s=F_1+D/Q\times K+DU+F_2+Q/2\times K_c+TC_s$$

企业存货的最优化,就是使上式中的 TC 值最小。

二、最优存货量的确定

合理的存货规划能够在满足企业正常生产经营需要的基础上,提高企业的存货资金使用效率,减少存货资金的占用,降低企业运营成本。存货规划主要涉及两方面的内容,包括经济批量和再订货点。其中,经济批量能够解决企业每次订购存货的数量问题,而再订货点可以回答企业在什么时候进行存货采购的问题。

(一)经济订货批量基本模型

存货经济订货批量是建立在一系列严格假设条件基础之上的。这些假设包括:

①存货总需求量是已知常数;②订货提前期是常数;③货物是一次性入库;④单位货物成本为常数,无批量折扣;⑤库存储存成本与库存水平呈线性关系;⑥货物是一种独立需求的物品,不受其他货物影响。

设立上述假设后,前述的总成本公式可以简化为:

$$TC=TC_a+TC_c+TC_s=F_1+D/Q\times K+DU+F_2+Q/2\times K_c$$

采用微分极值定理,可得出存货经济订货批量基本模型,公式如下:

$$存货经济订货批量(Q)=\sqrt{\frac{2KD}{K_c}}$$

与批量有关的存货总成本$(TC)=\sqrt{2KDK_c}$

变动订货成本=变动储存成本$=\sqrt{2KDK_c}/2$

另外,还可以得出下列结论:

每年最佳订货次数=存货年需求总量/经济订货批量

最佳订货周期(年)=1/每年最佳订货次数

【例5-6】 MD公司每年所需的原材料为80 000千克,单位成本为15元/千克。每次订货的变动成本为20元,单位变动储存成本为0.8元/千克。一年按360天计算。计算下列指标:(1)经济订货批量;(2)每年最佳订货次数;(3)最佳订货周期;(4)经济订货量平均占用资金;(5)与经济订货批量相关的存货总成本;(6)在经济订货批量下,变动订货成本和变动储存成本。

(1)经济订货批量$=\sqrt{2\times80\ 000\times20/0.8}=2\ 000$(千克)

(2)每年最佳订货次数=80 000/2 000=40(次)

(3)最佳订货周期=360/40=9(天)

(4)经济订货量平均占用资金=2 000/2×15=15 000(元)

(5)与经济订货批量相关的存货总成本$=\sqrt{2\times80\ 000\times20\times0.8}=1\ 600$(元)

(6)在经济订货批量下,变动订货成本=40×20=800(元),变动储存成本=2 000/2×0.8=800(元)

(二)经济订货批量基本模型的拓展

1.再订货点

一般情况下,企业的存货不能做到随用随时补充,因此需要在没有用完时提前订货。再订货点就是在提前订货的情况下,为确保存货用完时订货刚好到达,企业再次发出订货单时应保持的存货库存量。它的数量取决于订货提前期的长短和平均每天正常用量的多少。即:

再订货点=每天平均正常用量×订货提前期

式中,订货提前期是指从发出订货单到存货运抵企业验收入库所用的时间。

【例5-7】 MD公司订货日至到货期日的时间为10天,每日存货需用量为20千克,那么再订货点=10×20=200(千克)。

2.保险储备

企业按照某一订货批量(如存货经济订货批量)和再订货点发出订单后,如果存货用量突然增大或到货延迟,就会发生缺货或供应中断。为了防止由此造成的损失,就需要在正常存货储备的基础上,多储备一些存货以备应急之用,即需要建立保险储备。

保险储备又称安全存量,是指为防止耗用突然增加或交货误期等而建立的储备。其计算公式为：

$$保险储备量=(预计每天最大用量-平均每天正常用量)\times 订货提前期$$

若有保险储备，再订货点将提高为：

$$再订货点=平均每天正常用量\times 订货提前期+保险储备$$

【例 5-8】 承前例题 5-7，每天最大用量为 30 千克，保险储备量=(30-20)×10=100（千克），再订货点=20×10+100=300（千克）。

三、存货的日常管理

存货的日常管理是指在日常生产经营活动中，根据存货计划和生产经营活动的实际要求，对各种存货的使用和周转状况进行组织、调节和监督，将存货数量保持在一个合理的水平上。最常见的方法为存货 ABC 分类管理法。存货 ABC 分类管理法就是按照一定标准，将企业的存货划分为 A、B、C 三类，分别实行按品种重点管理、按类别一般控制和按总额灵活掌握的存货管理办法。

（一）存货 ABC 分类管理法的分类标准

存货分类标准主要有两个：一是金额标准；二是品种数量标准。其中金额标准是最基本的，品种数量标准仅作为参考。具体分类如下：

A 类存货的特点是金额巨大，但品种数量较少（品种数量占总品种数量的 10% 左右，金额占总金额的 70% 左右）；B 类存货的特点是金额一般，但品种数量较多（品种数量占总品种数量的 20% 左右，金额占总金额的 20% 左右）；C 类存货的特点是金额很小，但品种数量繁多（品种数量占总品种数量的 70% 左右，金额占总金额的 10% 左右）。

（二）存货 ABC 分类管理法的运用

通过对存货进行 A、B、C 分类，企业可以分清主次，突出重点，照顾一般，采取相应的对策进行有效的存货控制和管理。企业在组织存货经济订货批量、储存期分析时，对 A、B 两类存货可以分别按品种、类别进行。对 C 类存货只需要加以灵活掌握即可，一般不必进行上述各方面的测算与分析。此外，企业还可以运用存货 ABC 分类管理法将消费者区分为 A、B、C 三类，通过研究各类消费者的消费倾向、档次等，对各档次存货的需要量（额）加以估算，并购进相应的存货。这样，能够使存货的购进与销售工作有效地建立在市场调查的基础上，从而收到良好的控制效果。

【德技并举】

据江浙、冀鲁等地纺织企业反馈，高库存、低流动是当下纺织市场特征。河南郑州某纱厂以生产赛络纺 40S 及以下纱支为主，目前库存高达 30 余天，企业决定 12 月 20 日放假，但所有销售班底继续在岗，坚持去库存。也有不少企业制定了明确的奖励措施，甚至将销售提成上调了 50%。河北石家庄某纺企负责人表示，现在防控政策正在松动，他们不遗余力地联系老客户，在条件允许的情况下可以送货上门。

眼下的高库存是怎么形成的？据分析，部分企业今年下半年订单少，为了留住工人坚持维持运转，造成纱线库存不断上升，并且下游织造企业也很难，放假日期比上游企业还要早。2022 年 12 月 4 日，江苏南通某企业负责人介绍，本地大多数印染企业将从 12 月一直放假至明年春节后，也有一部分企业从 11 月就开始放假的，复工时间待定。这是当地有史以来放假时间最长的一年。往年，11—12 月是各地印染企业最为忙碌的时间了，今年却门可罗雀。

据介绍，近期坯布行情总体平稳，但是厂家普遍反映没有订单，库存上升较快。浙江盐城某厂负责人介绍，目前 10S 牛仔布价格是 8.85 元/米，较前一周持平；32S 斜纹布报价是 4.42 元/米，相比前一周保持平稳。但是，本地企业库存已高达 12～13 天，个别超过 20 天。织造企业难堪重负，提前放假集中精力去库存成为唯一的选择。

从整个产业链条来看，纱线市场的特点是库存高，纱价跌跌不休，企业无利润，资金压力大；织造行业价格虽稳，但下游无消费，日子更艰难。因此，纺织厂若要有效去库存难度不小。

“去库存”政策是我国政府在经济和商业发展决策中，充分运用管理会计思维，帮助提高企业经营能力和盈利水平的集中反映。毫无疑问，中国“去库存”政策的有效实施，将帮助广大企业提高真实经营业绩。优化生产效率和效益，为中国经济转型升级创造更大的价值。

（来源：佚名　《中国纺织》）

任务五　流动负债管理

流动负债有三种主要来源：短期借款、短期融资券和商业信用，各种来源具有不同的获取速度、灵活性、成本和风险。

一、短期借款

企业的借款通常按其流动性或偿还时间的长短，划分为短期借款和长期借款。短期借款是指企业向银行或其他金融机构借入的期限在 1 年以内（含 1 年）的各种借款。

（一）短期借款的信用条件

银行等金融机构对企业贷款时，通常会附带一定的信用条件。短期借款所附带的一些信用条件主要有：

1. 信贷额度

信贷额度亦即贷款限额，是借款企业与银行在协议中规定的借款最高限额，信贷额度的有限期限通常为 1 年。一般情况下，在信贷额度内，企业可以随时按需要支用借款。但是，银行并不承担必须支付全部信贷数额的义务。如果企业信誉恶化，即使在信贷限额内，企业也可能得不到借款。此时，银行不会承担法律责任。

2. 周转信贷协定

周转信贷协定是银行具有法律义务地承诺提供不超过某一最高限额的贷款协定。在协定的有效期内，只要企业借款总额未超过最高限额，银行就必须满足企业任何时候提出的借款要求。企业要享用周转信贷协定，通常要对贷款限额的未使用部分付给银行一笔承诺费用。

【例 5-9】 MD 公司与银行商定的周转信贷额度为 5 000 万元，年度内实际使用了 2 800万元，承诺费率为 0.5%，该公司应向银行支付的承诺费为：

信贷承诺费 = (5 000−2 800)×0.5% = 11(万元)

周转信贷协定的有效期通常超过 1 年，但实际上贷款每几个月发放一次，所以这种信贷具有短期借款和长期借款的双重特点。

3. 补偿性余额

补偿性余额是银行要求借款企业在银行中保持按贷款限额或实际借用额一定比例（通常为 10% ~20%）计算的最低存款余额。对于银行来说，补偿性余额有助于降低贷款风险，补偿其可能遭受的风险损失；对借款企业来说，补偿性余额则提高了借款的实际利率，加重了企业负担。

【例 5-10】 MD 公司向银行借款 800 万元，利率为 6%，银行要求保留 10% 的补偿性余额，则该公司实际可动用的贷款为 720 万元，该借款的实际利率为：

借款实际利率 = 800×6%/720 = 6%/(1−10%) = 6.67%

4. 借款抵押

为了降低风险，银行发放贷款时往往需要有抵押品担保。短期借款的抵押品主要有应收账款、存货、应收票据、债券等。银行将根据抵押品面值的 30% ~90% 发放贷款，具体比例取决于抵押品的变现能力和银行对风险的态度。

5. 偿还条件

贷款的偿还有到期一次偿还和在贷款期内定期（每月、季）等额偿还两种方式。一般来讲，企业不希望采用后一种偿还方式，因为这会提高借款的实际年利率；而银行不希望采用前一种偿还方式，是因为这会加重企业的财务负担，增加企业的拒付风险，同时会降低实际贷款利率。

6. 其他承诺

银行有时还会要求企业为取得贷款而做出其他承诺，如及时提供财务报表、保持适当的财务水平（如特定的流动比率）等。如企业违背所做出的承诺，银行可要求企业立即偿还全部贷款。

(二)短期借款的成本

短期借款的成本主要包括利息、手续费等。短期借款成本的高低主要取决于借款利率的高低和利息的支付方式。

1. 借款利率

借款利率分为优惠利率、浮动优惠利率和非优惠利率三种。

(1)优惠利率。优惠利率是银行向财力雄厚、经营状况良好的企业贷款时采用的利率,为贷款利率的最低限。

(2)浮动优惠利率。浮动优惠利率是一种随其他短期利率的变动而浮动的优惠利率,即随市场条件的变化而随时调整变化的优惠利率。

(3)非优惠利率。非优惠利率是银行贷款给一般企业时收取的高于优惠利率的利率。这种利率通常在优惠利率的基础上加一定的百分比。非优惠利率与优惠利率之间差距的大小,由借款企业的信誉、与银行的往来关系及当时的信贷状况所决定。

2. 短期借款利息的支付方式

短期借款利息的支付方式有收款法、贴现法和加息法三种,付息方式不同,短期借款成本计算也有所不同。

(1)收款法。收款法是在借款到期时向银行支付利息的方法。银行向企业贷款一般都是采用这种方法收取利息。采用收款法时,短期贷款的实际利率就是名义利率。

(2)贴现法。贴现法又称折价法,是指银行向企业发放贷款时,先从本金中扣除利息部分,到期时借款企业偿还全部贷款本金的一种利息支付方法。在这种利息支付方式下,企业可以利用的贷款只是本金减去利息部分后的差额,因此,贷款的实际利率要高于名义利率。

【例 5-11】 MD 公司从银行取得借款 200 万元,期限 1 年,利率 6%,利息 12 万元。按贴现法付息,该公司实际可动用的贷款为 188 万元,该借款的实际利率为:

借款实际利率 $=200\times6\%/188=6\%/(1-6\%)=6.38\%$

(3)加息法。加息法是银行发放分期等额偿还贷款时采用的利息收取方法。在分期等额偿还贷款情况下,银行将根据名义利率计算的利息加到贷款本金上,计算出贷款的本息和,要求企业在贷款期内分期偿还本息之和。由于贷款本金分期均衡偿还,借款企业实际上只平均使用了贷款本金的一半,却支付了全额利息。这样企业所负担的实际利率便要高于名义利率大约 1 倍。

【例 5-12】 MD 公司借入(名义)年利率为 12% 的贷款 20 000 元,分 12 个月等额偿还本息。该项借款的实际年利率为:

实际年利率 $=20\,000\times12\%/(20\,000/2)=24\%$

二、短期融资券

短期融资券是由企业依法发行的无担保短期本票。在我国,短期融资券是指企业依照《银行间债券市场非金融企业债务融资工具管理办法》的条件和程序，在银行间债券市场发行和交易并约定在一定期限内还本付息的有价证券，是企业筹措短期（1 年以内）资金的直接融资方式。

（一）发行短期融资券的相关规定

（1）发行人为非金融企业，发行企业均应经过在中国境内工商注册且具备债券评级能力的评级机构的信用评级，并将评级结果向银行间债券市场公示。

（2）发行和交易的对象是银行间债券市场的机构投资者，不向社会公众发行和交易。

（3）融资券的发行由符合条件的金融机构承销，企业不得自行销售融资券，发行融资券募集的资金用于本企业的生产经营。

（4）融资券采用实名记账方式在中央国债登记结算有限责任公司（简称中央结算公司）登记托管，中央结算公司负责提供有关服务。

（5）债务融资工具发行利率、发行价格和所涉费率以市场化方式确定，任何商业机构不得以欺诈、操纵市场等行为获取不正当利益。

（二）短期融资券的筹资特点

（1）短期融资券的筹资成本较低。相对于发行企业债券筹资而言，发行短期融资券的筹资成本较低。

（2）短期融资券筹资数额比较大。相对于银行借款筹资而言，短期融资券一次性的筹资数额比较大。

（3）发行短期融资券的条件比较严格。只有具备一定信用等级的实力强的企业，才能发行短期融资券筹资。

三、商业信用

商业信用是指企业在商品或劳务交易中，以延期付款或预收货款方式进行购销活动而形成的借贷关系，是企业之间的直接信用行为，也是企业短期资金的重要来源。商业信用产生于企业生产经营的商品、劳务交易之中，是一种“自动性筹资”。

（一）应付账款

应付账款是供应商给企业提供的一种商业信用。由于购买者往往在到货一段时间后才付款，商业信用就成为企业短期资金来源。如企业规定对所有账单均见票后若干日付款，商业信用就成为随生产周转而变化的一项内在的资金来源。当企业扩大生产规模时，其进货和应付账款相应增长，商业信用就提供了增产需要的部分资金。商业信用条件通常包括以下两种：①有信用期，但无现金折扣。如“N/30”表示 30 天内按发票金额全数支付。②有信用期和现金折扣，如“2/10，N/30”表示 10 天内付款享受现金折扣 2%，若买方放弃折扣，30 天内必须付清款项。供应商在信用条件中规定有现金折扣，目的主要在于加速资金回收。企业在决定是否享受现金折扣时，应仔细考虑。通常，放弃现金折扣的成本是很高的。

倘若买方企业购买货物后在卖方规定的折扣期内付款，可以获得免费信用，这种情况下企业没有因为取得延期付款信用而付出代价。例如，某应付账款规定付款信用条件为“2/10，N/30”，是指买方在10天内付款，可获得2%的付款折扣；若在10～30天内付款，则无折扣；允许买方付款期限最长为30天。放弃现金折扣的信用成本率的计算公式为：

$$放弃折扣的信用成本率=\frac{折扣\%}{1-折扣\%}\times\frac{360天}{信用期-折扣期}$$

【例5-13】 MD公司按“2/10，N/30”的付款条件购入货物60万元。如果在10天以后付款，便放弃了现金折扣1.2万元（60×2%），信用额为58.8万元（60－1.2）。放弃现金折扣的信用成本率为：

$$放弃折扣的信用成本率=\frac{2\%}{1-2\%}\times\frac{360}{30-10}=36.73\%$$

（二）应付票据

应付票据是指企业在商品购销活动和对工程价款进行结算中，因采用商业汇票结算方式而产生的商业信用。商业汇票是指由付款人或存款人（或承兑申请人）签发，由承兑人承兑，并于到期日向收款人或被背书人支付款项的一种票据，包括商业承兑汇票和银行承兑汇票。应付票据可以带息，也可以不带息，其利率一般低于银行贷款利率。

（三）预收货款

预收货款是指销货单位按照合同和协议规定，在发出货物之前向购货单位预先收取部分或全部货款的信用行为。购买单位对于紧俏商品往往乐于采用这种方式购货；销货方对于生产周期长、造价较高的商品，往往采用预收货款方式销货，以缓和本企业资金占用过多的矛盾。

（四）应计未付款

应计未付款是指企业在生产经营和利润分配过程中已经计提但尚未以货币支付的款项。主要包括应付职工薪酬、应交税费、应付利润或应付股利等。以应付职工薪酬为例，企业通常以半月或月为单位支付职工薪酬，在应付职工薪酬已计但未付的这段时间，就会形成应计未付款。它相当于职工给企业的一个信用。应交税费、应付利润或应付股利也有类似的性质。应计未付款随着企业规模扩大而增加，企业使用这些自然形成的资金无须付出任何代价。但企业不是总能控制这些款项，因为其支付是有一定时间的，企业不能总拖欠这些款项。所以，企业尽管可以充分利用应计未付款项，但并不能控制这些账目的水平。

【复习思考】

一、单选题

1. 下列选项中,不属于营运资金特点的是(　　)。

A. 来源具有多样性　　B. 数量具有波动性

C. 实物形态具有一致性和易变现性　　D. 周转具有短期性

2. A 企业是日常消费品零售、批发一体的企业,春节临近,为了预防货物中断而持有大量的现金。该企业持有大量现金属于(　　)。

A. 交易性需求　　B. 预防性需求

C. 投机性需求　　D. 支付性需求

3. 运用存货模式和成本分析模式计算最佳现金持有量,均会涉及现金的(　　)。

A. 机会成本　　B. 管理成本

C. 短缺成本　　D. 交易成本

4. 某公司持有有价证券的平均年利率为 4%,公司的现金最低持有量为 2 000 元,现金余额的回归线为 9 000 元。如果公司现有现金 22 000 元,根据现金持有量随机模型,此时应当投资于有价证券的金额是(　　)元。

A. 0　　B. 6 500

C. 13 000　　D. 20 000

5. 乙公司预测的年度赊销收入净额为 4 500 万元,应收账款收账期为 30 天,变动成本率为 50%,资本成本为 10%,一年按 360 天计算,则应收账款的机会成本为(　　)万元。

A. 10　　B. 18.75

C. 8.5　　D. 12

6. 以下各项与存货有关的成本费用中,不影响经济订货批量的是(　　)。

A. 常设采购机构的基本开支　　B. 采购员的差旅费

C. 存货占用资金应计利息　　D. 存货的保险费

7. F 企业全年需用某材料 3 000 千克,每次订货成本为 250 元,每千克材料年变动储存成本 6 元,假设一年按 360 天计算,则 F 企业相邻两次订货最佳的订货间隔期为(　　)天。

A. 120　　B. 60

C. 30　　D. 40

8. 某企业取得 2017 年为期一年的周转信贷额度为 1 000 万元,承诺费率为 0.5%。2017 年 1 月 1 日从银行借入 600 万元,9 月 1 日又借入 300 万元,如果年利率为 7%,则企业 2017 年度末向银行支付的利息和承诺费共为(　　)万元。

A. 48.5　　B. 50.5

C. 64.5　　D. 66.8

9. 某企业需要借入资金60万元，由于贷款银行要求将贷款金额的20%作为补偿性余额，故企业需要向银行申请的贷款数额为（　　）万元。

A. 75　　B. 72

C. 60　　D. 50

10. 下列各项中，属于短期融资券筹资的特点的是（　　）。

A. 筹资数额比较小　　B. 筹资弹性比较大

C. 筹资条件比较严格　　D. 筹资成本比较高

11. 某企业购入20万元商品，卖方提供的信用条件为“2/10，N/30”，若企业由于资金紧张，延至第50天付款，放弃现金折扣的信用成本率是（　　）。

A. 36.73%　　B. 36.36%

C. 18.37%　　D. 23.26%

12. 下列变动不会引起放弃现金折扣的信用成本率变动的是（　　）。

A. 现金折扣率降低　　B. 折扣期延长

C. 信用期延长　　D. 折扣期与信用期等量延长

二、多选题

1. 企业运用成本模型确定最佳现金持有量时，下列说法正确的有（　　）。

A. 现金持有量越大，机会成本越大

B. 现金持有量越大，短缺成本越小

C. 最佳现金持有量是使机会成本和短缺成本之和最小的现金持有量

D. 在一定范围内，现金的管理成本和现金持有量之间没有明显的比例关系

2. 下列成本费用中，属于存货储存成本的有（　　）。

A. 存货占用资金的应计利息　　B. 存货破损和变质损失

C. 存货保险费用　　D. 存货储备不足造成的损失

3. 下列各项因素中，对陆续供应模型下的存货的经济订货批量没有影响的有（　　）。

A. 订货提前期　　B. 每日送货量

C. 每日耗用量　　D. 保险储备量

4. 在短期借款的利息计算和偿还方法中，企业实际利率高于报价利率的有（　　）。

A. 贴现法付息　　B. 利随本清法付息

C. 到期一次还本付息　　D. 存在补偿性余额的信用条件

5. 下列各项属于商业信用的有（　　）。

A. 应付账款　　B. 应付职工薪酬

C. 预收货款　　D. 融资租赁信用

6. 下列关于商业信用筹资特点的说法中，正确的有（　　）。

A. 商业信用容易获得

B. 企业一般不用提供担保

C. 商业信用筹资成本较低

D. 商业信用筹资受外部环境影响较大

三、判断题

1. 企业将资金投放于应收账款而放弃其他投资项目可能带来的收益，该收益是应收账款的机会成本。（　　）

2. 在确定再订货点时，需要综合考虑保险储备量、原材料的日消耗量、预计交货时间和每次订货成本。（　　）

3. 信贷额度是银行具有法律义务地承诺提供不超过某一最高限额的贷款协定。（　　）

4. 只有具备一定信用等级的实力强的企业，才能发行短期融资券筹资。（　　）

5. 若应付账款用于短期投资所获得的投资收益率高于放弃折扣的信用成本率，则正常情况下，企业会选择放弃现金折扣。（　　）

四、计算分析题

1. 某公司预计全年（按360天计算）现金需要量为360 000元，现金与有价证券的转换成本为每次600元，有价证券年利率为12%。（运用存货模型计算）

要求：

（1）计算最佳现金持有量。

（2）计算最佳现金持有量下的全年现金持有总成本、全年现金转换成本和全年现金持有机会成本。

（3）计算最佳现金持有量下的全年有价证券交易次数和有价证券交易间隔期。

2. 某企业每年需耗用A材料60 000件，单位材料年变动存储成本30元，平均每次进货费用为90元，A材料全年平均单价为150元。假定不存在数量折扣，不会出现陆续到货和缺货的现象。

要求：

（1）计算A材料的经济订货批量。

（2）计算A材料年度最佳订货次数。

（3）计算A材料的相关订货成本。

（4）计算A材料的相关储存成本。

（5）计算A材料经济订货批量平均占用资金。

3. ABC公司拟采购一批辅助生产设备，价值25万元，供应商规定的付款条件如下：

立即付款，付243 750元；

第20天付款，付245 000元；

第50天付款，付247 500元；

第80天付款，付全额。

目前企业用于支付账款的资金需要在80天时才能周转回来，在80天内付款只能通

过银行借款解决。(一年按360天计算)

要求:

(1)假设银行短期贷款利率为10%:

①计算各个时点放弃现金折扣的信用成本率;

②计算各个时点付款的净收益;

③分析确定对该公司最有利的付款日期。

(2)假设目前有一短期投资收益率为20%的项目,确定对该公司最有利的付款日期。

项目六

利润分配管理

【知识目标】

1. 熟悉利润分配的原则和制约因素。
2. 理解并掌握四种股利政策。
3. 熟悉股利分配的程序、方式。
4. 熟悉股票分割与股票回购。

【能力目标】

1. 能够准确计算各种股利政策下的股利。
2. 能够正确分析股票分割与股票回购对公司的影响。

【素质目标】

1. 培养遵纪守法的理念,遵守法律法规对利润分配的规定。
2. 培养社会责任以及回报股东的思想,合理制定股利分配政策与股利支付形式。
3. 培养创新精神,创造性地利用股票分割与股票回购,提高股东财富。

【案例引入】

增势不减,A股上市公司2021年年报全榜单出炉

截至2021年4月30日凌晨,A股市场4 803家上市公司中共有4 794家上市公司披露完2021年年报财务数据,未披露年报的上市公司为9家。2021年全年全A营收和归母净利润分别为66.32万亿元和5.06万亿元,同比增速分别为18.60%、18.90%,A股整体盈利增速较2020年大幅提升。从单季度来看,2021年四季度全A营业收入和归母

净利润分别为18.12万亿元和0.8万亿元，同比增速分别为9.97%和-8.6%。

从各行业盈利公司分布来看，龙头企业依然保持着高额业绩态势。工农中建四大行净利润高达2 000亿元，中移动业绩向好，利润额高达1 000亿元。保险、能源及运输等行业多个公司也高达500亿元。

2021年年度营收排行榜中，大多来自中央国有企业。两油以超2万亿的收入稳居榜单前二的位置，增速均高达30%。剔除两油及金融企业后，中国建筑，中国中铁及中国铁建三家国有建筑工程企业排名前三。

每股盈利方面，贵州茅台以41.76元的每股收益稳居榜首。东方生物仅以0.76元的差额位居第二。

净利润率最高的为ST节能，销售净利率高达1 674%，其次为鲁信创投，利润率为384%。

（来源：凤凰网）

任务一　利润分配认知

利润分配是对公司利润的所有权和占有权进行划分，保证其合理归属与运用的自处理过程。利润分配是一项十分重要的工作，它不仅影响企业的筹资和投资决策，而且涉及国家、投资者、职工等多方面的利益关系，涉及企业长远利益与近期利益、整体利益与局部利益等关系的处理与协调。通过合理的利润分配能正确处理企业与各方面的经济关系，调动各方面的积极性，促讲生产的发展。由此可见，企业的利润分配具有十分重要的意义。

一、利润分配的原则

（一）依法分配原则

企业的利润分配必须依法进行，这是正确处理各方面利益关系的关键。在利润分配前，首先要依法及时、足额地缴纳所得税，企业只有在缴纳所得税后才能按规定的程序进行利润分配。为规范企业利润分配行为，国家制定和颁布了若干法规，如《公司法》《企业会计准则》等。这些法律法规规定了企业利润分配的基本要求、一般程序和重要比例，企业应充分考虑执行，不得违反。

（二）兼顾各方利益原则

企业的税后利润全部归投资者所有，这既是企业的基本制度，也是企业所有者投资于企业的根本动力。企业的利润离不开全体职工的辛勤劳动，职工作为利润的直接创造者，除获得工资奖金等劳动报酬外，企业还要提取公积金，用于企业后续发展的资金保证。由此可见，企业进行利润分配时，必须兼顾企业所有者、经营者和职工的利益，调动各方面的积极性，统筹安排，既要满足维护投资者的合法权益，也要保障职工的切身利益，同时还应考虑企业自身发展的需要。

（三）分配与积累并重原则

企业进行利润分配时，应正确处理长远利益和近期利益的辩证关系，将两者有机结合起来，既要考虑企业的长远利益，也要考虑职工的近期利益，坚持分配与积累并重。考虑未来发展需要，增加企业后劲，企业除按规定提取法定盈余公积金外，可适当留存一部分利润作为积累。这部分留存收益虽暂时未予分配，但仍为企业所有者所有。而且，这部分积累不仅为企业扩大再生产筹措了资金，同时也增强了企业抵抗风险的能力，提高了企业经营的安全系数和稳定性，这也有利于增加对所有者的回报。

（四）投资与收益对等原则

企业分配利润应当体现“谁投资谁受益”，受益大小与投资比例相适应，即投资受益对等原则，这是正确处理与投资者关系的关键。投资者因其投资行为而享有收益权，并要求同其投资比例相适应。这就要求企业在向投资者分配利益时，应本着平等一致的原则，按照各方投入资本的多少来分配，而绝不允许发生任何一方随意多分多占的现象。这样能从根本上保护投资者的利益，鼓励投资者投资。

二、利润分配制约因素

企业的利润分配涉及企业相关各方的切身利益，受众多不确定因素的影响，在确定分配政策时，应当考虑各种相关因素的影响，主要包括法律、公司、股东及其他因素。

（一）法律因素

为了保护债权人和股东的利益，法律法规就公司的利润分配做出了如下规定。

1. 资本保全约束

公司不能用资本（包括实收资本或股本和资本公积）发放股利，目的在于维持企业资本的完整性，防止企业任意减少资本结构中的所有者权益的比例，保护企业完整的产权基础，保障债权人的利益。

2. 资本积累约束

公司必须按照一定的比例和基数提取各种公积金，股利只能从企业的可供股东分配利润中支付。此处可供股东分配利润包含公司当期的净利润按照规定提取各种公积金后的余额和以前累积的未分配利润。另外，在进行利润分配时，一般应当贯彻“无利不分”的原则，即当企业出现年度亏损时，一般不进行利润分配。

3. 超额累积利润约束

由于资本利得与股利收入的税率不一致，如果公司为了股东避税而使得盈余的保留大幅度超过了公司目前及未来的投资需要时，将被加征额外的税款。

4. 偿债能力约束

偿债能力是企业按时、足额偿付各种到期债务的能力。如果当期没有足够的现金派发股利，则不能保证企业在短期债务到期时有足够的偿债能力，这就要求公司考虑现金股利分配对偿债能力的影响，确定在分配后仍能保持较强的偿债能力，以维持公司的信誉和借贷能力，从而保证公司正常的资金周转。

（二）公司因素

公司基于短期经营和长期发展的考虑，在确定利润分配政策时，需要关注以下因素。

1. 现金流量

由于会计规范的要求和核算方法的选择，公司盈余与现金流量并非完全同步，净收入的增加不一定意味着可供分配的现金流量的增加。公司在进行利润分配时，要保证正常的经营活动对现金的需求，以维持资金的正常周转，使生产经营得以有序进行。

2. 资产的流动性

企业现金股利的支付会减少其现金持有量，降低资产的流动性，而保持一定的资产流动性是企业正常运转的必备条件。

3. 盈余的稳定性

企业的利润分配政策在很大程度上会受盈余稳定性的影响。一般来讲，公司的盈余越稳定，其股利支付水平也就越高。对于盈余不稳定的公司，可以采用低股利政策。

4. 投资机会

如果公司的投资机会多，对资金的需求量大，那么它就很可能会考虑采用低股利支付水平的分配政策；相反，如果公司的投资机会少，对资金的需求量小，那么它就很可能倾向于采用较高的股利支付水平的分配政策。此外，如果公司将留存收益用于再投资所得报酬低于股东个人单独将股利收入投资于其他投资机会所得的报酬时，公司就不应多留留存收益，而应多发放股利，这样有利于股东价值的最大化。

5. 筹资因素

如果公司具有较强的筹资能力，随时能筹集到所需资金，那么它会具有较强的股利支付能力。另外，留存收益是企业内部筹资的一种重要方式，它同发行新股或举债相比，不需花费筹资费用，同时增加了公司权益资本的比重，降低了财务风险，便于以低成本取得债务资本。

6. 其他因素

由于股利的信号传递作用，公司不宜经常改变其利润分配政策，应保持一定的连续性和稳定性。此外，利润分配政策还会受其他因素的影响，如不同发展阶段、不同行业的公司股利支付比例会有差异，这就要求公司在进行政策选择时要考虑发展阶段以及所处行业状况。

（三）股东因素

股东在控制权、收入和税负方面的考虑也会对公司的利润分配政策产生影响。

1. 控制权

现有股东往往将股利政策作为维持其控制地位的工具。公司支付较高的股利会导致留存收益减少,当公司为有利可图的投资机会筹集所需资金时,发行新股的可能性增大,新股东的加入必然稀释现有股东的控制权。所以,股东会倾向于较低的股利支付水平,以便从内部的留存收益中取得所需资金。

2. 稳定的收入

如果股东依赖现金股利维持生活,他们往往要求公司能够支付稳定的股利,而反对留存过多的利润。还有一些股东认为通过增加留存收益引起股价上涨而获得的资本利得是有风险的,而目前的股利是确定的,即便是现在较少的股利,也强于未来的资本利得,因此他们往往也要求较多的股利支付。

3. 避税

政府对企业利润征收所得税以后,还要对自然人股东征收个人所得税,股利收入的税率要高于资本利得的税率。一些高股利收入的股东出于避税的考虑,往往倾向于较低的股利支付水平。

(四)其他因素

1. 债务契约

一般来说,股利支付水平越高,留存收益越少,公司的破产风险加大,就越有可能损害债权人的利益。因此,为了保证自己的利益不受侵害,债权人通常都会在债务契约、租赁合同中加入关于借款公司股利政策的限制条款。

2. 通货膨胀

通货膨胀会带来货币购买力水平下降,导致固定资产重置资金不足,此时,企业往往不得不考虑留用一定的利润,以便弥补由于购买力下降而造成的固定资产重置资金缺口。因此,在通货膨胀时期,企业一般会采取偏紧的利润分配政策。

三、利润分配程序

根据《公司法》及相关法律制度的规定,公司税后利润分配的顺序是先弥补以前年度亏损,再提取法定盈余公积金和任意盈余公积金,最后向投资者分配利润或股利。

(一)弥补以前年度亏损

企业在提取法定盈余公积金之前,应先用当年税后利润弥补以前年度亏损。企业年度亏损可以用下一年度的税前利润弥补,下一年度不足弥补的,可以在五年之内用税前利润连续弥补,连续五年未弥补的亏损则用税后利润弥补。其中,税后利润弥补亏损可以用当年实现的净利润,也可以用盈余公积转入。

(二)提取法定盈余公积金

根据《公司法》规定,法定盈余公积金的提取比例为当年税后利润(弥补亏损后)的10%。当年法定盈余公积金的累积额达到注册资本的50%时,可以不再提取。法定盈余公积金可用于弥补亏损或转增资本，但企业用法定盈余公积金转增资本后，法定盈余公积金的余额不得低于公司注册资本的25%。提取法定盈余公积金的目的是增加企业内部积累，以利于企业扩大再生产。

（三）提取任意盈余公积金

根据《公司法》规定，公司从税后利润中提取法定盈余公积金后，经股东会或股东大会决议，还可以从税后利润中提取任意盈余公积金。这是为了满足企业经营管理的需要，控制向投资者分配利润的水平，以及调整各年度利润分配的波动。

（四）向投资者分配利润或股利

根据《公司法》规定，公司弥补亏损和提取公积金后所余税后利润，可以向投资者分配利润或股利。公司应按照同股同权、同股同利的原则，向普通股股东支付股利。其中，有限责任公司股东按照实缴的出资比例分取股利，全体股东约定不按照出资比例分取红利的除外；股份有限公司按照股东持有的股份比例分配，但股份有限公司章程规定不按照持股比例分配的除外。

任务二　股利分配政策选择

一、股利政策的类型

股利政策是由企业在不违反国家有关法律、法规的前提下，根据本企业具体情况制定的。股利政策既要保持相对稳定，又要符合公司财务目标和发展目标。在实际工作中，通常有以下几种股利政策可供选择：

（一）剩余股利分配政策

剩余股利分配政策是指公司生产经营所获得的净利润首先应满足公司的资金需求，如果还有剩余，则分配股利；如果没有剩余，则不分配股利。具体来说，就是公司在有良好的投资机会时，根据目标资本结构，测算出投资所需的权益资金，先从盈余中留用，然后将剩余的盈余作为股利来分配。因此，采用剩余股利分配政策时，公司要遵循如下四个步骤：

（1）设定目标资本结构，在此资本结构下，公司的加权平均资金成本将达到最低水平。

（2）确定公司的最佳资本预算，并根据公司的目标资本结构预计资金需求中所需增加的权益资本数额。

（3）最大限度地使用留存收益来满足资金需求中所需增加的权益资本数额。

（4）留存收益在满足公司权益资本增加需求后，如果有剩余再用来发放股利。

【例 6-1】 MD 公司 20×2 年税后净利润 1500 万元，20×3 年的投资计划需要资金 2 000万元，公司的目标资本结构为权益资本占 60%，债务资本占 40%。该公司采用剩余股利政策。假设公司 20×2 年流通在外的普通股为 1 000 万股，则该公司 20×2 年应分配的每股股利为多少？

按照目标资本结构，公司投资方案所需的权益资本数额为：

2 000×60% =1 200(万元)

20×2 年可以发放的股利为：1 500-1 200=300(万元)

假设公司当年流通在外的普通股为 1 000 万股，那么，每股股利为：

300/1 000=0.3(元/股)

剩余股利分配政策的优点是：留存收益优先保证再投资的需要，从而有助于降低再投资的资金成本，保持最佳的资本结构，实现企业价值的长期最大化。

剩余股利分配政策的缺点是：如果完全遵照执行剩余股利分配政策，股利发放额就会每年随投资机会和盈利水平的波动而波动。在盈利水平不变的情况下，股利发放额与投资机会的多寡呈反方向变动；而在投资机会维持不变的情况下，股利发放额将与公司盈利呈同方向波动。剩余股利分配政策不利于投资者安排收入与支出，也不利于公司树立良好的形象，一般适用于公司初创阶段。

(二)固定或稳定增长的股利政策

固定或稳定增长的股利政策是指公司将每年派发的股利额固定在某一特定水平，或是在此基础上维持某一固定比率逐年稳定增长。公司只有在确信未来盈利增长不会发生逆转时，才会宣布实施固定或稳定增长的股利政策。在这一政策下，应首先确定股利分配额，而且该分配额一般不随资金需求的波动而波动。

固定或稳定增长股利政策的优点是：①稳定的股利向市场传递着公司经营状况稳定、管理层对未来充满信心的信号，这有利于树立公司良好的形象，增强投资者对公司的信心，稳定公司股票的价格。②有利于吸引那些打算作长期投资的股东。这部分股东希望其投资的获利能够成为其稳定的收入来源，以便安排各种经常性的消费和其他支出。

固定或稳定增长股利政策的缺点是：①股利支付与公司盈利相脱节，不论公司盈利多少，均要支付固定或按固定比率增长的股利，这可能导致公司资金紧缺，财务状况恶化。②在公司出现经营状况不好或短暂的困难时期，如果仍然执行固定或稳定增长的股利政策，那么派发的股利金额大于公司实现的盈利，必将侵蚀公司的留存收益，影响公司现有的资本，给公司的财务运作带来很大压力，最终影响公司正常的生产经营活动。

(三)固定股利支付率政策

固定股利支付率政策是指公司将每年净收益的某一固定百分比作为股利分派给股东。这一百分比通常称为股利支付率。股利支付率一经确定，一般不得随意变更。在这一股利政策下，只要公司的税后利润一经计算确定，所派发的股利也就相应确定了。固定股利支付率越高，公司留存收益越少。

固定股利支付率政策的优点是:①股利与公司盈余紧密地结合,体现了"多盈多分、少盈少分、无盈不分"的股利分配原则。②由于公司的获利能力在年度间是经常变动的,因此每年的股利也应当随着公司收益的变动而变动,并保持分配与留存收益间的一定比例关系。采用固定股利支付率政策,公司每年按固定的比例从税后利润中支付现金股利,从企业支付能力的角度看,这是一种稳定的股利政策。

固定股利支付率政策的缺点是:①传递的信息容易成为公司的不利因素。因为波动的股利向市场传递的信息就是公司未来收益前景不明确、不可靠等,很容易给投资者留下公司经营状况不稳定、投资风险较大的不良印象。②容易使公司面临较大的财务压力。如果公司现金流量状况不太好,却还要按固定比率支付股利的话,就很容易给公司造成较大的财务压力。③合适的固定股利支付率的确定难度大。

【例6-2】 MD公司若采用固定股利支付率政策进行股利分配,确定的股利支付率为30%。20×2年税后净利润为1 500万元,如果仍然继续执行固定股利支付率政策,公司20×2年度将要支付的股利为:1 500×30% =450(万元)。

(四)低正常股利加额外股利政策

低正常股利加额外股利政策,是指公司事先设定好一个较低的正常股利额,每年除了按正常的股利额向股东发放现金股利外,还在公司盈利情况较好、资金较充裕的年份向股东发放额外股利。

低正常股利加额外股利政策的优点是:①赋予公司较大的灵活性,使公司在股利发放上留有余地和具有较大的财务弹性。公司可以根据每年的具体情况,选择不同的股利发放水平,以完善公司的资本结构,进而实现公司的财务目标。②使那些依靠股利度日的股东每年至少可以得到虽然较低但比较稳定的股利收入,从而吸引住这部分股东。

低正常股利加额外股利政策的缺点是:①由于各年度之间公司盈利的波动使得额外股利不断变化,造成分派的股利不同,容易给投资者造成公司收益不稳定的错觉。②当公司在较长时期持续发放额外股利后,可能被股东误认为是正常股利,一旦取消,传递出的信号可能使股东认为这是公司财务状况恶化的表现,进而导致股价下跌。

相对来说,对那些盈利水平随着经济周期而波动的较大的公司或者盈利与现金流量很不稳定时,低正常股利加额外股利政策也许是一种不错的选择。

【知识拓展】

股利分配理论

二、公司生命周期与股利政策选择

股利政策不仅会影响股东的利益，也会影响公司的正常运营以及未来的发展。

因此，制定恰当的股利政策就显得尤为重要。在不同的发展阶段和理财环境下，公司的盈利能力、融资能力以及对资金的需求是完全不同的。因此，在制定股利政策时，还要使股利政策与公司所处的发展阶段和理财环境相适应，采用最符合其当前所处生命周期阶段的股利政策，见表6-1。

初创阶段的公司经营风险较高、盈利能力不稳定、资金需求量较大、资金循环较慢而且融资能力较差，因此，这一阶段的公司应尽可能将收益保留到公司，避免外部融资，此时应该选择剩余股利政策。处于高速发展阶段的公司，公司不断扩大再生产，市场占有率逐渐提高，投资需求较大，收入也稳步增长，此时可以选择低正常股利加额外股利政策。公司处于稳定增长阶段时，业务稳定，市场地位逐渐稳固，投资需求减少，盈利能力稳步提高，净现金流入量增加，此时可选择固定或稳定增长股利政策。成熟阶段的公司生产经营趋于稳定，经营风险逐渐降低，盈利稳定，也具备了一定的信用水平，外源融资能力相对较强，且这一时期投资机会相对减少，资金充裕，可以选择固定股利支付率政策。衰退阶段的公司业务锐减，发展缓慢，获利能力和融资能力逐渐下降，公司如果希望寻找新的发展机会，则应该保留足够的资金以备后用，此时可采用剩余股利政策。

表6-1　公司生命周期与股利政策选择

公司所处生命周期阶段	理财环境	适应的股利政策
初创阶段	公司经营风险高，有投资需求且融资能力差	剩余股利政策
高速发展阶段	公司发展快速，投资需求大	低正常股利加额外股利政策
稳定增长阶段	公司业务稳定增长，投资需求减少，净现金流入量增加，每股收益呈上升趋势	固定或稳定增长股利政策
成熟阶段	公司盈利水平稳定，通常已经积累了一定的留存收益和资金	固定股利支付率政策
衰退阶段	公司业务锐减，获利能力和现金获得能力下降	剩余股利政策

任务三 股利支付形式与程序确定

一、股利支付形式

(一)现金股利

现金股利是以现金支付的股利,它是股利支付最常见的方式。公司选择发放现金股利除了要有足够的留存收益外,还要有足够的现金,而现金充足与否往往会成为公司发放现金股利的主要制约因素。现金股利主要有正常股利、额外股利和清算股利三种。

1. 正常股利

公司根据其经营状况和盈利能力,有把握在未来一定时期按时按量向股东支付股利,是一种稳定的现金股利支付形式。

2. 额外股利

在固定股利之外,公司根据本期盈利状况决定额外支付的股利,这类股利公司并不承诺发放的连续性。公司额外股利的发放与否、数额大小与公司当年的盈利状况和投资决策密切相关。正常股利和额外股利都是对股东权益和税后利润的分配。

3. 清算股利

在公司清算资产时,将偿还债权人后的剩余部分在股东之间进行分配。清算股利与上述两种股利不同,它不是来源于公司的现金和留存收益,而是来源于公司资产的减少。

【德技并举】

上市公司逾七成现金分红

截至3月26日19时,A股共有450家上市公司披露2022年年报,年报披露加速进行。其中,349家上市公司计划现金分红,占比达77.56%。

龙头公司表现出色

从行业角度看,光伏设备、新能源汽车、锂电池、汽车零部件、通信、农化制品等行业的上市公司业绩表现亮眼。

部分龙头公司召开业绩说明会,对公司所在行业未来前景看好。

2022年,宁德时代营业总收入为3 285.94亿元,同比增长152.07%;归属于上市公司股东的净利润为307.3亿元,同比增长92.89%。

3月24日,宁德时代董事长曾毓群在2022年业绩说明会上表示,新能源汽车的渗透率不等于电池渗透率,除了乘用车新车的渗透率,其他领域的电池应用未来仍有十倍以上空间。曾毓群还表示,钙钛矿电池进展顺利,正在按计划推进。

不少头部公司加大研发力度,业绩实现稳步增长。中国电信日前发布2022年年报:2022年,中国电信实现营业收入4 749.67亿元,同比增长9.4%,其中服务收入为4 349亿元,同比增长8%,连续十年保持增长。归属于上市公司股东的净利润为275.93亿元,同比增长6.3%。2022年中国电信研发费用达105.6亿元,同比增长52.3%,研发人员增长46%。

有的龙头公司还在年报中披露了2023年产量规划。

有"矿业茅台"之称的紫金矿业3月24日晚发布2022年年报。2022年,公司共实现营业收入2 703.29亿元,同比增长20.09%;实现归属于上市公司股东的净利润200.42亿元,同比增长27.88%。公司拟每10股派发现金红利2元(含税)。根据紫金矿业年报,公司是中国最大的矿产金生产企业,黄金业务是公司重要营收和利润贡献点。报告期内,公司黄金业务步入增长快车道,一大批黄金项目成功投资并购,黄金资源量及现实产能显著提升。

对于2023年的产量规划,紫金矿业表示,2023年计划全年矿产铜95万吨,矿产金72吨,矿产锌/铅45万吨,矿产银390吨,碳酸锂3 000吨,矿产钼6 000吨。

现金分红成标配

值得注意的是,从A股目前披露的年报看,现金分红成为龙头上市公司利润分配的标配。

3月24日晚,国内动力煤龙头企业兖矿能源披露年报。2022年,公司共实现营业收入2 008.3亿元,同比增长32.1%;实现归属于上市公司股东的净利润307.7亿元,同比增长89.3%;基本每股收益6.3元/股,同比增长88.6%。

兖矿能源在年报中披露了大手笔分红预案:拟每10股送红股5股并派发现金股利43元(含税),分红总额达到212.8亿元。

中国神华披露的2022年年报显示,公司2022年共实现营业收入3 445.33亿元,同比增长2.6%;实现归属于上市公司股东的净利润696.26亿元,同比增加39%。拟每股派现2.55元(含税),共计派发股息506.65亿元。

中国移动2022年年报显示,公司全年共实现营业收入9 373亿元,同比增长10.5%,其中主营业务收入达到8 121亿元,同比增长8.1%;归属于母公司股东的净利润为1 255亿元,同比增长8.2%,每股盈利为5.88元,盈利能力继续保持国际一流运营商领先水平。2022年全年派息率为67%,向全体股东派发截至2022年12月31日止年度末期股息每股2.21港元,连同已派发的中期股息每股2.2港元,全年股息合计每股4.41港元,较2021年增长8.6%。

机构普遍认为,国企改革、数字经济等利好政策逐步释放,叠加运营商自身业绩的持续向好以及中国特色估值体系的倡导,低估值、高分红、占据国家重要基础性产业的电信运营商将迎来估值的持续重塑。

部分头部公司采取现金分红的同时，还计划进行转增股份。涪陵榨菜3月24日晚间发布2022年年报，公司2022年共实现营业收入25.48亿元，同比增长1.18%；实现归属于上市公司股东的净利润8.99亿元，同比增长21.14%；基本每股收益1.01元。公司拟向全体股东每10股派发现金红利3.8元（含税），以资本公积金每10股转增3股。

（董添：中国证券报）

（二）股票股利

采取股票股利方式，实际上是发放一种额外增发的股票。公司发放这种股票，只不过是将公司的留存收益转移到股本账户。由于它并不实际向股东支付现金，只是引起公司利润在账面上的转移，因此不会影响公司和股东的资产价值。我国上市公司在支付股票股利时通常有以下两种方式。

1. 送股或转股

送股是用公司的未分配利润以股利形式派送给股东。例如，10%的股票股利可使持有100股的股东无偿分到10股。转股是公司将资本公积金转为股本，按增加的股票数比例派送给股东。转股是用公司的资本公积金按权益折成股份转增，而送股是用公司的未分配利润以股利形式派送。对公司而言转增股本很容易，只是在会计账目上将资本公积转为股本。因此，严格意义上讲，转股并不能看作对股东的分红回报，而送股则需要公司有足够的利润。送股和转股的相同之处在于并没有改变股东权益，但却增加了股本的规模。

2. 配股

配股是公司在增发股票时，以一定比例按优惠价格配给老股东股票。例如，在公司股票市价为每股15元时，公司以每股10元的价格，10股配2股给老股东，那么持有100股的股东将可以支付200元购入20股配股。配股与送股的区别在于配股是有偿的，配股不会减少公司公积金。配股实质上是给予老股东的补偿，是一种以优惠价格购买股票的权利。

在公司盈利和现金股利预期不会增加的情况下，发放股票股利可以使股票价格降低，更吸引投资者的投资兴趣；采取这种方式既可以使股东分享公司的盈利但又不必支付现金，配股还可以收进一笔现金。这样公司可以将更多的现金留存用于再投资，加快公司的发展步伐。

（三）财产股利

财产股利是股份公司用现金以外的公司财产向股东支付的股利。财产股利通常包含有价证券股利和实物股利两种。有价证券股利主要是公司持有的其他公司的股票、债券、票据等，包括政府债券、金融债券。一般在下列情况下用有价证券来支付股利：①当公司已宣布派发股利后，公司现金不足，公司可将持有的各种有价证券按一定价格折算后代替现金支付给股东，以解燃眉之急。②公司需要调整资产结构，当公司持有的有价证券比例过高，而现金资产不足时，可以采用支付财产股利的办法，将本应分派给股东的现金留存在公司，而将公司持有的有价证券支付给股东，以此减少有价证券的持有量，增加现金资产。与通过金融市场调整资产结构相比，有价证券股利无须支付交易成本，还可体现对股东的优惠。③一些大量持有其他公司股票的控股公司，为回避有垄断行为的嫌疑，采用内部转移的办法，把其他公司的股票作为股利派发给股东，还可以间接维持对其他公司的控制。因为股票价值变化性强，加上公司派发的一般都低于市价，股东也乐于接受。

实物股利是以公司的实物财产充抵股利派发给股东。一般用公司自己的产品或者与有往来的公司互换产品作为实物股利。实物股利的派发一是为了扩大公司产品的销路；二是为了将现金盈余保留在公司用于生产经营。有时在公司当年盈余较少的情况下也可采用。以实物派发股利时，公司往往在价格上给股东适当优惠，一般均按成本价计算。

（四）负债股利

负债股利是公司通过建立负债的方式所发放的股利。通常情况，负债股利都是以应付票据作为股利发给股东，此时亦称“票据股利”。这些票据，有的带息，有的不带息，有的规定到期日，有的无到期日。有的公司因为已经宣布发放股利，但现金不足难以支付，为维护公司信誉，还会使用临时借条的方式分派股利。公司如果以长期债券支付股利，必须事先经股东大会讨论通过。财产股利和负债股利实际上是现金股利的替代，虽然法律没有禁止，但是很少使用。

二、股利支付程序

公司股利的发放必须遵守相关的要求，按照日程安排来进行。一般情况下，先由董事会提出分配预案，然后提交股东大会决议，股东大会决议通过才能进行分配。股东大会决议通过分配预案后，要向股东宣布发放股利的方案，并确定股利宣告日、股权登记日、除息日和股利发放日。

（1）股利宣告日，即股东大会决议通过并由董事会将股利支付情况予以公告的日期。公告中将宣布每股应支付的股利、股权登记日、除息日和股利支付日。

（2）股权登记日，即有权领取本期股利的股东资格登记截止日期。凡是在此指定日期收盘之前取得公司股票，成为公司在册股东的投资者都可以作为股东享受公司本期分派的股利。在这一天之后取得股票的股东则无权领取本次分派的股利。

（3）除息日，即领取股利的权利与股票分离的日期。在除息日之前购买股票的股东才能领取本次股利，而在除息日当天或是以后购买股票的股东，则不能领取本次股利。由于失去了“收息”的权利，除息日的股票价格会下跌。除息日是股权登记的下一个交易日。

(4)股利发放日,即公司按照公布的分红方案向股权登记日在册的股东实际支付股利的日期。

【能力训练】

中国电信股份有限公司
2022 年半年度 A 股利润
分配实施公告

三、股票分割与股票回购

(一)股票分割

1. 股票分割的概念

股票分割又称拆股,是指将一股股票拆分成多股股票的行为。股票分割一般只会增加发行在外的股票总数,而不会对公司的资本结构产生任何影响。股票分割与股票股利非常相似,都是在不增加股东权益的情况下增加了股份的数量。所不同的是,股票股利虽不会引起股东权益总额的改变,但股东权益的内部结构却会发生变化;而股票分割之后,股东权益总额及其内部结构都不会发生任何变化,发生变化的只是股票面值。

2. 股票分割的作用

(1)降低股票价格。股票分割会使每股市价降低,减少买卖该股票所需的资金量,从而可以促进股票的流通和交易。流通性的提高和股东数量的增加,会在一定程度上加大对公司股票恶意收购的难度。此外,降低股票价格还可以为公司发行新股做准备,因为股价太高会使许多潜在投资者力不从心而不敢轻易对公司股票进行投资。

(2)提高投资者的信心。股票分割可以向市场和投资者传递公司发展前景良好的信号,有助于提高投资者对公司股票的信心。

3. 反分割

与股票分割相反,如果公司认为其股票价格过低,不利于其在市场上的声誉和未来的再筹资时,为提高股票的价格,会采取反分割措施。反分割又称股票合并或逆向分割,是指将多股股票合并为一股股票的行为。反分割显然会降低股票的流通性,提高公司股票投资的门槛,它向市场传递的信息通常是不利的。

(二)股票回购

1. 股票回购的含义

股票回购是指上市公司出资将其发行在外的普通股以一定的价格购买回来予以注

销或作为库存股的一种资本运作方式。公司不得随意收购本公司的股份，只有满足相关法律规定的情形才允许股票回购。

2. 股票回购的方式

股票回购的方式主要包括公开市场回购、要约回购和协议回购三种。

(1)公开市场回购。公开市场回购是指公司在公开交易市场上以当前市价回购股票。

(2)要约回购。要约回购是指公司在特定期间向股东发出以高出当前市价的某一价格回购既定数量股票的要约，并根据要约内容进行回购。

(3)协议回购。协议回购是指公司以协议价格直接向一个或几个主要股东回购股票。

3. 股票回购的动机

在证券市场上，股票回购的动机多种多样，主要有以下几点。

(1)现金股利的替代。现金股利政策会对公司产生未来的派现压力，而股票回购不会。当公司有富余资金时，通过购回股东所持股票将现金分配给股东，这样股东就可以根据自己的需要选择继续持有股票或出售获得现金。

(2)改变公司的资本结构。无论是现金回购还是举债回购股份，都会提高公司的财务杠杆水平，改变公司的资本结构。公司认为权益资本在资本结构中所占比例较大时，为了调整资本结构而进行股票回购，可以在一定程度上降低整体资金成本。

(3)传递公司信息。由于信息不对称和预期差异，证券市场上的公司股票价格可能被低估，而过低的股价将会对公司产生负面影响。一般情况下，投资者会认为股票回购意味着公司认为其股票价值被低估而采取的应对措施。

(4)基于控制权的考虑。控股股东为了保证其控制权不被改变，往往采取直接或间接的方式回购股票，从而巩固既有的控制权。另外，股票回购使流通在外的股份数变少，股价上升，从而可以有效地防止敌意收购。

【复习思考】

一、单选题

1. 按照剩余股利政策，某公司目前流通在外的普通股股数为 1 000 万股，该公司在 2019 年的税后利润为 1 000 万元，2020 年该公司拟投资 1 500 万元，且想要维持目前 50% 的负债比率。那么 2019 年年末股利分配时，该公司发放的每股现金股利为(　　)元。

A. 0.5　　B. 0.25

C. 1　　D. 0.75

2. 在确定企业的收益分配政策时，应当考虑相关因素的影响，其中“资本保全约束”属于(　　)。

A. 法律因素　　B. 公司因素
C. 股东因素　　D. 债务契约因素

3. 下列各项中,不影响股东权益总额的股利支付形式是(　　)。
A. 现金股利　　B. 股票股利
C. 负债股利　　D. 财产股利

4. 下列选项中,能够增加普通股股票发行在外股数,但不会改变公司资本结构的行为是(　　)。
A. 增发普通股　　B. 发放现金股利
C. 股票回购　　D. 股票分割

5. 下列关于股票回购的说法中,不正确的是(　　)。
A. 股票回购是现金股利的一种替代方式
B. 股票回购不改变公司的资本结构
C. 股票回购可减少流通在外的股票数量,提高每股收益
D. 股票回购若用大量资金支付回购成本,容易造成资金紧张,资产流动性变差,影响公司的后续发展

二、多选题

1. 下列股利政策中造成股利波动较大,容易让投资者感觉公司不稳定的股利分配政策有(　　)。
A. 剩余股利政策　　B. 固定股利政策
C. 固定股利支付率政策　　D. 稳定增长股利政策

2. 下列关于剩余股利政策的说法中,正确的有(　　)
A. 此政策下的加权平均资本成本是最低水平的
B. 资金需求中所需增加的权益资本数额是根据目标资本结构确定的
C. 最大限度地使用留存收益来满足资金需求中所需增加的权益资本数额
D. 留存收益在满足公司权益资本增加需求后,若还有剩余才用来发放股利

3. 下列各项中,属于发放股票股利可能导致的结果的有(　　)。
A. 股东权益内部结构发生变化　　B. 股东权益总额发生变化
C. 每股收益下降　　D. 股份总额发生变化

4. 下列选项中,属于财产股利的支付方式的有(　　)。
A. 其他公司的债券　　B. 其他公司的股票
C. 应付票据　　D. 现金

5. 股票股利和股票分割的相同点有(　　)。
A. 会导致普通股股数增加
B. 当市盈率与收益总额不变时,都会导致每股收益和每股市价下降
C. 股东权益总额不变
D. 会导致股东权益内部结构变化

三、判断题

1. 固定股利支付率政策,体现了"多盈多分,少盈少分,无盈不分"的股利分配原则,这里的"盈"是指企业留存的盈余,所以固定股利支付率政策使得净利润与发放的股利紧密结合。 (　　)
2. 如果公司的投资机会多,对资金的需求量大,那么它就很可能会考虑采用高股利支付水平的分配政策。 (　　)
3. 发放股票股利不会对公司的资产总额、负债总额及所有者权益总额产生影响,但会发生资金在各所有者权益项目间的再分配。 (　　)
4. 在除息日以后购买股票的股东才能领取本次股利,而在除息日之前购买股票的股东,则不能领取本次股利。 (　　)
5. 股票分割会降低股票价格,在一定程度上加大对公司股票恶意收购的难度,同时还可以为公司发行新股做准备。 (　　)

四、计算分析题

1. ND 公司 2021 年度实现的净利润为 1 200 万元,分配现金股利 600 万元。2022 年实现的净利润为 1 000 万元,不考虑法定公积金的因素。2023 年计划增加投资,所需资金为 800 万元。假设目标资本结构为股东权益占 60%,负债占 40%。

要求:

(1)在保持目标资本结构的情况下,公司执行剩余股利政策,那么计算 2022 年度应分配的现金股利。

(2)在不考虑目标资本结构的前提下,公司执行固定股利政策,计算 2022 年度应分配的现金股利、可用于 2023 年投资的留存收益和需要额外筹集的资金额。

(3)在不考虑目标资本结构的前提下,公司执行固定股利支付率政策,计算该公司的股利支付率和 2022 年度应分配的现金股利。

(4)假设公司 2023 年很难从外部筹集资金,只能从内部筹资,不考虑目标资本结构,计算 2022 年度应分配的现金股利。

2. LD 公司年终分配股利前(已提取盈余公积)的股东权益项目资料如下:

股本—普通股(每股面值 1 元,1 000 万股)	1 000 万元
资本公积	400 万元
盈余公积	500 万元
未分配利润	1 300 万元
股东权益合计	3 200 万元

公司股票的每股现行市价为 10 元,计划发放 10% 的股票股利,并按发放股票股利后的股数派发每股现金股利 0.2 元。计算结果保留三位小数。

要求：

(1)如果股票股利的金额按股票面值计算，计算完成这一方案后股东权益各项目的数额。

(2)如果股票股利的金额按现行市价计算，计算完成这一方案后股东权益各项目的数额。

(3)如果发放股利前，甲投资者的持股比例为1%，计算完成这一方案后甲投资者持有的股数。

(4)如果发放股利之后“每股市价/每股股东权益”的数值不变，计算发放股利之后的每股市价。

项目七 财务分析

【知识目标】

1. 理解财务分析的内容和意义。
2. 掌握财务分析的基本原理和方法。
3. 掌握四大类财务分析指标的计算公式、含义及其分析方法。
4. 熟悉杜邦财务分析体系核心层次的分析方法。

【能力目标】

1. 能够正确把握财务分析的内容及其局限性。
2. 能够正确运用趋势分析法、比率分析法和因素分析法对企业进行相关财务分析。
3. 能够熟练运用相关财务指标对企业进行偿债能力分析、营运能力分析、盈利能力分析和发展能力分析。
4. 能够熟练运用杜邦分析体系对企业进行财务综合分析与评价。

【素质目标】

1. 培养遵纪守法和诚实守信的思想,确保公司相关财务指标的真实性。
2. 树立责任意识,运用各种财务分析方法发现分析企业财务问题,提高财务分析的有效性和积极作用。

【案例引入】

华为2022年报:已熬过至暗时刻,还需在暴风雨中奔跑

2023年3月31日,华为发布2022年年度报告,报告显示,华为整体经营平稳,实现

全球销售收入6 423亿人民币，同比增长0.9%；净利润356亿人民币，同比下降68.69%。具体到业务板块，华为运营商业务收入2 840亿元，同比上涨0.9%；消费者业务收入2 145亿元，同比下滑11.9%；企业业务收入1 332亿元，同比上涨30%。

华为轮值董事长徐直军表示："回顾2022年，严峻的外部环境和非市场因素，继续影响着公司经营。身处暴风雨中，我们在继续奔跑，努力保障业务连续，确保对客户的支持与服务；我们也努力多打粮食，使自己既能生存下来，也能为未来的发展打下基础。"

华为首席财务官孟晚舟表示："2022年，经营依然面临较大压力，总体而言，经营业绩符合预期。2022年末，华为的资产负债率为58.9%，净现金余额1 763亿人民币，近万亿的总资产规模中，现金、短期投资、运营资产等高流动性资产构成了资产的主体部分，财务状况持续稳健，具有较强的韧性与弹性。2022年，研发费用总额为1 615亿人民币，研发费用率25.1%，处于历史高位。面向未来，我们有压力，更有信心！"

面向未来，华为持续加大研发投入，2022年研发投入达到1 615亿人民币，占全年收入的25.1%，十年累计投入的研发费用超过9 773亿人民币。徐直军强调："2023年，是华为生存与发展的关键之年。今天的华为，就像梅花，梅花飘香是因为她经历了严寒淬炼。我们面临的压力无疑是巨大的，但我们也有增长机会、有产业组合韧性、有差异化优势、有客户和伙伴的信任和敢于压强式投入。因此，我们有信心战胜艰难困苦，实现持续生存和发展。"

（来源：徐勇　人民邮电报）

任务一　财务分析认知

一、财务分析的内容

财务分析是根据企业财务报表等信息资料，采用专门的方法，系统分析和评价企业财务状况、经营成果，以及未来发展趋势的过程。财务分析以企业财务报告及其他相关资料为主要依据，对企业的财务状况和经营成果进行评价和剖析，反映企业在运营过程中的利弊得失和发展趋势，从而为改进企业财务管理工作和优化经济决策提供重要的财务信息。

财务分析信息的需求者主要包括企业所有者、企业债权人、企业经营决策者和政府等。不同主体出于不同的利益考虑，对财务分析信息有着各自不同的要求。

（一）所有者对财务分析的要求

企业所有者作为投资人，关心其资本的保值和增值状况，因此较为重视企业获利能力指标，主要进行企业盈利能力分析。

(二)债权人对财务分析的要求

企业债权人因不能参与企业剩余收益分享，首先关注的是其投资的安全性，因此更重视企业偿债能力指标，主要进行企业偿债能力分析，同时也关注企业盈利能力分析。

(三)经营决策者对财务分析的要求

企业经营决策者必须对企业经营理财的各个方面，包括运营能力、偿债能力、获利能力及发展能力的全部信息予以详尽地了解和掌握，主要进行各方面的综合分析，并关注企业财务风险和经营风险。

(四)政府对财务分析的要求

政府兼具多重身份，既是宏观经济管理者，又是国有企业的所有者和重要的市场参与者，因此政府对企业财务分析的关注点因所具身份不同而异。尽管不同企业的经营状况、经营规模、经营特点不同，作为运用价值形式进行的财务分析，归纳起来其分析的内容不外乎偿债能力分析、营运能力分析、获利能力分析、发展能力分析和综合能力分析五个方面。

二、财务分析的意义

财务分析对于企业各方面相关利益者都具有重要意义。具体来说，财务分析的意义主要体现在以下几个方面。

(一)评价企业财务状况

财务分析应根据财务报表等综合核算资料，对企业整体和各个方面的财务状况做综合和细致的分析，并对企业的财务状况做出评价。财务分析应全面了解企业资产的流动性状态是否良好，资本结构和负债比例是否恰当，现金流量状况是否正常，等等，最后来说明企业长短期的偿债能力是否充分，从而评价企业长短期的财务风险与经营风险，为企业投资人和管理当局等提供有用的决策信息。

(二)评价企业盈利能力

是否长期具有良好和持续的盈利能力，是一个企业综合素质的基本表现。财务分析应从整体部门和不同项目对企业盈利能力做深入分析和全面评价，不但要看绝对数也应看相对数，不但看目前的盈利水平，还要比较过去和预测未来的盈利水平。

(三)评价企业资产管理水平

企业资产作为企业生产经营活动的经济资源，其管理效率的高低直接影响企业的盈利能力和偿债能力，也表明了企业综合经营管理水平的好坏。财务分析应对企业资产的占有、配置、利用水平、周转状况和获利能力等，做全面和细致的分析。不能只看总体的管理水平，也要看部门和个别的管理水平的高低；不能只看绝对数，也要看相对数的收益能力；不能只看现在的盈利状况，也要看其对企业长远发展的促进作用。

(四)评价企业成本费用水平

从长远来看,企业的盈利能力和偿债能力也与企业的成本费用管理水平密切相关。凡是经营良好的企业,一般都有较高的成本费用控制能力。财务分析应对企业一定时期的成本费用的耗用情况做全面的分析和评价,不但从整个企业和全部产品的角度进行综合分析,还要对企业的具体职能部门和不同产品做深入的分析,对成本和费用耗费的组成结构进行细致分析,这样才能真正说明成本费用增减变动的实际原因。

(五)评价企业未来发展能力

无论是企业的投资人、债权人或管理当局等,都十分关心企业的未来发展能力,因为这不但关系到企业的命运,也直接与他们的切身利益相关。只有通过全面和深入细致的财务分析,才能对企业未来的发展趋势做出正确的评价,对企业中长期的经营前景做合理的预测。这不但能为企业管理当局和投资人等的决策提供重要的依据,也能避免由于决策的失误而给企业造成重大损失。

三、财务分析的局限性

财务分析对于了解企业的财务状况和经营成绩,评价企业的偿债能力和经营能力,帮助企业制定经济决策,有着显著的作用。但由于种种因素的影响,财务分析也存在一定的局限性。

(一)资料来源的局限性

主要表现为:①报表数据的时效性问题。即财务报表中的数据均是企业过去经济活动的结果和总结。②报表数据的真实性问题。报表信息可能与实际不符,如利润操纵。③报表数据的可靠性问题。报表数据不一定准确反映企业客观实际。④报表数据的可比性问题。如企业会计政策和会计处理方法可能变化。⑤报表数据的完整性问题。企业报表提供的数据是有限的。

(二)财务分析方法的局限性

对于趋势分析法来说,在实际操作时,比较的双方只有具备可比性才有意义。

对于比率分析法来说,它是针对单个指标进行分析的,综合程度较低,在某些情况下无法得出令人满意的结论;比率指标的计算一般都是建立在以历史数据为基础的财务报表之上的,这使比率指标提供的信息与决策之间的相关性大打折扣。对于因素分析法来说,在计算各因素对综合经济指标的影响额时,主观假定各因素的变化顺序而且规定每次只有一个因素发生变化,这些假定往往与事实不符。无论何种分析法均是对过去经济事项的反映。随着环境的变化,这些比较标准也会发生变化。而在分析时,分析者往往只注重数据的比较,而忽略经营环境的变化,这样得出的分析结论也是不全面的。

(三)财务分析指标的局限性

主要表现为:①财务指标体系不严密。每一个财务指标只能反映企业的财务状况或经营状况的某一方面，每一类指标都过分强调本身所反映的方面，导致整个指标体系不严密。②财务指标所反映的情况具有相对性。在判断某个具体财务指标是好还是坏，或根据一系列指标形成对企业的综合判断时，必须注意财务指标本身所反映情况的相对性。③财务指标的评价标准不统一。比如，对于流动比率，人们一般认为指标值为 2 比较合理，速动比率则认为指标值 1 比较合适，但许多成功企业的流动比率都低于 2，不同行业的速动比率也有很大差别。④财务指标的计算口径不一致。比如，对于反映企业营运能力的指标，分母的计算可用年末数，也可用平均数，而平均数的计算又有不同的方法，这些都会导致计算结果不一样，不利于评价、比较。

任务二　财务分析方法

一、趋势分析法

趋势分析法又称水平分析法，是将两期或连续数期财务报告中相同指标进行对比，确定其增减变动的方向、数额和幅度，以说明企业财务状况和经营成果的变动趋势的一种方法。采用这种方法，可以分析引起变化的主要原因和变动的性质，并预测企业未来的发展前景。

（一）重要财务指标的比较

重要财务指标的比较是指将不同时期财务报告中的相同指标或比率进行纵向比较，直接观察其增减变动情况及变动幅度，考察其发展趋势，预测其发展前景的一种方法。

不同时期财务指标的比较主要有以下两种方法。

1. 定基动态比率

定基动态比率，是以某一时期的数额为固定的基期数额而计算出来的动态比率。其计算公式为：

定基动态比率＝分析期数额/固定基期数额×100%

2. 环比动态比率

环比动态比率，是以每一分析期的数据与前期数据相比较计算出来的动态比率。其计算公式为：

环比动态比率＝分析期数额/前期数额×100%

（二）会计报表的比较

会计报表的比较是指将连续数期的会计报表的金额并列起来，比较各指标不同期间的增减变动金额和幅度，据以判断企业财务状况和经营成果发展变化的一种方法。会计报表的比较具体包括资产负债表比较、利润表比较和现金流量表比较等。

（三）会计报表项目构成的比较

会计报表项目构成的比较是在会计报表比较的基础上发展而来的，是以会计报表中的某个总体指标作为100%，再计算出各组成项目占该总体指标的百分比，从而比较各个项目百分比的增减变动情况，以此来判断有关财务活动的变化趋势的一种方法。

采用比较分析法时，应当注意以下问题。

（1）用于对比的各个时期的指标，其计算口径必须保持一致。

（2）应剔除偶发性项目的影响，使分析所利用的数据能反映正常的生产经营状况。

（3）应运用例外原则对某项有显著变动的指标做重点分析，研究其产生的原因，以便采取对策，趋利避害。

二、比率分析法

比率分析法是通过计算各种比率指标来确定财务活动变动程度的方法。比率指标的类型主要有构成比率、效率比率和相关比率三类。

（一）构成比率

构成比率又称结构比率，是某项财务指标的各组成部分数值占总体数值的百分比，反映部分与总体的关系。其计算公式为：

构成比率＝某个组成部分数值/总体数值×100%

比如，企业资产中流动资产、固定资产和无形资产占资产总额的百分比（资产构成比率），企业负债中流动负债和长期负债占负债总额的百分比（负债构成比率）等。利用构成比率，可以考察总体中某个部分的形成和安排是否合理，以便协调各项财务活动。

（二）效率比率

效率比率是某项财务活动中所费与所得的比率，反映投入与产出的关系。利用效率比率指标，可以进行得失比较，考察经营成果，评价经济效益。比如，将利润项目与营业成本、营业收入、资本金等项目加以对比，可以计算出成本利润率、营业利润率和资本金利润率等指标，从不同角度观察比较企业盈利能力的高低及其增减变化情况。

（三）相关比率

相关比率是以某个项目和与其有关但又不同的项目加以对比所得的比率，反映有关经济活动的相互关系。利用相关比率指标，可以考察企业相互关联的业务安排是否合理，以保障经营活动顺畅进行。比如，将流动资产与流动负债进行对比，计算出流动比率，可以判断企业的短期偿债能力；将负债总额与资产总额进行对比，可以判断企业长期偿债能力。采用比率分析法时，应当注意以下几点：①对比项目的相关性；②对比口径的一致性；③衡量标准的科学性。

三、因素分析法

因素分析法是依据分析指标与其影响因素的关系，从数量上确定各因素对分析指标影响方向和影响程度的一种方法。因素分析法具体有两种：连环替代法和差额分析法。

（一）连环替代法

连环替代法是将分析指标分解为各个可以计量的因素，并根据各个因素之间的依存关系，顺次用各因素的比较值（通常为实际值）替代基准值（通常为标准值或计划值），据以测定各因素对分析指标的影响。

【例7-1】 MD公司20×1年10月某种原材料费用的实际数是5 040元，而其计划数是4 000元。实际比计划增加1 040元。由于原材料费用是由产品产量、单位产品材料消耗量和材料单价三个因素的乘积组成的，因此可以把材料费用这一总指标分解为三个因素，然后逐个分析它们对材料费用总额的影响程度。现假设三个因素的数值见表7-1。运用连环替代法分析各因素变动对材料费用总额的影响。

表7-1 MD公司材料费用

项目	单位	计划数	实际数
产品产量	件	100	120
单位产品材料消耗量	千克	8	6
材料单价	元	5	7
材料费用总额	元	4 000	5 040

根据表7-1中的资料，材料费用总额实际数较计划数增加1 040元。运用连环替代法，可以计算各因素变动对材料费用总额的影响。

计划指标：100×8×5＝4 000（元） ①

第一次替代：120×8×5＝4 800（元） ②

第二次替代：120×6×5＝3 600（元） ③

第三次替代：120×6×7＝5 040（元） ④

实际指标：

②-①＝4 800-4 000＝800（元）产量增加的影响

③-②＝3 600-4 800＝-1 200（元）材料节约的影响

④-③＝5 040-3 600＝1 440（元）价格提高的影响

800-1 200+1 440＝1 040（元）全部因素的影响

（二）差额分析法

差额分析法是连环替代法的一种简化形式，是利用各个因素的比较值与基准值之间的差额,来计算各因素对分析指标的影响。

【例 7-2】 沿用表 7-1 中的资料。要求:采用差额分析法计算确定各因素变动对材料费用的影响。

(1)由于产量增加对材料费用的影响为(120-100)×8×5=800(元)。

(2)由于材料消耗节约对材料费用的影响为(6-8)×120×5=-1 200(元)。

(3)由于价格提高对材料费用的影响为(7-5)×120×6=1 440(元)。

因素分析法既可以全面分析各因素对某一经济指标的影响,也可以单独分析某一因素对某一经济指标的影响,在财务分析中应用颇为广泛。

采用因素分析法时,必须注意以下问题。

(1)因素分解的关联性。构成经济指标的因素,必须在客观上存在因果关系,要能够反映形成该项指标差异的内在构成原因,否则就会失去应用价值。

(2)因素替代的顺序性。确定替代因素时,必须根据各因素的依存关系,遵循一定的顺序并依次替代,不可随意加以颠倒,否则就会得出不同的计算结果。

(3)顺序替代的顺序性。因素分析法在计算每一因素变动的影响时,都是在前一次计算的基础上进行的,并采用连环比较的方法来确定因素变化影响结果。

(4)计算结果的假定性。由于因素分析法计算的各因素变动的影响数,会因替代顺序不同而有差别,因而计算结果不免带有假定性,即它不可能使每个因素计算的结果都达到绝对的准确。因此,分析时应力求使这种假定合乎逻辑,具有实际经济意义。这样,计算结果的假定性才不至于妨碍分析的有效性。

任务三　财务指标分析

一、偿债能力分析

偿债能力是指企业偿还本身所欠债务的能力。对偿债能力进行分析有利于债权人进行正确的借贷决策;有利于投资者进行正确的投资决策;有利于企业经营者进行正确的经营决策;有利于正确评价企业的财务状况。

(一)短期偿债能力分析

短期偿债能力指标是指企业流动资产对流动负债及时足额偿还的保证程度,是衡量企业当前财务能力,特别是流动资产变现能力的重要标志。企业短期偿债能力指标主要有流动比率、速动比率和现金流动负债比率三项。

1. 流动比率

流动比率是流动资产与流动负债的比率,表示企业每 1 元流动负债有多少流动资产作为偿还的保证，反映了企业以流动资产偿还流动负债的能力。其计算公式为：

流动比率=流动资产/流动负债

注意：　　流动资产-流动负债=营运资金

一般来说，这两个比率越高，说明企业资产的变现能力越强，短期偿债能力也越强；反之则弱。一般认为流动比率应在2∶1以上。当流动比率为2∶1时，表示流动资产是流动负债的两倍，即使流动资产有一半在短期内不能变现，也能保证全部的流动负债得到偿还。

运用流动比率进行分析时，要注意以下几个问题：

（1）流动比率高不意味着短期偿债能力一定很强。因为，流动比率假设全部流动资产可变现清偿流动负债。实际上，各项流动资产的变现能力并不相同而且变现金额可能与账面金额存在较大差异。因此，流动比率是对短期偿债能力的粗略估计，还需进一步分析流动资产的构成项目。

（2）计算出来的流动比率，只有和同行业平均流动比率、本企业历史流动比率进行比较，才能知道这个比率是高还是低。这种比较通常并不能说明流动比率为什么这么高或低，要找出过高或过低的原因还必须分析流动资产和流动负债所包括的内容以及经营上的因素。

一般情况下，营业周期、流动资产中的应收账款和存货周转速度是影响流动比率的主要因素。营业周期短、应收账款和存货的周转速度快的企业其流动比率低一些也是可以接受的。

【例7-3】 根据表7-2的资产负债表数据，计算流动比率。

表7-2　资产负债表

编制单位：　　20×2年12月31日　　单位：万元

资产	期末数	期初数	负债和所有者权益	期末数	期初数
流动资产			流动负债		
货币资金	9 000	8 000	短期借款	23 000	20 000
交易性金融资产	5 000	10 000	应付账款	12 000	10 000
应收账款	13 000	12 000	预收账款	4 000	3 000
预付账款	700	400	其他应付款	1 000	1 000
存货	52 000	40 000	流动负债合计	40 000	34 000
其他流动资产	800	600	非流动负债		
流动资产合计	80 500	71 000	长期借款	25 000	20 000
非流动资产			非流动负债合计	25 000	20 000
债权投资	4 000	4 000	负债合计	65 000	54 000

续表 7-2

资产	期末数	期初数	负债和所有者权益	期末数	期初数
固定资产	140 000	120 000	股东权益		
无形资产	5 500	5 000	实收资本(或股本)	120 000	120 000
非流动资产合计	149 500	129 000	盈余公积	16 000	16 000
			未分配利润	29 000	10 000
			股东权益合计	165 000	146 000
资产总计	230 000	200 000	负债和股东权益总计	230 000	200 000

年初流动比率=71 000/34 000=2.09

年末流动比率=80 500/40 000=2.01

年初和年末的流动比率均超过一般公认标准,一定程度上反映该企业具有较强的短期偿债能力。

2. 速动比率

速动比率是企业速动资产与流动负债的比率。这一指标主要是用于衡量企业流动资产中可以立即变现用于偿还流动负债的能力。计算公式为:

速动比率=速动资产/流动负债

速动比率=货币资金+交易性金融资产+应收账款+应收票据

=流动资产-存货-预付账款-一年内到期的非流动资产-其他流动资产

传统经验认为,速动比率维持在 1∶1 较为正常,它表明企业的每 1 元流动负债就有 1 元易于变现的流动资产来抵偿,短期偿债能力有可靠的保证。速动比率过低,企业的短期偿债风险较大;速动比率过高,企业在速动资产上占用资金过多,会增加企业投资的机会成本。但以上评判标准并不是绝对的。实际工作中,应考虑到企业的行业性质。例如商品零售行业,由于采用大量现金销售,几乎没有应收账款,速动比率大大低于 1,也是合理的。相反,有些企业的速动比率虽然大于 1,但速动资产中大部分是应收账款,并不代表企业的偿债能力强,因为应收账款能否收回具有很大的不确定性。在评价速动比率时,还应分析应收账款的质量。

【例 7-4】 沿用表 7-2 的资产负债表数据,计算速动比率。

年初速动比率=(8 000+10 000+12 000)/34 000=0.88

年末速动比率=(9 000+5 000+13 000)/40 000=0.68

分析表明,该公司年末的速动比率比年初有所降低,虽然该公司流动比率超过一般公认的标准,但由于流动资产中存货所占比重过大,导致公司速动比率未达到一般公认标准,公司实际短期偿债能力并不如想象中的好,需要采取一定的措施加以改进。

3. 现金比率

现金资产包括货币资金和交易性金融资产等。现金资产与流动负债的比值称为现金比率。现金比率计算公式为：

现金比率=(货币资金+交易性金融资产)/流动负债

现金比率剔除了应收账款对偿债能力的影响，最能反映企业直接偿付流动负债的能力，表明每1元流动负债有多少现金资产作为偿债保障。由于流动负债是在一年内(或一个营业周期内)陆续到期清偿，所以并不需要企业时时保留相当于流动负债金额的现金资产。经验研究表明，0.2的现金比率就可以接受。而这一比率过高，就意味着企业过多资源占用在盈利能力较低的现金资产上从而影响了企业盈利能力。

【例7-5】 沿用表7-2的资产负债表数据，计算现金比率。

年初现金比率=(8 000+10 000)/34 000=0.53

年末现金比率=(9 000+5 000)/40 000=0.35

分析表明该公司现金比率偏高，说明该公司资源配置能力需待改善。

(二)长期偿债能力分析

长期偿债能力是指企业在较长的期间偿还债务的能力。企业在长期内，不仅需要偿还流动负债，还需要偿还非流动负债，因此，长期偿债能力衡量的是对企业所有负债的清偿能力。企业对所有负债的清偿能力取决于其总资产水平，因此长期偿债能力比率考察的是企业资产、负债和所有者权益之间的关系。其财务指标主要有四项：资产负债率、产权比率、权益乘数和利息保障倍数。

1. 资产负债率

资产负债率是企业负债总额与资产总额之比。其计算公式为：

资产负债率=负债总额/资产总额×100%

资产负债率反映总资产中有多大比例是通过负债取得的，可以衡量企业清算时资产对债权人权益的保障程度。当资产负债率高于50%时，表明企业资产来源主要依靠的是负债，财务风险较大。当资产负债率低于50%时，表明企业资产的主要来源是所有者权益，财务比较稳健。这一比率越低，表明企业资产对负债的保障能力越高，企业的长期偿债能力越强。

一般情况下，企业负债经营规模应控制在一个合理的水平，负债比重应掌握在一定的标准内。如果负债比率过高，企业的财务风险将越来越大，对债权人和所有者都会产生不利的影响。

【例7-6】 沿用表7-2的资产负债表数据，计算资产负债率。

年初资产负债率=54 000/200 000×100%=27%

年末资产负债率=65 000/230 000×100%=28.26%

该公司年初和年末的资产负债率均不高，说明其长期偿债能力较强，这样有助于增强债权人对公司出借资金的信心。

2. 产权比率

产权比率又称资本负债率，是负债总额与所有者权益之比，它是企业财务结构稳健与否的重要标志。其计算公式为：

产权比率=负债总额/所有者权益×100%

产权比率不仅反映了由债权人提供的资本与所有者提供的资本的相对关系，即企业财务结构是否稳定；而且反映了债权人资本受股东权益保障的程度，或者是企业清算时对债权人利益的保障程度。一般来说，这一比率越低，表明企业长期偿债能力越强，债权人权益保障程度越高。在分析时同样需要结合企业的具体情况加以分析，当企业的资产收益率大于负债利息率时，负债经营有利于提高资金收益率，获得额外的利润，这时的产权比率可适当高些。产权比率高，是高风险、高报酬的财务结构；产权比率低，是低风险、低收益的财务结构。

年初产权比率=54 000/146 000×100%=36.99%

年末产权比率=65 000/165 000×100%=39.39%

分析表明该公司年初和年末的产权比率都不高，同资产负债的计算结果可以互相印证，表明公司的长期偿债能力较强，债权人的保障程度较高。

3. 权益乘数

权益乘数是总资产与股东权益的比值。其计算公式为：

权益乘数=总资产/股东权益

权益乘数表明股东每投入 1 元钱可实际拥有和控制的金额。在企业存在负债的情况下，权益乘数大于 1。企业负债比例越高，权益乘数越大。产权比率和权益乘数是资产负债率的另外两种表现形式，是常用的反映财务杠杆水平的指标。

年初权益乘数=200 000/146 000=1.37

年末权益乘数=230 000/165 000=1.39

4. 利息保障倍数

利息保障倍数是指企业息税前利润与应付利息之比，又称已获利息倍数，用以衡量偿付借款利息的能力。其计算公式为：

利息保障倍数=息税前利润/应付利息=（净利润+利润表中的利息费用+所得税）/应付利息

公式中的被除数“息税前利润”是指利润表中扣除利息费用和所得税前的利润。公式中的除数“应付利息”是指本期发生的全部应付利息，不仅包括财务费用中的利息费用，还应包括计入固定资产成本的资本化利息。资本化利息虽然不在利润表中扣除，但仍然是要偿还的。利息保障倍数主要是衡量企业支付利息的能力，没有足够大的息税前利润，利息的支付就会发生困难。

利息保障倍数反映支付利息的利润来源（息税前利润）与利息支出之间的关系，该比率越高，长期偿债能力越强。从长期看，利息保障倍数至少要大于 1（国际公认标准为 3），也就是说，息税前利润至少要大于应付利息，企业才具有偿还债务利息的可能性。如果利息保障倍数过低，企业将面临亏损、偿债的安全性与稳定性下降的风险。在短期内，利息保障倍数小于 1 也仍然具有利息支付能力，因为计算息税前利润时减去的一些折旧和摊销费用并不需要支付现金。但这种支付能力是暂时的，当企业需要重置资产时,势必发生支付困难。因此,在分析时需要比较企业连续多个会计年度(如5年)的利息保障倍数,以说明企业付息能力的稳定性。

【例7-7】 沿用表7-2的资产负债表数据和表7-3的利润表数据,假设财务费用全部为利息支出,计算利息保障倍数。

表7-3 利润表

编制单位: 20×2年 单位:万元

项目	本年数	上年数
一、营业收入	212 000	188 000
减:营业成本	124 000	109 000
税金及附加	12 000	10 800
销售费用	19 000	16 200
管理费用	10 000	8 000
财务费用	3 000	2 000
投资收益(损失以"-"号填列)	3 000	3 000
二、营业利润(亏损以"—"号填列)	47 000	45 000
加:营业外收入	1 500	1 000
减:营业外支出	6 500	6 000
三、利润总额(亏损以"-"号填列)	42 000	40 000
减:企业所得税费用(25%)	10 500	10 000
四、净利润(亏损以"-"号填列)	31 500	30 000

上年利息保障倍数=(40 000+2 000)/2 000=21

本年利息保障倍数=(42 000+3 000)/3 000=15

从以上结果可以看出,该公司上年和本年的利息保障倍数都较高,表明该公司具有较强的偿还负债利息的能力。

(三)影响偿债能力的其他因素

1. 可动用的银行贷款指标或授信额度

当企业存在可动用的银行贷款指标或授信额度时,这些数据不在财务报表内反映,但由于可以随时增加企业的支付能力,因此可以提高企业的偿债能力。

2. 资产质量

在财务报表内反映的资产金额为资产的账面价值,但由于财务会计的局限性,资产的账面价值与实际价值可能存在差异,如资产可能被高估或低估,一些资产无法计入到财务报表等。此外,资产的变现能力也会影响偿债能力。如果企业存在很快变现的长期资产,会增加企业的短期偿债能力。

3. 或有事项和承诺事项

如果企业存在债务担保或未决诉讼等或有事项,会增加企业的潜在偿债压力。同样各种承诺支付事项,也会加大企业偿债义务。

4. 经营租赁

当企业存在经营租赁时,意味着企业要在租赁期内分期支付租赁费用,也即有固定的、经常性的支付义务。但是经营租赁的负债未反映在资产负债表中,因此经营租赁作为一种表外融资方式,会影响企业的偿债能力,特别是经营租赁长期存在、金额较大的情况。因此,如果企业存在经营租赁时,应考虑租赁费用对偿债能力的影响。

二、营运能力分析

营运能力分析是指通过计算企业资金周转的有关指标分析其资产利用的效率,是对企业管理层管理水平和资产运用能力的分析。

营运能力大小是影响企业偿债能力和盈利能力大小的主要因素之一。营运能力强,资金周转速度就快,企业就会有足够的现金来偿付流动负债,则短期偿债能力就强。营运能力强,企业就会取得更多的收入和利润,用足够的资金偿还本金和利息,则长期偿债能力就强。反映企业营运能力的指标主要有以下内容:

(一)应收账款周转率

应收账款周转率也称应收账款周转次数,是一定时期内商品或产品营业收入与平均应收账款余额的比值,是反映应收账款周转速度的一项指标。其计算公式为:

应收账款周转率(次数)=营业收入/应收账款平均余额

应收账款平均余额=(应收账款年初数+应收账款年末数)/2

应收账款周转天数=360/应收账款周转率

应收账款周转率反映了企业应收账款变现速度的快慢及管理效率的高低。该指标高表明:①收账迅速,账龄较短;②资产流动性强,短期偿债能力强;③可以减少收账费用和坏账损失,从而相对增加企业流动资产的投资收益。同时,借助应收账款周转期与企业信用期限的比较,还可以评价购买单位的信用程度,以及企业原订的信用条件是否适当。

运用应收账款管理周转率指标评价企业应收款项管理效率时,应将计算出的指标与该企业前期、与同行业平均水平或其他类似企业相比较来进行判断。

【例7-8】 沿用表7-2的资产负债表数据和表7-3的利润表数据,假设该公司上年年初应收账款余额是11 000万元,计算上年和本年应收账款周转率。

上年应收账款平均余额=(11 000+12 000)/2=11 500(万元)

本年应收账款平均余额=(13 000+12 000)/2=12 500(万元)

上年应收账款周转率=188 000/11 500=16.35(次)

本年应收账款周转率=212 000/12 500=16.96(次)

以上计算结果表明,公司本年的应收账款周转率比上年有所改善,表明公司营运能力有所提高,且对流动资产的变现能力和周转速度也有促进作用。

(二)存货周转率

存货周转率也称存货周转次数,是企业一定时期内的营业成本与存货平均余额的比率。它是反映企业存货周转速度和销货能力的一项指标,也是衡量企业生产经营中存货营运效率的一项综合性指标。其计算公式为:

存货周转率(次数)=营业成本/存货平均余额

存货平均余额=(存货年初数+存货年末数)/2

存货周转天数=360/存货周转率

存货周转速度快慢,不仅反映出企业采购、储存、生产、销售各环节管理工作状况的好坏,而且对企业的偿债能力及获利能力产生决定性的影响。一般来说,存货周转率越高越好。存货周转率越高,表明其变现的速度越快,周转额越大,资金占用水平越低。因此,通过存货周转分析,有利于找出存货概率存在的问题,尽可能降低资金占用水平。存货既不能储存过少,否则可能造成生产中断或销售紧张,又不能储存过多,否则可能形成呆滞、积压。一定要保持结构合理、质量可靠。

【例7-9】 沿用表7-2的资产负债表数据和表7-3的利润表数据,计算存货周转天数。

存货平均余额=(40 000+52 000)/2=46 000(万元)

存货周转率(次)=124 000/46 000=2.7(次)

存货周转期(天)=360/2.7=133.33(天)

(三)流动资产周转率

流动资产周转率是销售(营业)收入净额与平均流动资产占用额的比率,它反映的是全部流动资产的利用效率。流动资产周转率是分析流动资产周转情况的一个综合指标。其计算公式为:

流动资产周转率(次数)=营业收入/流动资产平均余额

流动资产平均余额=(流动资产年初数+流动资产年末数)/2

流动资产周转天数=360/流动资产周转率

一般情况下,该指标越高,表明企业流动资产周转速度越快,利用越好。在较快的周转速度下,流动资产会相对节约,其意义相当于流动资产投入的扩大,在某种程度上增强了企业的创收能力;而周转速度慢,则需补充流动资金参加周转,形成资金浪费,降低企业创收能力。应该注意的是,流动资产周转率要结合存货、应收账款一并进行分析,它和反映盈利能力的指标结合在一起使用,可全面评价企业的盈利能力。

【例7-10】 沿用表7-2的资产负债表数据和表7-3的利润表数据,计算流动资产周转期。

平均流动资产总额 = (71 000+80 500)/2 = 75 750(万元)

流动资产周转率(次) = 212 000/75 750 = 2.8(次)

流动资产周转期(天) = 360/2.8 = 128.57(天)

(四)总资产周转率

总资产周转率是企业营业收入与平均资产总额的比率。它可以用来反映企业全部资产的利用效率。其计算公式为:

总资产周转率 = 营业收入/资产平均总额

资产平均总额 = (期初资产总额+期末资产总额)/2

平均资产总额应按分析期的不同分别加以确定,并应当与分子即营业收入在时间上保持一致。但是,如果资金占用的波动性较大,企业应采用更详细的资料进行计算,如按照各月份的资金占用额计算。

总资产周转率反映了企业全部资产的使用效率。该周转率高,说明全部资产的经营效率高,取得的收入多;该周转率低,说明全部资产的经营效率低,取得的收入少,最终会影响企业的盈利能力。企业应采取各项措施来提高企业的资产利用程度,如提高销售收入或处理多余的资产。

【例 7-11】 沿用表 7-2 的资产负债表数据和表 7-3 的利润表数据,计算总资产周转期。

平均资产总额 = (200 000+230 000) = 2 = 215 000(万元)

总资产周转率 = 212 000/215 000 = 0.99(次)

总资产周转期 = 360/0.99 = 365.64(天)

三、盈利能力分析

(一)营业毛利率

营业毛利率是营业毛利与营业收入之比,其计算公式如下:

营业毛利率 = 营业毛利/营业收入×100%

营业毛利 = 营业收入-营业成本

营业毛利率反映产品每 1 元营业收入所包含的毛利润是多少,即营业收入扣除营业成本后还有多少剩余可用于弥补各期费用和形成利润。营业毛利率越高,表明产品的盈利能力越强。将营业毛利率与行业水平进行比较,可以反映企业产品的市场竞争地位。那些营业毛利率高于行业水平的企业意味着实现一定的收入占用了更少的成本,表明它们在资源、技术或劳动生产率方面具有竞争优势。而那些营业毛利率低于行业水平的企业则意味着在行业中处于竞争劣势。此外,将不同行业的营业毛利率进行横向比较,也可以说明行业间盈利能力的差异。

(二)营业净利率

营业净利率是净利润与营业收入之比,其计算公式为:

营业净利率=净利润/营业收入×100%

营业净利率反映每1元营业收入最终赚取了多少利润，用于反映产品最终的盈利能力。在利润表上，从营业收入到净利润需要扣除营业成本、期间费用、税金等项目。因此，将营业净利率按利润的扣除项目进行分解可以识别影响营业净利率的主要因素。

【例7-12】 沿用表7-3的利润表数据，计算本年和上年的营业毛利率和营业净利率。

上年营业毛利率=(188 000-109 000)/188 000×100% =42.02%

本年营业毛利率=(212 000-124 000)/212 000×100% =41.51%

上年营业净利率=30 000/188 000×100% =15.96%

本年营业净利率=31 500/212 000×100% =14.86%

该公司本年的营业净利润率比上年有所下降，表明该公司在经营业务上有问题，需要多方面进行分析。

(三)总资产净利率

总资产净利率是指企业净利润与平均总资产的比率，反映每1元资产创造的净利润。它是反映企业资产综合利用效果的指标。其计算公式为：

总资产净利率=净利润/平均总资产×100%

总资产平均为期初资产总额与期末资产总额的平均数。总资产净利率越高，表明企业资产利用的效率越高，整个企业盈利能力越强，经营管理水平越高。

【例7-13】 沿用表7-2的资产负债表数据和表7-3的利润表数据，假设该公司上年初总资产为180 000万元，计算上年和本年的总资产净利率。

$$\text{上年总资产净利率}=\frac{40\ 000}{(180\ 000+200\ 000)/2}\times 100\% =22.11\%$$

$$\text{本年总资产净利率}=\frac{42\ 000}{(200\ 000+230\ 000)/2}\times 100\% =20.93\%$$

由计算结果可知，该公司本年的总资产净利率低于上年，需要结合公司资产的使用情况、增产节约情况，以及成本效益指标一起分析，以改进管理，提高资产利用效率和企业经营管理水平，增强盈利能力。

(四)净资产收益率

净资产收益率，亦称净值报酬率或权益报酬率，它是指企业一定时期内的净利润与平均净资产的比率。它是反映自有资金投资收益水平的指标，是企业盈利能力的核心指标，也是杜邦财务分析体系的核心，更是投资者关注的重点。其计算公式为：

净资产收益率=净利润/平均净资产×100%

式中，净利润是指企业的税后利润，是未做任何分配的数额；平均净资产是指企业年初所有者权益与年末所有者权益的平均数。

净资产收益率是评价企业自有资本及其积累获取报酬水平的最具综合性与代表性的指标，用以反映企业资本营运的综合效益。该指标通用性强、适用范围广，不受行业局限。通过对该指标的综合对比分析,可以看出企业获利能力在同行业中所处的地位,以及与同类企业的差异水平。一般认为,企业净资产收益率越高,企业自有资本获取收益的能力越强,营运效益越好,对企业投资人和债权人的保障程度越高。

【例7-14】 沿用表7-2的资产负债表数据和表7-3的利润表数据,假设该公司上年初所有者权益为130 000万元,计算上年和本年的净资产收益率。

$$上年净资产收益率=\frac{30\ 000}{(130\ 000+146\ 000)/2}\times100\%=21.74\%$$

$$本年净资产收益率=\frac{31\ 500}{(146\ 000+165\ 000)/2}\times100\%=20.26\%$$

该公司本年的净资产收益率比上年降低了约1%,表明该公司的净资产获利能力可能有问题,经检查分析可以发现是由于该公司所有者权益的增长快于净利润的增长引起的。

(五)每股收益

每股收益,也称每股利润或每股盈余,反映企业普通股股东持有每一股份所能享受的企业利润和承担的企业亏损,是衡量上市公司盈利能力最常用的财务分析指标。每股收益的计算公式如下:

$$每股收益=\frac{(净利润-优先股股利)}{发行在外的普通股加权平均数}$$

每股收益反映每一普通股的获利水平。每股收益越高,说明公司的盈利能力越强,表示每一普通股可得的利润越多,股东投资效益越好;反之,该指标越低,表明每一普通股可得的利润越少,股东投资收益越差。

【例7-15】 沿用表7-3的利润表数据,假设该公司无优先股,普通股股数为12 000股,计算每股收益。

每股收益=31 500/12 000=2.63

四、发展能力分析

(一)营业收入增长率

营业收入增长率是企业本年营业收入增长额与上年营业收入总额的比率,反映企业营业收入的增减变动情况。其计算公式为

营业收入增长率=本年营业收入增长额/上年营业收入总额×100%

本年营业收入增长额=本年营业收入总额-上年营业收入总额

式中,营业收入增长率是衡量企业经营状况和市场占有能力、预测企业经营业务拓展趋势的重要标志。不断增加的主营业务收入,是企业生存的基础和发展的条件。该指标若大于0,表示企业本年的主营业务收入有所增长,指标值越高,表明增长速度越快,企业市场前景越好;若该指标小于0,则说明存在产品或服务不适销对路、质次价高等方面问题,市场份额萎缩。

该指标在实际操作时，应结合企业历年的主营业务收入水平、企业产品或服务市场占有情况、行业未来发展及其他影响企业发展的潜在因素进行前瞻性预测，或者结合企业前三年的业务增长率作出趋势性分析判断。

【例 7-16】 沿用表 7-3 的利润表数据，计算本年营业收入增长率。

营业收入增长率＝(212 000－188 000)/188 000×100%＝12.77%

(二)总资产增长率

总资产增长率是企业本年总资产增长额同年初资产总额的比率，它反映了企业本期资产规模的增长情况。其计算公式为：

总资产增长率＝本年总资产增长额/年初资产总额×100%

总资产增长率从企业资产总量扩张方面衡量企业的发展能力，表明企业规模增长水平对企业发展后劲的影响。该指标越高，表明企业一定时期内资产经营规模扩张的速度越快。但在实际分析时，应注意考虑资产规模扩张的质和量的关系，以及企业的后续发展能力，避免资产盲目扩张。

【例 7-17】 沿用表 7-2 的资产负债表数据，计算总资产增长率。

总资产增长率＝(230 000－200 000)/200 000×100%＝15%

(三)营业利润增长率

营业利润增长率是企业本年营业利润增长额与上年营业利润总额的比率，反映了企业营业利润的增减变动情况。其计算公式为：

营业利润增长率＝本年营业利润增长额/上年营业利润总额×100%

【例 7-18】 沿用表 7-3 的利润表数据，计算本年营业利润增长率。

营业利润增长率＝(47 000－45 000)/45 000×100%＝4.44%

(四)资本保值增值率

资本保值增值率是企业扣除客观因素后的本年年末所有者权益总额与年初所有者权益总额的比率，用以反映企业当年资本在企业自身努力下的实际增减变动情况。其计算公式为：

资本保值增值率＝期末所有者权益总额/期初所有者权益总额×100%

一般认为，资本保值增值率越高，表明企业的资本保全状况越好，所有者权益增长越快，债权人的债务越有保障。该指标通常应当大于 100%。

【例 7-19】 沿用表 7-3 的利润表数据，计算本年营业利润增长率。

资本保值增值率＝165 000/146 000×100%＝113.01%

【德技并举】

国务院国资委权威解读中央企业“一利五率”经营指标体系

党的二十大提出，高质量发展是全面建设社会主义现代化国家的首要任务，要深化国资国企改革，加快国有经济布局优化和结构调整，推动国有资本和国有企业做强做优做大，提升企业核心竞争力，加快建设世界一流企业。刚刚召开的中央经济工作会议进一步强调，坚持发展是党执政兴国的第一要务，发展必须是高质量发展，要完整、准确、全面贯彻新发展理念，明确了深化国资国企改革、提高企业核心竞争力和增强核心功能、加快建设世界一流企业等一系列重点任务。为全面深入贯彻党的二十大精神和中央经济工作会议精神，推动中央企业进一步聚焦提升核心竞争力，聚焦实现高质量发展，聚焦培育世界一流企业，国资委在总结近几年工作成效基础上，结合国资央企新时代新征程新使命，对中央企业经营指标体系进行了优化调整，将“两利四率”调整为“一利五率”。

一是用净资产收益率替换净利润指标。原有的“两利”指标中，保留了利润总额指标，主要考虑利润总额包含净利润和上缴税费，能直观反映为社会创造的价值。同时，利润总额也是劳动生产总值的重要组成部分，可以直接体现对 GDP 的贡献。中央企业要保持一定规模的增长以支撑 GDP 的增长。对于与利润总额较为同质化的净利润调整为净资产收益率，主要考虑净资产收益率能够衡量企业权益资本的投入产出效率，反映企业为股东创造价值的能力，体现了国资委履行保障出资人权益、防止国有资产损失的法定职责，体现了国资委作为出资人对中央企业资本回报质量的要求，符合以“管资本”为主的监管导向，有利于引导中央企业更加注重投入产出效率，加大亏损企业治理力度，加快“两非”“两资”剥离处置，盘活存量资产，提高资产使用效率，提升净资产创利能力和收益水平。

二是用营业现金比率替换营业收入利润率指标。这两个指标的分母均为营业收入，但营业收入利润率的分子为营业利润，营业现金比率的分子为经营活动产生的现金流量净额。营业现金比率与净资产收益率的结合，实现了财务三张主表的紧密耦合，体现了资产负债表观、损益表观与现金流量表观的统一融合。考核营业现金比率主要是为了体现国资委“要有利润的收入和要有现金的利润”的监管要求，有利于落实国有资产保值增值责任，有利于推动中央企业在关注账面利润基础上，更加关注现金流的安全，更加关注可持续投资能力的提升，从而全面提高企业经营业绩的“含金量”，真正实现高质量的发展。

三是继续保留资产负债率、研发经费投入强度、全员劳动生产率指标。从近年监管实践看，国资委坚持对资产负债率的考核很好地约束了部分企业盲目扩张的冲动，因此要继续坚持对资产负债率的约束。研发经费投入强度指标反映了高质量发展的内在要求，近几年在鼓励科技创新、推动技术转化、促进新型产业发展方面发挥了积极作用，也是解决创新能力不足的重要抓手，需要继续坚持并加大投入强度。下一步将加大对研发经费投入效果的后评价和考核，提高投入的效率和效益。全员劳动生产率指标主要衡量劳动力要素的投入产出效率，综合反映企业在国民经济中的社会贡献，部分中央企业还有很大提升空间，与世界一流企业相比存在较大差距，要通过提高全员劳动生产率深化三项制度改革，最大限度发挥广大员工的价值创造能力，从而推动全要素生产率的稳步提升。

国资委将从2023年开始试行"一利五率"指标体系，后续还将根据实践情况不断完善。总的来看，此次从"两利四率"到"一利五率"指标体系的调整，虽然幅度不大，但基本形成了一个更加严谨、更加科学、更加成熟的体系。①坚持系统观念。"一利五率"指标相互衔接、有效贯通，既强调经营效益的合理增长，也强调发展质量的有效提升，实现了规模和速度、质量和效益、发展和安全的有机统一。②坚持守正创新。"一利五率"是对原"两利四率"指标的继承和发展，既巩固了"两利四率"实践中的成功经验，又突出了新阶段实现高质量发展、提升核心竞争力和建设世界一流企业的新要求，实现了继承中发展，巩固中提升。③坚持问题导向。"一利五率"指标体系的调整优化，重点针对当前部分中央企业存在的回报水平不优、盈利质量不高、市场竞争力不强、创新能力不足等短板，着力于推动中央企业在实现高质量发展上取得新的突破，尤其是通过引入净资产收益率和营业现金比率，从根本上引导企业增强自生能力、积累能力、可持续发展能力和价值创造能力。④坚持底线思维。"一利五率"体现了统筹发展和安全的导向，通过强化研发投入，推动科技创新，着力解决"卡脖子"问题和产业链"断链"风险；通过对负债率和现金流的约束，引导企业增强风险意识，加强风险防控，提升抵御风险的能力，有效应对"黑天鹅""灰犀牛"的冲击。各中央企业自觉将"一利五率"与本企业发展战略进行深入融合，以"一利五率"目标统领企业生产经营工作，通过"一利五率"指标的持续改善提升，加快实现高质量发展。

（来源：财务管理研究）

任务四　财务综合分析

财务综合分析是指将营运能力、偿债能力和盈利能力等诸方面的分析纳入一个有机的整体之中，全面对企业经营状况、财务状况进行解剖和分析，从而对企业经济效益的优劣作出准确的评价与判断。

一、杜邦分析法

杜邦分析法，又称杜邦财务分析体系，简称杜邦体系，是利用各主要财务比率指标之间的内在联系，对企业财务状况及经济效益进行综合系统分析评价的方法。该体系是以净资产收益率为起点，以总资产净利率和权益乘数为核心，重点揭示企业获利能力及权益乘数对净资产收益率的影响，以及各相关指标间的相互影响作用关系。因其最初由美国杜邦企业成功应用而得名。

杜邦财务分析体系各主要指标间的关系如下：

净资产收益率=总资产净利率×权益乘数

=销售净利率×总资产周转率×权益乘数

式中：

销售净利率=净利润/销售收入

总资产周转率=销售收入/平均资产总额

权益乘数=资产总额/所有者权益总额=l/(1-资产负债率)

杜邦财务分析体系如图7-1所示。

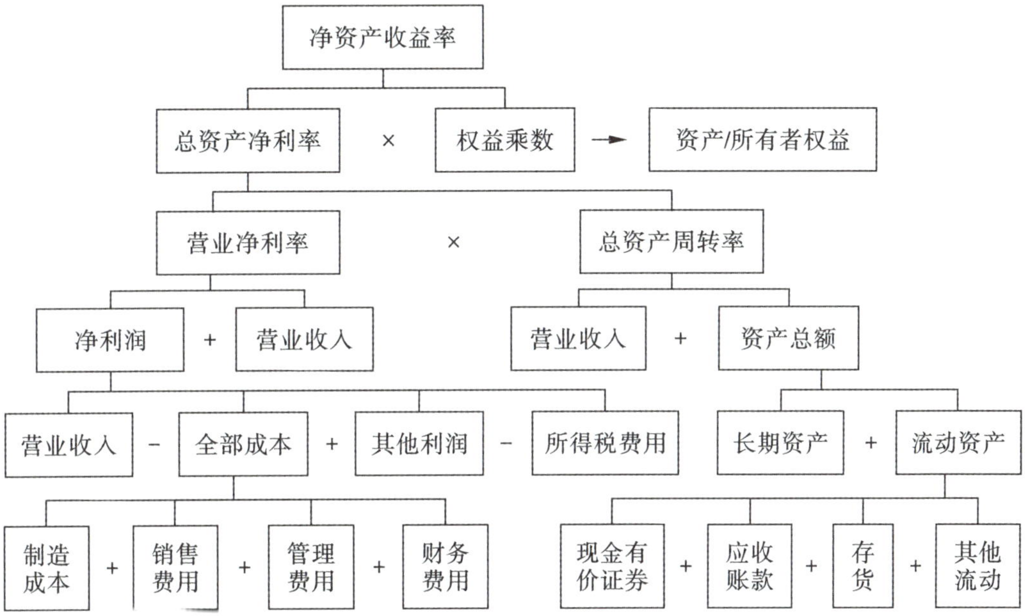

图7-1　杜邦财务分析体系

运用杜邦财务分析法时需要注意以下几点。

(1)净资产收益率是一个综合性最强的财务指标，是整个分析系统的起点和核心。通过影响指标因素的层层分解，并研究彼此间的依存关系，从而揭示企业的获利能力及原因。该指标的高低反映了投资者净资产获利能力的大小，其高低变化是由总资产净利率和反映企业所有者权益结构比重的权益乘数两因素决定的，而总资产净利率又受销售净利率和总资产周转率大小的影响。所以，综合起来讲，净资产收益率是由销售净利率、总资产周转率及权益乘数决定的。

(2)权益乘数表明了企业的负债程度。该指标越大，企业的负债程度越高。

(3)总资产净利率是销售净利率与总资产周转率的乘积，是企业销售成果和资产运营的综合反映。要提高总资产净利率，必须增加销售收入，降低资金占用额。

(4)销售净利率反映了企业净利润与销售收入的关系。要提高销售净利率,必须增加销售收入,降低成本费用。这两条途径一方面可以提高销售净利率,另一方面可以提高总资产周转率,最终使净资产收益率得到提高。

(5)总资产周转率反映企业资产实现销售收入的综合能力。分析时,必须结合销售收入分析企业资产结构合理性,即流动资产和长期资产的结构比率关系。同时要分析流动资产周转率、存货周转率、应收账款周转率等有关资产使用效率的指标,找出总资产周转率高低变化的确切原因。

通过杜邦财务分析体系自上而下的分析,不仅可以揭示出企业各项财务指标间的结构关系,查明各项主要指标变动的影响因素,而且为决策者优化经营理财状况,提高企业经营效益提供了思路。提高主权资本净利率的根本在于扩大销售、节约成本、优化投资配置、加速资金周转、优化资金结构、确立风险意识等。

【例 7-19】 MD 公司 2020 年、2021 年有关财务数据见表 7-4。分析该公司净资产收益率变化的原因见表 7-5。

表 7-4 基本财务数据

单位:万元

年度	净利润	销售收入	平均资产总额	平均负债总额	全部成本	制造成本	销售费用	管理费用	财务费用
2020 年	10 284.04	411 224.01	306 222.94	205 677.07	403 967.43	373 534.53	10 203.05	18 667.77	1 562.08
2021 年	12 653.92	757 613.81	330 580.21	215 659.54	736 747.24	684 261.91	21 740.96	25 718.20	5 026.17

表 7-5 财务比率

项目	2020 年	2021 年
净资产收益率	10.25%	11.03%
权益乘数	3.05	2.88
资产负债率	67.2%	65.2%
总资产净利率	3.36%	3.83%
销售净利率	2.5%	1.67%
总资产周转率/次	1.34	2.29

(1)对净资产收益率的分析。该企业的净资产收益率在 2020—2021 年间出现了一定程度的好转,从 2020 年的 10.25% 增加至 2021 年的 11.03%。

净资产收益率=权益乘数×总资产净利率

2020 年 10.25% =3.05×3.36%

2021 年 11.03% =2.88×3.83%

通过分解可以明显地看出，该企业净资产收益率的变动在于资本结构（权益乘数）变动和资产利用效果（总资产净利率）变动两方面共同作用的结果。

（2）对总资产净利率的分析。总资产净利率＝销售净利率×总资产周转率＝净利润/平均资产总额

2020 年　3.36%＝10 284.04/306 222.94×100%

2021 年　3.83%＝12 653.92/330 580.21×100%

通过分解可以看出 2021 年该企业的总资产周转率有所提高，说明资产的利用得到了比较好的控制，显示出比前一年较好的效果，表明该企业利用其总资产产生销售收入的效率在增加。总资产周转率提高的同时，销售净利率的减少阻碍了总资产净利率的增加。

（3）对销售净利率的分析。销售净利率＝净利润/销售收入

2020 年　2.5%＝10 284.04/411 224.01×100%

2021 年　1.67%＝12 653.92/757 613.81×100%

该企业 2021 年大幅度提高了销售收入，但是净利润的提高幅度却很小，分析其原因是成本费用增多。从表 7-4 可知，全部成本从 2020 年的 403 967.43 万元增加到 2021 年的 736 747.24 万元，与销售收入的增加幅度大致相当。

（4）对全部成本的分析。

全部成本＝制造成本＋销售费用＋管理费用＋财务费用

2020 年　403 967.43＝373 534.53＋10 203.05＋18 667.77＋1 562.08

2021 年　736 747.24＝684 261.91＋21 740.96＋25 718.20＋5 026.17

本例中，导致该企业净资产收益率低的主要原因是全部成本过大。也正是因为全部成本的大幅度提高导致了净利润提高幅度不大，而销售收入大幅度增加，就引起了销售净利率的降低，显示出该企业销售盈利能力的降低。资产净利率的提高当归功于总资产周转率的提高，销售净利率的下降却起到了阻碍的作用。

（5）对权益乘数的分析。权益乘数＝资产总额/权益总额

2020 年　3.05＝306 222.94/（306 222.94－205 677.07）

2021 年　2.88＝330 580.21/（330 580.21－215 659.54）

该企业下降的权益乘数，说明企业的资本结构在 2020 年至 2021 年发生了变动。权益乘数越小，企业负债程度越低，偿还债务能力越强，财务风险程度越低。这个指标同时反映了财务杠杆对利润水平的影响。

（6）结论。对于该企业，最重要的就是要努力降低各项成本，在控制成本上下功夫。同时要保持较高的总资产周转率。这样，可以使销售净利率得到提高，进而使总资产净利率有大的提高。

【能力训练】

甲企业主营医疗器械制造，现对公司财务状况和经营成果进行分析，以发现和

主要竞争对手乙公司的差异。

(1)甲公司20×2年主要财务数据见表7-6至表7-7(单位:万元):

注:假设资产负债表项目中年末余额代表全年水平。

表7-6 资产负债表

项目	2015年末
货币资金	3 150
应收账款	5 250
预付账款	900
存货	3 600
固定资产	11 100
资产合计	24 000
流动负债	10 500
非流动负债	1 500
股东权益	12 000
负债和股东权益合计	24 000

表7-7 利润表

项目	2015年度
营业收入	30 000
减:营业成本	19 500
税金及附加	900
销售费用	4 200
管理费用	480
财务费用	120
利润总额	4 800
减:所得税费用	1 200
净利润	3 600

(2)乙公司相关财务比率,见表7-8:

表 7-8　财务比率

营业净利率	总资产周转率	权益乘数
24%	0.6	1.5

要求：

(1)使用因素分析法，按照营业净利率、总资产周转率、权益乘数的顺序，对 20×2 年甲公司相对于乙公司权益净利率的差异进行定量分析；

(2)说明营业净利率、总资产周转率、权益乘数三个指标各自经济含义及各评价企业哪方面能力，并指出甲乙公司在经营战略和财务政策上的差别。

参考答案

二、沃尔评分法

财务状况综合评价的先驱者之一是美国亚历山大·沃尔教授。他在 20 世纪初出版的《信用晴雨表研究》和《财务报表比率分析》中提出了信用能力指数概念，把流动比率、产权比率、固定资产比率、存货周转率、应收账款周转率、固定资产周转率、自有资金周转率七项财务比率指标用线性关系结合起来，并分别给定各自的分数比重，然后通过与标准比率进行比较，确定各项指标的得分及总体指标的累计分数，从而对企业的信用水平作出评价。

原始意义上的沃尔比重评分法存在两个缺陷：一是所选定的七项指标缺乏证明力；二是当某项指标严重异常时，会对总评分产生不合逻辑的重大影响。

现代社会相较沃尔时代已经发生很大的变化。沃尔最初提出的七项指标已难以完全适用当前企业评价的需要。现在通常认为，企业财务评价的内容首选是盈利能力，其次是偿债能力，再次是成长能力，它们之间大致可按 5∶3∶2 的比例来分配。盈利能力的主要指标是总资产报酬率、销售净利率和净资产收益率，这三个指标可按 2∶2∶1 的比例来安排。

【复习思考】

一、单选题

1. 乙公司的流动资产由速动资产和存货组成，年末流动资产为 70 万元，年末流动比率为 2，年末速动比率为 1，则年末存货余额为(　　)万元。

A. 70　　B. 45

C. 35　　D. 15

2. 某公司 2021 年的营业收入为 5 000 万元，年初应收账款余额为 200 万元，年末应收账款余额为800万元，坏账准备按应收账款余额的8%计提。每年按360天计算，则该公司的应收账款周转天数为（　　）天。

A. 15　　B. 36

C. 22　　D. 24

3. 甲公司2022年的营业净利率比2021年下降6%，总资产周转率提高8%，假定其他条件与2021年相同，那么甲公司2022年的净资产收益率比2021年提高（　　）。

A. 4.5%　　B. 5.5%

C. 1.52%　　D. 10.5%

4. 下列各项中，不是衡量企业发展能力的主要指标的是（　　）。

A. 净资产收益率　　B. 所有者权益增长率

C. 资本保值增值率　　D. 营业收入增长率

5. 在杜邦财务分析体系中，综合性最强的财务分析指标是（　　）。

A. 营业净利率　　B. 净资产收益率

C. 总资产净利率　　D. 总资产周转率

6. 在对企业进行绩效评价时，下列属于评价企业盈利能力的修正指标的是（　　）。

A. 营业利润增长率　　B. 资本收益率

C. 净资产收益率　　D. 总资产收益率

7. 较高的现金比率一方面会使企业资产的流性较强，另一方面也会带来（　　）。

A. 存货购进的减少　　B. 销售机会的丧失

C. 利息的增加　　D. 机会成本的增加

8. 产权比率越高，通常反映的信息是（　　）。

A. 财务结构越稳健　　B. 长期偿债能力越强

C. 财务杠杆效应越强　　D. 股东权益的保障程度越高

9. 假定其他条件不变，不列各项经济业务中，会导致公司总资产净利率上升的是（　　）。

A. 收回应收账款　　B. 用资本公积转增股本

C. 用银行存款购入生产设备　　D. 用银行存款归还银行借款

10. 甲企业2020—2022年，利息费用均保持不变，一直为20万元。根据简化公式计算得出的2020年、2021年和2022年的财务杠杆系数分别为1.5、2.0和3.0，2021年的资本化利息为10万元，则2021年的利息保障倍数为（　　）。

A. 1　　B. 1.5

C. 2　　D. 4/3

二、多选题

1. 采用比率分析法时，应当注意的事项包括（　　）。

A. 对比项目的相关性　　B. 对比口径的一致性

C. 衡量标准的科学性
D. 对比项目的重要性

2. 下列关于资产负债率、产权比率、权益乘数的关系中，说法正确的有(　　)。
A. 权益乘数=1/产权比率
B. 权益乘数=1/(1-资产负债率)
C. 产权比率越大，权益乘数越小
D. 资产负债率、产权比率和权益乘数三者是同方向变化的指标

3. 在其他条件不变的情况下，会引起总资产周转率指标上升的经济业务有(　　)。
A. 用银行存款偿还负债
B. 用现金购置一项固定资产
C. 借入一笔短期借款
D. 用银行存款支付一年的电费

4. 下列对企业营运能力的分析中，正确的有(　　)。
A. 存货周转率不能说明企业经营各环节的存货周转情况和管理水平
B. 在营业收入既定的情况下，总资产周转率的驱动因素是各项资产
C. 一定时期内固定资产周转次数多，说明企业固定资产利用效率不高
D. 在一定时期内，流动资产周转次数越多，表明流动资产利用效果越好

5. 总资产净利率衡量的是企业资产的盈利能力，企业提高总资产净利率的方法有(　　)。
A. 提高营业净利率
B. 降低营业毛利率
C. 降低资产周转速度
D. 加速资产周转速度

6. 下列各项措施中，可能直接影响企业净资产收益率指标的有(　　)。
A. 降低营业净利率
B. 提高权益乘数
C. 提高总资产周转率
D. 降低流动比率

7. 下列各项中，影响应收账款周转率指标的有(　　)。
A. 应收票据
B. 应收账款
C. 预付账款
D. 销售折扣与折让

8. 下列有关偿债能力分析的说法中，正确的有(　　)。
A. 计算营运资金使用的流动资产和流动负债，通常可以直接取自资产负债表
B. 流动比率高则短期偿债能力强
C. 产权比率与资产负债率对评价偿债能力的作用一致
D. 如果企业存在很快变现的长期资产，会增加企业的短期偿债能力

9. 已知某企业2022年平均资产总额为1 000万元，平均资产负债率为50%，负债的平均利率为10%，利息保障倍数为1，则下列说法正确的有(　　)。
A. 利润总额为0
B. 净利润为0
C. 财务杠杆系数为1
D. 息税前利润为0

10. 在一定时期内，应收账款周转次数多、周转天数少表明(　　)。
A. 收账速度快
B. 信用管理政策宽松
C. 应收账款流动性强
D. 应收账款管理效率高

三、判断题

1. 计算利息保障倍数时，其中的“应付利息”既包括当期计入财务费用中的利息费用，也包括计入固定资产成本的资本化利息。 (　　)
2. 净资产收益率是指净利润与净资产平均数的比值，反映平均每1元投资所创造的利润。 (　　)
3. 乙企业2022年年初资产总额为2 000万元，权益乘数为2，2022年年末所有者权益总额为1 200万元，则乙企业的所有者权益增长率为25%。 (　　)
4. 在其他条件不变的情况下，权益乘数越小，企业的负债程度越高，给企业带来更多财务杠杆利益的同时也增加了企业的财务风险。 (　　)
5. 如果企业存在很快变现的长期资产，会增加企业的短期偿债能力。 (　　)
6. 财务综合评价的方法有很多，包括杜邦分析法、沃尔评分法等。 (　　)

四、计算分析题

1. ND公司是一家上市公司，管理层要求财务部门对公司的财务状况和经营成果进行评价。财务部门根据公司2021年和2022年的年报整理出用于评价的部分财务数据，见表7-9所示：

表7-9　ND公司部分财务数据　　单位：万元

资产负债表项目	2022年期末余额	2021年期末余额
应收账款	65 000	55 000
流动资产合计	200 000	220 000
流动负债合计	120 000	110 000
负债合计	300 000	300 000
资产总计	800 000	700 000
利润表项目	2014年度	2013年度
营业收入	420 000	400 000
净利润	67 500	55 000

要求：(1)计算2022年末的下列财务指标：①营运资金；②权益乘数。

(2)计算2022年度的下列财务指标：①应收账款周转率；②净资产收益率；③资本保值增值率。

2. LD公司2022年度简化资产负债表见表7-10：

表 7-10 资产负债表

单位:万元

资产		负债及股东权益	
货币资金	50	应付账款	100
应收账款	?	长期借款	?
存货	?	实收资本	100
固定资产	?	留存收益	100
资产合计	?	负债及股东权益合计	?

其他有关财务指标如下:

(1)长期借款与股东权益之比:0.5;

(2)营业成本与营业收入比率:90%;

(3)存货周转率(按照销售成本计算,存货按年末数):9 次

(4)应收账款周转天数(按营业收入和应收账款年末数计算,不考虑应收票据):18.25天

(5)总资产周转率(总资产按年末数计算):2.5 次

要求:利用上述资料,填充该公司资产负债表的空白部分(1 年按 365 天计算)。

下 篇

管理会计

项目八 管理会计基础

【知识目标】

1. 熟悉管理会计的产生与发展过程。
2. 理解管理会计的概念、职能、内容和特点。
3. 掌握成本分类、成本性态分析。

【能力目标】

1. 能够理解社会经济发展和科学技术进步与管理会计相互促进、相互推进作用。
2. 能够通过比较分析财务会计与管理会计特点，理解管理会计的职能和内容。
3. 能够对成本进行性态分析。

【素质目标】

1. 培养学生高质量发展的理念，树立“向管理要效益”的管理思维。
2. 厚植学生融合发展的文化，树立科技、业务、管理一体化发展的理念。
3. 培育学生创新进取的精神，树立在实践中创新管理会计工具方法的目标。
4. 培育学生爱国主义的情怀，加快中国管理会计发展的奋斗精神。

【案例引入】

管理会计是科学还是艺术？（节选）

作为会计的分支，管理会计不仅没有财务会计的准则约束，甚至还有“不同目的、不同成本”的特征，其准确性比财务会计更低，更应具有“魔术”的性质。判断管理会计是否是一门科学，不应以管理会计的准确性、是否有人为因素及不确定性作为判断标准，而应遵循“理论内洽、可检验”的“逻辑是真、实践是真”的科学判断标准。管理会计要应用价值尺度反映企业资源配置与利用的价格信号机制(价值量化规律),旨在为决策者提供以机会成本为核心的企业未发生的各种信息,揭示经济主体价值运动的数量规律(因果关系而不是相关关系)。科学性是管理会计的第一性,艺术性是管理会计的第二性,是衍生性。管理会计不是“技术”,更不是“工具”。依据人们的不同观点对管理会计进行调和,或能够根据自己的意愿随意捏造管理会计,但最终结果是遭受规律的惩罚。

(来源:许金叶 《财会月刊》)

任务一 管理会计认知

一、管理会计的产生与发展

管理会计是社会化大生产和科学管理的必然产物,其形成和发展是同现代企业的内外环境及与之相应的管理学理论和实践的发展相联系的,并受社会实践及经济理论的双重影响:一方面,社会经济的发展要求加强企业管理;另一方面,社会实践也需要经济理论指导。

与财务会计相比,管理会计的历史较短,它萌芽于20世纪初,20世纪50年代传统管理会计体系及内容基本形成,并得到了较为迅速的发展,80年代以来又有了许多进步与创新。管理会计从传统的、单一的会计系统中分离出来,成为与财务会计并列的独立领域,经历了一个逐步发展的过程,大致可分为以下三个阶段。

(一)萌芽阶段

管理会计的形成可以追溯到19世纪末。英国在产业革命的影响下,经济快速发展。由于企业所有权与经营管理权分离,因此企业对簿记提出更高的要求:不仅能记账、算账、报账,而且能审核账目,查错防弊;不仅能解释经济信息,说明问题,而且能研究对资产的估价方法及有关理论。当时英国成为全世界会计理论研究的中心。第一次世界大战后,美国在经济实力、科学技术和企业经营管理等方面取代了英国的位置,会计理论研究中心由英国转移到美国。1911年,泰勒出版了著名的《科学管理原理》,开辟了企业管理的新纪元。泰勒的科学管理思想受到当时社会和企业界的极大重视,它给企业管理理论和实践带来了深刻的影响和变革。在推行泰勒制的过程中,为企业管理服务的会计也发生了空前的变化和发展。会计领域内相继出现了许多诸如“标准成本”“差异分析”“预算控制”等同泰勒的科学管理方法直接相联系的新的观念和新的技术方法,企业通过制定标准成本进行预算控制和差异分析,参与企业管理与成本控制,使会计由单纯的记账、算账、报账，发展到事前预算、事中控制和事后分析相结合，并参与企业内部管理，为提高经济效益服务。此后，各种数学的、技术的数理统计方法逐渐与会计学科结合起来，使会计的管理职能不断扩大和延伸，逐步形成侧重于企业内部管理的会计方法体系。这是管理会计从会计中分离出来的经济基础和历史原因。

在西方会计发展史上，第一次提出“管理会计”术语是在 1922 年，由美国会计学者奎因斯坦在其专著《管理会计：财务管理入门》中首次提出，主张把会计服务重心放在强化企业内部管理上。1924 年，另一学者麦金西出版了名为《管理会计》的专著。由此可见，西方管理会计萌芽于 19 世纪末的美国，是企业管理和会计发展到一定阶段的必然产物。这一时期的管理会计以成本控制为特征，关注如何提高劳动生产效率。

（二）管理会计的形成阶段

20 世纪 40 年代，特别是第二次世界大战后，资本主义生产力迅速发展，企业规模不断扩大，跨国公司大量涌现，国内、国际市场竞争加剧。这种形势迫使企业家将管理的重心转向企业内部，转向对经营管理的改进和对市场的开发。企业为增强竞争力，不得不广泛推行职能管理、行为科学管理，想方设法调动员工的积极性，同时注重市场调研，加强科学的预测和决策，逐步形成了一个能与市场竞争环境相适应的，能够进行预测、决策、控制、考核、评价的管理会计体系。于是，企业内部的管理科学化、现代化就发展了。同时，现代管理科学也得到了发展。现代管理科学的创立及其在企业管理中的应用，不仅极大地提高了现代企业的经营管理水平，而且有力地推动了会计科学的发展。因此，在会计领域中逐渐形成了一整套相对独立的会计方法体系和理论——管理会计。

1952 年，世界会计学会年会正式通过了“管理会计”（Management Accounting）这一专有名词，传统的会计部分被称为财务会计。此时，一些国家的财务会计准则日益成熟，财务会计服务与外部利益集团的目标得到进一步的肯定和强调，会计准则对于财务会计的约束性进一步加强，管理会计和财务会计逐步分离。美国、英国等发达国家陆续将管理会计学作为高等院校会计专业和其他财经管理专业的主干课程。这一时期的管理会计由生产管理转向经济决策，由关注劳动生产效率的提高转向全局性经济效益的提高。管理会计正式形成以后，传统的单一会计系统逐步分化为财务会计与管理会计两个相对独立的系统。现代管理科学的形成和发展，对现代管理会计的形成和发展在理论上起着指导作用，在方法上赋予它现代化的管理方法和技术。可以说，现代管理会计是在新的历史条件下，以现代管理科学为基础，一方面丰富和发展了其早期形成的一些技术方法，另一方面大量吸收了现代管理科学中运筹学、行为科学等方面的研究成果，将其引进、应用到会计中来，形成了一个新的与管理现代化相适应的会计信息系统。

西方国家一方面把以提供财务报表为主要手段，以企业外部投资人、债权人等为主要服务对象的会计称为“财务会计”，它是传统会计的继续和发展；另一方面为适应现代化管理需要，将会计中为企业内部管理人员进行正确决策及有效经营服务的内容从传统会计中分离出来，称为“管理会计”。管理会计是以新的经营管理条件为基础，逐步形成和发展起来的一门新的学科，它既是企业管理的一个分支，又是与财务会计并列的一个会计分支。

(三)管理会计的发展阶段

20 世纪 70 年代,管理会计师协会在美国成立,并出版了专门的管理会计刊物,管理会计教科书开始走上讲台,管理会计与财务会计的区别开始明朗化、规范化。1980 年,在法国巴黎召开了世界各国管理会计联合会议,专门研究管理会计的应用和推广问题。此后,管理会计在世界各国得到广泛发展并传入我国。1979 年,我国机械工业部组织翻译出版了第一部《管理会计》。厦门大学是我国第一个将“管理会计”引入课堂的高等学府,引领管理会计的研究和发展,使其逐步成为会计专业的主要课程。

20 世纪 80 年代以后,世界经济一体化和国际性竞争日趋激烈,为适应社会经济和科学技术的重大变革,基于学科的交叉渗透,管理会计进入了一个新的大发展阶段。从一般性的企业预测、决策、控制、考核、评价转移到企业化和行为化问题,形成了许多新的领域,诸如作业会计、环境管理会计、人力资源价值会计、行为会计、战略管理会计、国际管理会计等。这一阶段,以重视环境适应性为基本特征的战略管理会计发展迅速,著名管理学家西蒙于 1981 年首次提出了“战略管理会计”一词,他认为战略管理会计应该侧重于本企业与竞争对手关于市场份额、定价、成本、产量等方面的信息,研究内容为成本管理、投资决策、业绩评价等。新领域的拓展要求现代管理会计学理论研究方法不断丰富起来,数量经济分析、风险分析、数理统计推断、运筹学、管理工程学、现代决策论、控制论、信息论、系统论、现代心理学、行为科学以及计算机技术的广泛应用,将极大地推动管理会计的发展。

二、管理会计的内容与职能

(一)管理会计的内容

管理会计的内容涉及企业内部管理的各个环节、生产经营的各个领域,而且可以不拘一格地采用各种形式和方法加以分析、论证,没有强制性。随着实践的需要,管理会计不断接受各种管理理论和方法的渗透、融合,因而其具体内容和专门方法仍在不断地发展变化中。一般来说,管理会计的基本内容包括预测分析、决策分析、全面预算、成本控制、责任会计和业绩评价等方面。其中,前两项内容合并称为预测决策会计,全面预算与成本控制合并称为规划控制会计,责任会计与业绩评价又是控制与评价会计的主要内容。

1. 成本管理会计

成本管理会计主要是为企业控制和降低成本服务的。以作业成本系统为代表的成本管理会计是企业控制、降低成本的有效管理工具,通过分析作业的成本和效益,发现问题,并提出解决问题的方案,避免不增加价值的作业,降低企业成本,提高企业竞争力。成本管理会计主要包括作业成本计算与作业管理、本量利分析。

2. 预测决策会计

预测决策会计主要是为企业预测前景和规划未来服务的。首先,利用相关信息对企业成本、销售、利润及资金等专门问题进行科学的预测、决策分析;其次,按决策程序所确定的目标编制企业全面预算(企业整体计划的数量说明);最后,为规划和把握未来经济活动,将全面预算按照责任制的要求分解,形成各个责任中心的责任预算。预测决策会计主要包括预测分析、短期经营决策分析、长期投资决策分析、决策实施的全面预算。预测决策会计可保证企业经济资源有效、合理地利用,获得最佳经济效益,它在现代管理会计中占据核心地位。

3. 控制与评价会计

控制与评价会计主要是为企业控制现在和评价过去服务的。首先,利用标准成本制度,结合变动成本法,对企业日常经济活动进行跟踪、归集、计算;其次,根据责任会计的要求,将各责任中心实际数额与预算数额进行比较分析,通过编制日常业绩报告,评价与考核责任中心,确定其经济责任和奖惩;最后,将分析过程中发现的重要问题立即反馈给有关部门,迅速采取有效措施,及时整改。

(二)管理会计的职能

管理会计是服务并参与企业内部管理的会计,其目标就是提供管理信息以满足实施各项管理职能的需要。

1. 分析职能

分析职能是管理会计的一项重要职能。管理会计参与经济活动的事后分析,总结经验教训,提出新的经营目标。决策是管理的核心,为了保证企业各项决策的正确性,管理会计通过收集和分析同该项决策相关的信息为企业各方面的决策提供客观可靠的依据,参与、影响、引导决策。企业的决策从时间上来说主要分为两大类型:短期决策和长期决策。在短期决策分析方面,主要吸收微观经济学的理论,运用增量分析、差量分析和本量利分析,分析相关收入对企业利润的影响,为企业经营过程中一些非常规性的短期决策提供依据;长期决策要重视时间因素对决策的影响,管理会计以货币的时间价值为基础,归集和分析现金流量,考察时间价值对现金流量的影响,分析现金流量与相关因素的关系,从而为长期投资决策提供依据。

2. 预测职能

为了有效地帮助经营管理部门在经营管理决策中作出正确的判断和选择,需要对各种生产经营方案的各项经济指标进行科学预测。管理会计在预测中,主要使用历史数据,并通过把这些历史数据进行科学的加工与整理,预测未来经济活动的发展变化,以减少企业经营管理决策中的盲目性。

3. 决策职能

决策是管理会计的一项重要职能。决策的正确与否关系到企业的成败。管理会计是为企业经营管理决策和提高经济效益服务的。管理会计在参与决策的同时,还要为经营管理决策提供可靠的信息。在提供信息的过程中,除了要根据财务会计资料作进一步的整理与分类外，还要根据经营管理决策的特定要求进行专门的收集、整理与分类。管理会计通过采用各种科学方法来选择最优方案。

4. 计划职能

现代企业一般都实行计划管理。决策选定方案的实施和目标的实现，有赖于严密的计划和控制。计划包括长期财务计划、年度总预算和业务预算等。管理会计通过制订计划、编制经营预算和资本预算的方式，确定实施决策方案的步骤和目标。预算将经营过程中的各项工作和目标逐步分解，使之数量化和具体化，并通过协作沟通层层落实，成为各执行部门的工作目标和依据。为了实现各项指标，管理会计工作要做到长计划短安排，并把计划指标层层分解，形成责任预算体系，这样才便于进行有效的控制与考核。

5. 控制职能

决策所确定的目标能否达到，预算能否顺利实施，有赖于计划和预算实际执行和预算实际执行过程中的控制。控制职能就是按照全面预算的完成情况纠正预算执行过程中的偏差，最终确保预算目标的实现。管理会计通过追踪企业经营活动的预算执行过程，归集实际经营活动中的各项数据资料，通过预算数据和实际数据的比较，揭示和分析差异，发现问题并调查分析其原因，帮助管理当局对预算实施过程进行控制，指导经营活动按既定的目标运行；同时取得反馈信息，对计划和预算的不足之处加以修正，以保证计划和预算的客观可行。管理会计还通过预算与实际执行情况的比较，对企业各部门的工作业绩加以客观评价，运用激励机制产生激励效果，以调动员工的积极性。

6. 成本计算

企业经营活动的各个环节、经营管理的各个方面都离不开成本信息的运用。管理会计在参与企业决策、编制计划和预算、帮助管理部门指导和控制经营活动的过程中，处处贯穿着成本的确定和成本的计算，因此成本确定和成本计算是管理会计职能的重要方面。为了适应管理的不同要求，管理会计对成本进行不同的分类、不同的定义，对成本确定采用不同的方法。管理会计的成本确定和计算的方法随着管理的要求而逐渐发展，如适应于传统管理的标准成本计算和变动成本计算，适应于现代战略管理的质量成本计算、作业成本计算、目标成本计算及生命周期的成本确定与计算等。

7. 考核职能

实施责任会计、定期进行考核是管理会计的又一基本职能。因为各项责任预算的完成必须依靠企业的员工，加强企业经营管理、提高经济效益，必须发挥企业员工的自觉性和主动性，所以管理会计要配合其他职能部门对企业员工的业绩进行考核，并根据业绩的大小给予相应的奖惩，同时注意各种管理和激励方式对人的行为的影响，改善企业内部的人际关系，提高员工的敬业精神和士气。

三、管理会计与财务会计的关系

管理会计从传统会计中分离出来后，与财务会计并存，共同构成现代企业会计系统。它们之间既有密切的联系，又有明显的区别。

(一)管理会计与财务会计的联系

1. 源于同一母体

管理会计与财务会计都是从传统会计中孕育、发展、分离出来的,二者相互依存、相互补充,共同构成现代企业会计系统。

2. 服务对象交叉

虽然管理会计与财务会计有内外之分,但是,服务对象的界限划分并不十分严格。在很多情况下,管理会计作为“内部会计”同时也为外部服务(如利润预测),财务会计作为“外部会计”同时也为内部服务(如对外报送的财务报表)。

3. 基本信息同源

管理会计与财务会计虽然是现代企业会计系统中的两大分支,但是二者却是数出一门,资料共享。管理会计一般不直接积累原始资料,要么是直接引用财务会计系统中的数据进行分析研究,要么是对财务会计系统中的资料进行必要的加工、调整和延伸,编制各种内部报表,以此作为管理人员规划和控制企业经济活动的依据。

4. 指标相互渗透

财务会计提供的历史性的资金、成本、利润等有关指标,是管理会计进行决策分析的重要依据;管理会计的决策是否正确,最终又要通过财务会计的指标进行检验。在控制和评价过程中,管理会计确定的预算和标准成本,是评价财务会计指标的重要标准;财务会计提供的实际指标,又是管理会计进行控制和评价的重要依据,同时也是制定或修改预算和标准成本的参考资料。

5. 总体目标相同

无论是管理会计还是财务会计,都必须按照现代企业管理的基本要求来组织和开展工作,为改善经营管理,提高经济效益服务。

(二)管理会计与财务会计的区别

虽然管理会计与财务会计源于同一母体,在基本信息、总体目标等方面有密切的联系,但是二者在服务对象、工作重点等方面也存在比较明显的区别。

1. 两者服务的对象不同

管理会计主要的服务对象是企业内部的经营管理人员,为其进行预测、决策等提供信息支持。财务会计主要是通过定期的财务报表,为企业外部的利益相关者,如投资者、债权人、政府部门等提供信息服务。

2. 两者核算的对象不同

管理会计的核算对象可以分为多个层次,既可以是企业整体,也可以是某个生产或职能部门,甚至可以是某个生产班组。财务会计核算的对象是企业整体,是整个企业生产经营的全过程。

3. 两者遵循的原则、标准和依据的基本概念框架结构不同

管理会计不受法定会计规范和会计制度的约束,可以采用各种灵活多样的方法和手

段，定期或不定期地为企业管理部门正确地进行最优管理决策和有效经营提供有用的资料。财务会计为了客观公正地反映企业生产经营的盈利情况、负债情况、营运情况以及现金流量情况，同时为了提高信息的公信力，必须以企业财务通则和财务制度为指导，以企业会计准则和会计制度为依据，严格按照固有的会计程序、会计方法处理日常经济业务，严格按照统一的报表种类、指标体系、填列方法定期编制财务报告。

4. 两者作用的时效不同

管理会计不仅反映过去经营状况，更重要的是对企业未来的生产经营活动进行事前的预测、计量和分析，并据此作出正确的规划和科学的决策。财务会计主要着眼于企业过去的经济活动，对已经发生的经济业务进行事后的记录和总结，对过去的生产经营活动如实地进行反映和监督。

5. 两者信息特征及信息载体不同

管理会计提供的信息往往是为满足内部管理的特定需要而有选择的、部分的和不定期的信息，并不具备法律效力。财务会计一般提供系统的、综合的和定期的信息，且具备法律效力。

【德技并举】

《会计改革与发展“十四五”规划纲要》系列解读：

全面深化管理会计应用　积极推动会计职能拓展（节选）

管理会计工作是会计工作的重要组成部分。全面深化管理会计应用，是增强企业价值创造力，推动企业高质量发展的内在需要；是推进行政事业单位预算绩效管理、建立事业单位法人治理结构的基本要求；是建立现代财政制度、推进国家治理体系和治理能力现代化的重要举措。2021 年 11 月，财政部印发《会计改革与发展“十四五”规划纲要》，提出了“推动会计职能对内拓展”的主要任务，而全面深化管理会计应用，即是推动会计职能对内拓展的重要任务之一。

《会计改革与发展“十四五”规划纲要》指出，推动会计职能对内拓展要加强对企业管理会计应用的政策指导、经验总结和应用推广，推进管理会计在加速完善中国特色现代企业制度、促进企业有效实施经营战略、提高管理水平和经济效益等方面发挥积极作用。加强管理会计在行政事业单位的政策指导、经验总结和应用推广，为行政事业单位提升内部治理水平做出有益探索。

（一）研究出台进一步深化管理会计应用的指导意见。管理会计在企业中围绕提升绩效，在行政事业单位中围绕提升综合效能，提供各种决策支持，与会计工作、会计人员、会计管理的转型升级紧密相关，是“十四五”时期会计职能对内拓展的重要领域。财政部将出台进一步深化管理会计应用的指导意见，作为继《财政部关于全面推进管理会计体系建设的指导意见》之后的又一基础性政策安排，主要目标是聚焦管理会计应用，深入推进管理会计理论创新，推广管理会计应用方法，加强管理会计人才队伍建设，提升面向管理会计的信息系统建设水平，全面提高我国管理会计体系建设质量。解决制约管理会计发展的重点难点问题，增强企事业单位的内生动力，实现我国管理会计跨越式发展。推动会计行业进一步向专业化和价值链高端延伸，进一步发挥政府、社会、单位协同机制，以管理会计人才建设为依托，统筹推进管理会计各项建设，为新时代我国经济社会高质量发展提供有力支持。

（二）研究制定管理会计应用指南。管理会计实践具有鲜明的开放性、灵活性和差异化特征，管理会计内容涵盖单位各个方面，不同类型的单位推进管理会计的侧重点和步骤有所不同，管理会计理论和工具方法要与单位的具体实际相结合，不同行业、不同企业、不同发展阶段，在管理会计应用上要有不同侧重，选择适用的工具方法。针对这一推动管理会计应用的难点，财政部将加强分类指导，针对具体行业、重点领域、常用工具，适时组织编写应用指南，在管理会计指引与企事业单位管理会计实务之间架设桥梁，既要总结普遍规律，加以推广应用，又要根据不同情况，从实际出发，有计划、分情况地稳妥实施，解决实务当中的问题，加强管理会计指引的可操作性和应用落地，促进管理会计工作的实践推广。

（三）加大管理会计人才培养力度。针对管理会计应用的需要，财政部将扩大具有管理会计技能的高端会计人才培养规模，完善高端会计人才的能力框架。在会计专业技术资格考试大纲中加大管理会计权重，将管理会计纳入会计相关资格考试和会计人员后续教育体系，提升现有会计人员综合素质和能力。适当增加信息化技术的考试内容。财政部将继续依托现有全国高端会计人才培养工程、总会计师素质提升工程、国际化高端会计人才培养计划等，推进管理会计高端人才培养；同时，鼓励国家会计学院以及各高等院校等强化管理会计课程体系和师资队伍建设，加强管理会计专业方向建设和管理会计人才培养。鼓励并支持各单位立足本单位的实际情况，根据实务需要，开展管理会计学习培训，为深化管理会计应用提供良好的人才基础。

（四）建立常态化案例库建设机制。建立管理会计案例库建设的长效机制是全面深化管理会计应用目标的重要手段。财政部将从案例库建设的规划与组织机制、开发机制、评审机制、使用机制、激励机制和保障机制等多个方面进行系统的规划和设计，实现案例库建设的完整闭环管理，以形成一个常态化和可持续性的长效机制。同时，继续推动将实践中经验和做法总结提炼为典型案例，丰富完善管理会计案例库。继续推动各级财政部门和企事业单位开展管理会计应用试点，探索管理会计工具方法与单位管理实务结合的最佳做法，及时跟踪试点单位实施情况并总结试点经验，逐步形成并扩大试点单位的良好示范效应，带动更多单位推进管理会计应用，提升管理水平。通过案例总结提炼中国管理会计实践经验模式，形成可复制、可操作的应用模式。切实服务于各单位管理水平的提升，实现单位高质量发展，进而推动中国管理会计实践经验的体系化与常态化。

（五）全面提升管理会计信息化水平。单位的信息化建设是管理会计工作开展的重要基础。为满足精细化管理、科学化决策和有效防控风险的要求，财政部将主动适应数字化变革的时代趋势，把提质增效与数字化转型相结合，以会计数据标准为先导，以数字化技术为支撑，加快构建国家统一的会计数据标准体系，加快制定试点推广会计数据标准，为单位应用管理会计提供良好的基础和环境。同时，进一步指导单位夯实管理会计应用的数据基础，完善业财融合的信息系统架构，拓宽会计信息化服务领域，进一步提升面向管理会计的信息系统建设水平，推进财务信息系统与业务信息系统的深度融合。鼓励单位建立面向管理会计的信息系统，以管理会计理念和技术方法为基础，以信息化和标准化为支撑，有效整合财务和非财务信息，借助互联网、人工智能、大数据等新技术，实现会计与业务活动的有机融合，从源头上防止“烟囱林立、孤岛遍地”，为推动管理会计应用落地和发挥管理会计功效提供技术支撑。此外，鼓励具有一定规模的单位建立并深化运用财务共享服务中心，推动会计职能从核算向管理拓展。鼓励会计软件公司和有关中介服务机构积极拓展管理会计信息化服务领域，为信息化和管理会计深度融合发展提供助力。

任务二　成本性态分析

一、成本的分类

企业为了实现其经营目标，在预测、决策、规划和控制等各个环节，都必须对成本进行认真分析和研究。传统会计学认为，成本是在一定条件下，企业为生产一定产品所发生的各种耗费的货币表现。现代管理会计则认为，成本是指企业在生产经营过程中对象化的、以货币表现的、为达到一定目的而应当或可能发生的各种经济资源的价值牺牲或代价。这是一个广义的成本概念，指为取得一定资产或为提供一定劳务而发生的各种耗费，既包括产品生产成本，也包括期间费用，既核算过去实际已经发生的耗费，也核算将来应当或可能发生的耗费。成本是综合反映企业生产经营成果的一项重要经济指标。在企业中，生产产品耗费的材料、人工费用、生产能力、经营管理水平等众多因素都在一定程度上影响着成本的水平。企业为了提高经济效益，在预测、决策、日常控制等各个环节都十分重视对成本的管理与研究。按照企业管理的不同需求，可以选择不同的标准将成本划分为不同的类型。

（一）成本按照经济职能可划分为制造成本和非制造成本两大类

制造成本又称生产成本，是指企业在生产经营过程中为制造产品而发生的成本，包括直接材料、直接人工和制造费用。直接材料是指直接构成产品实体的原材料成本；直接人工是指在生产中对原材料进行直接加工,使之变成产品过程中所耗用的人工成本;制造费用又称间接制造费用,是指在生产中发生的不能归入上述两个成本项目中的其他成本支出,包括间接材料、间接人工和其他制造费用。

非制造成本又称非生产成本或期间成本,是指除生产成本以外的成本,包括销售费用、管理费用和财务费用。

(二)成本按其实际发生的时态可分为历史成本和未来成本两类

历史成本,是指以前时期已经发生或本期刚刚发生的成本,也就是财务会计中的实际成本。

未来成本,是指预先测算的成本,又称预计成本,如估算成本、计划成本、预算成本和标准成本等。未来成本实际上是一种目标成本或控制成本。

(三)成本按其相关性可分为相关成本和无关成本两类

成本的相关性是指成本的发生与特定决策方案是否有关的性质。

相关成本,是指与决策有关的未来成本,如差别成本、机会成本、重置成本等。

非相关成本,是指过去已发生,与某一特定决策方案没有直接联系的成本,如不可避免成本、沉没成本等。

(四)成本按其性态可分为固定成本、变动成本和混合成本三类

本书将在下面"成本性态分析"中做出具体解释。

二、成本性态分析

成本性态,又称成本习性,是指成本与业务量之间的依存关系。成本性态分析是对成本与业务量之间的依存关系进行分析,从而在数量上具体掌握成本与业务量之间关系的规律性,以便为企业正确地进行最优管理决策和改善经营管理提供有价值的资料。成本性态分析对短期经营决策、长期投资决策、预算编制、业绩考评,以及成本控制等,具有重要意义。按照成本性态不同,通常可以把成本区分为固定成本、变动成本和混合成本三类。

(一)固定成本

1. 固定成本的特征

固定成本是指在特定的业务量范围内不受业务量变动影响,一定期间的总额能保持相对稳定的成本。例如,固定折旧费用、房屋租金、行政管理人员工资、财产保险费、广告费、职工培训费、科研开发费等。固定成本习性模型如图 8-1 所示。

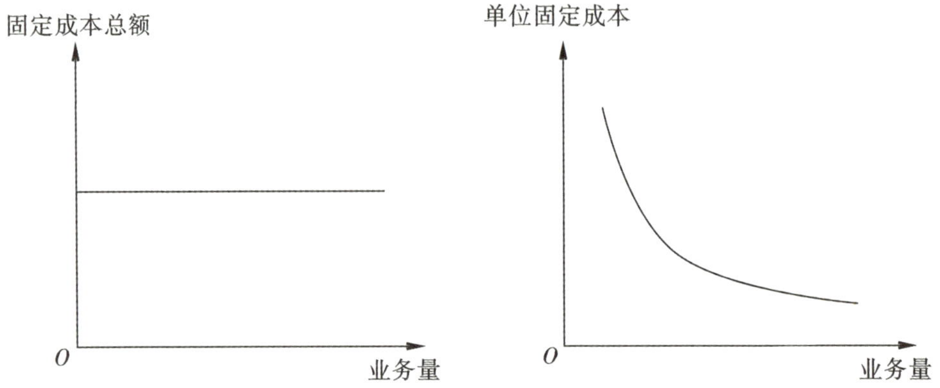

图 8-1　固定成本习性模型

一定期间固定成本的稳定性是有条件的,即业务量变动的范围是有限的。例如,照明用电一般不受业务量变动的影响,属于固定成本。如果业务量增加达到一定程度,需要增开生产班次,或者业务量低到停产的程度,照明用电的成本也会发生变动。能够使固定成本保持稳定的特定的业务量范围,称为相关范围。

一定期间固定成本的稳定性是相对的,即对于业务量来说它是稳定的,但这并不意味着每月该项成本的实际发生额都完全一样。例如,照明用电在相关范围内不受业务量变动的影响,但每个月实际用电度数和支付的电费仍然会有或多或少的变化。固定成本的基本特征:固定成本总额不因业务量的变动而变动,但单位固定成本(单位业务量负担的固定成本)会与业务量的增减呈反向变动。

2. 固定成本的类型

根据管理层的短期决策行为能否改变其数额可将固定成本分为约束性固定成本和酌量性固定成本。

(1)约束性固定成本。也称为经营能力成本,是管理层的短期决策行为不能改变其数额的固定成本。如固定资产折旧费、管理人员基本工资、房屋租金等。这些固定成本是企业运营必须发生的成本,是生产能力一经形成就必然要负担的最低成本,在短期内很难有重大改变,具有很大的约束性。降低约束性固定成本的途径是合理利用现有生产能力,提高生产效率。

(2)酌量性固定成本。是管理层的短期决策行为能改变其数额的固定成本。如广告费、产品研发费和职工培训费等。这些费用由管理层在会计年度开始前,结合企业的具体情况,对这类成本的开支分别做出决策。酌量性固定成本关系到企业的竞争能力,其数额大小取决于管理层的决策,但并非可有可无。降低酌量性固定成本的途径是编制切实可行的预算并予以严格执行,防止过度投资等。

（二）变动成本

1. 变动成本的特征

变动成本是指在特定的业务量范围内，其总额会随业务量的变动而呈正比例变动的成本。如直接材料、直接人工、按销售量支付的推销员佣金、装运费、包装费，以及按业务量计提的固定设备折旧等都是和单位产品的生产直接联系的，其总额会随着业务量的增减呈正比例的增减。其基本特征是：变动成本总额因业务量的变动而呈正比例变动，但单位变动成本（单位业务量负担的变动成本）不变。变动成本习性模型如图 8–2 所示。

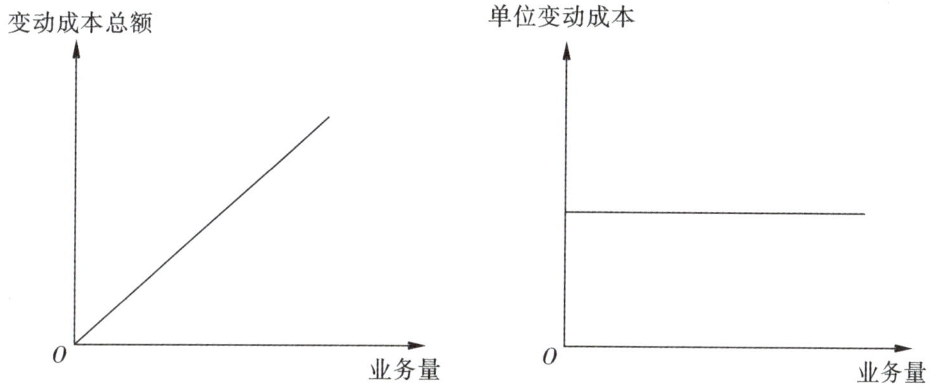

图 8–2　变动成本习性模型

单位成本的稳定性是有条件的，即业务量变动的范围是有限的。如原材料消耗通常会与业务量呈正比例关系，属于变动成本，如果业务量很低，不能发挥套裁下料的节约潜力，或者业务量过高，使废品率上升，单位产品的材料成本也会上升。这就是说，变动成本和业务量之间的线性关系，通常只在一定的相关范围内存在。在相关范围之外就可能表现为非线性的。

2. 变动成本的类型

根据管理层决策行为是否可以改变其数额可将变动成本分为技术性变动成本和酌量性变动成本。

（1）技术性变动成本是与产量有明确的实物或技术关系的成本，是管理当局决策行为无法改变的成本。比如生产一台轿车需要四个轮胎、一个发动机等，这种成本只要企业生产产品就必然发生。

（2）酌量性变动成本是通过管理层的决策可以改变的成本，如销售佣金等。

（三）混合成本

1. 混合成本的特征

从成本习性来看，固定成本和变动成本只是两种极端的类型。在现实经济生活中，大多数成本与业务量之间的关系处于两者之间，即混合成本。顾名思义，混合成本是“混合”了固定成本和变动成本两种不同性质的成本。一方面，它们要随业务量的变化而变化;另一方面,它们的变化又不能与业务量的变化保持着纯粹的正比例关系。

2. 混合成本的类型

根据成本和业务量的关系,混合成本分为半变动成本、半固定成本、延期变动成本和曲线变动成本。

(1)半变动成本。半变动成本通常有一个初始量,类似于固定成本,在这个初始量的基础上随产量的增长而增长,又类似于变动成本。如固定电话费,假设月租费为20元,只能拨打市内电话,每分钟0.10元,如果某月通话时间为5分钟,则总话费为20.5元。其成本性态模型如图8-3所示。

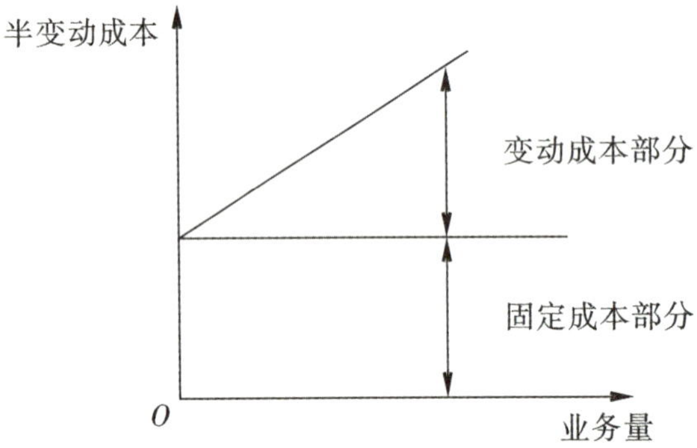

图8-3 半变动成本习性模型

(2)半固定成本。半固定成本随产量的变化而呈阶梯形增长,产量在一定限度内,成本不变,当产量增长到一定限度后,这种成本就跳跃到一个新水平。如检验员工资等。其成本性态模型如图8-4所示。

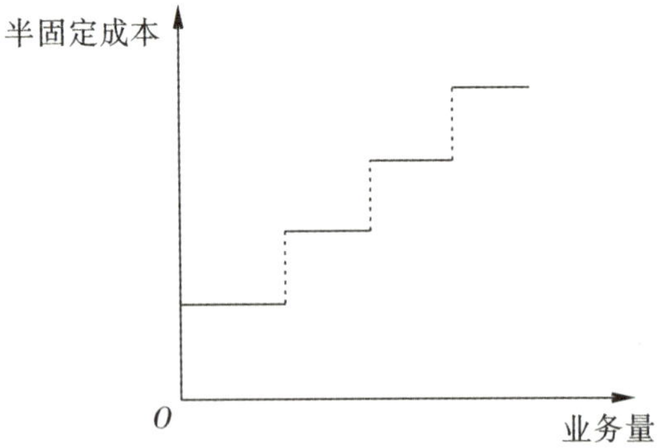

图8-4 半固定成本习性模型

(3)延期变动成本。延期变动成本在一定的业务量范围内有一个固定不变的基数,当业务量增长超出了这个范围,与业务量的增长呈正比例变动。例如,职工的基本工资,在正常工作时间情况下是不变的;但当工作时间超出正常标准,则需按加班时间的长短成比例地支付加班薪金。常见的手机流量费是一种延期变动成本。假设每月的套餐费为50元，流量限额为5G，每月的流量超过5G之后，按照0.1元/兆收费，如果某月的总流量在5G之内，流量费为50元，如果超出1兆，则流量费为50.1元，超出10兆，为51元。延期变动成本的成本习性模型如图8-5所示。

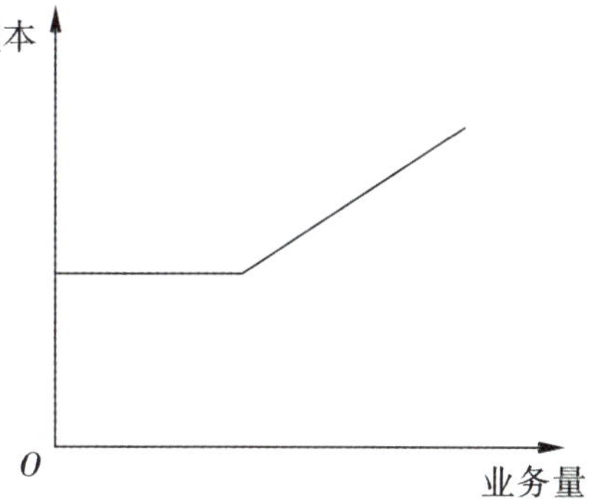

图8-5　延期变动成本习性模型

(4)曲线变动成本。曲线变动成本通常有一个初始量，这个初始量相当于固定成本，不随业务量的变化而变化，随着业务量增长，成本也随之发生变化，但这种变化不是纯粹的正相关关系，而是体现为递增和递减两种曲线成本。递增曲线成本是指随业务量增加，成本呈现递增状态且增幅超过了业务量的增长幅度，如累进计件工资、边际税率递增的个人所得税等。递减曲线成本是指随业务量增加，成本虽然增长，但增幅低于业务量的增长幅度。其成本性态模型如图8-6所示。

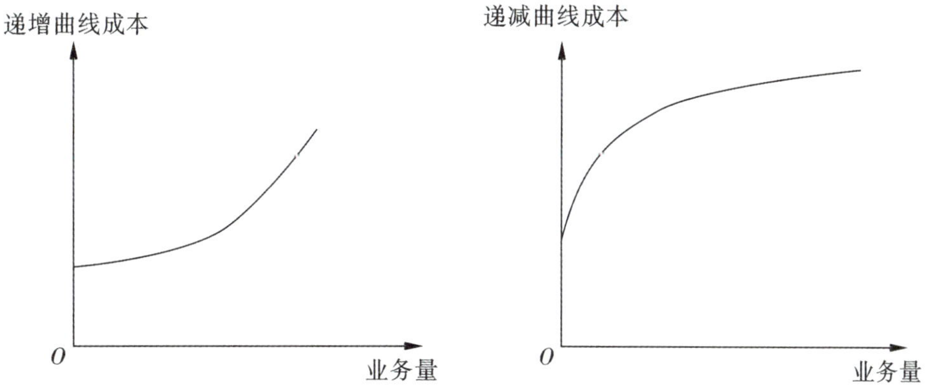

图8-6　曲线变动成本习性模型

3. 混合成本的分解

根据混合成本中所包含的固定成本和变动成本的特性，混合成本函数模型可用公式表示：

$$y=a+bx$$

式中，y为混合成本；a为固定成本总额；b为单位变动成本；x为业务量。混合成本中固定成本与变动成本的分解主要有以下几种方法：

(1)高低点法。高低点法是指以连续若干期历史资料为依据，从中选取业务量最高点和业务量最低点，再查找与其对应的混合成本，根据两点确定一条直线原理，将高点、低点及其对应的混合成本分别代入混合成本计算公式：

混合成本=单位变动成本×业务量+固定成本，求解二元一次方程组，可以解出：

b=(最高点业务量成本-最低点业务量成本)/(最高点业务量-最低点业务量)

a=最高点业务量成本-单位变动成本×最高点业务量

=最低点业务量成本-单位变动成本×最低点业务量

【例 8-1】 MD 公司的业务量以直接人工小时为单位，20×2 年 12 个月份的业务量在5.0 万~7.5 万小时之间变化，维修成本与业务量之间的关系见表 8-1。

表 8-1 维修成本与业务量之间的关系

月份	1	2	3	4	5	6	7	8	9	10	11	12
业务量(x:万小时)	5.1	5.5	5.6	6.0	6.1	7.5	7.4	7.2	7.0	6.8	6.5	5.0
维修成本(y:万元)	100	104	105	108	109	120	121	118	115	112	111	101

本例中，最高点业务量为 7.5 万小时，对应的维修成本为 120 万元；最低点业务量为5.0 万小时，对应的维修成本为 101 万元，所以，

单位变动成本=(120-101)/(7.5-5.0)=7.6(万元/万小时)

固定成本总额=120-7.6×7.5=63(万元)=101-5.0×7.6=63(万元)

维修成本的一般方程式为：$y=63+7.6x$

这个方程式适用于 50 000~75 000 直接人工工时的业务量范围。例如，2018 年 1 月份计划业务量为 65 000 小时，则预计维修成本为：

$y=63+7.6\times6.5=112.4$(万元)

预计的结果，可能与历史成本资料中同样业务量的实际成本不同，如本例 11 月份业务量为 6.5 万小时，实际维修成本为 111 万元，与预计的 112.4 万元不同。这并不奇怪，用方程式预计的维修成本代表历史平均水平，而实际发生额总有一定偶然性。

采用高低点法计算较简单，但它只采用了历史成本资料中的高点和低点两组数据，故代表性较差。

(2)回归直线法。回归直线法是根据过去一定期间的业务量和成本资料，应用最小二乘法原理，计算出最能代表业务量和成本关系的回归直线，据以确定混合成本中固定成本和变动成本的一种方法。回归直线法是一种历史成本估计方法，相较于高低点法更为精确。仍用 y 表示混合成本，a 为固定成本总额，b 为单位变动成本，x 为业务量：

$$b=\frac{n\sum xy-\sum x\sum y}{n\sum x^2-(\sum x)^2}$$

$$a = \frac{\sum y - b\sum x}{n}$$

【例 8-2】 沿用〔例 8-1〕中的维修成本与业务量之间的关系见表 8-2。

表 8-2　维修成本与业务量之间的关系

月份	业务量(x:万小时)	维修成本(y:万元)	xy	x^2
1	5.1	100	510	26.01
2	5.5	104	572	30.25
3	5.6	105	588	31.36
4	6	108	648	36
5	6.1	109	664.9	37.21
6	7.5	120	900	56.25
7	7.4	121	895.4	54.76
8	7.2	118	849.6	51.84
9	7	115	805	49
10	6.8	112	761.6	46.24
11	6.5	111	721.5	42.25
12	5	101	505	25
合计 n=12	75.7	1 324	8 421	486.17

解得 $b=(12\times8\ 421-75.7\times1\ 324)/(12\times486.17-75.7\times75.7)=7.97$

$a=(1\ 324-7.97\times75.7)/12=60.06$

所以 $y=60.06+7.97x$

(3)工业工程法。工业工程法指运用工业工程的研究方法,逐项研究确定成本高低的每个因素,在此基础上直接估算固定成本与单位变动成本的一种方法。该方法主要是测定各项材料和人工投入的成本与产出的数量,将与产量有关的投入归集为单位变动成本,与产量无关的部分归集为固定成本。工业工程法通常适用于投入成本与产出数量之间有规律性联系的成本分解,可以在没有历史成本数据的情况下使用。

(4)账户分析法。账户分析法又称会计分析法,它是根据有关成本账户及其明细账的内容,结合其与业务量的依存关系,判断其比较接近哪一类成本,就视其为哪一类成本。这种方法简便易行,但比较粗糙且带有主观判断。

(5)合同确认法。合同确认法是根据企业订立的经济合同或协议中关于支付费用的规定,来确认并估算哪些项目属于变动成本,哪些项目属于固定成本的方法。合同确认法要配合账户分析法使用。

（四）总成本模型

将混合成本按照一定的方法区分为固定成本和变动成本之后，根据成本性态，企业的总成本公式就可以表示为：

总成本＝固定成本总额＋变动成本总额

＝固定成本总额＋业务量×单位变动成本

这个公式在变动成本计算、本量利分析、正确制定经营决策和评价各部门工作业绩等方面具有不可或缺的重要作用。

【复习思考】

一、单选题

1. 某公司电梯维修合同规定，当每年上门维修不超过3次时，年维修费用为6万元，当超过3次时，则在此基础上按每次2万元付费。根据成本性态分析，该项维修费用属于（　　）。

   A. 半变动成本　　B. 半固定成本

   C. 延期变动成本　　D. 曲线变动成本

2. 在下列各项中，属于半固定成本内容的是（　　）。

   A. 计件工资费用　　B. 按年支付的广告费用

   C. 按直线法计提的折旧费用　　D. 按月薪制开支的质检人员工资费用

3. 在应用高低点法进行成本性态分析时，选择高点坐标的依据是（　　）。

   A. 最高点业务量　　B. 最高的成本

   C. 最高点业务量和最高的成本　　D. 最高点业务量或最高的成本

4. 根据成本性态，在一定时期一定业务量范围之内，职工培训费一般属于（　　）。

   A. 半固定成本　　B. 半变动成本

   C. 约束性固定成本　　D. 酌量性固定成本

5. 下列混合成本的分解方法中，比较粗糙且带有主观判断特征的是（　　）。

   A. 高低点法　　B. 回归分析法

   C. 技术测定法　　D. 账户分析法

6. 下列不属于管理会计职能的是（　　）

   A. 分析职能　　B. 预测职能

   C. 决策职能　　D. 核算职能

7. 企业生产产品所耗用的直接材料成本属于（　　）。

   A. 酌量性变动成本　　B. 酌量性固定成本

   C. 技术性变动成本　　D. 约束性固定成本

8. 混合成本分解的下列方法中，较为精确的方法是（　　）。

   A. 账户分析法　　B. 合同确认法

C. 回归分析法　　D. 高低点法

9. 已知在正常范围内，企业生产设备所消耗的年固定成本为 10 万元，单位变动成本为 0.8 元，假设企业预计下一年的生产能力为 220 万件，则预计下一年的总成本为（　　）万元。

A. 210　　B. 186

C. 230　　D. 228

10. 以下属于管理会计与财务会计相同点的是（　　）

A. 两者作用的时效相同　　B. 两者信息特征及信息载体相同

C. 总体目标相同　　D. 两者服务的对象相同

二、多选题

1. 下列各项中，一般属于酌量性固定成本的有（　　）。

A. 新产品研发费　　B. 广告费

C. 职工培训费　　D. 设备折旧费

2. 下列关于变动成本的表述中，正确的有（　　）。

A. 变动成本可以分为酌量性变动成本和约束性变动成本

B. 如果不生产，酌量性变动成本为 0

C. 按照销售收入的一定比例支付的销售佣金属于酌量性变动成本

D. 酌量性变动成本的单位变动成本的发生额可由企业最高管理层决定

3. 下列各项中，属于变动成本的有（　　）。

A. 新产品的研究开发费用

B. 按产量计提的固定资产折旧

C. 按销售收入一定百分比支付的技术转让费

D. 随产品销售的包装物成本

4. 下列关于固定成本的说法中，正确的有（　　）。

A. 管理当局的短期决策行动不能改变其具体数额的是约束性固定成本

B. 合理利用企业现有的生产能力，提高生产效率可降低约束性固定成本

C. 酌量性固定成本可有可无

D. 一般在年度开始前确定酌量性固定成本

5. 财务会计与管理会计的不同点有（　　）

A. 两者服务的对象不同

B. 两者核算的对象不同

C. 两者遵循的原则、标准和依据的基本概念框架结构不同

D. 两者信息特征及信息载体不同

6. 管理会计的职能主要有（　　）

A. 预测　　B. 计划

C. 控制　　D. 考核

三、判断题

1. 变动成本总额在特定的业务量范围内随着业务量的变化而成正比例变化。（　）
2. 曲线变动成本分为递增曲线成本和递减曲线成本，其中递减曲线成本是随着业务量的增加而减少的。（　）
3. 要降低酌量性固定成本，只能是合理利用企业现有的生产能力，提高生产效率，以取得更大的经济效益。（　）
4. 成本按经济职能分类可分为变动成本、固定成本和混合成本。（　）
5. 成本按性态分类可分为固定成本、变动成本和半变动成本。（　）

四、计算分析题

某工厂将过去一年12个月中机器工作时间高、低点时的制造费用资料如表所示。

项目	高点(11月)	低点(4月)
机器工作时间/小时	75 000	50 000
制造费用总额/元	176 250	142 500

表中的制造费用总额中包括变动成本、固定成本和混合成本三类。该厂会计部门曾对机器工作时间在50 000小时的制造费用总额做了分析，其组成如下：

变动成本总额　50 000元
固定成本总额　60 000元
混合成本总额　32 500元
合计　142 500元

要求：

(1)采用高低点法将该厂的混合成本分解为变动成本和固定成本，并写出分解公式。
(2)若计划期间的机器工作时间为65 000小时，计算其制造费用总额。

五、案例思考题

从理解管理会计基本技能谈更好地规划创业

“大众创业，万众创新”在中国大地上激发了大量年轻人对商业的热情与成功的渴望，创客如雨后春笋般成长起来，遍布在信息技术、生产制造、餐饮服务和咨询顾问等各个制造和服务行业，有的创业者经过几年的奋斗，已经功成名就，也有的创业者虽然非常努力，但是仍然离成功有一定的差距。

创业并不容易，对个人和团队来说都是非常具有挑战性的。由于创业者财务资源、人脉资源和其他资源在起始阶段都比较有限，就更需要各种知识和技能来武装自己，从而更好地达到目标、配置资源和规避风险。而管理会计的基本技能就是创业者亟须掌握的非常重要的商业工具。

由于大量的创业者要么是理工科背景(如信息技术行业的创业者)，要么是对所属行业仅仅是表象性认识(如餐饮业的年轻创客),他们总体来说比较缺乏全面基本的商业、管理和财务训练,并且对管理企业的认识存在着一定的误区。例如,有的创业者认为自己是一名很好的技术人员,就具备了掌管一个技术企业的能力,这是典型的错误思维。技术是针对某一个职能的专业能力,而管理一个企业需要进行团队管理和资源管理,方向和重点是非常不一样的。还有的创业者仅仅凭感性的思维来进行企业的运营,例如,认为产品只要定价低,客户就会欢迎,合伙人之间努力工作靠自觉就可以,对绩效管理闭口不谈。创业者所犯的这些经典性错误都使自己的初创企业发展艰难,内外部利益很难良好协调,极大地影响着企业的持续经营能力。

为了更好地创业和发展,创业者必须正视并且规避这些已经给前人带来惨痛教训的问题,而问题的解决方案就是积极学习、理解并且运用管理会计工具。管理会计技能给创业者带来什么帮助?管理会计本身就是管理和会计的结合。对于创业者来说,必须在管好人、管好事和管好财的前提下,使企业有所发展和提高。而管理会计所做的事情恰恰就是这个。例如,创业者必须系统地从供应链管理的视角来理解成本管理,让自身提供的产品或者服务既能够获得消费者的青睐,又能够从标准化层面优化成本,即使创业者仅仅开一个小吃摊或者早点铺,他也至少应当能够理解,提供多样化、多品类的饮食虽然看上去很热闹,但是却不如提供几种能够处理标准化、可以高效率加工食品所带来的财务回报好。他应当多去肯德基或者麦当劳转一转,充分思考这些企业为何仅仅提供简单的菜单,却能获得比绝大多数中餐馆更多的收益。此外,创业者也同样需要培养基本的绩效管理思维,能够有效地辨识哪些产品或者哪种服务能够为企业带来最大的收益,并将此产品或者服务与企业的资源进行最佳的匹配,达到资源的最佳利用。很多创业者都存在相同的疑惑,为什么自己觉得产品很好,消费者却不喜欢?很大原因就在于创业者的惯性思维是仅通过自己喜好来看待产品或服务,而很少站在消费者层面去审视产品或服务的。故此,就无法在功能设计、成本优化和价格制定方面贴近市场与客户。执着的创业者——锤子科技总裁罗永浩,2018 年宣布发布新款产品“TNT 工作站”,标价为 9 999 元,高端款为 14 999 元,但是订货者并不多。其中一个主要原因应当是台式机的价格在消费者心目中已经基本固定在千元,公认在业界最顶端品质的苹果台式机也就是 7 000 多元,高端款为 12 000 多元。显而易见,锤子科技的 TNT 工作站定价已经大大超过消费者心目中与产品和品牌相对应的价格可接受程度。故此,虽然 TNT 工作站有“老罗”的名气“加持”,但是订货量却仍然达不到理想数量。这样的结果,从管理会计的客户获利能力分析是完全能够解释的。罗永浩作为资深的创业者,尚且出现了这样的偏差,对于普通的资源有限的创业者,一次产品定价的失误,就有可能失去目标消费者,并会极大地影响企业的财务业绩和现金流动性。

对于创业者来说,学习管理会计的技能和工具不要仅局限于成本和定价这样的定量的范畴,同时也需要多思考以定性为视角的管理会计思维,例如,内部控制和风险管理,看似仅仅适用于大企业,但对创业企业来说同样非常有价值。创业者需要谨慎安排人员,并应理解和熟悉各个职能的风险点,从而进行控制管理,这才能保证创业者辛苦工作的回报不被盗取和流失。在媒体中经常爆出一些企业的雇员监守自盗，东窗事发后逃之夭夭，造成企业重大的损失，这些对于创业者来说都是值得借鉴的教训和经验。无论是从事 IT 行业引领科技的创客，还是餐饮行业中勤恳耕耘的创业者，都应当充分学习管理会计中的风险管理的重要手段以及内部控制的有效方法，从源头避免和降低风险的出现与发生，从而顺利地经营和发展企业，促进企业的健康成长。

创业是一项非常艰巨的事业，需要创业者不断地学习和思考。管理会计的基本技能是创业者在规划和实施创业过程中不可或缺的工具，能够帮助创业者冷静、理性地分析和解决问题，并能有效地扩展创业者的视角，开拓创业者的视野。故此管理会计工具书应当成为创业者办公室中的必备读物，不断地温故而知新，将管理会计经典理论与企业经营实际相结合，提高企业的竞争能力，引领企业不断做强做大。

（来源：杨晔　《管理会计案例与解析》）

项目九

成本管理

【知识目标】

1. 熟悉成本管理意义、原则与程序。
2. 掌握变动成本法和完全成本法的区别。
3. 掌握作业成本法的相关概念、基本原理。
4. 掌握标准成本的制定与成本差异的计算分析。

【能力目标】

1. 能采用变动成本法和完全成本法计算利润并进行差异分析。
2. 能采用作业成本法进行成本核算并对增值作业和非增值作业进行管理。
3. 能制定标准成本并进行各项成本差异的计算与分析。

【素质目标】

1. 培养学生资源节约的忧患意识,具有采取合规手段降低成本的能力。
2. 培养学生诚实守信的优秀品质,厚植精益求精核算成本的工匠精神。

【案例引入】

从固定成本看:为什么牛奶装在方盒里,可乐却装在圆瓶里呢?

如果你经常逛超市,如果你足够细心,你会注意到一个非常有意思的现象:几乎所有的软饮料,不管是采用的玻璃瓶还是铝罐子,瓶体都是圆柱形的,可牛奶却似乎都是用方盒子装的。为什么牛奶装在方盒子里,而其他饮料,比如可乐却装在圆瓶子里呢?

在选择用什么样的容器来装可乐或牛奶的问题上,生产者或者一个企业不仅需要考虑使用的方便性,还要在一定程度上考虑是否符合成本效益的原则。

我们据此从经济学的视角解释一下为什么盛放牛奶和可乐的瓶子形状不同。通常，圆形被认为是一种较科学、省料、容易制造又不易被损坏的包装。因此，可乐等软饮料放在圆形瓶子里，可以在为生产商节约许多固定费用的同时，增加更多收益。同理，用方形瓶子盛放牛奶等需要保鲜的液体，可以为生产商缓解因保鲜处理不当而带来的麻烦和损失，也是减少其固定成本的一种方式。此外，在超市里，圆形瓶子中的软饮料大都是放在价格便宜的开放式货架上，所以其运营成本低到几乎为零。但牛奶等需要保鲜的饮料则需要被安放在专门的冰柜里，保持制冷状态。这样，牛奶的运营成本就会很高。方形瓶子的设计恰好可以节约冰柜或冰箱的空间。占据的空间小了，同时可放的数量就会增多，这样在一定程度上减少了运营成本。如此说来，无论是圆形瓶子还是方形瓶子，只要运用得恰到好处，就会十分合理。

由此可见，在使用方形瓶子还是圆形瓶子的问题上，生产商将节约成本和为消费者提供便利和实惠的问题考虑得十分到位。如此，饮料生产商们在固定成本投入较少的情况下，获得了最大收益。

（来源：财务管理研究）

任务一　成本管理认知

成本管理是企业在营运过程中实施成本预测、成本决策、成本计划、成本控制、成本核算、成本分析、成本考核等一系列管理活动的总称。企业应结合自身的成本管理目标和实际情况，在保证产品功能和质量的前提下，选择应用适合企业的成本管理工具方法或综合应用不同成本管理工具方法，以更好地实现成本管理目标。学习和掌握成本管理领域应用的管理会计工具方法，是现代企业财务人员必须具备的基本职业能力。

一、成本管理的意义

成本管理是企业日常经营管理的一项中心工作，对企业营运有着重要的意义。销售收入首先必须能够补偿成本耗费，这样才不至影响再生产的进行。换言之，在一定的产品数量和销售价格条件下，产品成本水平的高低，不仅影响简单再生产、威胁企业的生存，还可能影响企业扩大再生产、制约企业的发展。企业在努力提高收入的同时，降低成本同样有助于实现目标利润。成本管理的意义主要体现在以下几个方面。

（一）通过成本管理降低成本，为企业扩大再生产创造条件

降低成本一般通过两个阶段来实现。第一，在既定的经济规模、技术水平、质量标准等前提条件下，通过合理的组织管理提高生产效率、降低消耗；第二，当成本降低到这些

条件许可的极限时，通过改变成本发生的基础条件，如采用新技术设备、新工艺流程、新产品设计、新材料等，使影响成本的结构性因素得到改善，为成本的进一步降低提供新的空间，使原来难以降低的成本在新的基础上进一步降低。

（二）通过成本管理增加企业利润，提高企业经济效益

利润是收入与成本费用匹配后的结果。成本降低与收入增加一样，都是提高企业效益的重要源泉。当成本变动与其他因素的变动相关联时，如何在成本降低与营运需要之间做出权衡取舍，是企业成本管理者无法回避的困难抉择。单纯以成本的降低为标准容易形成误区，成本管理要利用成本、质量、价格、销量等因素之间的相互关系，满足企业为维系质量、调整价格、扩大市场份额等对成本的需要，从而帮助企业最大限度地提高经济效益。

（三）通过成本管理帮助企业取得竞争优势，增强企业的竞争能力和抗风险能力

在竞争激烈的市场环境中，企业为了取得竞争优势，抵抗内外部风险，往往会制定和实施相应的发展战略，常见的有低成本战略和差异化战略。如果实施低成本战略，则通过成本管理降低单位产品成本，能明显且直接提高企业在市场上的主动性和话语权，提升企业的核心竞争力；如果实施差异化战略，则通过成本管理规范成本形成过程，适时进行流程优化或流程再造，在资源既定的前提下，生产出满足客户需求的产品。这些战略措施通常需要成本管理予以配合，不同发展战略下的成本管理需求与企业目标具有高度的一致性。

二、成本管理的原则

企业进行成本管理，一般应遵循以下原则。

（一）融合性原则

成本管理应以企业业务模式为基础，将成本管理嵌入业务的各领域、各层次、各环节，实现成本管理责任到人、控制到位、考核严格、目标落实。

（二）适应性原则

成本管理应与企业生产经营特点和目标相适应，尤其要与企业发展战略或竞争战略相适应。

（三）成本效益原则

成本管理在应用相关工具方法时，应权衡其为企业带来的收益和付出的成本，避免获得的收益小于其投入的成本。

（四）重要性原则

成本管理应重点关注对成本具有重大影响的项目，对于不具有重要性的项目可以适当简化处理。

三、成本管理的程序

企业应用成本管理工具方法，一般按照事前管理、事中管理、事后管理等程序进行。

(1)事前成本管理阶段。主要是对未来的成本水平及其发展趋势所进行的预测与规划，一般包括成本预测、成本决策和成本计划等步骤。

(2)事中成本管理阶段。主要是对营运过程中发生的成本进行监督和控制，并根据实际情况对成本预算进行必要的修正，即成本控制步骤。

(3)事后成本管理阶段。主要是在成本发生之后进行的核算、分析和考核，一般包括成本核算、成本分析和成本考核等步骤。

成本预测是以现有条件为前提，在历史成本资料的基础上，根据未来可能发生的变化，利用科学的方法，对未来的成本水平及其发展趋势进行描述和判断的成本管理活动。

成本决策是在成本预测及有关成本资料的基础上，综合经济效益、质量、效率和规模等指标，运用定性和定量的方法对各个成本方案进行分析并选择最优方案的成本管理活动。

成本计划是以营运计划和有关成本数据、资料为基础，根据成本决策所确定的目标，通过一定的程序，运用一定的方法，针对计划期企业的生产耗费和成本水平进行的具有约束力的成本筹划管理活动。

成本控制是成本管理者根据预定的目标，对成本发生和形成过程以及影响成本的各种因素条件施加主动的影响或干预，把实际成本控制在预期目标内的成本管理活动。

成本核算是根据成本核算对象，按照国家统一的会计制度和企业管理要求，对营运过程中实际发生的各种耗费按照规定的成本项目进行归集、分配和结转，取得不同成本核算对象的总成本和单位成本，向有关使用者提供成本信息的成本管理活动。

成本分析是利用成本核算提供的成本信息及其他有关资料，分析成本水平与构成的变动情况，查明影响成本变动的各种因素和产生的原因，并采取有效措施控制成本的成本管理活动。

成本考核是对成本计划及其有关指标的实际完成情况进行定期总结和评价，并根据考核结果和责任制的落实情况，进行相应奖励和惩罚，以监督和促进企业加强成本管理责任制，提高成本管理水平的成本管理活动。

任务二　变动成本法

一、完全成本法与变动成本法的概念

完全成本法以成本按经济用途分类为前提，把全部成本分为生产成本和非生产成本，其中：生产成本包括直接材料、直接人工和制造费用，非生产成本包括销售费用和管理费用等。完全成本法在计算产品成本和存货成本时，把一定期间内在生产过程中所消耗的直接材料、直接人工、制造费用都归纳到产品成本和存货成本中去，而把销售费用和管理费用全部作为期间费用从当期损益中一次性扣除。完全成本法下成本构成如图 9-1 所示。

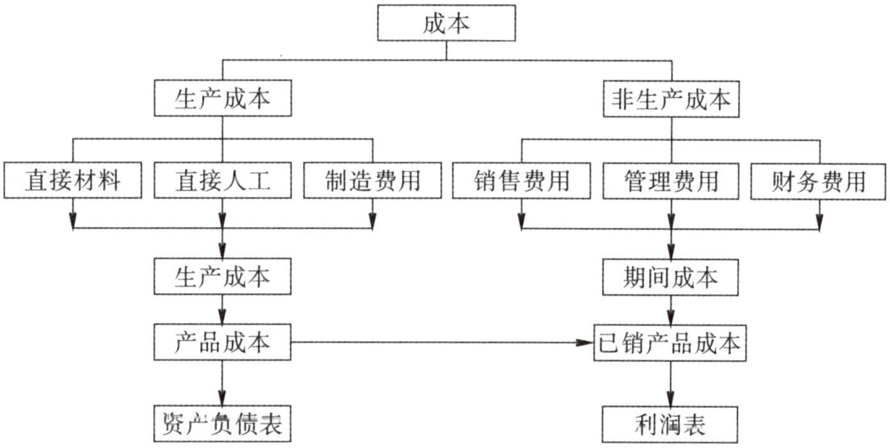

图 9-1　完全成本法下成本构成

变动成本法是以成本按性态分类为前提，把全部成本分为固定成本和变动成本，其中变动成本又分为变动生产成本和变动非生产成本，固定成本也分为固定生产成本和固定非生产成本，在确定成本时只将变动生产成本作为产品成本，而把变动非生产成本、固定生产成本和固定非生产成本作为期间成本，直接从当期损益中扣除的一种成本管理方法。变动成本法下成本构成如图 9-2 所示。

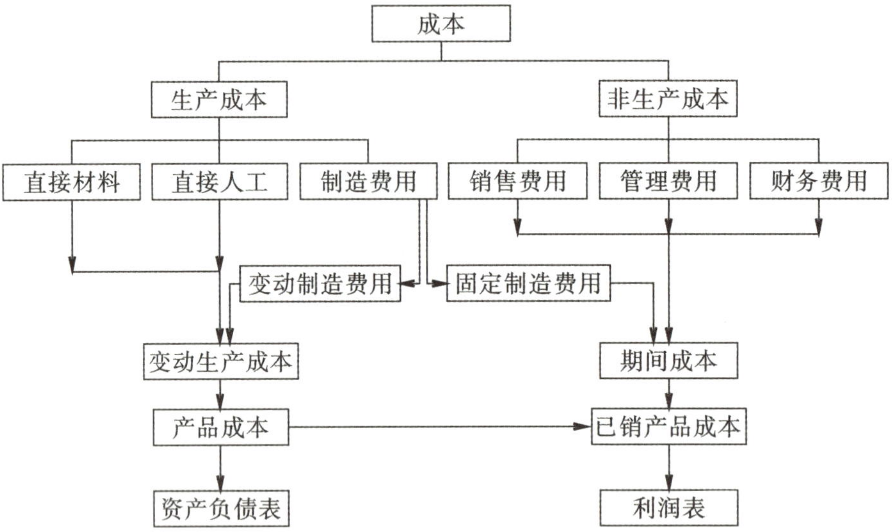

图 9-2　变动成本法下成本构成

二、完全成本法与变动成本法的区别

(一)应用的前提条件不同

变动成本法首先要求进行成本性态分析,将全部成本划分为变动成本和固定成本两部分,其中直接材料和直接人工为变动成本;属于混合成本性质的制造费用按照与业务量变动的关系分解为变动性制造费用和固定性制造费用两部分。销售费用、管理费用同样也要分解为变动和固定两部分。

完全成本法首先要求把全部成本按照其发生的领域或经济用途分类,分为生产成本和非生产成本两类。完全成本法下,将生产成本(变动成本和固定成本)全部计入当期产品成本中。所以,应用全部成本法时,不需要划分固定成本和变动成本之间的界限,更不需要对混合成本进行分解,只需要将成本归总就可以了。

(二)产品成本构成内容不同

在产品成本的构成内容上,变动成本法和完全成本法主要区别在于固定制造费用处理的不同。

在变动成本法下,产品成本划分的依据是以成本与业务量依存关系的成本性态。产品成本只包括变动生产成本,即由直接材料、直接人工和变动制造费用构成;在完全成本法下,产品成本划分依据是成本发生的领域,包括全部的生产成本,即产品成本由直接材料、直接人工和制造费用构成。产品成本项目构成内容见表 9-1。

表 9-1　产品成本项目构成

项目	变动成本法		完全成本法	
产品成本构成内容	变动生产成本	直接材料	生产成本	直接材料
		直接人工		直接人工
		变动制造费用		制造费用

（三）期间成本的构成内容不同

变动成本法，将固定性制造费用、销售费用、管理费用和财务费用作为期间成本，从当期收益中一次性减除；而完全成本法，则将非生产成本——销售费用、管理费用和财务费用——作为期间成本，从当期收益中一次性减除。期间成本项目构成内容见表 9-2。

表 9-2　期间成本项目构成

项目	变动成本法	完全成本法
期间成本构成内容	固定制造费用 管理费用 财务费用 销售费用	管理费用 财务费用 销售费用

【例 9-1】 MD 公司只生产经营一种产品，投产后第一年有关的产销业务量、销售单价与成本资料见表 9-3。

表 9-3　MD 公司业务资料

存货及单价		成本项目	变动性	固定性	合计
期初存货量/件	0	直接材料/万元	48 000		48 000
本期投产完工量/件	8 000	直接人工/万元	24 000		24 000
本期销售量/件	6 000	制造费用/万元	8 000	20 000	28 000
期末存货量/件	2 000	销售费用/万元	1 200	2 000	3 200
销售单价/（万元/件）	20	管理费用/万元	600	5 000	5 600
		财务费用/万元	0	1 200	1 200

分别用变动成本法和完全成本法计算 MD 公司当期的产品成本和期间成本。

根据表 9-3 资料，分别按照变动成本法和完全成本法计算当期的产品成本和期间成本，见表 9-4。

表 9-4 产品成本及期间成本计算表

成本	项目	变动成本法		完全成本法	
		总成本	单位成本	总成本	单位成本
产品成本（产量 8 000 件）	直接材料	48 000	6	48 000	6
	直接人工	24 000	3	24 000	3
	变动性制造费用	8 000	1	8 000	1
	固定制造费用	-	-	20 000	2.5
	合计	80 000	10	100 000	12.5
期间成本	固定性制造费用	20 000	-	-	-
	销售费用	3 200	-	3 200	-
	管理费用	5 600	-	5 600	-
	财务费用	1 200	-	1 200	-
	合计	30 000	-	10 000	-

本例计算结果表明，变动成本法下确定的产品总成本与单位成本要比完全成本法下的相应数值低；而变动成本法下的期间成本却高于完全成本法的期间成本，这种差异来自两种成本计算法对固定性制造费用的不同处理方法。

（三）销货成本及存货成本的水平不同

当期末存货量和本期销货量均不为零时，本期发生的产品成本最终表现为销货成本和存货成本。在变动成本法下，固定性制造费用作为期间成本直接计入当期利润表，因而没有转化为销货成本或存货成本的可能。在完全成本法下，因为固定性制造费用计入产品成本，所以当期末存货存在时，本期发生的固定性制造费用需要在本期销货和期末存货之间分配，使得两种成本方法所确定的销货成本及存货成本水平不同。下面结合实例，运用变动成本法与完全成本法，分析销货成本及存货成本水平的不同。

【例 9-2】 MD 公司生产一种产品，本年生产 1 000 件，每件直接材料费用为 20 元，每件直接人工费用为 10 元，变动性制造费用为每件 6 元，固定性制造费用总额为 20 000元，本年销售量为 800 件，第二年生产 1 000 件，销售 1 100 件，第三年生产 1 000 件，销售 1 000 件。按照变动成本法与完全成本法成本计算销货成本和存货成本。

按照变动成本法与完全成本法成本计算单位产品成本，见表 9-5；计算销货成本和存货成本，见表 9-6。

表 9-5　变动成本法与完全成本法单位成本比较

成本项目	变动成本法	完全成本法
直接材料	20	20
直接人工	10	10
变动制造费用	6	6
固定制造费用	-	20 000/1 000=20
单位产品成本	36	56

表 9-6　变动成本法与完全成本法的销货成本和存货成本比较计算表

时间	产销量关系	序号	项目	变动成本法	完全成本法	差异
第一年	生产 1 000 件，销售 800 件，生产大于销售	①	期初存货成本	0	0	0
		②	本期产品成本	36×1 000=36 000	56×1 000=56 000	-20 000
		③=①+②	可供销售商品成本合计	36 000	56 000	-20 000
		④	期末存货量	200	200	0
		⑤=④×单位成本	期末存货成本	200×36=7 200	200×56=11 200	-4 000
		⑥=③-⑤	本期销货成本	36 000-7 200=28 800	56 000-11 200=44 800	-16 000
第二年	生产 1 000 件，销售 1 100 件，生产小于销售	①	期初存货成本	200×36=7 200	200×56=11 200	-4 000
		②	本期产品成本	36×1 000=36 000	56×1 000=56 000	-20 000
		③=①+②	可供销售商品成本合计	7 200+36 000=43 200	11 200+56 000=67 200	-24 000
		④	期末存货量	100	100	0
		⑤=④×单位成本	期末存货成本	100×36=3 600	100×56=5 600	-2 000
		⑥=③-⑤	本期销货成本	43 200-3 600=39 600	67 200-5 600=61 600	-22 000
第三年	生产 1 000 件，销售 1 000 件，生产等于销售	①	期初存货成本 1	100×36=3 600	100×56=5 600	-2 000
		②	本期产品成本	36×1 000=36 000	56×1 000=56 000	-20 000
		③=①+②	可供销售商品成本合计	3 600+36 000=39 600	5 600+56 000=61 600	-22 000
		④	期末存货量	100	100	0
		⑤=④×单位成本	期末存货成本	100×36=3 600	100×56=5 600	-2 000
		⑥=③-⑤	本期销货成本	39 600-3 600=36 000	61 600-5 600=56 000	-20 000

由表 9-6 可以看出，完全成本法下的销货成本、期末存货成本包含固定性制造费用；变动成本法下的销货成本、期末存货成本没有固定性制造费用，变动成本法下的销货成

本、期末存货成本必然小于完全成本法下的销货成本和期末存货成本。

（四）销货成本的计算公式不完全相同

从理论上看，销货成本和期末存货成本可以采用以下一般公式计算：

本期销货成本=期初存货成本+本期发生的产品成本-期末存货成本

期末存货成本=期末存货数量×本期单位产品成本

无论是变动成本法还是完全成本法，都可以按照一般公式计算销货成本。采用该式，就意味着必须先计算出期末存货成本后，才能计算本期销货成本。由于完全成本法和变动成本法在产品成本构成项目上的差异，二者在计算销货成本和期末存货成本时也不相同。

【例 9-3】 沿用〔例 9-1〕的资料，期初存货量 2 000 件，期初存货完全成本法下单位成本为 12 元，期初存货变动成本法下单位成本为 10 元。本期投产完工量 8 000 件，本期销售量 6 000 件，期末存货量 4 000 件。

变动成本法：

期初存货成本=10×2 000=20 000（元）

本期生产产品成本=（6+3+1）×8 000=80 000（元）

本期单位产品成本=6+3+1=10（元）

本期销售产品成本=10×6 000=60 000（元）

期末存货成本=10×4 000=40 000（元）

完全成本法（先进先出法）：

期初存货成本=12×2 000=24 000（元）

本期生产产品成本=（6+3+1）×8 000+20 000=100 000（元）

本期单位产品成本=10+20 000-8 000=12.5（元）

本期销售产品成本=12×2 000+12.5×（6 000-2 000）= 74 000（元）

期末存货成本=12.5×4 000=50 000（元）

完全成本法（一次加权平均法）：

期初存货成本=12×2 000=24 000（元）

本期生产产品成本=（6+3+1）×8 000+20 000=100 000（元）

一次加权平均单位成本=（24 000+100 000）=（2 000+8 000）= 12.4（元）

本期销售产品成本=12.4×6 000=74 400（元）

期末存货成本=12.4×4 000=49 600（元）

从以上分析可以看出，变动成本法下本期销售产品成本随本期销量成正比例变化；完全成本法下本期销售产品成本水平受到期初存货量、本期生产量、本期销售量、期末存货量、产品单位成本及存货计价方法的影响。

（五）损益确定程序不同

由于两种成本法的损益确定程序不同，使得它们所使用的利润表格式存在一定的区别。变动成本法使用贡献式利润表;完全成本法使用传统式利润表。不同的利润表还可以提供不同的中间指标,如贡献式利润表能够提供“贡献边际”指标;传统式利润表可以提供“营业毛利”指标。这些指标的意义和作用完全不同。除了格式、中期指标不同外,两种方法计算出来的营业利润有可能不同。

1. 变动成本法下营业利润的计算

变动成本法下,营业利润的计算如下:

营业收入-变动成本=贡献边际

贡献边际-固定成本=营业利润

所谓贡献边际是指产品的销售收入与相应变动成本之间的差额,又称边际贡献、贡献毛益、边际利润或创利额。

单位贡献边际是指单位产品销售收入与相应单位变动成本之间的差额。

边际贡献率是指边际贡献在销售收入中所占的百分比,可以理解为每1元销售收入中边际贡献所占的比重,它反映产品给企业做出贡献的能力。

2. 完全成本法下营业利润的计算

完全成本法下,营业利润的计算如下:

营业收入-营业成本=营业毛利

营业毛利-营业费用=营业利润

其中:

营业成本=期初存货成本+本期生产成本-期末存货成本

营业费用即非生产成本(期间费用)

两种方法下利润表的格式及其中间指标,见表9-7。

表9-7　两种方法下利润表

变动成本法	完全成本法
贡献式利润表(标准式)	传统式利润表
营业收入	营业收入
减:变动成本	减:营业成本
变动生产成本	期初存货成本
变动销售费用	本期生产成本
变动管理费用	可供销售的商品生产成本
变动财务费用	
变动成本合计	期末存货成本(减)
贡献边际	营业成本合计
减:固定成本	营业毛利
固定性制造费用	减:营业费用

续表 9-7

变动成本法	完全成本法
固定销售费用	销售费用
固定管理费用	管理费用
固定财务费用	财务费用
固定成本合计	营业费用合计
营业利润	营业利润

【例 9-4】 两种成本法利润表的编制。承【例 9-1】中表 9-3 和表 9-4 的资料，分别按照变动成本法和完全成本法编制当期利润表。

根据以上资料，编制变动成本法和完全成本法下的利润表，见表 9-8。

表 9-8 变动成本法和完全成本法下的利润表

贡献式利润表		传统式利润表	
营业收入	120 000	营业收入	120 000
减：变动成本		减：营业成本	
变动生产成本	60 000	期初存货成本	
变动销售费用	1 200	本期生产成本	100 000
变动管理费用	600	可供销售的商品生产成本	100 000
变动成本合计	61 800	期末存货成本	25 000
贡献边际	58 200	营业成本合计	75 000
减：固定成本		营业毛利	45 000
固定性制造费用	20 000	减：营业费用	
固定销售费用	2 000	销售费用	3 200
固定管理费用	5 000	管理费用	5 600
固定财务费用	1 200	财务费用	1 200
固定成本合计	28 200	营业费用合计	10 000
营业利润	30 000	营业利润	35 000

(六)计算出来的营业利润有可能不同

变动成本法和完全成本法由于对固定制造费用处理的不同，导致二者在计算营业利润时可能不同，表现在以下方面。

第一，如果当期产量等于当期销售量，两种方法计算的利润相等。因为产销量相等时，当期变动成本和当期固定成本都会以不同的形式计入当期的利润表中，所以两种方法计算出来的营业利润相等。

第二,如果当期产量大于当期销量,且无期初存货时,变动成本法下的营业利润小于完全成本法下的营业利润。因为变动成本法下固定制造费用被作为期间成本全部在当期损益中扣除;而在完全成本法下,当期的期末存货中承担了一部分固定制造费用,并在资产负债表中体现在流动资产(存货)的价值中,不会在计算当期损益中出现。

第三,如果当期产量小于当期销量,变动成本法下的利润大于完全成本法下的利润。因为当期销量大于当期产量,说明期初存货也会在本期销售出去,变动成本法下,期初存货成本仅包含变动生产成本,不包含固定制造费用;而完全成本法下,期初存货中承担了部分的以前时期的固定制造费用,这部分固定制造费用需要从本期的销售收益中进行补偿,从而增加了本期的销售成本,降低了本期的营业利润。

第四,长期看,变动成本法和完全成本法下计算的营业利润可能平衡或基本平衡。从较长的时期看,如果各期产销量时多时少,长时间内各期产销量的差额相抵后可能保持基本均衡,则两种方法下计算出来的各期营业利润可能达到平衡或基本平衡。

【例 9-5】 已知 MD 公司从事单一产品生产,连续 3 年销售量均为 2 000 件,而 3 年的产量分别为 2 000 件、2 400 件和 1 600 件。产品单位售价为 40 元,管理费用和销售费用均为固定性费用,两项费用各年总额均为 10 000 元;产品单位变动成本(直接材料、直接人工和变动制造费用)为 18 元;固定制造费用 4 800 元。发出存货采用先进先出法。根据以上资料,分别采用变动成本法和完全成本法计算各年营业利润(不考虑销售税费)。

变动成本法和完全成本法下连续 3 年营业利润的计算见表 9-9 和表 9-10。

表 9-9 变动成本法下连续 3 年营业利润计算表　　单位:元

项目	第一年	第二年	第三年
营业收入	2 000×40＝80 000	2 000×40＝80 000	2 000×40＝80 000
减:变动生产成本	2 000×18＝36 000	2 000×18＝36 000	2 000×18＝36 000
营业贡献边际	44 000	44 000	44 000
减:期间成本			
固定性制造费用	4 800	4 800	4 800
固定销售费用和管理费用	10 000	10 000	10 000
期间成本合计	14 800	14 800	14 800
营业利润	29 200	29 200	29 200

表 9-10　完全成本法下连续 3 年营业利润计算表

单位：元

项目	第一年	第二年	第三年
营业收入	2 000×40＝80 000	2 000×40＝80 000	2 000×40＝80 000
减：销售成本			
期初存货成本	0	0	8 000
本期生产成本	18×2 000+4 800 ＝40 800	18×2 400+4 800 ＝48 000	18×1 600+4 800 ＝33 600
可供出售商品成本	40 800	48 000	41 600
期末存货成本	0	(18+4 800/2 400)× (2 400−2 000)＝8 000	0
销售成本	40 800	40 000	41 600
营业毛利	39 200	40 000	38 400
减：管理费用和销售费用	10 000	10 000	10 000
营业利润	29 200	30 000	28 400

由表 9-9 和表 9-10 可以看出，第一年变动成本法下的营业利润与完全成本法下的营业利润相等，均为 29 200 元。第二年、第三年两种方法下计算出来的营业利润均不相等。但是，从 3 年时间来看，变动成本法下 3 年营业利润总额为 29 200+29 200+29 200＝87 600 元；完全成本法下 3 年的营业利润总额为 29 200+30 000+28 400＝87 600 元，两种方法下 3 年营业利润总额相等。

（七）所提供的信息用途不同

完全成本法提供的信息能揭示外界公认的成本与产品在质的方面的归属关系，按照该法提供的成本信息有助于促进企业扩大生产，能刺激增产的积极性。

变动成本法能够提供科学反映成本与业务量之间、利润与销售量之间有关量的变化规律的信息，有助于加强成本管理，强化预测、决策、计划、控制和业绩考核等职能，促进以销定产，减少或避免因盲目生产而带来的损失。当单价和成本水平不变时，营业利润额应该直接与销售量的多少挂钩。

三、变动成本法的优缺点

（一）变动成本法的优点

变动成本法是适用于面向未来，加强企业内部管理而产生的。由于它能够提供科学反映成本与业务量之间、利润与销售量之间变化规律的信息，因而有助于加强成本管理，强化管理会计预测、规划、控制和业绩考核等职能。具体来说它有以下优点。

1. 变动成本法能够揭示利润和业务量之间的关系

变动成本法能够揭示利润和业务量之间的关系，有利于促使企业重视销售工作，做好销售预测，做到以销定产，减少或避免因盲目生产而带来的损失。

2. 变动成本法可以提供有用的成本信息，便于科学的成本分析和成本控制

采用变动成本法，产品成本不受固定制造费用和生产业务量的影响，而取决于各项变动生产成本支出的多少，因此可直接分析因成本控制工作本身的好坏而造成的成本升降；同时，采用变动成本法，有助于将固定成本和变动成本指标分解落实到各个责任单位，分清各部门的责任，调动各部门降低成本的积极性，鼓励它们主动采取措施，按照不同的方法进行控制，促进成本全面降低。

3. 变动成本法提供的成本和收益资料，便于企业进行成本预测和短期经营决策

变动成本法是本量利分析的前提条件之一，通过分析利用变动成本法所提供的变动成本、固定成本及边际贡献指标，可以完成成本预测和短期经营决策等许多方面的工作。

4. 变动成本法可以简化成本核算工作

采用变动成本法，把固定制造费用列入期间成本，从边际贡献项目下直接扣除，这就大大简化了产品成本计算中间费用的分配，并可减少由于分配方法选择的多样性而可能产生的主观随意性。

（二）变动成本法的缺点

1. 变动成本法所计算出来的单位产品成本，不符合传统的成本观念要求

按照传统成本观念，产品成本是指在生产领域为生产产品而发生的全部生产成本，当然也应当包括固定生产成本。这种观念长期以来在世界范围内得到广泛的支持和认可，并被吸收进企业财务会计基本准则之中，作为对外报告的标准，而按照变动成本法确定的产品成本显然不能满足这一要求。

2. 变动成本法提供的信息不能满足长期经营决策的要求

变动成本法是建立在成本性态分析基础之上的，它以成本性态相关范围假定为前提。但是，成本性态受到多个因素的影响，企业固定成本和变动成本的水平不可能一直不变。变动成本法以相关范围假定为前提，即假定单位变动成本和固定成本在相关范围内保持不变。而长期经营决策涉及较长时期，要面对企业增加或减少生产能力和扩大或缩小经营规模的问题，必然会突破相关范围的限制。因此，变动成本法所提供的信息资料，不能满足长期经营决策的要求。

3. 按照成本性态将成本划分为固定成本与变动成本本身具有局限性

企业按照成本性态将成本划分为变动成本、固定成本、混合成本，以及将混合成本分解为固定成本和变动成本，这本身是一个难题，在很大程度上是假设的结果。

【德技并举】

用完全成本法和变动成本法理解企业去库存政策

完全成本法:首先以汽车制造为例。车企生产汽车,不仅需要投入物料、人工和水电费等变动成本,而且还会发生设施折旧和工厂租金等固定成本,这样才能进行批量生产。从这个角度来看,汽车的成本确实是由变动成本和固定成本共同构成的。如果车企能够将汽车顺利销售出去,那么无论是变动成本还是固定成本,都会作为销售成本进入利润表,关联到企业的经营业绩。但是如果汽车没有卖出去,变动成本和固定成本就不能进入利润表,而是会放在企业的资产负债表中的存货成本里面,这部分就不会影响企业的经营业绩。这就是“完全成本法”的基本内容,即产品的成本既包括变动成本也包括固定成本,财务会计也应用完全成本法进行对外财务报告的披露。

变动成本法:车企的汽车制造,如果从生产角度思考一下,我们就会发现,生产汽车的固定制造费用的发生,事实上和产量并无直接对应关系,车企当期无论生产100 辆汽车还是 1 000 辆汽车,包括机器折旧和工厂租金的固定成本都在这个期间会发生。即使该车企这期一辆车也不生产那么包括折旧费和租金的固定成本也要照发生不误。从运营角度来看,这更符合期间费用的性质。故此,这就形成了管理会计中“变动成本法”分析的背景基础。产品的成本包括变动成本,而固定成本被当作期间费用,一次性地放入利润表进行费用化处理。这从内部经营分析角度来说更加合理,毕竟固定成本的发生代表着企业财务资源当期流出,影响着企业的真实利润。而“完全成本法”和“变动成本法”的各自应用,会造成在财务会计下和在管理会计下企业利润计算的差异。我们思考一下,如果汽车没有卖出去,在完全成本法下,企业的一部分固定制造费用是随产品放在汽车存货资产里面,并没有进入利润表,而变动成本法下所有的固定制造费用都一次性进入利润表。在这样的情况下,通过“完全成本法”的财务会计利润显然会比通过“变动成本法”下计算的管理会计的利润高很多。

“完全成本法”和“变动成本法”下的各自利润差异说明了什么?在“完全成本法”下准备的财务会计利润报表,虽然符合财务准则的合规要求,但能完全反映企业真实的生产经营业绩吗?当然不能,这个利润仅仅是财务报告中的数字,而且还对企业真实利润有所高估。而运用管理会计思维,企业通过“变动成本法”做经营分析,将固定制造费用一次性地放入当期利润表,虽然这样获得的利润低,但却客观地反映出企业有存货,特别是过高存货情形下的真实经营业绩,更能够引起企业管理者和决策者对企业运营改善和提升的关注。而在日常工作中,我们往往只能看到企业在“完全成本法”基础上准备的财务会计利润,却很难看到企业在“变动成本法”下准备的管理会计利润,这就会非常影响判断。当看到企业财务会计利润很高,我们很容易倾向认为这些企业的经营令人满意。然而,通过上述分析,这种想法显然是不客观的。

充分理解了“完全成本法”和“变动成本法”后,再去看“去库存”的问题就比较清晰了。虽然过去很多生产制造型企业用“完全成本法”报告了较高的财务会计利润,但是如果它们改用“变动成本法”进行内部经营分析,考虑到大量的存货,企业真实业绩并不是报告得那么出色。甚至还有部分实体企业的会计利润本身就较低,甚至是亏损,如果用“变动成本法”来进行分析,企业的实际经营就会显得更为糟糕。而“去库存”政策的实施,就是国家让企业能够正视这个问题,并通过国家政策支持、销售市场扩大和企业改善突破等多方面的努力,力求达到企业会计利润和真实业绩的统一。

无论“完全成本法”还是“变动成本法”,只要企业生产的产品都能够在当期销售出去,那么两者所产生的利润就没有任何区别。因为“完全成本法”下所有固定成本随着产品销售进入利润表的销售成本,而“变动成本法”下所有固定成本一次性进入期间费用,虽然二者处理方式不同,但是在两种方法下所计算的企业利润是一致的,这也能反映出企业如果经营能力不断提高,财务会计和管理会计视角下的利润将会进一步趋同。

“去库存”政策是我国政府在经济和商业发展决策中,充分运用管理会计思维,帮助提高企业经营能力和盈利水平的集中反映,也是管理会计理论学习中“完全成本法”和“变动成本法”在宏观经济决策方面的经典应用。毫无疑问,中国“去库存”政策的有效实施,将帮助广大企业提高真实经营业绩。优化生产效率和效益,为中国经济转型升级创造更大的价值。

任务三　作业成本法

一、作业成本法的相关概念

作业成本法,是指以“作业消耗资源、产出消耗作业”为原则,按照资源动因将资源费用追溯或分配至各项作业,计算出作业成本,然后再根据作业动因,将作业成本追溯或分配至各成本对象,最终完成成本计算的成本管理方法。

(一)资源费用

资源费用,是指企业在一定期间内开展经济活动所发生的各项资源耗费。资源费用既包括房屋及建筑物、设备、材料、商品等有形资源的耗费,也包括信息、知识产权、土地使用权等各种无形资源的耗费，还包括人力资源耗费以及其他各种税费支出等。

（二）作业

作业，是指企业具有一定目的，以人为主体消耗了一定资源的特定范围内的工作，是企业为提供产品或劳务所进行的各种工序和工作环节的总称，是连接资源和成本对象的桥梁。如产品设计、材料搬运、包装、订单处理、机器调试、采购、设备运行、生产加工以及质量检验等均为不同的作业。

作业按消耗对象可分为主要作业和次要作业。主要作业是被产品、服务或客户等最终成本对象消耗的作业。次要作业是被原材料、主要作业等介于中间地位的成本对象消耗的作业。

作业按层次可分为单位级作业、批次级作业、品种级作业和维持级作业。其中，单位级作业是指使单位产品受益的作业，作业成本与产品数量成正比，如加工零件、对每件产品进行检验等；批次级作业是指使一批产品受益的作业，作业成本与产品批次成正比，如设备调试、生产准备等；品种级作业是使某种产品的每个单位都受益的作业，如产品工艺设计作业等；维持级作业是指为维持企业正常生产，而使所有产品都受益的作业，作业成本与产品数量无相关关系，如厂房维修等。

（三）作业中心

作业中心又称成本库，是指构成一个业务过程的相互联系的作业集合。作业中心有助于企业更明晰地分析一组相关的作业，以便进行作业管理及企业组织机构和责任中心的设计与考核。

（四）成本对象

成本对象，是指企业追溯或分配资源费用、计算成本的对象。成本对象可以是工艺、流程、零部件、产品、服务、分销渠道、客户、作业、作业链等需要计量和分配成本的项目。

（五）成本动因

成本动因，是指诱导成本发生的原因，是成本对象与其直接关联的作业和最终关联的资源之间的中介。成本动因分为资源动因和作业动因。

资源动因是对一项作业所消耗资源数量的计量，它是将作业消耗的资源成本分配给一个特定成本库的成本动因，是将各项资源费用归集到不同作业的依据，据以反映作业与资源之间的关系。

作业动因是引起产品成本变动的驱动因素，它计量某一成本对象耗用了多少作业量，是将不同作业中归集的成本分配到成本对象的依据，是沟通资源消耗与最终产品的中介。典型的作业动因有采购订单份数、检验报告数或直接人工小时、机器小时等。营销作业中心的作业动因可以是营销推广次数、营销员工数、销售合同数等。

二、作业成本法的计算与应用

依据作业成本计算法的“作业消耗资源，产出消耗作业”的指导思想，产品成本计算分为两个阶段:第一阶段,识别作业。根据作业消耗资源的方式,将作业执行中耗费的资源分配到作业,计算作业成本。第二阶段,根据产品耗用的成本动因,将第一阶段计算的作业成本分派到各有关成本计算对象。作业成本计算法的具体步骤如下。

(一)设立资源库,并归集资源库价值

企业在生产产品或提供劳务过程中会消耗各种资源,如货币资金、原材料、人力、动力、厂房设备等。企业首先应为各类资源设置相应的资源库,并对一定期间内耗费的各种资源价值进行计量,将计量结果归入各资源库中。

(二)确认主要作业,并设立相应的作业中心

在确认作业时,一般按重要性和相同性的要求进行作业划分。纳入同一个作业组应具备两个条件:一是属于同一类作业;二是对于不同产品来说,有大致相同的消耗比率。如“材料搬运”可以作为一项作业,也可以作为一个作业中心,所有与材料搬运相关的费用都归属到这一作业中心。

(三)确定资源动因,并将各资源库汇集的价值分派到各作业中心

资源动因是把资源库价值分派到各作业中心的依据。首先,企业应根据不同的资源,选择合适的资源动因。比如电力资源可以选择“所消耗的电力度数”作为资源动因。然后,根据各项作业所消耗的资源动因数量,将各资源库价值分配到各作业中心。比如“产品质量检验”消耗了600千瓦·时电,每千瓦·时电成本假设为0.5元,则“产品质量检验”作业中的电力成本为300元。如果该项作业还消耗了其他资源,则按相应的资源动因,分别分配到该作业中心,汇总后就得到该作业中心的作业成本。

(四)选择作业动因,并确定该作业成本的成本动因分配率

在每个环节中,成本动因的数量不能太多,也不能太少,应选择一个比较适当的成本动因数量,使这些成本动因能充分合理地成为间接资源成本的分配基础。选择成本动因时,要确保作业消耗量与成本动因消耗量相关,综合权衡收益与成本,并考虑确认成本动因后的结果。

成本动因选定后,用各作业成本除以成本动因单位数,计算作业成本分配率。

作业成本分配率分为实际作业成本分配率和预算作业成本分配率两种。

1. 实际作业成本分配率

实际作业成本分配率是根据各作业中心实际发生的成本和作业的实际产出,计算出的单位作业产出的实际成本。公式如下:

实际作业成本分配率=当期实际发生的作业成本/当期实际作业产出

实际作业成本分配率的优点表现在所计算的成本为实际成本,无须进行成本差异的分配。其缺点表现在以下三方面:①作业成本资料只能在会计期末取得,不能随时提供决策的有关成本信息;②不同会计期间作业成本不同,作业需求量也不同,因而计算出的作业成本分配率忽高忽低;③容易忽视作业需求变动对成本的影响,不利于划清造成成本高低的责任归属。实际作业成本分配率主要适用于作业产出比较稳定的企业。

2. 预算作业成本分配率

预算作业成本分配率根据预算年度预计的作业成本和预计作业产出计算，公式为：

预算作业成本分配率＝预计作业成本/预计作业产出

预算作业成本分配率可以克服实际作业成本分配率的缺点，能随时提供决策所需的成本信息，可以避免因作业成本变动和作业需求不足引起的产品成本波动，并有利于及时查清成本升高的原因。

（五）计算作业成本和产品成本

1. 计算耗用的作业成本

其计算公式为：

某产品耗用的作业成本＝Σ（该产品耗用作业量×实际作业成本分配率）

2. 计算产品成本

产品成本即当期发生的总成本。其计算公式为：

某产品当期发生总成本＝当期投入该产品的直接成本＋当期该产品耗用的各项作业成本

式中，直接成本＝直接材料成本＋直接人工成本

【例9-6】 MD公司生产A、B两种产品，有关资料见表9-11：

表9-11 A、B产品基本资料

产品名称	年产量/台	单位产品机器工时/元	直接材料单位成本/元	直接人工单位成本/元
A	10 000	10	50	20
B	40 000	10	30	20

公司每年制造费用总额为2 000 000元。A、B产品的复杂程度不同，所耗作业量也不一样。依据作业动因设置五个成本库，有关资料见表9-12。

表9-12 A、B产品基本资料

作业名称	成本动因	作业成本/元	作业动因数		
			A产品	B产品	合计
机器调整	调整次数	600 000	3 000	2 000	5 000
质量检验	检验次数	480 000	4 000	4 000	8 000
生产订单	订单份数	120 000	200	400	600
机器维修	维修次数	600 000	400	600	1 000
材料验收	验收次数	200 000	100	300	400
合计		2 000 000			

要求：采用作业成本法计算A、B两种产品的单位成本。

解析：(1)计算各项作业的成本分配率，见表9-13。

表9-13 作业成本动因分配率

作业名称	成本动因	作业成本①/元	作业动因数	
			A、B合计②	分配率③=①÷②
机器调整	调整次数	600 000	5 000	120
质量检验	检验次数	480 000	8 000	60
生产订单	订单份数	120 000	600	200
机器维修	维修次数	600 000	1 000	600
材料验收	验收次数	200 000	400	500
合计		2 000 000		

(2)计算作业成本法下两种产品的制造费用。计算结果见表9-14。

表9-14 作业成本法下的制造费用

作业名称	作业成本/元	作业动因数		分配率	分配的制造费用/元	
		A产品	B产品		A产品④	B产品⑤
机器调整	600 000	3 000	2 000	120	360 000	240 000
质量检验	480 000	4 000	4 000	60	240 000	240 000
生产订单	120 000	200	400	200	40 000	80 000
机器维修	600 000	400	600	600	240 000	360 000
材料验收	200 000	100	300	500	50 000	150 000
合计	2 000 000				930 000	1 070 000

(3)作业成本法下A、B产品单位成本的计算。

单位A产品制造费用=930 000/10 000=93(元)

单位B产品制造费用=107 000 0/40 000=26.75(元)

A产品单位成本=单位直接材料成本+单位直接人工成本+单位制造费用

=50+20+93=163(元)

B产品单位成本=单位直接材料成本+单位直接人工成本+单位制造费用

=30+20+26.75=76.75(元)

三、作业成本管理

作业成本管理是以提高客户价值、增加企业利润为目的的一种新型集中化管理办法。它通过进行动因分析、作业分析等,指导企业有效地执行必要的作业,消除和精简不能创造价值的作业,以达到降低成本、提高效率的目的。

(一)作业的类型

作业成本管理在进行作业分析时,按照对顾客价值的贡献,将作业分为增值作业和非增值作业。

所谓增值作业,是指顾客认为可以增加其购买的产品或服务的有用性,有必要保留在企业中的作业。一项作业必须同时满足以下三个条件才能判定为增值作业:①该作业导致了状态的改变;②该状态的变化不能由其他作业来完成;③该作业使其他作业得以进行。例如,印刷厂的最后装订工序是先裁边再装订,那么裁边作业使原有纸张整齐划一,从而改变了原来的状态。这种状态之前的印刷或其他作业均不能实现该目的,而只有裁边以后,才能进行后续的装订作业。裁边作业符合上述三项条件,因此为增值作业。

非增值作业,是指即便消除也不会影响产品对顾客服务的潜能,不必要的或可消除的作业。如果一项作业不能同时满足增值作业的三个判定条件,则可判定其为非增值作业。例如,检验作业,只能说明产品是否符合标准,而不能改变其形态,不符合增值作业的第一个条件。增值作业又分为高效作业和低效作业。高效作业是指以完美效率执行的增值作业,其产生的成本属于增值成本。执行非增值作业发生的成本全部是非增值成本,另外,低效作业的成本也属于非增值成本。作业成本管理的目标之一就是寻找非增值作业,将非增值成本降至最低。

(二)成本节约的途径

在区分了增值作业和非增值作业后,企业要尽量消除或减少非增值成本,最大化地利用增值作业,以减少不必要的耗费,提升经营效率。主要有以下四种形式。

1. 作业消除

作业消除是指消除非增值作业或不必要的作业,降低非增值成本。比如,将原材料从集中保管的仓库搬运到生产部门,将某部门生产的零件搬运到下一个生产部门都是非增值作业。如果条件许可,将原材料供应商的交货方式改为直接送到原材料使用部门,就可以缩短运输距离,削减甚至消除非增值作业。

2. 作业选择

作业选择是指对所有能够达到同样目的的不同作业,选取其中最佳的方案。不同的策略经常产生不同的作业。如不同的产品销售策略会产生不同的销售作业,因此,在其他条件不变的情况下,选择作业成本最低的销售策略,可以降低成本。

3. 作业减少

作业减少是指以不断改进的方式降低作业消耗的资源或时间。如减少整理准备次数,就可以减少整理准备作业成本。

4. 作业共享

作业共享是指利用规模经济来提高增值作业的效率。如新产品在设计时,如果考虑到充分利用现有其他产品使用的零件，就可以免除新产品零件的设计作业，从而降低新产品的生产成本。

作业分析是作业成本管理的重要内容，通过对作业的分析研究，进而采取措施，消除非增值作业，改善低效作业、优化作业链，对于消减成本、提高效益具有非常重要的意义。

四、作业成本法的评价

（一）作业成本法的优势

1. 反映的成本信息更加准确

传统成本计算法提供的是企业最终产品的成本相关信息，由于制造费用计算的笼统性，当产品成本中制造费用比重较大时，成本信息的可利用价值就相对较差；而作业成本法拓宽了成本计算的范围，不但提供了产品成本，还提供了作业成本、动因成本信息，为成本控制和相关决策提供了价值资料。此外，作业成本法还能对所有作业活动进行追踪动态反映，体现成本管理的范畴。

2. 提高产品的竞争力

传统的成本管理模式只注重商品投产后与生产过程相关的成本管理，忽视了投产前商品开发与设计的成本管理，这已愈来愈难适应当代社会经济发展的需要，极大地阻碍了企业商品市场竞争能力的提高。作业成本法则能很好地适应现代企业在激烈的市场竞争中的发展需要，从一开始就特别重视商品设计、研究开发和质量成本管理，力求按照技术与经济相统一的原则，科学合理地配置相对有限的企业资源，不断改进商品设计、工艺设计及企业价值链的构成，从而提高企业商品的市场竞争能力。

3. 便于企业绩效考核

作业成本法下，以产品的各项作业作为责任和控制中心，能促进成本分配的精细化，有助于成本的管理和控制。通过各作业层所提供有价值的成本信息，能明确增值作业与非增值作业、高效作业与低效作业，评价个人或作业中心的责任履行情况。

4. 满足新经济的客观要求

随着全球经济一体化和资本国际化进程的加快，科学技术朝着信息化方向迅猛发展，市场需求的多样化、个性化，现代企业商品生产过程的自动化、信息化及制造系统复杂化是当前不可逆转的大趋势。作业成本法将成本管理的着眼点与重点从传统的“商品”转移到了“作业”，以作业为成本分配对象，这样不仅能够合理地分配各种制造费用，提供较为客观的成本信息，而且能够通过作业分析、追根溯源，不断改进作业方式，合理地进行资源配置，实现持续降低成本的目标。

（二）作业成本法的不足

1. 作业中心的划分有一定难度

作业成本存在着一定的主观判断成分，它在确定作业中心、资源动因和作业动因过程中，都需要一定程度的主观判断，与成本动因无直接相关的制造费用还要选择一定的标准分配计入各作业中心,在一定程度上影响了作业成本法的准确性。

2. 增加了成本计算的工作量,加大了核算成本

作业成本法需要对大量的作业进行分析、确认与计量,增加成本动因的确定、作业成本库的选择和作业成本分配等额外的工作,因此实施的成本较高。

3. 作业成本法并未获得我国会计准则和制度的认可

将作业成本信息用于财务披露和税收依据上还存在法律障碍,不能用于财务会计成本核算,只能用于企业内部管理会计。

4. 作业成本法的运用有一定的适用的环境限制

作业成本法并非适用于各种类型的企业,它必须考虑企业技术条件和成本结构。对于采取多品种、小批量方式生产及制造费用、人工费用较高的企业运用效果比较好。

总之,作为一种现代成本计算方法和成本管理思想,作业成本法还是具有较为广泛的应用前景,经过不断的实践探索,必定会成为企业成本管理的利器,为企业管理者进行成本管理和战略决策提供有力的支持,提高企业的市场竞争能力。同时,随着研究和了解的深入,相信这一方法也会在我国得到广泛的应用。

任务四　标准成本法

一、标准成本及其分类

标准成本,是指在正常的生产技术水平和有效的经营管理条件下,企业经过努力应达到的产品成本水平。企业在确定标准成本时,可以根据自身的技术条件和经营水平,在以下类型中进行选择。

(1)理想标准成本。这是一种理论标准,它是指在现有条件下所能达到的最优成本水平,即在生产过程无浪费、机器无故障、人员无闲置、产品无废品等假设条件下制定的成本标准。

(2)正常标准成本,是指在正常情况下,企业经过努力可以达到的成本标准,这一标准考虑了生产过程中不可避免的损失、故障、偏差等。通常来说,理想标准成本小于正常标准成本。由于理想标准成本要求异常严格,一般很难达到,而正常标准成本具有客观性、现实性、激励性等特点。所以,正常标准成本在实践中得到广泛应用。

标准成本法,是指企业以预先制定的标准成本为基础,通过比较标准成本与实际成本,核算和分析成本差异、揭示成本差异动因、实施成本控制、评价成本管理业绩的一种成本管理方法。企业应用标准成本法的主要目标,是通过标准成本与实际成本的比较,揭示与分析标准成本与实际成本之间的差异,并按照例外管理的原则,对不利差异予以纠正,以提高工作效率,不断改善产品成本。

二、标准成本的制定

标准成本包括用量标准和价格标准。用量标准的潜在来源主要有历史经验、工艺研究及生产操作人员的意见。价格标准是生产、采购、人事和会计部门的共同责任。生产部门确定对投入原材料的质量需求；采购部门有责任以最低的价格购买符合质量要求的原材料；人事部门必须考虑采购人员的薪酬和胜任资格；会计部门负责记录价格标准并编制报告，以便将实际业绩与标准进行比较。

产品成本由直接材料、直接人工和制造费用三个项目构成。无论哪个项目的标准成本，都要分别确定其用量标准和价格标准，两者的乘积就是每一成本项目的标准成本，各项目标准成本之和，即单位产品的标准成本。计算公式如下：

单位产品的标准成本＝直接材料标准成本+直接人工标准成本+制造费用标准成本

$$=\sum(\text{用量标准}\times\text{价格标准})$$

（一）直接材料标准成本的制定

直接材料标准成本，是由材料的用量标准和价格标准来确定的。

材料的用量标准也称为材料消耗定额，是生产单位产品所耗用的原料及主要材料的数量。包括构成产品实体的材料和有助于产品形成的材料，以及生产过程中必要的损耗和难以避免的损失所耗用的材料等。

材料的价格标准通常采用企业编制的计划价格。它通常是以订货合同的价格为基础，并考虑到未来物价、供求等各种变动情况后按材料种类分别计算，一般由采购部门、财务部门共同制定。

在制定材料标准成本时，其基本程序是首先分别按材料的种类，逐一确定其在单位产品中的用量标准和价格标准。其次，按材料种类计算各种直接材料的标准成本。最后，汇总得出单位产品的直接材料标准成本。其计算公式为：

$$\text{直接材料标准成本}=\sum(\text{单位产品材料用量标准}\times\text{材料价格标准})$$

【例 9-7】 MD 公司甲产品耗用 A、B、C 三种直接材料，其直接材料标准成本的计算见表 9-15。

表 9-15　甲产品直接材料标准成本

项目	标准		
	A 材料	B 材料	C 材料
用量标准①	3 千克/件	6 千克/件	9 千克/件
价格标准②	45 元/千克	15 元/千克	30 元/千克
标准成本③=①×②	135 元/件	90 元/件	270 元/件
单位产品直接材料标准成本	495 元		

（二）直接人工标准成本

直接人工标准成本是由直接人工用量标准和直接人工价格标准决定的。

直接人工用量标准也称工时用量标准，或称工时消耗定额，是指在企业现有的生产技术条件下，生产单位产品所耗用的必要工作时间，包括对产品直接加工工时、必要的间歇或停工工时，以及不可避免的废次品所耗用的工时等。一般由生产技术部门、劳动人事部门等运用特定的技术测定方法和分析统计资料后确定。

直接人工价格标准即工资率标准，也叫标准工资率，通常由劳动人事部门根据用工情况制定。当采用计时工资时，标准工资率就是小时工资率，由标准工资总额与标准总工时的商来计算。其计算公式为：

标准工资率＝标准工资总额/标准总工时

直接人工标准成本＝工时用量标准×标准工资率

【例9-8】 沿用〔例9-7〕资料，甲产品直接人工标准成本计算见表9-16。

表9-16 甲产品直接人工标准成本

项目	标准
月标准总工时①	15 600 小时
月标准总工资②	168 480 元
标准工资率③＝②-①	10.8 元/小时
单位产品工时用量标准④	1.5 小时/件
直接人工标准成本⑤＝④×③	16.2 元/件

（三）制造费用标准成本

制造费用标准成本是由制造费用用量标准和价格标准两项因素决定的。

制造费用用量标准，也就是工时用量标准，其含义与直接人工用量标准相同。

制造费用价格标准，即标准制造费用分配率。其计算公式为：

标准制造费用分配率＝标准制造费用总额/标准总工时

制造费用标准成本＝工时用量标准×标准制造费用分配率

成本按照其性态分为变动成本和固定成本，所以，制定制造费用标准成本时，也应分别制定变动制造费用标准成本和固定制造费用标准成本。

【例9-9】 沿用〔例9-8〕的资料，甲产品的制造费用标准成本计算见表9-17。

表 9–17　甲产品制造费用标准成本

项目		标准
工时	月标准总工时①	15 600 小时
	单位产品工时用量标准②	1.5 小时/件
变动制造费用	标准变动制造费用总额③	56 160 元
	标准变动制造费用分配率④=③–①	3.6 元/小时
	变动制造费用标准成本⑤=②×④	5.4 元/件
固定制造费用	标准固定制造费用总额⑥	187 200 元
	标准固定制造费用分配率⑦=⑥–①	12 元/小时
	固定制造费用标准成本⑧=②×⑦	18 元/件
单位产品制造费用标准成本⑨=⑤+⑧		23.4 元

【例 9–10】　沿用〔例 9–7〕〔例 9–8〕〔例 9–9〕的资料，计算单位甲产品标准成本。

单位甲产品的标准成本＝直接材料标准成本＋直接人工标准成本＋制造费用标准成本

＝495+16.2+(5.4+18)＝534.6(元)

三、成本差异的计算分析

成本差异是指实际成本与标准成本之间的差额。当实际成本大于标准成本时，形成超支差异；当实际成本小于标准成本时，形成节约差异。企业应用标准成本法的主要目标，是通过标准成本与实际成本的比较，揭示与分析实际成本与标准成本之间的差异，对不利差异予以纠正，以提高工作效率，不断改善产品成本。

从标准成本的制定过程可以得知，任何一项标准成本都取决于用量标准和价格标准两项因素，因此，实际成本偏离标准成本的差异就应从用量差异和价格差异两个方面着手分析。差异的计算公式如下：

总差异＝实际产量下实际成本–实际产量下标准成本

＝实际用量×实际价格–实际产量下标准用量×标准价格

＝(实际用量–实际产量下标准用量)×标准价格+实际用量×(实际价格–标准价格)

＝用量差异+价格差异

用量差异＝(实际用量–实际产量下标准用量)×标准价格

价格差异＝实际用量×(实际价格–标准价格)

(一)直接材料成本差异的计算分析

直接材料成本差异，是指直接材料实际成本与标准成本之间的差额，该项差异可分解为直接材料数量差异和直接材料价格差异。直接材料数量差异，是指在产品生产过程中，直接材料实际消耗量脱离标准消耗量所形成的差异；直接材料价格差异，是指在采购过程中，直接材料实际价格脱离标准价格所形成的差异。有关计算公式如下：

直接材料成本差异＝实际成本－标准成本

＝实际用量×实际单价－标准用量×标准单价

＝直接材料数量差异＋直接材料价格差异

直接材料数量差异＝（实际用量－标准用量）×标准单价

直接材料价格差异＝实际用量×（实际单价－标准单价）

直接材料的耗用量差异形成的原因是多方面的，有生产部门原因，也有非生产部门原因。如产品设计结构、原料质量、工人的技术熟练程度、废品率的高低等，都会导致材料耗用量的差异。材料耗用量差异的责任需要通过具体分析才能确定，但主要应由生产部门承担。

材料价格差异的形成受各种主客观因素的影响，较为复杂，如市场价格、供货厂商、运输方式、采购批量等的变动，都可能导致材料的价格差异。但由于它与采购部门的关系更为密切，所以其差异应主要由采购部门承担责任。

【例 9-11】 沿用〔例 9-7〕的资料，甲产品 A 材料的标准价格为 45 元/千克，用量标准为 3 千克/件。假定企业本月投产甲产品 8 000 件，领用 A 材料 32 000 千克，其实际价格为 40 元/千克。其直接材料成本差异计算如下：

直接材料成本差异＝32 000×40－8 000×3×45＝200 000（元）（超支差异）

其中：

材料用量差异＝（32 000－8 000×3）×45＝360 000（元）（超支差异）

材料价格差异＝32 000×（40－45）＝－160 000（元）（节约差异）

通过计算可知，甲产品本月耗用 A 材料发生 200 000 元的超支差异。由于生产部门耗用材料用量超过标准，导致超支 360 000 元，应查明材料用量超支的具体原因；从材料价格而言，节约了 160 000 元，从而抵消了一部分成本超支。这是采购部门的业绩，应予以表扬。

（二）直接人工成本差异的计算分析

直接人工成本差异，是指直接人工实际成本与标准成本之间的差额，该差异可分解为工资率差异和人工效率差异。工资率差异，是指实际工资率脱离标准工资率形成的差异，计算时按实际工时计算确定；人工效率差异，是指实际工时脱离标准工时形成的差异，计算时按标准工资率计算确定。有关计算公式如下：

直接人工成本差异＝实际成本－标准成本

＝实际工时×实际工资率－标准工时×标准工资率

＝直接人工工资率差异＋直接人工效率差异

直接人工效率差异＝（实际工时－标准工时）×标准工资率

直接人工工资率差异＝实际工时×（实际工资率－标准工资率）

直接人工效率差异是用量差异，其形成原因也是多方面的，工人技术状况、工作环境和设备条件的好坏等，都会影响效率的高低，但其主要责任还是在生产部门。

工资率差异是价格差异，其形成原因比较复杂，工资制度的变动、工人的升降级、加班或临时工的增减等都将导致工资率差异。一般地，这种差异的责任不在生产部门，劳动人事部门更应对其承担责任。

【例 9-12】　沿用〔例 9-8〕的资料，甲产品标准工资率为 10.8 元/小时，工时标准为 1.5小时/件。假定企业本月实际生产甲产品 8 000 件，用工 10 000 小时，实际应付直接人工工资 110 000 元。其直接人工差异计算如下：

直接人工成本差异＝110 000－8 000×10.8×1.5＝－19 600（元）（节约差异）

其中：

直接人工效率差异＝（10 000－8 000×1.5）×10.8＝－21 600（元）（节约差异）

直接人工工资率差异＝（110 000/10 000－10.8）×10 000＝2 000（元）（超支差异）

通过以上计算可知，该产品的直接人工成本总体上节约 19 600 元。其中，人工效率差异节约 21 600 元，但工资率差异超支 2 000 元。工资率超过标准，可能是调用了一部分技术等级和工资级别较高的工人。但也因此提高了效率，使工时耗用由 12 000 小时降低为 10 000 小时，节约工时 2 000 小时，从而最终节约了成本。可见生产部门在生产组织上的业绩是值得肯定的。

（三）变动制造费用成本差异的计算分析

变动制造费用项目的差异，是指变动制造费用项目的实际发生额与变动制造费用项目的标准成本之间的差额，该差异可分解为变动制造费用项目的数量差异和价格差异。变动制造费用项目的数量差异，是指燃料、动力、辅助材料等变动制造费用项目的实际消耗量脱离标准用量的差异；变动制造费用项目的价格差异，是指燃料、动力、辅助材料等变动制造费用项目的实际价格脱离标准价格的差异。变动制造费用项目成本差异的计算和分析原理与直接材料和直接人工成本差异的计算和分析相同。它可以分解为耗费差异和效率差异两部分。其计算公式如下：

变动制造费用成本差异＝总变动制造费用－标准变动制造费用

＝实际工时×实际变动制造费用分配率－标准工时×标准变动制造费用分配率

＝变动制造费用耗费差异＋变动制造费用效率差异

变动制造费用效率差异＝（实际工时－标准工时）×变动制造费用标准分配率

变动制造费用耗费差异＝实际工时×（变动制造费用实际分配率－变动制造费用标准分配率）

其中，效率差异是用量差异，耗费差异属于价格差异。变动制造费用效率差异的形成原因与直接人工效率差异的形成原因基本相同。

【例 9-13】　沿用【例 9-9】的资料，甲产品标准变动制造费用分配率为 3.6 元/小时，工时标准为 1.5 小时/件。假定企业本月实际生产甲产品 8 000 件，用工 10 000 小时，实际发生变动制造费用 40 000 元。其变动制造费用成本差异计算如下：

变动制造费用成本差异=40 000-8 000×1.5×3.6=-3 200(元)(节约差异)

其中:

变动制造费用效率差异=(10 000-8 000×1.5)×3.6=-7 200(元)(节约差异)

变动制造费用耗费差异=(40 000=10 000-3.6)×10 000=4 000(元)(超支差异)

通过以上计算可知,甲产品变动制造费用节约3 200元,这是由于提高效率,工时由12 000小时下降为10 000小时的结果。由于费用分配率由3.6元提高到4元,使变动制造费用发生超支,从而抵消了一部分变动制造费用的节约额。

(四)固定制造费用成本差异的计算分析

固定制造费用项目成本差异,是指固定制造费用项目实际成本与其标准成本之间的差额。其计算公式为:

固定制造费用项目成本差异=固定制造费用项目实际成本-固定制造费用项目标准成本(预算)= 实际工时×实际分配率-标准工时×标准分配率

标准分配率=固定制造费用标准成本总额(预算总额)/预算总工时

由于固定制造费用相对固定,实际产量与预算产量的差异会对单位产品所应承担的固定制造费用产生影响,所以,固定制造费用成本差异的分析有其特殊性,分为两差异分析法和三差异分析法。

1.两差异分析法

两差异分析法是指将总差异分为耗费差异和能量差异两部分。其中,耗费差异是指实际固定制造费用与预算产量下标准固定制造费用之间的差额;而能量差异则是指预算产量下标准固定制造费用与实际产量下标准固定制造费用之间的差额。计算公式如下:

耗费差异=实际固定制造费用预算产量下标准固定制造费用

=实际固定制造费用-标准工时×预算产量×标准分配率

能量差异=预算产量下标准固定制造费用-实际产量下标准固定制造费用

=预算产量下标准工时×标准分配率-实际产量下标准工时×标准分配率

=(预算产量下标准工时-实际产量下标准工时)×标准分配率

【例9-14】 沿用〔例9-9〕的资料,甲产品标准固定制造费用分配率为12元/小时,工时标准为1.5小时/件。假定企业甲产品预算产量为10 400件,实际生产甲产品8 000件,用工10 000小时,实际发生固定制造费用190 000元。其固定制造费用的成本差异计算如下:

固定制造费用成本差异=190 000-8 000×1.5×12=46 000(元)(超支差异)

其中:

耗费差异=190 000-10 400×1.5×12=2 800(元)(超支差异)

能量差异=10 400×1.5×12-8 000×1.5×12=43 200(元)(超支差异)

通过以上计算可知,该企业甲产品固定制造费用超支46 000元,主要是由于生产能力不足,实际产量小于预算产量所致。

2. 三差异分析法

三差异分析法是将两差异分析法下的能量差异进一步分解为产量差异和效率差异,即将固定制造费用成本差异分为耗费差异、闲置能量差异和效率差异三个部分。其中耗费差异的概念和计算与两差异法下一致。相关计算公式为:

耗费差异=实际固定制造费用-预算产量下标准固定制造费用

=实际固定制造费用-预算产量×标准工时×标准分配率

=实际固定制造费用-预算产量下标准工时×标准分配率

闲置能量差异=(预算产量下标准工时-实际产量下实际工时)×标准分配率

效率差异=(实际产量下实际工时-实际产量下标准工时)×标准分配率

【例9-15】 沿用〔例9-14〕的资料,计算其固定制造费用的成本差异:

固定制造费用成本差异=190 000-8 000×1.5×12=46 000(元)(超支差异)

其中:

耗费差异=190 000-10 400×1.5×12=2 800(元)(超支差异)

闲置能量差异=(10 400×1.5-10 000)×12=67 200(元)(超支差异)

效率差异=(10 000-8 000×1.5)×12=-24 000(元)(节约差异)

通过上述计算可以看出,采用三差异法,能够更好地说明生产能力利用程度和生产效率高低所导致的成本差异情况,便于分清责任。

三、标准成本法的评价

标准成本法的主要优点:①能够及时反馈各成本项目不同性质的差异,有利于考核相关部门及人员的业绩;②标准成本的制定及其差异和动因的信息可以使企业预算编制更为科学和可行,有助于企业的经营决策。

标准成本法的主要缺点:①要求企业产品的成本标准比较准确、稳定,在使用条件上存在一定的局限性;②对标准管理要求较高,系统维护成本较高;③标准成本需要根据市场价格波动频繁更新,导致成本差异可能缺乏可靠性,降低成本控制效果。

【复习思考】

一、单选题

1. 下列关于固定制造费用能量差异的说法中,正确的是( )。

   A. 预算产量下标准固定制造费用与实际产量下的标准固定制造费用的差异

   B. 实际产量实际工时未达到预算产量标准工时而形成的差异

   C. 实际产量实际工时脱离实际产量标准工时而形成的差异

   D. 实际产量下实际固定制造费用与预算产量下标准固定制造费用的差异

2. 甲企业生产一种产品,该产品的标准变动制造费用分配率为3元/小时,标准工时为1.5小时/件,假设甲企业本月实际生产该产品10 000件,耗费的总工时为

12 000小时,实际发生的变动制造费用为48 000元。在标准成本法下,当期变动制造费用成本差异是(　　)元。

A. 节约3 000　　B. 超支3 000

C. 节约8 000　　D. 超支8 000

3. 下列作业中属于批别级作业的是(　　)。

A. 针对企业整体的广告活动　　B. 设备调试

C. 产品加工　　D. 新产品设计

4. 下列最适宜作为考核利润中心负责人业绩的指标是(　　)。

A. 边际贡献　　B. 公司利润总额

C. 部门边际贡献　　D. 可控边际贡献

5. 某车间为成本中心,生产甲产品,预算产量为5 000件,单位成本为200元,实际产量为6 000件,单位成本为195元,则预算成本节约率为(　　)。

A. 17%　　B. -2.5%

C. 2.5%　　D. 6%

6. 造成"某期按变动成本法与按完全成本法确定的营业净利润不相等"的根本原因是(　　)。

A. 两种方法对固定制造费用的处理方式不同

B. 两种方法计入当期利润表的固定生产成本的水平不同

C. 两种方法计算销售收入的方法不同

D. 两种方法将销售费用计入当期利润表的方式不同

7. 下列属于产量级作业的是(　　)。

A. 加工零件　　B. 设备调试

C. 生产准备　　D. 产品工艺设计

8. 某产品本期产量为60套,直接材料标准用量为18千克/套,直接材料标准价格为270元/千克,直接材料实际用量为1 200千克,实际价格为210元/千克,则该产品的直接材料用量差异为(　　)元。

A. 10 800　　B. 12 000

C. 32 400　　D. 33 600

9. 在采用变动成本法计算的企业中,单位产品的标准成本不包括(　　)

A. 直接材料　　B. 直接人工

C. 变动制造费用　　D. 固定制造费用

10. 在两差异法下,固定制造费用差异可以分解为(　　)

A. 价格差异和产量差异　　B. 耗费差异和效率差异

C. 能量差异和效率差异　　D. 耗费差异和能量差异

二、多选题

1. 下列关于制定标准成本的说法中,正确的有(　　)。

A. 直接材料的标准单价就是订货合同的价格

B. 产品标准成本通常由直接材料标准成本、直接人工标准成本和制造费用标准成本构成

C. 直接人工的标准工资率，通常由人事部门负责

D. 制造费用的用量标准含义与直接材料用量标准相同

2. 在各项成本差异中，差异形成的原因主要是生产部门责任的有（　　）。

A. 直接材料用量差异　　B. 直接人工工资率差异

C. 直接人工效率差异　　D. 变动制造费用效率差异

3. 下列关于成本动因的表述中，正确的有（　　）。

A. 成本动因是成本对象与其直接关联的作业和最终关联的资源之间的中介

B. 作业动因是引起产品成本变动的驱动因素

C. 成本动因可分为资源动因和生产动因

D. 成本动因可以导致成本的发生

4. 若断定一项作业为增值作业，则必须同时满足的条件有（　　）。

A. 该作业导致了状态的改变

B. 该作业导致了位置的改变

C. 该作业使其他作业得以进行

D. 该状态的变化不能由其他作业来完成

5. 下列各项中，属于非增值成本的有（　　）。

A. 增值作业中因低效率所发生的成本

B. 以完美效率执行增值作业所发生的成本

C. 高效增值作业产生的成本

D. 执行非增值作业发生的成本

6. 根据作业成本管理原理，关于成本节约途径的表述中不正确的是（　　）。

A. 将外购材料交货地点从厂外临时仓库变更为材料消耗车间属于作业选择

B. 不断改进技术降低作业消耗的时间属于作业减少

C. 新产品设计时尽量考虑利用现有其他产品使用的零件属于作业共享

D. 将内部货物运输业务由自营转为外包属于作业选择

7. 下列关于作业成本计算法的说法中，正确的有（　　）。

A. 作业成本计算法基于资源耗费的因果关系进行成本分配

B. 作业成本法以“作业消耗资源、产出消耗作业”为原则

C. 一项作业指的是一项非常具体的业务或活动

D. 根据作业活动耗用资源的情况，将资源消耗分配给作业

8. 某企业生产A产品，月标准总工时为14 400小时，单位产品工时标准为1.2小时/件，标准变动制造费用总额为21 600元，标准固定制造费用总额为187 200元，下列相关计算中，正确的有（　　）。

A. 变动制造费用标准分配率为 1.5 元/小时

B. 变动制造费用标准成本为 1.8 元/件

C. 固定制造费用标准分配率为 13 元/时

D. 固定制造费用标准成本 14.4 元/件

9. 产品标准成本的构成包括(　　)。

A. 直接材料标准成本　　B. 直接人工标准成本

C. 变动制造费用标准成本　　D. 固定制造费用标准成本

10. 下列变动成本差异中,可以从生产过程分析中找出产生原因的有(　　)。

A. 直接人工效率差异　　B. 变动制造费用耗费差异

C. 变动制造费用效率差异　　D. 直接材料价格差异

三、判断题

1. 考虑了生产过程中不可避免的损失、故障、偏差的标准成本是理想标准成本。(　　)

2. 固定制造费用成本差异的三差异分析法是将两差异分析法下的能量差异分解为产量差异和耗费差异。(　　)

3. 对作业和流程的执行情况进行评价时,使用的考核指标可以是财务指标也可以是非财务指标,其中财务指标主要体现在时间、质量、效率三个方面。(　　)

4. 作业消除是指消除增值作业,降低增值成本。(　　)

5. 从作业成本管理的角度来说,增值作业产生的成本都是增值成本,而非增值作业产生的成本都是非增值成本。(　　)

6. 理想标准成本考虑了生产过程中不可避免的损失、故障和偏差,属于企业经过努力可以达到的成本标准。(　　)

7. 成本管理的目的是充分组织企业全体人员,对营运过程的各个环节进行科学管理,力求取得最多的生产成果。(　　)

四、计算分析题

1. ND 公司生产 M 产品,采用标准成本法进行成本管理。月标准总工时为 23 400 小时,月标准变动制造费用总额为 84 240 元。工时标准为 2.2 小时/件。假定乙公司本月实际生产 M 产品 7 500 件,实际耗用总工时 15 000 小时,实际发生变动制造费用 57 000 元。

要求:

(1)计算 M 产品的变动制造费用标准分配率。

(2)计算 M 产品的变动制造费用实际分配率。

(3)计算 M 产品的变动制造费用成本差异。

(4)计算 M 产品的变动制造费用效率差异。

(5)计算 M 产品的变动制造费用耗费差异。

2. 甲公司是专业制造电动自行车配件产品的小型企业,其主要生产电动自行车充电器和电动自行车电机。已知 2022 年 1 月份两种产品的有关成本资料见表 9-18:

表 9-18 A、B 两种材料

产品名称	产量(件)	单位产品直接成本		
		A 材料	B 材料	主要作业直接人工
充电器	100	50	40	50
电机	200	80	30	80

其中,A 材料是次要作业耗用,B 材料由主要作业耗用。由于该企业自动化程度较高,次要作业中不涉及人工费用。由于产品充电器和电机加工流程和部件通用性很高,故两种产品共同使用了四项次要作业。有关资料见表 9-19。

表 9-19 两种产品使用四项次要作业相关资料

作业名称	成本动因	作业成本(元)	生产充电器耗用作业量	生产电机耗用作业量
毛坯铸造	加工次数	4 000	5	15
零件电镀	批次数	4 000	30	10
生产线联动调试	机器小时数	40 000	200	800
机器清理及检修	调整准备次数	2 000	6	4

该企业的主要作业是零部件的组装,最终在不同的组装车间形成充电器和电机。

要求:用作业成本法计算两种产品的单位成本。

3. 某企业生产甲产品,实际产量为 9 600 件,实际工时为 17 280 小时,实际变动制造费用与固定制造费用分别为 88 128 元和 200 000 元。本月预算产量为 8 000 件,工时标准为 1.6 小时/件,标准变动制造费用分配率为 4 元/小时,标准固定制造费用分配率为 6.4 元/小时。

要求:

(1)计算单位产品的变动制造费用标准成本。

(2)计算单位产品的固定制造费用标准成本。

(3)计算变动制造费用效率差异。

(4)计算变动制造费用耗费差异。

(5)运用两差异分析法计算固定制造费用耗费差异和能量差异。

(6)运用三差异分析法计算固定制造费用成本差异,并进行分析。

4. 已知 ND 公司本期有关资料如下:单位直接材料成本 20 元,单位直接人工成本 10 元,单位变动性制造费用 14 元,固定性制造费用总额 8 000 元,单位变动性销售与管理费用 8 元,固定性销售与管理费用 2 000 元。期初存货为零,本期生产量 2 000 件,销售量 1 200件,单位售价 80 元。

要求：分别按照两种成本法的有关公式计算下列指标：①单位产品成本；②期间成本；③销货成本；④营业利润。

五、案例思考题

国家电网生产运营作业标准成本体系建设与应用

国家电网有限公司(以下简称国家电网)肩负着服务国民经济发展用电需求的重要责任。“碳达峰、碳中和”目标的提出、新型电力系统建设的加快推进，客观上要求电网企业加大投入，加强成本精益管理，提高成本投入产出效能。国家电网立足电网企业生产运营特点，综合应用标准成本法和作业成本法，对标准成本实施作业化改造，以“四个典型”(典型资产、典型设备、典型项目、典型作业)逐层穿透为链路，以生产运营活动为主线，将所有活动分解、细化、统一为16万项作业，为开展同级电网企业成本横向对标、同类设备不同厂商比选、项目可行性研究评审、单个经营主体投入产出效能评估奠定坚实基础，助力企业提高成本管理和生产运营管理的精益化水平。

一、作业标准成本体系搭建

国家电网作业标准成本以电网企业的业务活动规律、规程、规定为依据，逐步逐层分解，进而确定单项资产所涉及的作业类型、数量，然后根据测算的单项作业成本定额，反向汇聚形成单项资产的标准成本，主要方法为“选、测、汇、比、引”五步法。

(一)“选”典型

从电网典型资产入手搭建标准成本体系，贯通“典型资产—典型设备—典型项目—典型作业”链路，实现以点带面、事半功倍。

(1)典型资产。根据电压等级、资产性质等属性进行划分。以输变电资产为例，国家电网选取了31类典型资产，110 kV GIS变电站就是其中的一类(以下都以此为例进行说明)。

(2)典型设备。明确典型资产所含设备的种类、型号和数量，并选取实际业务场景中使用最广泛的案例作为典型。例如：目前公司系统110 kV GIS户内变电站配置2台主变压器的配置占比较高，因此选取2台主变、室内布置GIS设备的变电站样本作为典型设备。

(3)典型项目。根据业务规程，明确针对典型设备开展的业务项目，例如：110 kV GIS主变压器包括3类典型检修项目，即综合检修、分项检修、电气试验。

(4)典型作业。在项目基础上进一步细分作业，例如：上述分项检修项目的变压器检修中可再细分为变压器干燥、加放油、绕组检修、铁芯检修、吊罩检修等30项明细作业。至此，国家电网将电网企业最主要的输变电资产逐层拆解，从一个变电站/一段输电线路拆解至所属的设备/材料和底层检修作业，构建起单一输变电资产可展开至设备的运维检修业务作业库。

(二)“测”作业

针对选取的典型，以生产工艺、技术规程为基础，根据人工、材料、机械台班的消耗量和市场价格水平，测算各项明细作业成本定额。根据技术测定法和科学计算法计量，具体方法如下：人工费 = $\sum$（各类型人工单价×相应的工日）；材料费 = $\sum$（各类型材料单价×相应消耗量）；机械台班费 = $\sum$（各类型机械台班单价×相应台班消耗量）；单项检修作业费用 = 人工费+材料费+机械台班费。

例如：110 kV 变压器绕组检修作业主要是检查相间隔板、围屏、油道、垫块等设备及检测绝缘状态。通过测算单次作业消耗的人工费、材料费、机械台班费和作业频次，测定本项作业的平均年成本。

（三）"汇"资产

在作业定额的基础上，根据每年频次、业务外包情况，汇总计算每项作业的年度成本定额，再根据"四个典型"的链路，汇总典型资产的年度成本定额，测算单位典型资产的成本标准。最终得到单个变电站开展典型检修作业的成本标准（万元/站·年）。即：典型资产年度运维检修费用 = $\sum$（各类检修项目年度单价×频次）。

（四）"比"差异

对比分析典型与非典型以及地域、地形等客观差异，通过设置调整系数等方式，对成本标准进行优化平衡，增强标准成本的通用性和适用性。例如：在测算 110 kV GIS 变电站成本标准时，将典型资产（2 台主变压器）系数设为 1，对含有 1 台、3 台、4 台主变压器的变电站分别测算折算系数；输电方面，根据国家能源局规范，将地形分为平地、丘陵、山地三档，以平地为典型，测定丘陵、山地的调整系数。

（五）"引"参数

在成本标准的基础上，引用基层好填报、总部好审核的业务量参数，计算形成标准成本规模（单位资产标准成本×业务量）。例如：各省公司上报各个电压等级各类型变电站的数量和主变台数、在各类地形上的架空输电线路长度，乘以相应的调整系数和标准成本，最终测得这两类资产的年度检修成本规模。

二、作业标准成本体系应用

作业标准成本体系为国家电网成本管理立"标杆"、业财贯通提供可衔接标杆的成本数据基础，深化应用是在两者基础上，将作业标准成本的管控作用从预算编制延伸至成本使用、分析、评价等多个层面，反馈至管理决策，最终完成成本管理的闭环。

（一）深化财务应用维度，优化成本管理

1. 推行零基预算管理

建立包括各级电网变电站数量、设备容量、输电线路长度、人员数量、人员结构、客户数量等信息在内的业务参数库。编制年度预算前，从各业务部门、省公司收集相关参数信息、审核汇总，并据此结合成本标准测算形成成本预算，消除年度间不合理因素和波动的影响，减少不同部门、不同层级单位之间的博弈，提高编制预算的科学性和合理性。

2. 科学合理分配成本

依托作业标准成本体系，统筹资源调配，集中投向落实党中央国务院重点任务、保供电保安全保民生等方面，并逐层分配到具体单位、具体专业。根据审定的各省公司业务参数编制形成标准成本预算，再结合各省公司申请特殊事项（如冬奥会等），予以追加相应专项成本，形成该单位的年度成本预算规模。各省公司根据国家电网下达的年度成本预算规模，依托本地化的作业标准成本体系和生产经营实际，进一步将成本预算指标逐级向下分配至市（县）公司，市（县）公司结合分配的成本预算各专业条线实际，落实到生产一线班组，并与生产一线班组的检修计划等相匹配，作为项目预算控制的依据。

3. 强化成本执行控制

财务部门深化业财融合，贯通业务信息系统与财务信息系统，将成本预算分配下达至各基层单位和专业，通过财务信息系统汇集、分析成本执行情况，多维展示成本发生情况，并在财务信息系统中设置控制开关，当业务预算或单位预算接近临界值时自动触发警示，超过预算的不予通过审核，实现“无预算不开支、有预算不超支”。业务部门通过业务信息系统同步财务价值信息，结合项目预算管理，对主网变电检修、主网变电运行、主网线路检修运维、配网检修运维、通信及调度自动化检修运维、营销检修运维成本、信息系统运维费等实施业务控制。生产一线单位和班组全面推行作业管理，统一规范成本管理、作业管理的术语和要求，以实际生产作业促进成本精益化管理，以成本管理促进实际生产作业效率提升。

（二）构建业务应用场景，开展效益评价

业务应用场景主要包括：建立基于电网生产经营实际业务、面向不同层级反映各单位经营与成本管控状况的数据平台，实现对成本数据的精准、快速分析；针对各级管理单元，考虑人财物等资源配置和料工费使用效率，发挥作业标准成本标杆作用，建立差异分析评价机制，促进内部挖潜、价值创造。

1. 成本分析层

根据公司标准成本体系结构（资产层、设备层、作业层），对三个层级实际成本与标准成本的差异进行比对，反映出业务、管理、技术等不同层面的异常情况和发展变化，便于锁定问题、从业务源头追溯原因。

2. 业务执行层

基于“设备—作业—项目”的成本关联底层信息，形成各层级的成本水平，支撑执行层多维成本统计分析，准确形成单体设备全寿命周期成本以及各设备类型、各类作业、各类项目合理成本水平，支撑检修项目可行性研究和经济性科学评审。

3. 管理分析层

一是设备选型分析，基于同类设备的缺陷率、厂家、检修成本水平，进行供应商综合评价，支撑设备采购优选。二是服务采购方式优化，基于典型作业成本的合理区间，推动外包业务采购从传统总包定额计价模式向市场化工程量清单计价模式转变。三是科学制定检修策略，基于设备进行技改、检修不同方案的全寿命周期成本（LCC），进行项目检修策略优选；提高设备状态评价技术，支撑检修策略从周期检修向状态检修转变。

4. 评价决策层

根据基于成本信息单元的“设备+作业”维度的明细成本，选取设备对应的站线、台区关键信息，可以直接将单体设备成本归集到相关的站线、台区成本，明确单个变电站、单条线路、单个配电台区的具体成本，结合其他系统的成本投入、关口过电量、可靠性、质量指标值，实现按规模（如容量、输电线路长度、售电量等）等维度进行各变电站、线路、台区的投入产出比对分析。

三、作业标准成本体系场景应用举例

笔者拟以基于设备全寿命周期成本的供应商评价为例，介绍作业标准成本的具体应用。设备供应商的选择，不仅要考虑设备购置价格等一次性投入，还应考虑设备运行质量、检修成本等持续性投入。甲供电公司通过赋值的方式量化设备质量，匹配不同运行年限的检修运维成本，归集设备全寿命周期成本，为采购提供依据，有助于提升入网设备质量，提高资产精益管理水平。

该场景涉及初始购置成本、检修运维成本、退役处置收入三项指标。初始投资成本采用近5年采购金额的平均值，退役处置收入采用近5年退役处置金额的平均值。检修运维成本是将每一台设备发生的作业类型及频次，匹配作业标准成本定额计算出该设备发生的检修运维成本总和，再采用年限赋值法计算每台设备、每年度检修运维费，作为比较的基础。赋值系数根据我国电力行业电力变压器标准化技术《电力变压器检修导则》（DL/T 573—2010），结合业务部门对评价结果的反复验证，综合得出赋值曲线。甲供电公司以110kV变压器为例，利用赋值系数对变压器的检修运维成本进行调整（表9-20所示），并根据全寿命周期成本测算结果，按照年均使用成本将供应商进行排序（表9-21所示），为采购提供数据支持。

表9-20　综合赋值后检修运维成本

供应商名称	运行年度	检修运维成本（元）	检修费赋值系数表	检修费赋值运维成本（元）	赋值后平均检修成本（元）
A变压器公司	7	99 538	1.78	176 885	128 604
	17	96 900	0.83	80 300	
B变压器公司	6	58 101	1.99	116 172	60 038
	7	26 556	1.78	47 192	
	8	20 767	1.58	32 903	
	10	34 765	1.26	43 887	
C电力设备公司	7	10 726	1.78	19 062	55029
	8	57 433	1.58	90 996	
……	……	……	……	……	……

表 9-21　110 kV 变压器供应商排名情况表

序号	供应商名称	赋值后检修成本(元)	初始投资(元)	年均使用成本(元)	排名
1	D 变压器有限公司	19 062	2 717 949	109 661	1
2	B 变压器有限公司	60 039	2 010 774	127 065	2
3	E 电器有限公司	67 213	2 036 341	135 091	3
4	F 变压器有限公司	96 920	1 763 074	155 689	4
5	C 电力设备公司	55 029	3 680 798	177 723	5
6	A 变压器有限公司	128 604	2 075 283	197 780	6
7	G 变压器有限公司	169 480	2 136 423	240 694	7
8	H 电力设备有限公司	330 941	1 880 436	393 622	8

四、成效

(1)建立了覆盖三类费用(料、工、费)、四类业务(检修、营销、运营、专项)、五级机构(省、市、县、所、班组)、四个层级(资产、设备、项目、作业)、16 万项微观业务活动的电网企业生产运营作业化标准成本体系,实现了“标杆管理”。

(2)依托标准成本融合业财系统,贯通了电力运维检修系统、营销服务系统、物资管理系统、车辆管理系统等与财务系统的管理和价值信息,实现了业务、财务信息深层联动和共享。

(3)夯实了电网企业投入、产出评价基础,实现了对微观经营单元(供电所、班组等)价值贡献的客观评价,助力资源精准匹配,有效激励生产一线提升管理质效。

(来源:《财务与会计》)

项目十 预算管理

【知识目标】

1. 熟悉预算管理的含义、原则、工具方法、应用环境等基本知识。
2. 掌握预算的类型及编制的方法。
3. 理解预算管理的重要意义和作用。

【能力目标】

1. 能充分认识预算管理的重要作用。
2. 能基本胜任预算管理机构设置和体系构建的工作。
3. 能通过学习预算的编制，正确地收集资料并科学地编制预算。

【素质目标】

1. 全面细致地做好预算管理，兼顾各方利益实现企业与社会不同群体和谐发展。
2. 树立全面预算管理的理念，利用多种预算方式提高企业预算管理的效率。

【案例引入】

党的十八大以来，中国特色社会主义进入新时代，预算管理制度改革开启了新篇章。2013 年，《中共中央关于全面深化改革若干重大问题的决定》明确提出深化财税体制改革的总目标。2017 年，党的十九大提出建立全面规范透明、标准科学、约束有力的预算制度，全面实施绩效管理，这是基于新时代社会主要矛盾变化提出的新要求。党的二十大报告要求"健全现代预算制度"，为全面建设社会主义现代化国家提供制度保障。十年来，预算支出标准、中期财政规划、预算绩效管理等一系列行之有效的改革不断扎实推进，现代预算制度的主体框架基本确立，有力推动了国家治理体系和治理能力现代化。

（马蔡琛，白铂：《中国财政》）

任务一　预算管理认知

一、预算管理的含义

预算管理，是指企业以战略目标为导向，通过对未来一定期间内的经营活动和相应的财务结果进行全面预测和筹划，科学、合理地配置企业各项财务和非财务资源，并对执行过程进行监督和分析，对执行结果进行评价和反馈，指导经营活动的改善和调整，进而推动企业战略目标实现的管理活动。通过预算管理领域与管理会计其他领域应用的管理会计工具方法的整合，预算管理将发挥巨大的作用，有效提升企业的经营管理水平和经营业绩效益。

二、预算管理的内容

预算管理的内容主要包括经营预算、专门决策预算和财务预算。

（一）经营预算

经营预算，也称业务预算，是指与企业日常业务直接相关的一系列预算，包括销售预算、生产预算、采购预算、费用预算、人力资源预算等。

（二）专门决策预算

专门决策预算，是指企业重大的或不经常发生的、需要根据特定决策编制的预算，包括投融资决策预算等。

（三）财务预算

财务预算，是指与企业资金收支、财务状况或经营成果等有关的预算，包括资金预算、预计资产负债表、预计利润表等。

三、预算管理的原则

企业进行预算管理，一般应遵循以下原则。

（一）战略导向原则

预算管理应围绕企业的战略目标和业务计划有序开展，引导各预算责任主体聚焦战略、专注执行、达成绩效。

(二)过程控制原则

预算管理应通过及时监控、分析等,把握预算目标实现的进度并实施有效的评价,对企业经营决策提供有效支撑。

(三)融合性原则

预算管理应以业务为先导、以财务为协同,将预算管理嵌入企业经营管理活动的各个领域、层次、环节。

(四)平衡管理原则

预算管理应平衡长期目标与短期目标、整体利益与局部利益、收入与支出、结果与动因等关系,促进企业可持续发展。

(五)权变性原则

预算管理应注意刚性与柔性相结合,既强调预算对经营管理的刚性约束,又可根据内外环境的重大变化调整预算,并针对例外事项进行特殊处理。

四、预算管理的应用环境

企业实施预算管理的基础环境包括战略目标、业务计划、组织架构、内部管理制度、信息系统等。企业应按照战略目标,确立预算管理的方向、重点和目标。企业应将战略目标和业务计划具体化、数量化作为预算目标,促进战略目标落地。为了保障预算目标的达成,预算管理各环节应协调衔接、畅通高效。为此,企业可设置专门的组织机构,监督、执行预算管理工作。

健全企业预算组织领导与运行体制,是为了防止预算管理松散、随意。预算编制、执行、考核等各环节流于形式,是预算管理的作用得不到有效发挥的关键。企业应当加强预算工作的组织领导,明确预算管理体制以及各预算执行单位的职责权限、授权批准程序和工作协调机制。企业在构建预算管理体制、设置预算管理机构时,应遵循合法科学、高效有力、经济适度、全面系统、权责明确等基本原则,一般应具备预算管理决策机构、预算管理工作机构和预算执行单位三个层次的基本架构。

(一)预算管理决策机构

企业应当设立预算管理委员会,作为专门履行预算管理职责的决策机构。预算管理委员会成员由企业负责人及内部的相关部门负责人组成,总会计师或分管会计工作的负责人应当协助企业负责人负责企业预算管理工作的组织领导。具体而言,预算管理委员会一般由企业负责人(董事长或总经理)任主任,总会计师(或财务总监、分管财会工作的副总经理)任副主任,其成员一般还包括各副总经理、主要职能部门(财务、战略发展、生产、销售、投资、人力资源等部门)负责人和分(子)公司负责人等。

预算管理委员会的主要职责一般包括:

(1)制定颁布企业全面预算管理制度,包括预算管理的政策、措施、办法、要求等。

(2)根据企业战略规划和年度经营目标,拟订预算目标,并确定预算目标分解方案、预算编制方法和程序。

(3)组织编制、综合平衡预算草案。

(4)下达经批准的正式年度预算。

(5)协调解决预算编制和执行中的重大问题。

(6)审议预算调整方案,依据授权进行审批。

(7)审议预算考核和奖惩方案。

(8)对企业全面预算总的执行情况进行考核。

(9)其他全面预算管理事宜。

(二)预算管理工作机构

由于预算管理委员会一般为非常设机构,企业应当在该委员会下设立预算管理工作机构,由其履行预算管理委员会的日常管理职责。预算管理工作机构一般设在财会部门,其主任一般由总会计师(或财务总监、分管财会工作的副总经理)兼任,工作人员除了财务部门人员外,还应有计划、人力资源、生产、销售、研发等业务部门人员参加。

预算管理工作机构的主要职责一般包括:

(1)拟订企业各项全面预算管理制度,并负责检查落实预算管理制度的执行。

(2)拟订年度预算总目标分解方案及有关预算编制程序、方法的草案,报预算管理委员会审定。

(3)组织和指导各级预算单位开展预算编制工作。

(4)预审各预算单位的预算初稿,进行综合平衡,并提出修改意见和建议。

(5)汇总编制企业全面预算草案,提交预算管理委员会审查。

(6)跟踪、监控企业预算执行情况。

(7)定期汇总、分析各预算单位预算执行情况,并向预算管理委员会提交预算执行分析报告,为委员会进一步采取行动拟定建议方案。

(8)接受各预算单位的预算调整申请,根据企业预算管理制度进行审查,集中制订年度预算调整方案,报预算管理委员会审议。

(9)协调解决企业预算编制和执行中的有关问题。

(10)提出预算考核和奖惩方案,报预算管理委员会审议。

(11)组织开展对企业二级预算执行单位[企业内部各职能部门、所属分(子)公司等,下同]预算执行情况的考核,提出考核结果和奖惩建议,报预算管理委员会审议。

(12)预算管理委员会授权的其他工作。

(三)预算执行单位

预算执行单位是指根据其在企业预算总目标实现过程中的作用和职责划分的,承担一定经济责任,并享有相应权利的企业内部单位,包括企业内部各职能部门、所属分(子)

公司等。企业内部预算责任单位的划分应当遵循分级分层、权责利相结合、责任可控、目标一致的原则，并与企业的组织机构设置相适应。根据权责范围，企业内部预算责任单位可以分为投资中心、利润中心、成本中心、费用中心和收入中心。预算执行单位在预算管理部门(指预算管理委员会及其二作机构，下同)的指导下，组织开展本部门或本公司全面预算的编制工作，严格执行批准下达的预算。

各预算执行单位的主要职责一般包括：

(1)提供编制预算的各项基础资料。

(2)负责本单位全面预算的编制和上报工作。

(3)将本单位预算指标层层分解，落实至各部门和各岗位。

(4)严格执行经批准的预算，监督检查本单位预算执行情况。

(5)及时分析、报告本单位的预算执行情况，解决预算执行中的问题。

(6)根据内外部环境变化及企业预算管理制度，提出预算调整申请。

(7)组织实施本单位内部的预算考核和奖惩工作。

(8)配合预算管理部门做好企业总预算的综合平衡、执行监控、考核奖惩等工作。

(9)执行预算管理部门下达的其他预算管理任务。

各预算执行单位负责人应当对本单位预算的执行结果负责。

企业全面预算管理组织体系的基本架构如图 10-1 所示。

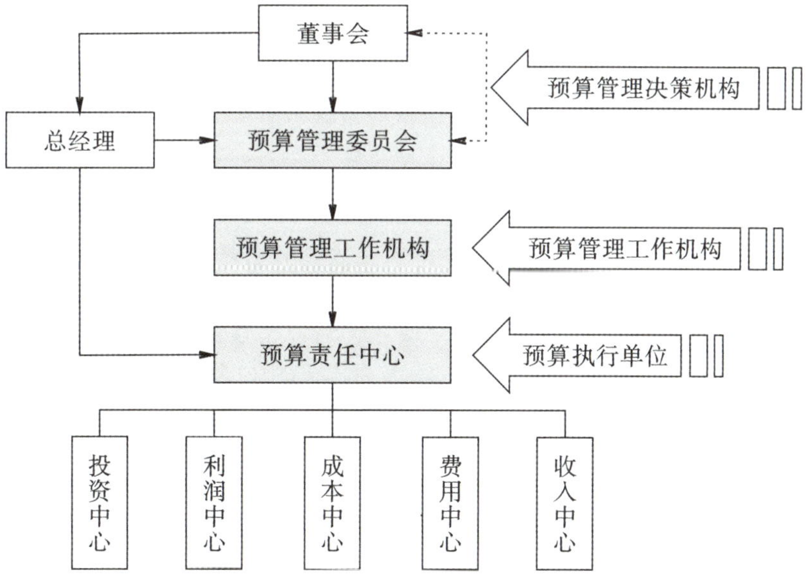

图 10-1　全面预算管理组织体系基本架构图

【德技并举】

立足谱写全面建设社会主义现代化国家崭新篇章，充分认识健全现代预算制度的重大意义

预算体现党和国家的意志，服务保障党和国家的重大方针、重大方略、重大决策、重大工作。经过党的十八大以来的改革，我国现代预算制度基本确立。党的二十大要求健全现代预算制度，这是党中央立足国情、着眼全局、面向未来的重大部署，现代预算制度建设迈上新征程。

（一）健全现代预算制度是实现新时代新征程目标任务的重要举措。党的二十大从新的时代条件出发，针对我国改革发展面临的新形势新任务，从战略全局上对党和国家事业作出规划和部署，向全面建设社会主义现代化强国、实现第二个百年奋斗目标迈进。当前，世界百年未有之大变局加速演进，我国发展需要应对的风险和挑战、需要解决的矛盾和问题更加错综复杂。作为党执政的重要资源，现代预算必须准确把握新的战略机遇、新的战略任务、新的战略阶段、新的战略要求、新的战略环境，以新发展理念为引领，更加体现时代性、法治性、透明性、科学性、开放性、安全性，支持加快构建新发展格局，实现高质量发展。

（二）健全现代预算制度是推进中国式现代化的重要保障。党的二十大提出，以中国式现代化全面推进中华民族伟大复兴。与产生于资本主义制度的西方式现代化相比，中国式现代化坚持中国共产党的领导，基于我国社会主义制度而形成，既有各国现代化的共同特征，更有基于自己国情的中国特色。现代预算制度是中国特色社会主义制度的重要组成部分，必须与中国式现代化相适应，立足社会主要矛盾，着力解决发展不平衡不充分问题，发挥预算在资源配置、财力保障等方面的重要作用，补短板、强弱项、固底板、扬优势，更好满足人民日益增长的美好生活需要，更好推动人的全面发展、社会全面进步。

（三）健全现代预算制度是构建高水平社会主义市场经济体制的重要支撑。党的二十大提出，构建高水平社会主义市场经济体制，充分发挥市场在资源配置中的决定性作用，更好发挥政府作用。预算作为宏观经济治理工具，根据社会主义市场经济体制要求和宏观调控目标，引导优化市场资源配置，推动有效市场和有为政府结合。现阶段预算统筹力度、预算控制和约束、财政资源使用等方面还存在不足，深化和拓展预算制度改革成果，必须坚持社会主义市场经济改革方向，盯住重点领域和关键环节发力，进一步提高宏观经济治理能力，为更好理顺政府和市场关系、构建高水平社会主义市场经济体制提供支撑。

（来源：人民日报）

任务二 预算的编制方法与程序

一、预算编制方法

企业一般按照分级编制、逐级汇总的方式，采用自上而下、自下而上、上下结合或多维度相协调的流程编制预算。预算编制流程与编制方法的选择应与企业现有管理模式相适应。常见的预算编制方法主要包括增量预算法与零基预算法、固定预算法与弹性预算法、定期预算法与滚动预算法。

(一)增量预算和零基预算

按预算编制的基础不同，有增量预算和零基预算之分。

1. 增量预算

(1)增量预算，是指以历史期实际经济活动及其预算为基础，结合预算期经济活动及相关影响因素的变动情况，通过调整历史期经济活动项目及金额形成预算的预算编制方法。

(2)增量预算方法源于以下假定：①企业现有的业务活动是合理、必需的，不需要进行调整；②企业现有各项业务的开支水平是合理的，在预算期予以保持；③以现有的业务活动和各项活动的开支水平，确定预算期内各项活动的预算数。

(3)优点主要有：①预算编制工作量较少，可以避免各项生产经营业务和日常各级各部门的各项管理工作产生剧烈的波动；②预算是稳定和上升的，容易实现协调预算，管理难度小；③系统相对容易操作和理解。缺点是：①可能导致保护落后，造成浪费。由于该方法对原有项目不需要进行调整，使原来不合理的费用支出继续存在，导致预算上的浪费；②滋长预算中的“平均主义”和“简单化”。由于预算只增不减，不利于调动各部门降低费用的积极性，产生争预算搞大锅饭的问题；③对创新创造预算不予考虑，不利于企业未来的发展。

【例 10-1】 MD 加油站人员包括站长、加油员、计量员、核算员和后勤员。加油站 20×2 年编制职工薪酬预算，其职工薪酬支出按照固定工资加奖金提成计算，具体人员编制和职工薪酬增量预算编制见表 10-1。

表 10-1　人员编制和职工薪酬预算表

项目	编制数量	20×1 年人工薪酬实际数/元	20×2 年人工薪酬预算数/元	涨幅说明
站长	1	100 000	104 000	每年共计上涨 4 000 元
加油员	6	400 000	420 000	每年共计上涨 20 000 元
计量员	1	70 000	73 000	每年共计上涨 3 000 元
核算员	1	60 000	62 500	每年共计上涨 2 500 元
后勤员	1	50 000	52 500	每年共计上涨 2 500 元
合计	10	680 000	712 000	每年合计上涨 32 000 元

2. 零基预算

(1)零基预算是相对于增量预算的一种预算编制方法。零基预算,是指企业不以历史期经济活动及其预算为基础,以零为起点,从实际需要出发分析预算期经济活动的合理性,经综合平衡,形成预算的预算编制方法。

(2)企业应用零基预算工具方法编制预算,一般按照明确预算编制标准、制订业务计划、编制预算草案、审定预算方案等程序进行。

首先,企业应搜集和分析对标单位、行业等外部信息,结合内部管理需要形成企业各预算项目的编制标准,并在预算管理过程中根据实际情况不断分析评价、修订完善预算编制标准。

其次,预算编制责任部门应依据企业战略、年度经营目标和内外环境变化等安排预算期经济活动,在分析预算期各项经济活动合理性的基础上制订详细、具体的业务计划,作为预算编制的基础。

再次,预算编制责任部门应以相关业务计划为基础,根据预算编制标准编制本部门相关预算项目,并报预算管理责任部门审核。

最后,预算管理责任部门应在审核相关业务计划合理性的基础上,逐项评价各预算项目的目标、作用、标准和金额等,按战略相关性、资源限额和效益性等进行综合分析和平衡,汇总形成企业预算草案,上报企业预算管理委员会等专门机构审议后报董事会等机构审批。

(3)零基预算的主要优点有:①以零为起点编制预算,不受历史期经济活动中的不合理因素影响,能够灵活应对内外环境的变化,预算编制更贴近预算期企业经济活动需要;②有助于增加预算编制透明度,有利于进行预算控制。主要缺点有:①预算编制工作量较大、成本较高;②预算编制的准确性受企业管理水平和相关数据标准准确性影响较大。

【例 10-2】　MD 企业开展增收节支活动,拟对历年超支严重的业务招待费、劳动保护费、办公费、广告宣传费、保险费等费用按照零基预算方法编制预算。经过多次讨论研究,预算编制人员确定 20×2 年预算开支水平,见表 10-2。

表 10-2　20×2 年度预算情况及开支情况表

序号	费用项目	开支金额/元
1	业务招待费	180 000
2	劳动保护费	150 000
3	办公费	110 000
4	广告宣传费	300 000
5	保险费	140 000
6	合计	880 000

经过充分论证，表 10-2 中劳动保护费、办公费、保险费属于不可避免的约束性固定成本，应列为第一层次予以全额保证，金额 400 000 元。业务招待费和广告宣传费属于酌量性固定成本，可根据企业的财务状况适当调整，列为第二层次。根据成本—效益分析，业务招待费的成本/效益比为 1∶4，广告宣传费的成本/效益比为 1∶6，广告宣传费优先于业务招待费予以考虑。

假定企业对上述费用可动用的财力资源只有 720 000 元，根据以上排列的层次和顺序分配资源，最终落实的预算金额如下：

确定不可避免项目的预算金额＝150 000+110 000+140 000＝400 000（元）

确定可分配的资金数额＝720 000−400 000＝320 000（元）

按成本/效益比重将可分配的资金数额在业务招待费和广告宣传费之间进行分配：

业务招待费可分配的预算金额＝320 000×4/（4+6）＝128 000（元）

广告宣传费可分配的预算金额＝320 000×6/（4+6）＝192 000（元）

（二）固定预算和弹性预算

按预算与业务量的关系不同，有固定预算和弹性预算之分。

1. 固定预算

固定预算又称为静态预算，是根据预算期内正常的、可实现的某一固定的业务量水平作为唯一基础来编制的预算。

固定预算是最传统、最基本的预算编制方法，其优点是简便易行，但过于机械呆板、可比性较差。一般来说，固定预算只适用于业务量水平较为稳定的企业或非营利组织。

【例 10-3】　MD 公司只生产一种产品，销售单价为 200 元，预算年度内 4 个季度的销售量分别为 300 件、600 件、400 件和 450 件。根据以往经验，销货款在当季可收到 70%，其余部分在下一个季度收到。预计预算年度第 1 季度可收回上年第 4 季度的应收账款 16 000 元。根据以上资料，首先编制销售预算表，见表 10-3。

表 10-3 销售预算表

20×2 年 单位:元

项目	第 1 季度	第 2 季度	第 3 季度	第 4 季度	全年
预计销售量/件	300	600	400	450	1 750
销售单价	200	200	200	200	200
预计销售额	60 000	120 000	80 000	90 000	350 000

根据销售预算、前期应收账款的收回及预计收到当期销货款的情况,编制出的预计现金收入计算表见表 10-4。

表 10-4 预计现金收入计算表

20×2 年 单位:元

项目	第 1 季度	第 2 季度	第 3 季度	第 4 季度	全年
预计销售额	60 000	120 000	80 000	90 000	350 000
收到上季应收账款	18 000	18 000	6 000	24 000	96 000
收到本季应收账款	42 000	84 000	56 000	63 000	245 000
现金收入小计	60 000	102 000	92 000	87 000	341 000

2. 弹性预算

弹性预算又称为动态预算,是依据业务量、成本和利润之间的依存关系,按照预算期可预见的一系列业务量水平编制的预算。在企业经营过程中,由于市场等因素的影响,预算期尚未确定各项指标,如销售量、售价以及各种变动成本费用等,都可能发生变化,固定预算就失去了适用的土壤。

弹性预算是充分考虑预算期各预定指标可能发生的变化而编制的能适应各预定指标不同变化情况的预算,从而使得预算对企业在预算期内实际情况的把握更加具有针对性。弹性预算一方面能够适应不同经营活动情况的变化,扩大了预算的业务量范围,能更好地发挥预算的控制作用,避免了在实际情况发生变化时频繁地调整预算;另一方面能够使预算对实际执行情况的评价与考核建立在更加客观、可比的基础上。但弹性预算在评价和考核实际成本时,实际业务量预算成本的计算工作量大且较为麻烦。一般来说,弹性预算比较适用于随业务量变化而变化的各预算项目,如成本预算和利润预算。

【例 10-4】 MD 公司生产 A 种产品,销售单价为 210 元,单位变动成本为 80 元,固定成本总额为 46 600 元。公司充分考虑预算期产品销售量变动发生变化的可能情形,因而分别编制出销售量为 1 550 件、1 650 件、1 750 件、850 件和 1 950 件时的单性利润预算表,见表 10-5。

表 10-5 利润预算表

20×2 年 单位:元

项目	情形 1	情形 2	情形 3	情形 4	情形 5
销售量/件	1 550	1 650	1 750	1 850	1 950
销售收入	310 000	330 000	350 000	370 000	390 000
减:变动成本总额	124 000	132 000	140 000	148 000	156 000
边际贡献	186 000	198 000	210 000	222 000	234 000
减:固定成本总额	46 600	46 600	46 600	46 600	46 600
营业利润总额	139 400	151 400	163 400	175 400	187 400

(三)定期预算和滚动预算

按预算期间是否变动,有定期预算和滚动预算之分。

1. 定期预算

定期预算是以固定不变的会计期间(如年度、季度、月度)作为预算期间而编制的预算。其优点是保证预算期间与会计期间在时期上配比,便于依据财务报告的数据与预算进行比较,考核和评价预算的执行结果。但因预算期间固定不变,不利于前后各个期间的预算衔接,定期预算不能适应连续不断的业务活动过程的预算管理。

2. 滚动预算

滚动预算又称为连续预算或永续预算,是指企业根据上一期预算执行情况和新的预测结果,按既定的预算编制周期和滚动频率,对原有的预算方案进行调整和补充,逐期滚动、持续推进的预算编制方法。滚动频率,是指调整和补充预算的时间间隔,一般以月度、季度、年度作为滚动频率。企业应研究外部环境变化,分析行业特点、战略目标和业务性质,结合企业管理基础和信息化水平,确定预算编制的周期和预算的滚动频率。

滚动预算的主要优点:通过持续滚动预算编制、逐期滚动管理,实现动态反映市场、建立跨期综合平衡,从而有效指导企业营运,强化预算的决策与控制职能。滚动预算的主要缺点:①预算滚动的频率越高,对预算沟通的要求越高,预算编制的工作量越大;②过高的滚动频率容易增加管理层的不稳定感,导致预算执行者无所适从。

【例 10-5】 MD 公司滚动预算期为 1 年,每执行完 1 个月后,就要将这个月的经营成果与预算数相比,从中找出差距及原因,并据此对剩余 11 个月的预算进行调整,同时增加 1 个月的预算,使新的预算期仍旧保持为 1 年。该滚动预算的示例如图 10-2 所示。

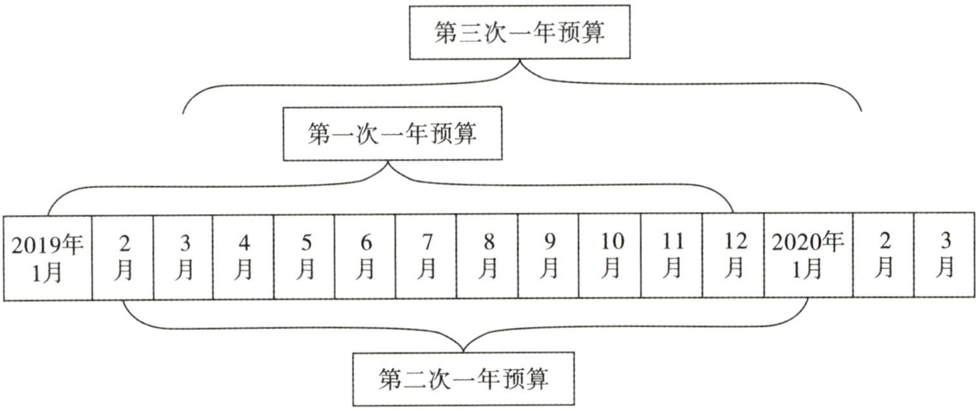

图 10-2　滚动预算示意图

二、预算编制程序

企业全面预算业务的基本流程一般包括预算编制、预算执行和预算考核三个阶段。

(一)预算编制阶段

1. 预算编制方式

企业一般按照分级编制、逐级汇总的方式,采用自上而下、自下而上、上下结合或多维度相协调的流程编制预算。预算编制流程与编制方法的选择应与企业现有的管理模式相适应。

2. 预算编制要求

企业应建立和完善预算编制的工作制度,明确预算编制依据、编制内容、编制程序和编制方法,确保预算编制依据合理、内容全面、程序规范、方法科学,确保形成各层级广泛接受的、符合业务假设的、可实现的预算控制目标。

3. 预算编制审批

预算编制审批包括预算内审批、超预算审批、预算外审批等。预算内审批项,应简化流程,提高效率;超预算审批事项,应执行额外的审批流程;预算外审批事项,应严格控制,防范风险。

4. 预算批准与下达

预算编制完成后,应按照相关法律法规及企业章程的规定报经企业预算管理决策机构审议批准,以正式文件形式下达执行。企业应将预算目标层层分解至各预算责任中心。预算分解应按各责任中心权、责、利相匹配的原则进行,既公平合理,又有利于企业实现预算目标。

(二)预算执行阶段

预算执行一般按照预算控制、预算调整等程序进行。

1. 预算控制

预算控制，是指企业以预算为标准，通过预算分解、过程监督、差异分析等促使日常经营不偏离预算标准的管理活动。企业应建立预算授权控制制度，强化预算责任，严格控制预算；建立预算执行的监督、分析制度，提高预算管理对业务的控制能力；通过信息系统展示、会议、报告、调研等多种途径及形式，及时监督、分析预算执行情况，找出预算执行差异的原因，提出对策建议。

2. 预算调整

年度预算经批准后，原则上不做调整。企业应在制度中严格明确预算调整的条件、主体、权限和程序等事宜，当内外战略环境发生重大变化或突发重大事件，导致预算编制的基本假设发生重大变化时，可进行预算调整。

（三）预算考核阶段

预算考核主要针对定量指标进行考核，是企业绩效考核的重要组成部分。具体包括：

（1）企业应按照公开、公平、公正的原则实施预算考核。

（2）企业应建立健全预算考核制度，并将预算考核结果纳入绩效考核体系，切实做到有奖有惩、奖惩分明。

（3）预算考核主体和考核对象的界定应坚持上级考核下级、逐级考核、预算执行与预算考核职务相分离的原则。

（4）预算考核以预算完成情况为考核核心，通过预算执行情况与预算目标的比较，确定差异并查明产生差异的原因，进而据以评价各责任中心的工作业绩，并通过与相应的激励制度挂钩，促使其与预算目标相一致。

如前所述，全面预算是企业加强内部控制、实现发展战略的重要工具和手段，但同时也是企业内部控制的对象。企业应当参照如图 10-3 所示的基本流程，结合自身情况及管理要求，制定具体的全面预算业务流程。

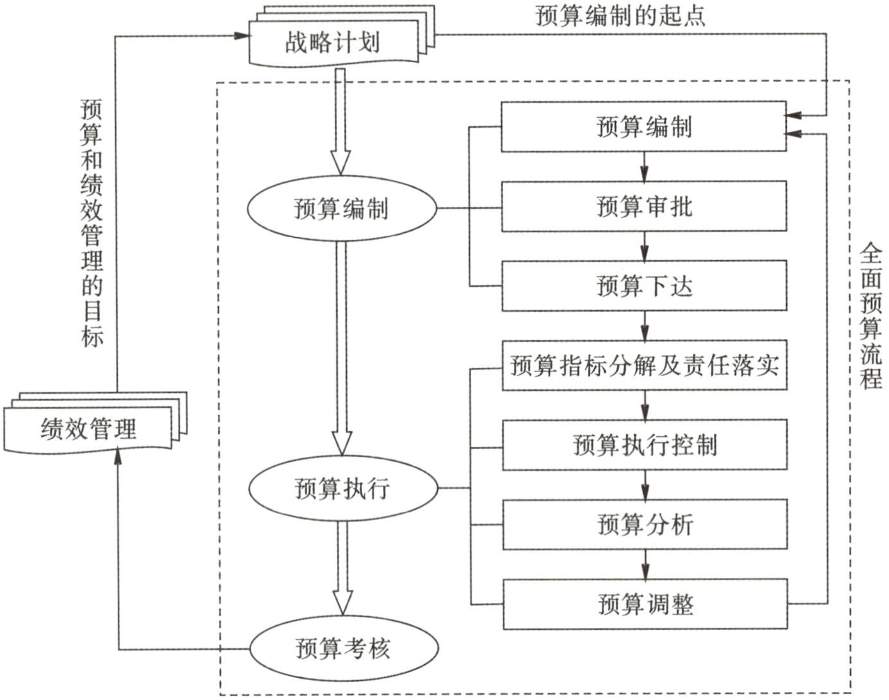

图 10-3　全面预算基本业务流程图

任务三　预算编制

一、经营预算的编制

（一）销售预算

销售预算是指在销售预测的基础上根据销售计划编制的，用于规划预算期销售活动的一种经营预算。销售预算是整个预算的编制起点，其他预算的编制都以销售预算作为基础。

销售预算的主要内容包括预计销售量、预计销售单价、预计销售收入。为了提供编制现金预算所需资料，销售预算还应包括依据收款政策预计的销售现金收入数据。销售量是根据市场预测、销售合同、企业产能等确定的；销售单价是由价格政策确定的。在实际应用中，销售预算通常要分品种、月份、销售区域、销售团队（人员）来编制。

【例 10-6】　MD 公司预计 20×3 年销售 A 产品 7 750 件，第 1 ~4 季度依次分别销售 A 产品 1 800 件、1 850 件、2 000 件、2 100 件。销售单价为 450 元。收款条件为当季现收占销售额的70%，余款在后两个季度依次分别收回10%和20%。不考虑坏账影响，20×2年第3、4季度的销售额分别为350 000元、450 000元。根据上述资料，编制MD公司20×3年度销售预算，见表10-6(为方便计算，本章均不考虑增值税)。

表10-6　MD公司20×3年度销售预算表

单位：元

项目		第1季度	第2季度	第3季度	第4季度	全年
预计销售量/件		1 800	1 850	2 000	2 100	7 750
预计销售单价		450	450	450	450	450
预计销售收入		810 000	832 500	900 000	945 000	3 487 500
预计现金收入	期初应收账款	115 000	90 000			205 000
	第1季度销售收入	567 000	81 000	162 000		810 000
	第2季度销售收入		582 750	83 250	166 500	832 500
	第3季度销售收入			630 000	90 000	720 000
	第4季度销售收入				661 500	661 500
	现金收入合计	682 000	753 750	875 250	918 000	3 229 000

编制说明：

预计销售收入=预计销售量×预计销售单价

某季度现金收入合计=该季预计现金收入+该季收回以前季度应收账款

(二)生产预算

生产预算是根据销售预算编制的，用于计划为满足预算期的销售量以及期末存货所需的资源。预算期除必须有足够的产品以供销售之外，还必须考虑到预算期期初和期末存货的预计水平，以避免存货太多形成积压，或存货太少影响下期销售。因此，生产预算的主要内容包括预计销售量、预计期初存货、预计期末存货、预计生产量。各预算期预计生产量可按下列公式计算：

预计生产量=预计销售量+预计期末存货-预计期初存货

【例10-7】 沿用〔例10-6〕资料，MD公司经测算，预计每季度末保有产品库存量为下一季度销售量的20%。根据上述资料，编制MD公司20×3年度生产预算，见表10-7。

表10-7　MD公司20×3年度生产预算表

单位：件

项目	第1季度	第2季度	第3季度	第4季度	全年
预计销售量	1 800	1 850	2 000	2 100	7 750
减：预计期初存货	360	370	400	420	360

续表 10-7

项目	第 1 季度	第 2 季度	第 3 季度	第 4 季度	全年
加:预计期末存货	370	400	420	380	380
预计生产量	1 810	1 880	2 020	2 060	7 770

编制说明:

预计销售量来源于表 10-7 销售预算表

预计期末存货=下季预计销售量×20%

预计期初存货=上季度期末存货

(三)直接材料预算

直接材料预算又称直接材料采购预算,是指在预算期内,以生产预算为基础所编制的材料采购数量和材料采购金额的计划。编制直接材料预算的依据主要是生产预算的预计生产量、单位产品的材料消耗定额、预算期的期初和期末存料量、材料的计划单价以及采购材料的付款条件等。为了满足现金预算编制所需资料,还应提供依据付款条件预计的采购现金支出数据。

【例 10-8】 沿用〔例 10-7〕资料,MD 公司假定生产 A 产品只耗用一种材料,预计 20×3 年年末材料库存量为 700 千克。20×2 年年末材料库存量为 600 千克。产品的材料消耗定额为 4 千克/件,材料单价为 40 元/千克。每一季度的期末材料库存量为下一季度的生产耗用量的 10%。材料采购货款当季付现 70%,余款在下一季度付清。20×2 年年末应付账款为 60 000 元。根据上述资料,编制盛隆公司 20×3 年度直接材料预算,见表 10-8。

表 10-8　MD 公司 20×3 年度直接材料预算表

项目	第 1 季度	第 2 季度	第 3 季度	第 4 季度	全年
预计生产量/件	1 810	1 880	2 020	2 060	7 770
单耗定额/(千克/件)	4	4	4	4	4
预计材料需用量/千克	7 240	7 520	8 080	8 240	31 080
加:预计期末材料库存量/千克	752	808	824	700	700
减:预计期初材料库存量/千克	600	752	808	824	600
预计材料采购量/千克	7 392	7 576	8 096	8 116	31 180
预计采购单价/(元/千克)	40	40	40	40	40
预计采购金额/元	295 680	303 040	323 840	324 640	1 247 200

续表 10-8

项目		第 1 季度	第 2 季度	第 3 季度	第 4 季度	全年
预计现金支出	期初应付账款/元	60 000				60 000
	第 1 季度采购支出/元	206 976	88 704			295 680
	第 2 季度采购支出/元		212 128	90 912		303 040
	第 3 季度采购支出/元			226 688	97 152	323 840
	第 4 季度采购支出/元				227 248	227 248
	现金支出合计/元	266 976	300 832	317 600	324 400	1 209 808

编制说明：

预计生产量来源于表 10-7 生产预算表

预计材料需用量＝预计生产量×单耗定额

预计期末材料库存量＝下季预计材料需用量×10%

预计期初材料库存量＝上季预计期末材料库存量

预计材料采购量＝预计材料需用量+预计期末材料库存量-预计期初材料库存量

预计采购金额＝预计材料采购量×预计采购单价

某季度采购现金支出合计＝该季采购现金支出+该季支付上季应付账款

（四）直接人工预算

直接人工预算是以生产预算为基础，对直接生产产品的人工耗费的计划，用来规划预算期内各产品、各工种的人工消耗水平和人工成本。

直接人工预算的主要内容有预计生产量、单位产品工时、人工总工时、每小时人工成本和人工总成本。预计生产量数据来自生产预算，单位产品人工工时和每小时人工成本数据来自标准成本资料。

【例 10-9】 MD 公司假定生产 A 产品只有一个工种，根据劳动定额、历史资料等测算的标准成本资料为：直接人工小时工资为 20 元，单位产品工时定额为 2 小时/件。根据上述资料，编制 MD 公司 20×3 年度直接人工预算，见表 10-8。

表 10-9　MD 公司 20×3 年度直接工人预算表

项目	第 1 季度	第 2 季度	第 3 季度	第 4 季度	全年
预计生产量/件	1 810	1 880	2 020	2 060	7 770
工时定额/（小时/件）	2	2	2	2	2
人工总工时/小时	3 620	3 760	4 040	4 120	15 540
小时工资/元	20	20	20	20	20
人工总成本/元	72 400	75 200	80 800	82 400	310 800

编制说明：

预计生产量来源于表 10-7 生产预算表

人工总工时=预计生产量×工时定额

人工总成本=人工总工时×小时工资

(五)制造费用预算

制造费用预算是为规划预算期内除直接人工预算和直接材料预算以外的所有应计入产品成本的间接费用而编制的预算。根据制造费用与业务量的依存关系,应将制造费用划分为变动制造费用和固定制造费用,并据此两个部分的内容分别编制。

固定制造费用可在上年的基础上根据预期变动加以适当修正进行预计;变动制造费用根据预计业务量乘以单位产品预定分配摔进行预计。为了给现金预算提供资料,在制造费用预算中应包括费用方面预计的现金支出。需要注意的是,由于固定资产折旧费是非付现项目,在计算时应予剔除。

【例 10-10】 MD 公司通过对成本习性和历史资料的分析,发现变动制造费用与人工工时密切相关。变动制造费用分配率为 9 元/小时,其中:间接材料为 1 元/小时,间接人工为 2 元/小时,水电费为 2 元/小时,变动维修费为 1 元/小时,其他变动制造费用为 3 元/小时。假定固定制造费用各季均衡,全年预计为 500 000 元,其中:人员工资 200 000 元,折旧费 120 000 元,维修费 40 000 元,保险费 60 000 元,其他费用 80 000 元。预计所有费用均需当季支付。根据上述资料,编制 MD 公司 20×3 年度制造费用预算,见表 10-10。

表 10-10 MD 公司 20×3 年度制造费用预算表

项目		小时费用率/(元/小时)	第 1 季度	第 2 季度	第 3 季度	第 4 季度	全年
变动制造费用	间接材料	1	3 620	3 760	4 040	4 120	15 540
	间接人工	2	7 240	7 520	8 080	8 240	31 080
	水电费	2	7 240	7 520	8 080	8 240	31 080
	维修费	1	3 620	3 760	4 040	4 120	15 540
	其他费用	3	10 860	11 280	12 120	12 360	46 620
	小计	9	32 580	33 840	36 360	37 080	139 860
固定制造费用	人员工资/元		50 000	50 000	50 000	50 000	200 000
	折旧费/元		30 000	30 000	30 000	30 000	120 000
	维修费/元		10 000	10 000	10 000	10 000	40 000
	保险费/元		15 000	15 000	15 000	15 000	60 000
	其他费用/元		20 000	20 000	10 000	20 000	70 000
	小计/元		125 000	125 000	125 000	125 000	500 000

续表 10-10

项目	小时费用率/(元/小时)	第 1 季度	第 2 季度	第 3 季度	第 4 季度	全年
制造费用合计/元		157 580	158 840	161 360	162 080	639 860
减:折旧费/元		30 000	30 000	30 000	30 000	120 000
预计现金支出/元		127 580	128 840	131 360	132 080	519 860

编制说明:

人工总工时来源于表 10-9 直接人工预算表

季度各项变动制造费用预算额=季度人工总工时×该项变动制造费用率

预计现金支出=制造费用合计-折旧费

(六)产品成本预算

产品成本预算,是指为规划一定预算期内每种产品的单位产品成本、生产成本、销售成本等内容而编制的一种日常业务预算。产品成本预算是生产预算、销售预算、直接材料预算、直接人工预算、制造费用预算的汇总,即产品成本预算主要依据生产预算、直接材料预算、直接人工预算、制造费用预算等汇总编制。产品成本预算的主要内容是产品的总成本与单位成本。其中,总成本又分为生产成本、销售成本和期末产品库存成本。

【例 10-11】 MD 公司 20×3 年产品成本预算所需资料如表 10-6 至表 10-10 所示,根据资料获知,20×2 年 A 产品单位成本为 215 元,20×3 年 A 产品单位成本为 218 元。根据上述资料,编制 MD 公司 20×3 年度产品成本、销售成本预算,见表 10-11 至表 10-13。

表 10-11　MD 公司 20×3 年度单位产品生产成本预算表

项目	定额(标准)	单价	单位变动成本/元
直接材料	4 千克/件	40 元/千克	160
直接人工	2 小时/件	20 元/小时	40
变动制造费用	2 小时/件	9 元/小时	18
合计			218

编制说明:

定额和单价分别来源于表 10-8 至表 10-10

单位变动成本=定额(标准)×单价

表 10-12　MD 公司 20×3 年度期末库存产成品成本预算表

季度	期末库存量/件	单位成本/元	库存产品成本/元
第 1 季度	370	218	80 660
第 2 季度	400	218	87 200
第 3 季度	420	218	91 560
第 4 季度	380	218	82 840

编制说明：

期末库存量、单位成本分别来源于表 10-7、表 10-11

库存产品成本＝期末库存量×单位成本

表 10-13　MD 公司 20×3 年度生产成本及销售成本预算表　单位：元

项目	第 1 季度	第 2 季度	第 3 季度	第 4 季度	全年
直接材料	289 600	300 800	323 200	329 600	1 243 200
直接人工	72 400	75 200	80 800	82 400	310 800
变动制造费用	32 580	33 840	36 360	37 080	139 860
生产成本合计	394 580	409 840	440 360	449 080	1 693 860
加：期初库存产品成本	77 400	80 660	87 200	91 560	77 400
减：期末库存产品成本	80 660	87 200	91 560	82 840	82 840
销售成本合计	391 320	403 300	436 000	457 800	1 688 420

编制说明：

直接材料＝预计材料需用量×预计采购单价（表 10-8）

直接人工＝人工总工时×小时工资（表 10-9）

变动制造费用来源于表 10-10 制造费用预算表

生产成本合计＝直接材料＋直接人工＋变动制造费用

期初、期末库存产品成本＝预计期初、期末存货（表 10-7）×产品单位生产成本

销售成本合计＝生产成本合计＋期初库存产品成本－期末库存产品成本

（七）销售及管理费用预算

销售及管理费用预算又称营业费用预算，是指为组织产品销售活动和一般行政管理活动以及有关的经营活动的费用支出而编制的一种业务预算。编制销售及管理费用预算的主要依据是预算期全年和各季度的销售量及各种有关的标准耗用量和标准价格资料。为了便于编制现金预算，在编制销售及管理费用预算的同时，还要编制与销售及管理费用有关的现金支出计算表。

销售费用预算是指为了实现销售预算所需支付的费用。预算时以销售预算为基础，同时综合分析销售收入、销售费用和销售利润的相互关系，力求实现销售费用的最有

效使用。在预计销售费用时,应利用本量利分析方法,考察其支出的必要性和效果,并且与销售预算相配合,按品种、地区、用途来具体确定预算数额。

管理费用是指企业日常生产经营中开展一般行政管理业务所必需的费用。在编制管理费用预算时,应分析企业的经营业绩和一般经济状况,务必做到合理化。管理费用项目比较复杂,大多属于固定成本,且各期支出比较均衡。因此,各季的管理费用预计支出可以简化为平均列支。

【例 10-11】 MD 公司预计单位变动销售费用为 14 元,预计固定销售及管理费用为每季 75 000 元(其中含每季折旧费 14 500 元)。根据上述资料,编制 MD 公司 20×3 年度销售及管理费用预算,见表 10-14。

表 10-14　MD 公司 20×3 年度销售及管理费用预算表　　单位:元

项目	第 1 季度	第 2 季度	第 3 季度	第 4 季度	全年
预计销售量/件	1 800	1 850	2 000	2 100	7 750
单位变动销售费用	14	14	14	14	14
预计变动销售费用	25 200	25 900	28 000	29 400	108 500
预计固定销售及管理费用	75 000	75 000	75 000	75 000	300 000
预计销售及管理费用合计	100 200	100 900	103 000	104 400	408 500
减:折旧费	14 500	14 500	14 500	14 500	58 000
预计现金支出	85 700	86 400	88 500	89 900	350 500

编制说明:

预计销售量来源于表 10-6 销售预算表

预计变动销售费用=预计销售量×单位变动销售费用

预计现金支出=预计销售及管理费用合计-折旧费(非付现费用)

二、财务预算的编制

财务预算,是指与企业资金收支、财务状况或经营成果等有关的预算,包括现金预算、预计利润表、预计资产负债表等。

(一)现金预算

现金预算是详细反映企业预算期内现金收支、余缺及其筹集和运用的预算。这里所指的现金是广义的现金,包括库存现金、银行存款、其他货币资金等。掌控并优化企业的现金流量,是保障足够支付能力的关键。企业应科学地预算现金,合理地调度资金,既要规避因现金短缺而面临的财务风险,也要避免因现金冗余而造成的闲置浪费。

现金预算是在有关经营预算的基础上汇总编制的,由现金收入、现金支出、现金余缺、资金的筹集和运用四个部分组成。现金收入部分包括期初现金余额和预算期现金收入,现金主要来源是销售收入。现金支出部分包括预算的各项现金支出,其中直接材料、直接人工、制造费用、销售及管理费用的数据分别来自前述有关经营预算，所得税、购置设备、股利分配等现金支出的数据分别来自有关专门决策预算。现金余缺是现金收入合计与现金支出合计的差额。若收入大于支出，则现金多余，可用于偿还借款或用于短期投资，以避免资金闲置浪费；若支出大于收入，则现金短缺，就需要筹集资金，以弥补资金缺口，规避财务风险。

【例 10-12】 MD 公司 20×2 年年末现金余额为 110 000 元，每季季末最低现金余额为 100 000～150 000 元。预计 2020 年 4 月添置一套价值 600 000 元的设备，当季支付 50%，第 3、4 季度分别支付 20% 和 30%。企业现有未到期长期借款 400 000 元，年利率 8%，每年年末付息。另获得银行 3 月期贷款授信额度 500 000 元，年利率为 10%，贷款额为 10 000 的倍数，每季季初借入，下季季初还本付息。预计第 4 季度以现金 300 000 元对外投资入股。预计每季缴纳所得税 45 000 元(假定不考虑其他税费)。根据上述资料，编制 MD 公司 20×3 年度现金预算，见表 10-15。

表 10-15　MD 公司 20×3 年度现金预算表

单位：元

项目	第 1 季度	第 2 季度	第 3 季度	第 4 季度	全年
期初现金余额	110 000	194 344	101 822	101 562	110 000
加：销售现金收入	682 000	753 750	875 250	918 000	3 229 000
可供使用的现金	792 000	948 094	977 072	1 019 562	3 339 000
减：现金支出					
直接材料	266 976	300 832	317 600	324 400	1 209 808
直接人工	72 400	75 200	80 800	82 400	310 800
制造费用	127 580	128 840	131 360	132 080	519 860
销售及管理费用	85 700	86 400	88 500	89 900	350 500
购置设备		300 000	120 000	180 000	600 000
对外投资				300 000	300 000
缴纳税费	45 000	45 000	45 000	45 000	180 000
现金支出合计	597 656	936 272	783 260	1 153 780	3 470 968
现金余缺	194 344	11 822	193 812	−134 218	−131 968
向银行贷款		90 000		270 000	360 000
归还贷款本金			90 000		90 000
支付贷款利息			2 250	32 000	34 250
期末现金余额	194 344	101 822	101 562	103 782	103 782

编制说明：

期初现金余额编制预算时预计的销售现金收入来源于表 10-6 销售预算表

可供使用的现金=期初现金余额+销售现金收入

直接材料来源于表10-8 直接材料预算表

直接人工来源于表10-9 直接人工预算表

制造费用来源于表10-10 制造费用预算表

销售及管理费用来源于表10-14 销售及管理费用预算表

现金余缺=可供使用的现金-现金支出合计

期末现金余额=现金余缺+向银行贷款-归还贷款本金-支付贷款利息

(二)预计利润表

预计利润表是以货币形式综合反映预算期内企业经营成果计划水平的一种财务预算。它是在经营预算、专门决策预算以及现金预算的基础上编制的。预计利润表遵循权责发生制要求,按照变动成本法的原理进行编制。通过编制预计利润表预算,可以了解企业预期的盈利水平。如果预计利润与企业战略管理中的目标利润有较大的不一致,就需要调整部门预算,设法达到目标,或者经企业管理当局同意后调整目标利润。

【例10-13】　根据前述各预算资料,编制MD公司20×3年度利润预算表,见表10-16。

表10-16　MD公司20×3年度预计利润表　　单位:元

项目	第1季度	第2季度	第3季度	第4季度	全年
销售收入	810 000	832 500	900 000	945 000	3 487 500
变动成本:					
销售成本	391 320	403 300	435 000	457 800	1 688 420
销售费用	25 200	25 900	28 000	29 400	108 500
小计	416 520	429 200	464 000	487 200	1 796 920
边际贡献	393 480	403 300	436 000	457 800	1 690 580
固定成本:					
制造费用	125 000	125 000	125 000	125 000	500 000
销售及管理费用	75 000	75 000	75 000	75 000	300 000
小计	200 000	200 000	200 000	200 000	800 000
营业利润	193 480	203 300	236 000	257 800	890 580
减:利息	8 000	10 250	8 000	14 750	41 000
税前利润	185 480	193 050	228 000	243 050	849 580
减:所得税	45 000	45 000	45 000	45 000	180 000
净利润	140 480	148 050	183 000	198 050	669 580

编制说明:

销售收入来源于表10-6 销售预算表

销售成本来源于表 10-13 生产成本及销售成本预算表

销售费用和销售及管理费用来源于表 10-14 销售及管理费用预算表

制造费用来源于表 10-10 制造费用预算表

利息依据例 10-12 和表 10-15 现金预算表中提供的数据计算

边际贡献=销售收入-变动成本

营业利润=边际贡献-固定成本

税前利润=营业利润-利息

净利润=税前利润-所得税

三、预计资产负债表

预计资产负债表是用于综合反映企业预算期期末资产、负债、所有者权益等财务状况的一种财务预算。它是依据当前的实际资产负债表和全面预算中的其他预算所提供的资料编制而成的总括性预算表格，为企业管理当局提供企业预期财务状况的信息，有助于管理当局预测未来期间的经营状况，并采取适当的改进调整措施。

【例 10-14】 MD 公司 20×2 年度资产负债表（简表）见表 10-17。

表 10-17　资产负债表（简表）

编制单位：MD 公司　　20×2 年 12 月 31 日　　单位：元

资产	金额	负债及所有者权益	金额
流动资产：		负债：	
库存现金	110 000	应付账款	60 000
应收账款	205 000	长期借款	400 000
原材料	24 000	负债小计	460 000
产成品	77 400	所有者权益：	
流动资产小计	416 400	股本	700 000
非流动资产：		留存收益	106 400
固定资产	850 000	所有者权益小计	806 400
资产总计	1 266 400	负债及所有者权益总计	1 266 400

根据上述资料，编制 MD 公司 20×3 年度预计资产负债表（简表），见表 10-18。

表 10-18　资产负债表(简表)

编制单位:MD 公司　　　　20×3 年 12 月 31 日　　　　单位:元

资产	金额	负债及所有者权益	金额
流动资产:		负债:	
库存现金	103 782	应付账款	97 392
应收账款	463 500	短期借款及利息	276 750
原材料	28 000	长期借款	400 000
产成品	82 840	负债小计	774 142
流动资产小计	678 122	所有者权益:	
非流动资产:		股本	700 000
固定资产	1 272 000	留存收益	775 980
长期投资	300 000	所有者权益小计	1 475 980
资产总计	2 250 122	负债及所有者权益总计	2 250 122

编制说明:

库存现金、长期投资、短期借款及利息依据例 10-12 和表 10-15 现金预算表中提供的数据计算

应收账款依据表 10-6 销售预算表和收款政策计算

原材料依据表 10-8 直接材料预算表计算

产成品来源于表 10-12 库存产成品成本预算表

固定资产依据 20×2 年年末固定资产金额+预算期购置设备一前述预算表中折旧费计算

应付账款依据表 10-8 直接材料预算表和付款政策计算

留存收益=20×2 年年末留存收益+预计利润表年度净利润(表 10-16)

【复习思考】

一、单选题

1. 企业在预测、决策的基础上,用数量和金额以表格的形式反映企业未来一定时期内经营、投资、筹资等活动的具体计划,为实现企业目标而对各种资源和企业活动所做的详细安排指的是(　　)。

A. 投资　　　　B. 筹资

C. 预算　　　　D. 分析与评价

2. 下列预算中,属于财务预算的是(　　)。

A. 销售预算　　　　B. 资金预算

C. 直接材料预算　　　　D. 直接人工预算

3. 与企业资金收支、财务状况或经营成果等有关的预算是(　　)。

A. 经营预算　　　　B. 专门决策预算

C. 财务预算　　D. 生产预算

4. 下列预算中，不属于经营预算内容的是(　　)。

A. 销售预算　　B. 生产预算

C. 制造费用预算　　D. 资本支出预算

5. 对企业预算的管理工作负总责的是(　　)。

A. 董事会　　B. 预算管理委员会

C. 财务管理部门　　D. 各职能部门

6. 根据预算期内正常的、最可实现的某一业务量水平为固定基础来编制预算的方法称为(　　)。

A. 零基预算法　　B. 定期预算法

C. 静态预算法　　D. 滚动预算法

7. 不受历史期经济活动中的不合理因素影响，并能够克服增量预算法缺点的预算编制方法是(　　)。

A. 弹性预算法　　B. 固定预算法

C. 零基预算法　　D. 滚动预算法

8. 某企业编制弹性利润总额预算，预算销售收入为 100 万元，变动成本为 50 万元，固定成本为 30 万元，利润总额为 20 万元；如果预算销售收入达到 120 万元，则预算利润总额为(　　)万元。

A. 25　　B. 30

C. 35　　D. 40

9. 下列预算不是在生产预算的基础上编制的是(　　)。

A. 直接人工预算　　B. 直接材料预算

C. 管理费用预算　　D. 产品成本预算

10. 某公司要预估本年第二季度车间生产数量，现已知第一季度末的产成品还有库存 150 件，预计第二季度能够销售 300 件，第二季度末产成品剩余 100 件，则预计第二季度的生产量为(　　)件。

A. 250　　B. 350

C. 50　　D. 550

二、多选题

1. 下列关于预算的特征与作用的说法中，正确的有(　　)。

A. 预算通过规划、控制和引导经济活动，使企业经营达到预期目标

B. 预算可以实现企业内部各个部门之间的协调

C. 预算是业绩考核的重要依据

D. 预算是数量化的并具有可执行性

2. 下列各项中，不属于全面预算体系最后环节的有(　　)。

A. 经营预算　　B. 财务预算

C. 专门决策预算　　D. 生产预算

3. 下列各项中，属于增量预算法基本假定的有(　　)。

A. 以现有业务活动和各项活动的开支水平，确定预算期各项活动的预算数

B. 预算费用标准必须进行调整

C. 现有的各项业务开支水平都是合理的

D. 现有的业务活动是合理的

4. 下列各项中，属于滚动预算法优点的有(　　)。

A. 实现动态反映市场、建立跨期综合平衡

B. 强化预算的决策与控制职能

C. 能使预算期间与会计期间相对应

D. 便于将实际数与预算数进行对比

5. 与零基预算法相比，增量预算法的缺点有(　　)。

A. 编制工作量大　　B. 可能会造成预算上的浪费

C. 不必要开支合理化　　D. 无效费用得不到有效控制

6. 假设某企业编制第四季度的材料采购预算，预计季初材料存量为 400 千克，季度生产需用量为 2 000 千克，预计期末存量为 240 千克，材料采购单价为 8 元。若材料采购货款有 40% 当季付清，另外 60% 在下季度付清，不考虑流转税的影响。则下列各项中，说法正确的有(　　)。

A. 材料采购量为 1 840 千克　　B. 材料采购金额为 14 720 元

C. 期末应付账款金额为 8 832 元　　D. 期末应付账款金额为 5 888 元

7. 产品成本预算一般涉及的预算有(　　)。

A. 直接材料预算　　B. 销售预算

C. 直接人工预算　　D. 制造费用预算

8. 下列关于资金预算表中各项目的关系式，不正确的有(　　)。

A. 现金收入－现金支出＝现金余缺

B. 期初现金余额＋现金收入－现金支出＝现金余缺

C. 现金余缺－现金筹措(现金不足时)＝期末现金余额

D. 现金余缺＋现金运用(现金多余时)＝期末现金余额

9. 编制预计利润表的依据包括(　　)。

A. 资金预算　　B. 专门决策预算

C. 经营预算　　D. 预计资产负债表

10. 下列各项中，对预计资产负债表中存货金额产生影响的有(　　)。

A. 生产预算　　B. 直接材料预算

C. 销售费用预算　　D. 产品成本预算

三、判断题

1. 一般将由经营预算、专门决策预算和财务预算组成的预算体系称为总预算。（ ）
2. 根据预算内容的不同，总预算可以分为经营预算、专门决策预算和财务预算。（ ）
3. 运用零基预算法编制预算的准确性受企业管理水平和相关数据标准准确性影响较大。（ ）
4. 如果采用弹性预算法，就可以根据各项成本同业务量的不同关系，采用不同方法确定"实际业务量的预算成本"，去评价和考核实际成本。（ ）
5. 生产预算是整个预算编制的起点，其他预算的编制都是以生产预算作为基础。（ ）
6. 产品成本预算，是销售预算、生产预算、直接材料预算、直接人工预算、制造费用预算、销售及管理费用预算的汇总。（ ）
7. 无论是变动制造费用还是固定制造费用，都是与产量呈线性关系的。（ ）
8. 专门决策预算又称为资本支出预算，一般预算的数据要纳入日常经营预算和资金预算。（ ）
9. 当现金余缺大于期末现金余额时，应将超过期末余额的多余现金进行投资；当现金余缺小于期末现金余额时，应筹措现金，筹措的现金越多越好。（ ）
10. 在资金预算表中，全年的期末现金余额指的是四个季度的合计数。（ ）

四、计算分析题

1. ND 公司为增值税一般纳税人，购销业务适用的增值税税率为 13%，假设只生产一种产品。

相关预算资料如下：

资料一：预计每个季度实现的销售收入（含增值税）均以赊销方式售出，其中 60% 在本季度内收到现金，其余 40% 要到下一季度收讫，假定不考虑坏账因素。

部分与销售预算有关的数据，见表 10-19：

表 10-19　销售预算表　　单位：元

项目	一季度	二季度	三季度	四季度
预计销售收入	*	80 000	88 000	*
增值税销项税额	*	10 400	（D）	*
预计含税销售收入	90 400	（B）	*	99 440
年初应收账款	16 640			
第一季度销售收现额	（A）	*		
第二季度销售收现额		（C）	*	

续表 10-19

项目	一季度	二季度	三季度	四季度
第三季度销售收现额			*	*
第四季度销售收现额				(E)
经营现金收入合计	*	*	*	99 440

说明:上表中“*”表示省略的数据。

资料二:预计每个季度所需要的直接材料(含增值税)均以赊购方式采购,其中40%于本季度内支付现金,其余60%需要到下个季度付讫,假定不存在应付账款到期现金支付能力不足的问题。

部分与直接材料采购预算有关的数据见表10-20所示:

表 10-20　直接材料预算　　单位:元

项目	一季度	二季度	三季度	四季度
预计材料采购成本	48 000	*	52 000	*
增值税进项税额	*	(G)	6 760	*
预计含税采购金额合计	(F)	54 240	58 760	59 890
年初应付账款	8 000			
第一季度采购支出额	*	*		
第二季度采购支出额		*	(H)	
第三季度采购支出额			23 504	*
第四季度采购支出额				*
材料采购现金支出合计	29 696	*	*	*

说明:上表中“*”表示省略的数据。

要求:

(1)根据资料一确定表1中字母表示的数值(不需要列示计算过程)。

(2)根据资料二确定表2中字母表示的数值(不需要列示计算过程)。

(3)根据资料一和资料二,计算预算年度应收账款和应付账款的年末余额。

2. 某商品流通企业正在着手编制明年的现金预算,有关资料如下:

(1)年初现金余额为10万元,应收账款20万元,存货30万元,应付账款25万元;预计年末应收账款余额为40万元,存货50万元,应付账款15万元。

(2)预计全年销售收入为100万元,销售成本为70万元,工资支付现金20万元,间接费用15万元(含折旧费5万元),购置设备支付现金25万元,预计各种税金支出14万元,利息支出12万元。

(3)企业要求的最低现金余额为25万元,若现金不足,需按面值发行债券(金额为10万的整数倍数),债券票面利率为10%,期限5年,到期一次还本付息,不考虑债券筹资费用。企业所得税率为25%。

要求:

(1)计算全年经营现金流入量。

(2)计算全年购货支出。

(3)计算现金余缺。

(4)计算债券筹资总额。

(5)计算期末现金余额。

3. 甲公司在2022年第4季度按照定期预算法编制2023年度的预算,部分资料如下:

资料一:2023年1~4月的预计销售额分别为600万元、1 000万元、650万元和750万元。

资料二:公司的目标现金余额为50万元,经测算,2023年3月末预计"现金余缺"为30万元,公司计划采用短期借款的方式解决资金短缺。

资料三:预计2023年1~3月净利润为90万元,没有进行股利分配。

资料四:假设公司每月销售额于当月收回20%,下月收回70%,其余10%将于第三个月收回;公司当月原材料金额相当于次月全月销售额的60%,购货款于次月一次付清;公司第1、2月份短期借款没有变化。

资料五:公司2023年3月31日的预计资产负债表(简表),见表10-21:

表10-21 甲公司2023年3月31日的预计资产负债表(简表) 单位:万元

资产	年初余额	月末余额	负债与股东权益	年初余额	月末余额
现金	50	(A)	短期借款	612	(C)
应收账款	530	(B)	应付账款	360	(D)
存货	545	*	长期负债	450	*
固定资产净额	1 836	*	股东权益	1 539	(E)
资产总计	2 961	*	负债与股东权益总计	2 961	*

注:表内的"*"为省略的数值。

要求:确定表格中字母所代表的数值。

项目十一

营运管理

【知识目标】

1. 熟悉营运管理的定义及工作循环。
2. 掌握本量利分析法的基本原理。
3. 理解边际分析法的基本原理。
4. 掌握盈亏平衡分析、目标利润分析的基本原理。
5. 掌握利润敏感分析的基本原理。

【能力目标】

1. 能遵循工作循环,开展营运管理活动。
2. 能运用本量利分析法进行短期经营决策分析。
3. 能运用本量利分析法为企业进行保本点、保利点预测。
4. 能运用边际分析法进行短期经营决策分析和经营安全分析。
5. 能运用敏感分析原理进行利润敏感性分析。

【素质目标】

1. 引导学生正确认识企业的性质,树立价值创造观念。
2. 培养学生多维度、多角化分析思维,具有经营预测决策分析判断能力。
3. 培养学生经营风险意识,增强准确识变、科学分析与评估经营风险的能力。

【案例引入】

利用本量利模型分析特价策略

特价是日常生活中常见的一种促销手段,超市中各种用黄色标签展示的特价商品、快时尚品牌中用红色标签覆盖原价的特价服饰、电子数码产品网购页面中的各种限时促销和直降，这些都是特价在不同行业以及不同品类商品中的应用。

从财务角度来看，特价最直接的就是降低了产品的单价，单价的降低会压缩企业的利润空间，但特价真的会让企业亏损吗？如果特价会让企业损失部分利润，那企业为什么要进行特价促销呢？

特价是不是真的会给企业带来亏损，我们可以利用本量利模型来进行测算。企业目前有一种产品，单价60元，单位变动成本20元，固定成本总额15万元，上个月实际销量1万件。根据上述的数据，可以计算得出产品上个月利润为25万元。

本月开始产品考虑特价促销，单价下降10%，变为54元，预计降价可以带来销量增长30%，最终计算本月产品利润预计为29.2万元，虽然降价了，但带来的利润反而上升了。固定成本总额是不变的，销量的增长实际上降低了单位固定成本，单位固定成本下降的比例为23%，这种情况下，销量上涨带来的单位固定成本的降低，足以弥补单价下降损失的利润，所以特价促销反而可以使利润整体上涨。

但存在的关键问题是：单价的下降究竟可以带动销量增长多少？在销量增长达到什么标准的情况下，特价利润才可以超过未促销前的利润。这个问题可以通过敏感性测试来解决。

通过敏感性测试的，我们可以得出，当产品的降价幅度超过35%后，在产品销量增长小于100%的情况下，特价促销可以带来盈利，但是盈利不可能超过原有的利润，也就是降价带来的利润亏损超过单位固定成本降低的幅度。这种情况下是否还要考虑采用降价策略，需要根据企业的业务规划来决定。

所以特价未必会让企业损失利润，只要控制降价幅度与销量增长的比例，企业很可能通过这种手段来获取新的客户，带来增量收入，后续这些增量收入可能会进一步转化为存量，成为企业收入的基本盘，也就是产品的忠实用户。

（来源：财务管理研究）

任务一　营运管理认知

一、营运管理概述

营运管理，是指为了实现企业战略和营运目标，各级管理者通过计划、组织、指挥、协调、控制、激励等活动，实现对企业生产经营过程中的物料供应、产品生产和销售等环节的价值增值管理。

企业进行营运管理，区分计划（plan）、实施（do）、检查（check）、处理（act）四个阶段

（简称 PDCA 管理原则），形成闭环管理，使营运管理工作更加条理化、系统化、科学化。

营运管理领域应用的管理会计工具方法，一般包括本量利分析、敏感性分析、边际分析、内部转移定价和多维度盈利能力分析等。企业应根据自身业务特点和管理需要等，选择单独或综合运用营运管理工具方法，以更好地实现营运管理目标。

二、营运管理工作流程

（一）营运计划的制订

1. 营运计划的概念

营运计划，是指企业根据战略决策和营运目标的要求，从时间和空间上对营运过程中各种资源所做出的统筹安排，主要作用是分解营运目标，分配企业资源，安排营运过程中的各项活动。

2. 营运计划的分类

（1）按计划的时间可分为长期营运计划、中期营运计划和短期营运计划。

（2）按计划的内容可分为销售营运计划、生产营运计划、供应营运计划、财务营运计划、人力资源营运计划、产品开发营运计划、技术改造和设备投资营运计划等。

3. 制订营运计划应遵循的原则

（1）系统性原则。企业在制订计划时不应仅考虑营运的各个环节，还要从整个系统的角度出发，既要考虑系统的利益，也要兼顾各个环节的利益。

（2）平衡性原则。企业应考虑内外部环境之间的矛盾，有效平衡可能影响营运过程中研发、生产、供应、销售等环节的各个方面，使其保持合理的比例关系。

（3）灵活性原则。企业应当充分考虑未来的不确定性，在制订计划时保持一定的灵活性和弹性。

4 制订营运计划的相关要求

（1）企业在制订营运计划时，应以战略目标和年度营运目标为指引，充分分析宏观经济形势、行业发展规律以及竞争对手情况等内外部环境变化，同时还应评估企业自身研发、生产、供应、销售等环节的营运能力，客观评估自身的优势和劣势以及面临的风险和机会等。

（2）企业在制订营运计划时，应开展营运预测，将其作为营运计划制订的基础和依据。

（3）企业在应用多种工具方法制订营运计划时，应根据自身实际情况，选择单独或综合应用预算管理领域、平衡计分卡、标杆管理等管理会计工具方法；同时，应充分应用本量利分析、敏感性分析、边际分析等管理会计工具方法，为营运计划的制订提供具体量化的数据分析，有效支持决策。

（4）企业应当科学合理地制订营运计划，充分考虑各层次营运目标、业务计划、管理指标等方面的内在逻辑联系，形成涵盖各价值链的、不同层次和不同领域的、业务与财务相结合的、短期与长期相结合的目标体系和行动计划。

(5)企业应采取自上而下、自下而上或上下结合的方式制订营运计划,充分调动全员积极性,通过沟通、讨论达成共识。

(6)企业应根据营运管理流程,对营运计划进行逐级审批。企业各部门应在已经审批通过的营运计划的基础上,进一步制订各自的业务计划,并按流程履行审批程序。

(7)企业应对未来的不确定性进行充分的预估,在科学营运预测的基础上,制订多方案的备选营运计划,以应对未来可能的风险与挑战。

(二)营运计划的执行

经审批的营运计划应以正式文件的形式下达执行。企业应逐级分解营运计划,按照横向到边、纵向到底的要求分解落实至各所属企业、部门、岗位或员工,确保营运计划得到充分落实。

经审批的营运计划应分解到季度、月度,形成月度的营运计划,逐月下达、执行。各企业应根据月度的营运计划组织开展各项营运活动。

企业应建立配套的监督控制机制,及时记录营运计划执行情况,进行差异分析与纠偏,持续优化业务流程,确保营运计划有效执行。

企业应在月度营运计划的基础上,开展月度、季度滚动预测,及时反映滚动营运计划所对应的实际营运状况,为企业资源配置的决策提供有效支持。

(三)营运计划的调整

营运计划一旦批准下达,一般不予调整。宏观经济形势、市场竞争形势等发生重大变化,导致企业营运状况与预期出现较大偏差的,企业可以适时对营运计划做出调整,使营运目标更加切合实际。

企业在营运计划执行的过程中,应关注和识别存在的各种不确定因素,分析和评估其对企业营运的影响,适时启动调整原计划的有关工作,确保企业营运目标更加切合实际,更合理地进行资源配置。

企业在做出营运计划调整决策时,应分析和评估营运计划调整方案对企业营运的影响,包括对短期的资源配置、营运成本、营运效益等的影响以及对长期战略的影响。

企业应建立营运计划调整的流程和机制,规范营运计划的调整。营运计划的调整应由具体执行的所属企业或部门提出调整申请,经批准后下达正式文件。

(四)营运监控任务与分析

1. 营运监控任务

为了确保营运目标的顺利完成,企业应结合自身实际情况,按照日、周、月、季、年等频率建立营运监控体系;并按照 PDCA 管理原则,不断优化营运监控体系的各项机制,做好营运监控分析工作。

企业营运监控的基本任务包括以下几个方面:

(1)发现偏差。企业通过各类手段和方法,分析营运计划的执行情况,发现计划执行中的问题。

(2)分析偏差。企业对营运计划执行过程中出现的问题和偏差原因进行研究，采取针对性的措施。

(3)纠正偏差。企业根据偏差产生的原因采取针对性的纠偏对策，使企业营运过程中的活动按既定的营运计划进行，或者按照财政部发布的《管理会计应用指引第400号——营运管理》对营运计划进行必要的调整。

2. 营运监控分析

企业营运监控分析应至少包括对发展能力、盈利能力、偿债能力等方面的财务指标，以及生产能力、管理能力等方面的非财务指标的分析，并根据所处行业的营运特点，通过趋势分析、对标分析等工具方法，建立完善的营运监控分析指标体系。

企业营运分析的一般步骤包括以下几个方面。

(1)明确营运目的，确定有关营运活动的范围。

(2)全面收集有关营运活动的资料，进行分类整理。

(3)分析营运计划与执行的差异，追溯原因。

(4)根据差异分析采取恰当的措施，并进行分析和报告。

企业应将营运监控分析的对象、目的、程序、评价及改进建议形成书面分析报告。

【知识拓展】

财务管理中的营运资金是企业在生产经营过程中，以流动资产方式占用的资金。广义的营运资金是指企业流动资产总额，狭义的营运资金是流动资产减去流动负债后的余额。营运资金管理就是对企业流动资产和流动负债的管理。管理会计中的营运管理，是指为了实现企业的战略和营运目标，各级管理者通过计划、组织、指挥、协调、控制、激励等活动，实现对企业生产经营过程中的物料供应、产品生产和销售等环节的价值增值管理。

任务二　本量利分析

一、本量利分析的定义

本量利分析是指以成本性态和变动成本法为基础，运用数学模型和图示，对企业成本、业务量和利润三者之间的依存关系进行分析，发现变动的规律性，为企业预测、决策、计划和控制等活动提供支持的一种方法。其中，“本”是指成本，包括固定成本和变动成本;“量”是指业务量,一般指销售量;“利”一般指营业利润。

二、本量利分析的假设

在本量利分析中,成本、业务量和利润之间的数量关系是建立在一系列假设基础上的。一般来说,本量利分析主要基于以下四个假设。

(一)将全部成本划分为固定成本和变动成本

假设企业发生的全部成本都将按其性态划分为变动成本和固定成本,这是进行本量利分析的一个先决条件。盈亏平衡分析是建立在将企业的成本全部划分为固定成本和变动成本的基础之上的,因此,所有需要本量利分析的产品,企业都应将其成本划分为固定成本和变动成本。

(二)销售收入与业务量呈完全线性关系

假设销售收入随业务量的变化而变化,两者之间应保持完全线性变动关系。因此,当销售量在相关范围内变化时,产品的价格不会发生变化。

(三)产销平衡

假设当期产品的生产量与销售量相一致,不考虑存货水平变动对利润的影响。

(四)产品产销结构稳定

假设同时生产销售多种产品的企业中,其销售产品的品种结构不变。即在一个生产与销售多种产品的企业,以价值形式表现的产品的产销总量发生变化时,原来各产品产销额在全部产品的产销额中的比重不会发生变化。

三、本量利分析的基本关系式

本量利分析的基本关系式如下:

利润=(单价-单位变动成本)×业务量-固定成本

用字母表示为:$I=px-bx-a$

式中,I 代表利润;p 为单价;x 为业务量;b 为单位变动成本;a 为固定成本。

从式中可以看出,本量利分析所要考虑的相关因素主要包括业务量、单价、单位变动成本、固定成本、利润五个因素。当给定其中四个变量时,便可求出另一个变量的值。

本量利分析主要用于企业生产决策、成本决策和定价决策等短期经营决策,也可以用于投融资决策等长期决策。其主要优点是:可以广泛应用于规划企业经营活动和营运决策等方面,简便易行、通俗易懂和容易掌握。主要缺点是:仅考虑单因素变化的影响,是一种静态分析方法,且对成本性态较为依赖。

四、盈亏平衡分析

盈亏平衡点,也称保本点,是当产品的销售业务达到某一点时,其总收入等于总成本，边际贡献总额正好补偿全部固定成本，利润为零，企业处于不盈不亏的状态，这种特殊的状态就称为保本状态，使企业达到保本状态的销售量或销售额即称作保本点。

（一）单一产品盈亏平衡分析

1. 盈亏平衡点

盈亏平衡分析的关键是盈亏平衡点的确定。盈亏平衡点（又称保本点），是指企业达到盈亏平衡状态的业务量或销售额，即企业一定时期的总收入等于总成本、利润为零时的业务量或销售额。

单一产品的盈亏平衡点有两种表现形式：一种是以实物量来表现，称为盈亏平衡点的业务量（也称保本销售量）；另一种是以货币单位表示，称为盈亏平衡点的销售额（也称保本销售额）。根据本量利分析基本关系式：

利润=（单价-单位变动成本）×业务量-固定成本

当利润为零时，求出的销售量就是保本点的业务量，即：

盈亏平衡点的业务量=固定成本/（单价-单位变动成本）

=固定成本/单位边际贡献

若用销售额来表示，则盈亏平衡点的销售额计算公式为：

盈亏平衡点的销售额=盈亏平衡点的业务量×单价

或：盈亏平衡点的销售额=固定成本/（1-变动成本率）

=固定成本/边际贡献率

【例 11-1】 MD 公司销售甲产品，单价为 100 元/件，单位变动成本为 50 元，固定成本为 130 000 元，要求计算甲产品的边际贡献率、盈亏平衡点的业务量及盈亏平衡点的销售额。

边际贡献率=单位边际贡献/单价×100%=（100-50）/100×100%=50%

盈亏平衡点的业务量=固定成本/（单价-单位变动成本）=130 000/（100-50）=2 600（件）

盈亏平衡点的销售额=固定成本/边际贡献率=130 000/50%=260 000（元）

或：盈亏平衡点的销售额=盈亏平衡点的业务量×单价=2 600×100=260 000（元）

2. 盈亏平衡作业率

以盈亏平衡点为基础，还可以得到另一个辅助性指标，即盈亏平衡作业率，或称为保本作业率。盈亏平衡作业率是指盈亏平衡点的业务量（或销售额）占正常经营情况下的业务量（或销售额）的百分比，或者是盈亏平衡点的业务量（或销售额）占实际或预计业务量（或销售额）的百分比。其计算公式为：

盈亏平衡作业率

=盈亏平衡点的业务量/正常经营业务量（实际业务量或预计业务量）×100%

=盈亏平衡点的销售额/正常经营销售额（实际销售额或预计销售额）×100%

由于企业通常应该按照正常的销售量来安排产品的生产，在合理库存的条件下，产品生产量与正常的销售量应该大体相同。所以，该指标也可以提供企业在盈亏平衡状态下对生产能力利用程度的要求。

【例 11-2】 沿用〔例 11-1〕的资料及有关计算结果，并假定该公司正常经营条件下的销售量为 5 000 件。要求：计算该公司的盈亏平衡作业率。

盈亏平衡作业率 = 2 600/5 000×100% = 52%

或：盈亏平衡作业率 = 260 000/(5 000×100)×100% = 52%

计算结果表明，该企业盈亏平衡作业率为 52%，即正常销售量的 52% 用于盈亏平衡，也即企业的生产能力利用程度必须达到 52%，方可达到盈亏平衡。

3. 本量利关系图

在进行本量利分析时，不仅可以通过数据计算出达到盈亏平衡状态时的销售量与销售额，还可以通过绘制本量利关系图的方法进行分析。在本量利关系图 11-1 上，可以描绘出影响利润的因素：单价、销售量、单位变动成本、固定成本。因此，借助本量利关系图不仅可以得出达到盈亏平衡状态的销售量和销售额，还可以一目了然地观察到相关因素变动对利润的影响，从而有助于管理者进行各种短期经营决策。

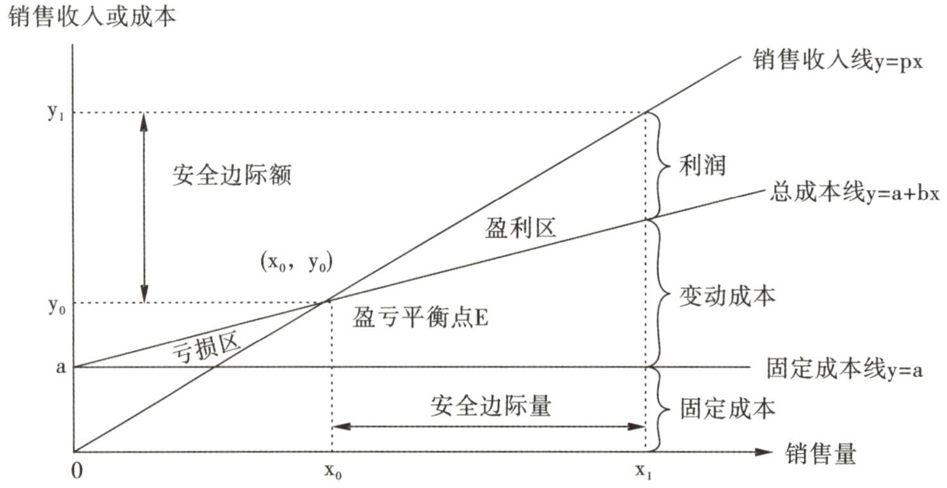

图 11-1　本量利关系图

根据传统式本量利图，可以看出：①销售量超过保本点就能盈利，销售量越多，实现的利润就越多；反之，销售量低于保本点则发生亏损，且销售量越少，亏损额就越大。②在销售量不变的情况下，保本点越低，产品的盈利能力就越大，或亏损就越小；反之，保本点越高，产品盈利能力就越小，或亏损就越大。③在销售收入不变的情况下，单位变动成本或固定成本总额越小，则保本点就越低；反之，则保本点就越高。

(二)产品组合盈亏平衡分析

在市场经济环境下，企业可能有多种产品，大多数企业都同时进行着多种产品的生产和经营。由于各种产品的销售单价、单位变动成本、固定成本不一样，从而造成各种产品的边际贡献或边际贡献率不一致。因此，对多种产品进行盈亏平衡分析，在遵循单一产品的盈亏平衡分析的基础上，应根据不同情况采用相应的具体方法来确定。目前，进行多种产品盈亏平衡分析的方法包括加权平均法、联合单位法、分算法、主要产品法等。本书介绍其中一种方法——加权平均法。

加权平均法是指在掌握每种单一产品边际贡献率的基础上，按各种产品销售额的比重进行加权平均，据以计算综合边际贡献率，从而确定多产品组合的盈亏平衡点。采用加权平均法计算多种产品盈亏平衡点的销售额的关键，是根据各种产品的销售单价、单位变动成本和销售数量计算出一个加权平均的边际贡献率，然后根据固定成本总额和加权平均的边际贡献率计算出盈亏平衡点的销售额。其计算公式如下：

某种产品的销售额权重=该产品的销售额/各种产品的销售额合计

综合边际贡献率=$\sum$（某种产品的销售额权重×该种产品的边际贡献率）

盈亏平衡点的销售额=固定成本/综合边际贡献率

综合边际贡献率=1-综合变动成本率

【例 11-3】 MD 公司计划产销甲、乙、丙三种产品，有关资料见表 11-1。计算综合保本销售额和各产品的保本销售额。

表 11-1 数据资料表

摘要	甲产品	乙产品	丙产品
产销量/件	500	2 500	1 000
销售单价/(元/件)	20	10	15
单位变动成本/(元/件)	15	7	9
固定成本总额/元	3 200		

将上述资料计算整理，见表 11-2：

表 11-2 整理后有关数据

摘要	甲产品	乙产品	丙产品
单位边际贡献/元	5	3	6
边际贡献率/%	25	30	40
销售额/元	10 000	25 000	15 000
销售权重/%	20	50	30

综合边际贡献率=25%×20%+30%×50%+40%×30%=32%

保本点的销售额=3 200/32%=10 000(元)

其中：甲产品的保本销售额=10 000×20%=2 000(元)

乙产品的保本销售额＝10 000×50%＝5 000(元)

丙产品的保本销售额＝10 000×30%＝3 000(元)

五、目标利润分析

目标利润分析即保利分析，是指在本量利分析的基础上，计算为达到目标利润所需达到的业务量、收入和成本的一种利润规划方法。

目标利润分析包括单一产品的目标利润分析和产品组合的目标利润分析。单一产品的目标利润分析重在分析每个要素的重要性。产品组合的目标利润分析重在优化企业的产品组合。

(一)单一产品的目标利润分析

目标利润分析是在本量利分析方法的基础上，计算为达到目标利润所需达到的业务量、收入和成本的一种利润规划方法，该方法应反映市场的变化趋势、企业战略规划目标以及管理层需求等。如果企业在经营活动开始之前，根据有关收支状况确定了目标利润，就可以计算为实现目标利润而必须达到的销售量和销售额。计算公式为：

目标利润＝(单价－单位变动成本)×销售量－固定成本

实现目标利润销售量＝(固定成本＋目标利润)÷(单价－单位变动成本)

实现目标利润销售额＝(固定成本＋目标利润)÷边际贡献率

或：实现目标利润销售额＝实现目标利润销售量×单价

【例 11-4】 MD 公司生产和销售单一产品，产品的单价为 50 元，单位变动成本为 25 元，固定成本为 50 000 元。如果将目标利润定为 40 000 元，则有：

实现目标利润的销售量＝(50 000+40 000)/(50-25)＝3 600(件)

边际贡献率＝(50-25)/50×100%＝50%

实现目标利润的销售额＝(50 000+40 000)/50%＝180 000(元)

(二)产品组合的目标利润分析

在单一产品的目标利润分析的基础上，依据分析结果进行优化调整，寻求最优的产品组合。基本分析公式如下：

实现目标利润的销售额＝(综合目标利润＋固定成本)÷(1－综合变动成本率)

＝(综合目标利润＋固定成本)÷综合边际贡献率

实现目标利润率的销售额＝固定成本÷(1－综合变动成本率－综合目标利润率)

＝固定成本÷(综合边际贡献率－综合目标利润率)

【例 11-5】 沿用〔例 11-3〕所提供的资料及相关计算结果，要求：

(1)假如该企业的目标利润为 16 000 元，计算实现目标利润的销售额。

(2)假如该企业的目标利润率为 16%，计算实现目标利润率的销售额。

(1)实现目标利润的销售额＝(16 000+3 200)/32%＝60 000(元)

即当企业产品组合的销售额达到 60 000 元时，能实现目标利润 16 000 元。根据各种产品的销售比重，可计算出实现目标利润时各产品的销售额：

甲产品的销售额＝60 000×20%＝12 000（元）

乙产品的销售额＝60 000×50%＝30 000（元）

丙产品的销售额＝60 000×30%＝18 000（元）

（2）实现目标利润率的销售额＝3 200/（32%－16%）＝20 000（元）

即当企业产品组合的销售额达到20 000元时，能实现月标利润率16%。根据各种产品的销售比重，可计算出实现目标利润率时各产品的销售额：

甲产品的销售额＝20 000×20%＝4 000（元）

乙产品的销售额＝20 000×50%＝10 000（元）

丙产品的销售额＝20 000×30%＝6 000（元）

六、本量利分析在短期营运决策中的应用

（一）生产工艺设备的选择

采用本量利分析法进行短期营运决策时，主要是根据各个备选方案的成本、业务量和利润之间的依存关系，在特定情况下确定最优方案。决策中通常不涉及差别收入（即收入相同），只需要比较不同方案的相关成本，以成本低的方案为优。其关键是确定“成本无差别点”，即两种备选方案在成本相同情况下的业务量。确定了成本无差别点，就可以在一定的业务量范围内，选择最优方案。这种决策方法也称为“成本无差别点法”。

【例11-6】 MD公司在原有生产线使用年限到期之后，面临着更换生产线的选择。可以选择购买与原来一样的生产线，也可以购买一条自动化程度较高的生产线。原有生产线的价格为150 000元，而新的生产线的价格为300 000元，两种生产线的使用年限均为5年，无残值。两种生产线生产出来的产品型号、质量相同，市场售价为50元/件。有关数据见表11-3。

表11-3　数据资料表　　单位：元

<table>
<tr><td colspan="2">项目</td><td>原来生产线</td><td>新生产线</td></tr>
<tr><td colspan="2">直接材料</td><td>15</td><td>15</td></tr>
<tr><td colspan="2">直接人工</td><td>12</td><td>10</td></tr>
<tr><td colspan="2">变动制造费用</td><td>10</td><td>10</td></tr>
<tr><td colspan="2">固定制造费用（假设只包括折旧）</td><td>30 000</td><td>60 000</td></tr>
<tr><td rowspan="2">年销售费用</td><td>固定部分</td><td colspan="2">10 000</td></tr>
<tr><td>变动部分</td><td colspan="2">5</td></tr>
<tr><td colspan="2">年管理费用（假设全部为固定费用）</td><td colspan="2">10 000</td></tr>
</table>

计算分析过程见表 11–4：

表 11–4　整理后有关数据资料

单位：元

项目	原来生产线	新生产线
单位产品售价	50	50
单位变动成本	15+12+10+5=42	15+10+10+5=40
单位边际贡献	8	10
年固定成本	30 000+10 000+10 000=50 000	60 000+10 000+10 000=80 000
保本点	6 250	8 000

假设年产销量为 X，则两种生产方式下的年利润分别为：

原生产线利润 $=8X-50\ 000$

新生产线利润 $=10X-80\ 000$

由 $8X-50\ 000=10X-80\ 000$，得到 $X=15\ 000$。

这说明当年产销量为 15 000 件时，使用两种生产线时的年利润相等；当年产销量低于 15 000 件时，采用原来的生产线所获得利润较多；当年产销量高于 15 000 件时，采用新的生产线所获得的利润较多。虽然采用新的生产线后，保本点变大了，风险增加了，但是如果年产销量能够超过 15 000 件的话，采用新的生产线会比使用原来的生产线创造更多的利润。因此，如何选择取决于对产销量的估计。

（二）零部件自制或外购的决策分析

零部件自制或外购决策，是指在零部件自制或外购对企业的功效相同的情况下，对零部件的取得方式进行的决策。通常情况下，将零部件自制与外购作为两个备选方案，无论选取哪一种方案，其收入是相同的，只需依据成本作决策。决策原则是：相关成本越低，方案越优。

（1）企业已具备自制能力，自制零部件无须增加固定成本。如果企业已具备自制能力，自制零部件不需要增加固定成本，此时只需要比较自制零部件的变动成本与外购价格，可以采用成本无差别点法作决策。

【例 11–7】 MD 公司每年需要的乙零件，既可以自制也可以外购。若外购，每个乙零件进价 60 元。该公司机加工车间有剩余生产能力，也可以自制乙零件。经测算每个乙零件自制成本为 50 元，其中直接材料 20 元，直接人工 15 元，变动制造费用 5 元，固定制造费用 10 元。如果机加工车间剩余生产能力不制造该零件，其生产能力可以获得转让收入 20 000 元。请根据以上资料为该公司做出乙零件自制或外购的决策。

设乙零件的年需要量为 x，每个乙零件自制成本中的固定成本 10 元属于决策无关成本，剩余生产能力转让收入为自制方案的机会成本，属于决策相关成本。

自制方案下的相关成本：$y_1=20\ 000+(20+15+5)x=20\ 000+40x$

外购方案下的相关成本：$y_2=60x$

令两方案的相关成本：$y_1=y_2$，即 $20\ 000+40x=60x$

解之，$x=1\ 000$（个）

则成本无差别点的乙零件年需用量为 1 000 个。

（2）企业不具备自制能力，自制零部件需增加固定成本。如果企业不具备自制能力，自制零部件需要增加固定成本，如增加设备、扩大厂房等，此时需要比较自制零部件成本与外购价格，同样可以采用成本无差别点法作决策。

【例 11-8】 沿用例 11-7 的资料，其他条件不变，若 MD 公司自制乙零件，则需要购置专门设备一台，为此追加的专属固定成本为 10 000 元。请为该公司做出乙零件自制或外购的决策。

设乙零件的年需要量为 x，每个乙零件自制成本中的固定成本 10 元仍属于决策无关成本，追加的 10 000 元专属固定成本为自制方案的相关成本，剩余生产能力转让收入为自制方案的机会成本，也属于决策相关成本。

自制方案下的相关成本：$y_1=20\ 000+10\ 000+(20+15+5)x=30\ 000+40x$

外购方案下的相关成本：$y_2=60x$

令两方案的相关成本：$y_1=y_2$，$30\ 000+40x=60x$

解之，$x=1\ 500$（个）

则成本无差别点的乙零件年需用量为 1 500 个。

如果乙零件全年需用量超过 1 500 个，宜自制；如果乙零件的年需用量低于 1 500 个，宜外购；如果乙零件的年需用量等于 1 500 个，自制与外购任选其一。

【德技并举】

用本量利分析做管理会计的深入思考

无论是初次涉足商业的创业者，还是在市场打拼多年的成功商人，都经常会思考这样一个问题——卖多少产品，才能保本；买多少产品，才能达到目标利润。自从人类出现商业之后，无论商业规模、体系与模式如何发展，这个问题就从来没有消失过。而问题的实质，就是管理会计的本量利分析。本量利分析是管理会计体系中最简单、最基本的定量模型，却蕴含了非常重要和深远的管理决策意义。

本量利分析的价值和企业设计营销模式、评估商业风险等都有非常紧密的联系。例如，酒店业就是典型的以本量利分析为基础的商业业态，它每年会发生大量的固定成本，包括折旧和服务人员工资等，而它的收入来自酒店房间的每日销售，故此酒店在进行营销规划和预算计划过程中，一定要通过本量利分析来确定盈亏平衡点，保证酒店必须销售出一定的房间数量，从而达到年度的盈亏平衡。这就需要财务和业务进行充分的沟通，锁定对酒店商旅有充分需求的航空公司或者旅行社，通过和它们的合作来提前销售出酒店的房间，以满足企业盈亏平衡的需求。这些合作伙伴的协议价格比门市价格可能低不少，但是因为它们能提供稳定的客源和入住率，也就保证了酒店所需要的营运收入和资金，而酒店在能够保本的前提下，适当提高小型旅游团队或者散客的门市价格，就可以达到提高自身盈利、拉高业绩的结果。故此，我们去旅行的时候，发现自己订的酒店价格和大型旅行社的协议价格差异很大，很重要的原因就是来自酒店通过本量利分析进行营销和定价分析后形成的价格歧视。不仅仅是酒店，商业经济中大量的定价模式都有本量利分析的影子，无论是制药企业的撇脂性定价策略（产品在进入市场后索取高价，以低销售量但是高价格来拉高总边际贡献，进而迅速回收其前期发生的研发成本），还是现在互联网企业的渗透性定价策略（用很低的价格，吸引更多的消费者购买企业产品，以低价格但是高销售量来拉高总边际贡献，从而涵盖产品相关生产销售的固定成本），这些都是建立在本量利分析的思维基础之上的。

企业的经营风险是企业决策者需要时时注意的问题，而本量利分析恰恰以边际贡献为核心，将企业的变动成本费用和固定成本费用分开，让企业决策者能够深思固定成本投放的目的以及和业绩匹配的合理性。没有接受过管理会计培训的经营者，在业绩上升的时候往往头脑发热，盲目进行固定资产的投入和建设，却没有理性和逻辑地计算分析额外的固定投入是否能够产生足够的收入和边际贡献，这就给未来利润下降埋下了伏笔。当经济向上的时候，投入的固定资产会撬动更高的收入，但是如果投资的时点错误，行业情况不理想，产品市场价格下降，那么企业无疑就要销售更多的产品，才能覆盖额外的固定成本，达到盈亏平衡，而这样无疑会给企业带来巨大的经营压力。而企业为了缓和这样的状态，就可能需要放宽信贷，用更优惠的条件来吸引客户，这样又会引起现金管理方面的压力。故此，本量利分析看上去是一个简单的销售保本点定量评估，但却紧密地关联了企业的产能管理、扩产计划、价格制定和销售开发。如果经营者能够从本量利分析出发，系统地将企业成本管理、财务管理和风险管理进行有机关联，企业将能非常有效地预测、揭示、规避管理经营风险，并稳健地创造预期的财务价值。

本量利分析虽然是管理会计技能中最容易理解和掌握的内容，但是在实际工作中对企业的经营决策、职能合作和风险管理有着非常重要的帮助性作用。企业经营者不应当仅仅将其视为一种成本和收益分析的决策工具，而是要将其与企业生产和财务运营紧密联系起来，形成链式和多维度思考，更好地规划企业的投资和生产，同时充分利用各种市场的契机和营销管理的手段，帮助企业提高销售业绩、优化成本，达到并超越自身的经营目标。

（来源：杨晔 《管理会计案例与解析》）

任务三　边际分析

边际分析,是指分析某可变因素的变动引起其他相关可变因素变动程度的方法,以评价既定产品或项目的获利水平,判断盈亏临界点,提示营运风险,支持营运决策。边际分析工具方法主要有边际贡献分析、安全边际分析等。

一、边际贡献分析

边际贡献分析,是指通过分析销售收入减去变动成本总额之后的差额,衡量产品为企业贡献利润的能力。边际贡献分析主要包括边际贡献和边际贡献率两个指标。

(一)边际贡献

边际贡献又称贡献毛益、边际利润,是指销售收入减去变动成本以后的差额,用公式表示为:

边际贡献总额=销售收入-变动成本总额

单位边际贡献=销售单价-单位变动成本

边际贡献首先用于补偿企业的固定成本,如补偿后有余额,则形成企业的利润;如果不足以补偿同定成本,则企业发生亏损。边际贡献代表一种产品为企业创利的能力。

(二)边际贡献率

边际贡献率,是指边际贡献在销售收入中所占的百分比,表示每一元销售收入中边际贡献所占的比重,反映了产品为企业创利的能力。

边际贡献率=边际贡献/销售收入×100%=单位边际贡献/单价×100%

(三)变动成本率

变动成本率是指变动成本在销售收入中所占的百分比。其计算公式如下:

变动成本率=变动成本/销售收入×100%=单位变动成本/销售单价×100%

【例11-9】　MD公司生产甲产品,单价为25元/件,单位变动成本为15元/件,销售量为80件,可得出:

边际贡献总额=800×25-800×15=8 000(元)

单位边际贡献=25-15=10(元/件)

边际贡献率=(25-15)/25×100%=40%

变动成本率=15/25×100%=60%

由于销售收入被分为变动成本和边际贡献两部分,前者是产品自身的耗费,后者是给企业的贡献,两者在销售收入中所占百分比之和应当为1,即:

变动成本率+边际贡献率=1

变动成本率+边际贡献率=60%+40%=1

二、安全边际分析

安全边际分析，是指通过分析正常销售额超过盈亏临界点销售额的差额，衡量企业在保本的前提下，能够承受因销售额下降带来的不利影响的程度和企业抵御营运风险的能力。安全边际分析主要包括安全边际和安全边际率两个指标。

(一)安全边际

安全边际，是指实际销售量或预期销售量超过盈亏平衡点销售量的差额，体现企业营运的安全程度。有关公式如下：

安全边际=实际销售量或预期销售量-保本点销售量

(二)安全边际率

企业生产经营的安全性，还可以用安全边际率来表示。安全边际率，是指安全边际与实际销售量或预期销售量的比值，公式如下：

安全边际率=安全边际/实际销售量或预期销售量×100%

安全边际主要用于衡量企业承受营运风险的能力，尤其是在销售量下降时承受风险的能力，也可以用于盈利预测。安全边际或安全边际率的数值越大，企业发生亏损的可能性越小，抵御营运风险的能力越强，盈利能力越大。安全程度检验标准的资料见表11-5。

表11-5　企业经营安全程度评价标准

安全边际率	40%以上	30%～40%	20%～30%	10%～20%	10%以下
经营安全程度	很安全	安全	较安全	值得注意	危险

【例11-10】 MD公司实际销售A产品2 000件，保本销售量为1 250件，可得出：

安全边际=实际销售量-保本销售量=2 000-1 250=750(件)

(三)安全边际与保本点的关系分析

通过上述分析可知，企业正常的销售量分为两部分：一部分是保本销售量，另一部分是安全边际(销售量)。

正常销售量=保本销售量+安全边际(销售量)

将该公式两端同时除以正常销售量，则有：

保本作业率+安全边际率=1

从安全边际与保本点的上述关系中，我们看到，只有安全边际(销售量)才能为企业提供利润，而保本销售量只能为企业收回固定成本。

(四)安全边际与利润的关系分析

因为只有安全边际才能为企业提供利润，所以，安全边际和利润之间有必然的联系。

安全边际部分的销售额减去其自身变动成本后就等于企业利润，即安全边际中的边际贡献等于企业利润。这个结论可以通过下式加以论证：

利润 = 销售收入 − 变动成本 − 固定成本

= 边际贡献 − 固定成本

= 销售收入 × 边际贡献率 − 固定成本

= 销售收入 × 边际贡献率 − 保本销售额 × 边际贡献率

= (销售收入 − 保本销售额) × 边际贡献率

所以：利润 = 安全边际销售额 × 边际贡献率

三、边际分析在短期经营决策中的应用

在短期经营决策中，由于一般不改变生产能力，固定成本总额通常基本稳定，所以，只需要比较产品或业务所带来的边际贡献，就可以确定方案的优劣。常用的方法有边际贡献总额法、单位资源边际贡献法和综合边际贡献率分析法等。该方法常用于是否接受特殊追加订货的决策、亏损产品是否停产或转产的决策、新产品开发的决策和产品组合优化决策等。

（一）边际贡献总额法

通过比较备选方案提供的边际贡献总额的大小优选方案的决策方法称为边际贡献总额分析法。其决策原则是：边际贡献总额越大，方案越优。

需要说明的是：尽管单位边际贡献是反映产品盈利能力的重要指标，但在决策分析时，绝不能以产品的单位边际贡献的大小作为选优的标准，而应以各种产品能创造的边际贡献总额作为优选方案的主要依据。

1. 是否接受特殊追加订货的决策分析

所谓特殊追加订货，一般是指客户要求的订货价格低于产品的完全成本。如果企业有剩余生产能力，可以考虑是否接受客户的特殊追加订货。决策原则是：只要特殊追加订货的销售收入足以弥补其变动成本和专属成本，即边际贡献总额大于零，则可以接受；反之，则不可以接受。

【例 11-11】 MD 公司现有生产能力可生产甲产品 100 000 个，但目前仅利用了 80%，还有 20% 的生产能力尚未得到利用。目前已接受订货 80 000 个，每件售价 50 元，预计单位成本为 42 元，其中单位产品变动成本为 35 元，单位产品固定成本为 7 元。现有一客户拟以 38 元的价格订购甲产品 10 000 个。如果公司接受这批订货，需要为此追加专属成本 5 000 元。公司是否接受该批订货？请采用边际贡献法为该公司做出决策分析。

客户要求追加的 10 000 个订货的单价(38 元)低于目前已接受的 80 000 个产品的单位成本(42 元)，而且如果接受此项订货，还要为此追加支出 5 000 元专属成本。粗略估算不应接受此项订货。但是，由于公司有剩余生产能力，接受此项订货不会增加产品的

固定成本,因此,固定成本为决策无关成本,无须考虑。而为此追加的专属成本属于相关成本,必须予以考虑。

根据产品的有关数据资料计算的这批追加订货的边际贡献总额为:

追加订货的边际贡献总额=(38-35)×10 000=30 000(元)

弥补专属成本后的边际贡献总额=30 000-5 000=25 000(元)

由于接受追加订货后仍可为企业提供25 000元边际贡献,因此,应接受这批特殊的追加订货。

2. 亏损产品是否停产或转产的决策分析

(1)亏损产品是否停产的决策分析。所谓亏损产品是指其收入不能补偿全部成本的产品。亏损产品按其亏损情况分为两类:一类是实亏产品,即销售收入小于变动成本的亏损产品,边际贡献为负,这类亏损产品生产越多,亏损越多,一般不应继续生产;另一类是虚亏产品,即销售收入大于变动成本,边际贡献为正,继续弥补固定成本后利润为负,这类亏损产品仍可以为企业提供一定的边际贡献,对于这类亏损产品是否停产,应区分不同情况进行决策。

【例11-12】 MD公司生产A、B、C三种产品相关资料见表11-6。

表11-6　A、B、C三种产品相关资料表

项目	A型	B型	C型
销售量/个	1 000	900	800
销售单价/元	300	400	350
销售收入/元	300 000	360 000	280 000
单位变动成本/元	150	250	280
变动成本总额/元	150 000	225 000	224 000
边际贡献总额/元	150 000	135 000	56 000
固定成本总额/元	282 000(按销售收入在各产品之间进行分配,分配率为0.3)		
分配固定成本/元	90 000	108 000	84 000
利润/元	60 000	27 000	-28 000

假设C产品停产后,剩余生产能力不能转作其他用途,请做出C产品是否停产的决策。

由以上资料可知,无论C产品是否停产,其分摊的固定成本总额84 000元总是要发生的。若将C产品停产,其负担的84 000元固定成本应全部由A、B两种产品负担,其计算结果见表11-7。

表 11-7　亏损产品停产决策分析计算表

项目	A	B
销售量/件	1 000	900
销售单价/元	300	400
销售收入/元	300 000	360 000
单位变动成本/元	150	250
变动成本总额/元	150 000	225 000
边际贡献毛总额/元	150 000	135 000
固定成本总额/元	282 000(按销售收入在各产品之间进行分配,分配率为 0.427 273)	
分配固定成本/元	128 182	153 818
利润/元	21 818	-18 818

从以上计算可知,把原来边际贡献大于零的 C 产品停产后,使原来盈利的 B 产品变为亏损产品,A 产品的盈利也显著下降,公司利润由原来的 59 000(60 000+270 00-28 000)元降低为 3 000(21 818-18 818)元,减少了 56 000 元。因此,在其他条件不变的情况下,不应停产 C 型手机自拍器产品。

(2)亏损产品是否转产的决策分析。亏损产品是否转产的决策仍可采用边际贡献总额法来解决。只要转产的产品是利用亏损产品停产后腾出来的生产能力而不占用其他产品的生产能力,同时它所提供的边际贡献总额大于原亏损产品所提供的边际贡献总额,那么这项转产方案就是可行的。

【例 11-13】　沿用〔例 11-12〕的资料。假定亏损产品 C 停产后腾出来的生产能力可以用来生产一种 D 产品。假设 D 的年产量为 800 个,单价为 500 元,单位变动成本为 350 元,则 MD 公司是否可将 C 产品转产为 D 产品?

根据有关资料编制的亏损产品转产决策分析见表 11-8。

表 11-8　亏损产品转产决策分析计算表

项目	A 型手机自拍器	B 型手机自拍器	D 型手机自拍器
销售量/件	1 000	900	800
销售单价/元	300	400	500
销售收入/元	300 000	360 000	400 000
单位变动成本/元	150	250	350
变动成本总额/元	150 000	225 000	280 000
贡献毛益总额/元	150 000	135 000	120 000
固定成本总额/元	282 000(按销售收入在各产品之间进行分配,分配率为 0.266 04)		

续表 11-8

项目	A 型手机自拍器	B 型手机自拍器	D 型手机自拍器
分配固定成本/元	79 811	95 774	106 415
利润/元	70 189	39 226	13 585

由以上计算可知，由 C 转产为 D 后，公司的利润为 123 000(70 189+39 226+13 585)元，比生产 C 产品增加了 64 000(123 000−59 000)元，因此，应选择将 C 产品转产为生产 D 产品为宜。

(二)单位资源边际贡献分析法

单位资源边际贡献分析法是指通过比较备选方案单位资源提供的边际贡献大小进行决策的方法。其决策原则是：单位资源提供的边际贡献越大，则方案越优。单位资源边际贡献计算公式如下：

单位资源边际贡献=单位边际贡献/单位产品资源消耗定额

这种方法可用于新产品开发的决策分析。

需要说明的是：大量追加投资开发新产品属于长期投资决策的范畴，短期经营决策中的新产品开发通常是指可以利用企业现有的剩余生产能力，开发适销对路的新产品，而且已经掌握可供选择的多个新产品方案的有关资料。这类决策一般可分为两种情况：一种是开发新产品不追加专属成本，另一种是开发新产品需要追加专属成本。

1. 不追加专属成本的新产品开发决策分析

在新产品开发决策中，如果有关方案均不涉及追加专属成本，也不存在机会成本，可以运用边际贡献总额分析法或单位资源边际贡献分析法进行决策。

【例 11-14】 MD 公司最大生产能力为 100 000 定额工时，目前已利用 70%。公司计划用其剩余生产能力开发新产品 E 或新产品 F。新产品 E 和 F 的有关数据资料见表 11-9。要求：根据上述资料做出开发何种新产品的决策。

表 11-9　E 产品、F 产品有关数据资料

项目	E 产品	F 产品
销售单价/元	200	180
单位变动成本/元	150	135
单位产品定额工时/小时	30	25
固定成本总额/元	200 000	

由于该公司是在利用剩余生产能力开发新产品，无须增加专属成本，也没有压缩原有产品的生产，因此可运用边际贡献总额分析法或单位资源边际贡献分析法来做决策分

析。根据上述有关资料编制拟开发的新产品 E 和 F 决策分析表见表 11-10。

表 11-10　开发新产品 E、F 的决策分析

项目	E 产品	F 产品
最大产量/件	100 000×(1-70%)/30=1 000	100 000×(1-70%)/25=1 200
销售单价/元	200	180
单位变动成本/元	150	135
单位边际贡献/元	50	45
边际贡献总额/元	1 000×50=50 000	1 200×45=54 000
单位资源边际贡献/元	50/30=1.67	45/25=1.8

从表 11-10 的计算结果可知，虽然新产品 E 创造的单位贡献边际比新产品 F 创造的单位贡献边际大，但其边际贡献总额和单位资源边际贡献均小于新产品 F。因此，在市场需求无限制的条件下，该公司应选择开发新产品 F 为宜。

2. 追加专属成本的新产品开发决策分析

在新产品开发决策中，如果有关方案均涉及追加专属成本，可以使用边际贡献分析总额法进行决策分析。

【例 11-15】　沿用〔例 11-14〕的资料，MD 公司开发新产品 E 需要支付专属成本 20 000元，开发新产品 F 需要支付专属成本 30 000 元，要求采用边际贡献分析总额法为该公司做出新产品开发决策。

因为专属成本属于决策相关成本，在决策中必须加以考虑，因此可根据产品边际贡献总额扣除固定成本后的剩余边际贡献总额的大小做出选择。根据上述资料编制的新产品 E、F 决策分析表见表 11-11。

表 11-11　开发新产品 E、F 的决策分析表

项目	E 产品	F 产品
最大产量/件	1 000	1 200
销售单价/元	200	180
单位变动成本/元	150	135
单位边际贡献/元	50	45
边际贡献总额/元	1 000×50=50 000	1 200×45=54 000
专属成本/元	20 000	30 000
剩余边际贡献总额/元	50 000-20 000=30 000	54 000-30 000=24 000

由表 11-11 的计算结果可知，受专属成本因素影响，新产品 E 的剩余边际贡献总额大于新产品 F 的剩余边际贡献总额。因此，在市场需求不受限制的条件下，该公司应选择开发新产品 E 为宜。

任务四　敏感性分析

一、敏感性分析概述

敏感性分析是指每个因素值的变动对决策目标基准值的影响程度分析。企业在进行敏感性分析时，通常是通过计算各因素的敏感系数，衡量因素变动对决策目标基准值的影响程度。其计算公式如下：

敏感系数=目标值变动百分比/因素值变动百分比

在计算盈亏平衡点时，假定单价、固定成本、单位变动成本等诸多因素均不变动，但实际上，这种静态平衡不可能维持很久，这些因素也往往会发生变化，如价格波动、成本升降等。所谓利润敏感性分析，就是研究本量利分析中影响利润的诸因素发生微小变化时，对利润的影响方向和程度。敏感性分析的主要优点在于，简单易行，分析结果易于理解，能为企业的规划、控制和决策提供参考；但敏感性分析对决策模型和预测数据具有依赖性，决策模型的可靠程度和数据的合理性，会影响敏感性分析的可靠性。

利润敏感性分析的主要目的：一是分析确定影响利润的各因素变化的临界值，即研究分析销售量、单价、单位变动成本、固定成本等，这些因素变化到什么程度，会使企业由盈利转为亏损，对于单价和销售量是最小允许值，对单位变动成本和固定成本是最大允许值；二是计算利润的敏感系数，分析各因素变化对利润的影响程度，确定敏感性因素和弱敏感性因素以便在短期利润规划中，重点关注敏感因素，及时采取措施，加强控制敏感性因素，确保利润规划的完成。

二、确定影响利润的各因素临界值

根据本量利的基本关系式：

利润=(单价-单位变动成本)×业务量-固定成本

影响利润各因素的临界值是指利润为 0 时的各因素值，实质上就是指销售量与单价的最小允许值，单位变动成本与固定成本的最大允许值。

1. 销售量的最小允许值

销售量的最小允许值=固定成本/(单价-单位变动成本)

2. 销售单价的最小允许值

销售单价的最小允许值=固定成本/销售量+单位变动成本

=(固定成本+变动成本)/销售量

3. 单位变动成本的最大允许值

单位变动成本的最大允许值=单价-固定成本/销售量

=(销售收入-固定成本)/销售量

4. 固定成本的最大允许值

固定成本的最大允许值=销售收入-变动成本

【例 11-16】 MD 公司生产销售一种产品，产品的单价为 50 元，单位变动成本为 30 元，固定成本为 60 000 元，计划销售量为 20 000 件。要求计算该公司销售量、销售单价、单位变动成本、固定成本的临界值。

销售量的最小允许值=60 000/(50-30)=3 000(件)

销售单价的最小允许值=60 000/20 000+30=33(元)

单位变动成本的最大允许值=50-60 000/20 000=47(元)

固定成本的最大允许值=50×20 000-30×20 000=400 000(元)

通过以上计算可知，A 产品的销售量不能少于 3 000 件，单价不能低于 33 元，单位变动成本不能高于 47 元，固定成本总额不能超过 400 000 元。否则，将会由盈利转为亏损。

三、各因素变化对利润的敏感程度

各因素变化都会引起利润的变化，但其影响程度各不相同。有的因素发生微小变化，就会使利润发生很大的变动，利润对这些因素的变化十分敏感，这些因素被称为敏感因素。与此相反，有些因素发生变化后，利润的变化不大，反应比较迟钝，这种因素被称为弱敏感因素。

【例 11-17】 MD 公司生产和销售单一产品，计划年度内有关数据预测如下：销售量 100 000 件，单价 30 元，单位变动成本为 20 元，固定成本为 200 000 元。假设销售量、单价、单位变动成本和固定成本均分别增长了 10%，要求计算各因素的敏感系数。

预计的目标利润=(30-20)×100 000-200 000=800 000(元)

(1)销售量的敏感程度

销售量=100 000×(1+10%)=110 000(件)

利润=(30-20)×110 000-200 000=900 000(元)

利润变动百分比=(900 000-800 000)/800 000×100%=12.5%

销售量的敏感系数=12.5%/10%=1.25

可见，销售变动 10%，利润就会变动 12.5%，当销售量增长时，利润会以更大的幅度增长，这是由于企业固定成本的存在而导致的。对销售量进行敏感性分析，实质上就是分析经营杠杆现象，利润对销售量的敏感系数其实就是经营杠杆系数。

(2)销售单价的敏感程度

单价=30×(1+10%)=33(元)

利润=(33-20)×100 000-200 000=1 100 000(元)

利润变化的百分比=(1 100 000−800 000)/800 000×100% =37.5%

单价的敏感系数=37.5%/10% =3.75

可见,单价对利润的影响很大,从百分比来看,利润以3.75倍的速率随单价变化。涨价是提高盈利的有效手段,反之,价格下跌也将对企业构成很大威胁。经营者根据敏感系数分析可知,每降价1%,企业将失去3.75%的利润,必须格外予以关注。

(3)单位变动成本的敏感程度

单位变动成本=20×(1+10%)=22(元)

利润=(30−22)×100 000−200 000=600 000(元)

利润变化的百分比=(600 000−800 000)/800 000×100% =−25%

单位变动成本的敏感系数=−25%/10% =−2.5

由此可见,单位变动成本对利润的影响比单价小,单位变动成本每上升1%,利润将减少2.5%。但是,敏感系数绝对值大于1,说明单位变动成本的变化会造成利润更大的变化,仍属于敏感因素。

(4)固定成本的敏感程度

固定成本=200 000×(1+10%)=220 000(元)

利润=(30−20)×100 000−220 000=780 000(元)

利润变化的百分比=(780 000−800 000)/800 000×100% =−2.5%

固定成本的敏感系数=−2.5%/10% =−0.25

这说明固定成本每上升1%,利润将减少0.25%。

【复习思考】

一、单选题

1. 下列关于本量利的关系式中,不正确的是(　　)。

   A. 利润=销售收入×单位边际贡献−固定成本

   B. 利润=销售量×单价−销售量×单位变动成本−固定成本

   C. 利润=销售收入−(变动成本+固定成本)

   D. 利润=销售量×(单价−单位变动成本)−固定成本

2. 根据本量利分析的原理,只降低安全边际而不会影响保本销售量的措施是(　　)。

   A. 降低单价　　　　B. 降低产销量

   C. 提高单位变动成本　　　　D. 提高固定成本

3. 某企业只生产A产品一种产品,预计下年销售价格为120元,单位变动成本为60元,固定成本为480 000元,如果下一年要实现目标利润240 000元,那么销售量应到达(　　)件。

   A. 6 000　　　　B. 12 000

C. 4 000　　D. 8 000

4. 某企业生产和销售单一产品，该产品2017年的销售量为20万件，单位边际贡献为10元，固定成本为10万元，假设2018年销售量增长10%，其他条件均不变，则销售量的敏感系数是(　　)。

A. 1.05　　B. 1.5

C. 2.5　　D. 1

5. 某企业只生产销售一种产品，目前处于盈利状态。受到通货膨胀的影响原材料涨价，经测算已知单位变动成本对利润的敏感系数为-2，为了确保下年度企业不亏损，单位变动成本的最大涨幅为(　　)。

A. 25%　　B. 100%

C. 50%　　D. 30%

6. 假设某企业只生产销售一种产品，单价50元，边际贡献率40%，每年固定成本300万元，预计下年产销量20万件，则价格对利润影响的敏感系数为(　　)。

A. 10　　B. 8

C. 4　　D. 40%

7. 某企业只生产甲产品，预计单位售价11元，单位变动成本8元，固定成本费用100万元，该企业要实现500万元的目标利润，则甲产品的销售量至少为(　　)万件。

A. 100　　B. 200

C. 300　　D. 400

8. 某企业生产销售甲、乙两种产品，已知甲产品销售收入100万元，乙产品销售收入400万元，固定成本100万元，实现利润200万元，则该企业的加权平均边际贡献率为(　　)。

A. 40%　　B. 50%

C. 60%　　D. 无法确定

9. 某产品实际销售量为8 000件，单价为30元，单位变动成本为12元，固定成本总额为36 000元。则该产品的安全边际率为(　　)。

A. 25%　　B. 40%

C. 60%　　D. 75%

10. 下列关于量本利分析基本假设的表述中，不正确的是(　　)。

A. 产销平衡

B. 产品产销结构稳定

C. 销售收入与业务量呈完全线性关系

D. 总成本由营业成本和期间费用两部分组成

二、多选题

1. 某企业只生产一种产品，单价为20元，单位变动成本为12元，固定成本为2 400元，正常生产经营条件下的销售量为400件。以下说法中，正确的有(　　)。

A. 保本销售量为 120 件

B. 在保本状态下，该企业生产经营能力的利用程度为 75%

C. 安全边际中的边际贡献等于 800 元

D. 安全边际率为 25%

2. 采用加权平均法计算多种产品盈亏平衡点销售额时，影响盈亏平衡点的销售额大小的有(　　)。

A. 销售单价　　B. 销售数量

C. 单位变动成本　　D. 固定成本总额

3. 某企业只生产一种产品，其单价为 20 元，单位变动成本为 12 元，固定成本总额为 2 000 元，销售量为 1 000 件。企业欲实现 10 000 元的销售利润，在其它条件不变的情况下，企业可采取的措施有(　　)。

A. 单价提高 20%　　B. 单位变动成本下降 30%

C. 销售量提高 50%　　D. 固定成本下降 50%

4. 下列各项指标中，与保本点呈同向变化关系的有(　　)。

A. 单位售价　　B. 预计销量

C. 固定成本总额　　D. 单位变动成本

5. 根据单一产品的量本利分析模式，下列关于利润的计算公式中，正确的有(　　)。

A. 利润 = 保本销售量×单位安全边际

B. 利润 = 安全边际量×单位边际贡献

C. 利润 = 实际销售额×安全边际率

D. 利润 = 安全边际额×边际贡献率

6. 某公司生产销售 A、B、C 三种产品，销售单价分别为 20 元、30 元、40 元；预计销售量分别为 3 万件、2 万件、1 万件；预计各产品的单位变动成本分别为 12 元、24 元、28 元；预计固定成本总额为 18 万元。按加权平均法确定各产品的保本销售量和保本销售额。下列说法中正确的有(　　)。

A. 加权平均边际贡献率为 30%　　B. 综合保本销售额为 60 万元

C. B 产品保本销售额为 22.5 万元　　D. A 产品的保本销售量为 1.125 万件

7. 可以提高销售利润率的措施包括(　　)。

A. 提高安全边际率　　B. 提高边际贡献率

C. 降低变动成本率　　D. 降低盈亏平衡作业率

8. 下列针对有关目标利润的计算公式的说法中，不正确的有(　　)。

A. 目标利润销售量公式只能用于单种产品的目标利润管理

B. 目标利润销售额只能用于多种产品的目标利润管理

C. 公式中的目标利润一般是指息前税后利润

D. 如果预测的目标利润是税后利润，需要对公式进行相应的调整

9. 零部件自制与外购决策中，如果有剩余产能，需要考虑的因素有(　　)。

A. 变动成本　　　　　　　　　　B. 专属成本
C. 机会成本　　　　　　　　　　D. 沉没成本

10. 甲公司的经营处于盈亏临界点,下列表述正确的是(　　)。
A. 安全边际等于零
B. 经营杠杆系数等于零
C. 边际贡献等于固定成本
D. 销售额等于销售收入线与总成本线交点处销售额

三、判断题

1. 企业经营管理者总是希望企业的保本点越低越好,保本点越低,企业的经营风险就越小。(　　)
2. 利润对销售量的敏感系数其实就是财务杠杆系数。(　　)
3. 安全边际的销售额减去其自身的成本后成为企业的利润。(　　)
4. 目标利润是盈亏平衡分析的核心要素,目标利润分析是本量利分析的延伸和拓展。(　　)
5. 边际贡献首先用于补偿企业的变动成本,然后补偿固定成本,补偿完变动成本和固定成本后,才能为企业提供利润。(　　)

四、计算分析题

1. ND 企业只生产和销售 A 产品,产品的单价为 10 元,2022 年 ND 企业全年生产 A 产品 20 000 件,并且全部售出,变动成本总额为 80 000 元,固定成本总额为 60 000 元。假设 2023 年 A 产品单价和成本性态保持不变,2023 年企业目标净利润为 4 5000 元,预计利息费用为 12 000 元,适用的所得税税率为 25%。

要求:

(1)计算企业 2023 年的盈亏平衡点的业务量。

(2)计算企业 2023 年实现目标净利润时的销售额。

(3)计算企业 2023 年实现目标净利润时的安全边际率。

2. LD 企业只生产和销售甲产品,2022 年的年产销量为 2 万件,售价为 30 元/件,单位变动成本为 12 元,固定成本总额为 18 万元。假设 2023 年成本性态保持不变。预计 2023 年甲产品的售价仍为 30 元/件,目标息税前利润比 2022 年增长 10%。适用的所得税税率为 25%,假设不考虑其他相关税费。

要求:

(1)计算 2022 年的下列指标:①边际贡献率;②安全边际额;③保本作业率。

(2)计算 2023 年甲产品实现目标利润的销售量。

(3)计算甲产品的销售量对利润的敏感系数。

3. ND 公司目前生产 L 产品,计划开发一种新产品,现有 M、N 两种可选。

资料一:L 产品单价为 600 元,单位变动成本为 450 元,年产销量为 2 万件。

资料二:M 产品预计单价为 1 000 元,边际贡献率为 30%,预计年产销量 2.2 万件。

开发M产品需增加一台新设备，将导致公司每年的固定成本增加100万元。

资料三：N产品的年边际贡献总额预计为630万元。开发N产品可利用L产品的现有设备，但是将使现有L产品年产销量减少10%。

ND公司拟运用量本利分析法作出新产品开发决策。不考虑增值税及其他因素影响。

要求：

(1)根据资料二，计算M产品年边际贡献总额。

(2)根据资料二和要求(1)的计算结果，计算开发M产品后ND公司年息税前利润的增加额。

(3)根据资料一和资料三，计算开发N产品导致L产品年边际贡献总额的减少额。

(4)根据要求(3)的计算结果和资料三，计算开发N产品后ND公司年息税前利润的增加额。

(5)判断ND公司应该开发哪种产品，并说明理由。

4. ND企业计划生产A、B、C三种产品，固定成本总额为50 000元，它们的销售量、销售单价、单位变动成本资料见表11-2。

表11-2　三种产品的成本资料

项目	A产品	B产品	C产品
预计销售量(件)	1 500	1 000	2 500
销售单价	20	15	14
单位变动成本(元)	10	6	7

要求：

(1)计算企业计划期内的加权平均边际贡献率、加权平均保本销售额。

(2)计算B产品的盈亏平衡销售额和盈亏平衡销售量。

5. LD公司是一家生物制药企业，研发出一种专利产品，生产该产品的项目已完成可行性分析，厂房建造和设备购置安装工作已完成，该产品将于2023年开始生产销售，目前，公司正对该项目进行盈亏平衡分析，相关资料如下：

(1)专利研发支出资本化金额为150万元，专利有效期10年，预计无残值；建造厂房使用的土地使用权，取得成本为500万元，使用年限50年，预计无残值，两种资产均采用直线法计提摊销。厂房建造成本400万元，折旧年限30年，预计净残值率为10%。

设备购置成本200万元，折旧年限10年，预计净残值率为5%，两种资产均采用直线法计提折旧。

(2)该产品销售价格每瓶80元，销量每年可达10万瓶，每瓶材料成本20元、变动制造费用10元、包装成本3元。公司管理人员实行固定工资制，生产工人和销售人员实行基本工资加提成制，预计需要新增管理人员2人，每人每年固定工资7.5万元；新增生产工人25人，人均月基本工资1 500元，生产计件工资每瓶2元；新增销售人员5人，人均月基本工资1 500元，销售提成每瓶5元。

每年新增其它费用：财产保险费4万元，广告费50万元，职工培训费10万元，其他固定费用11万元。

(3)假设年生产量等于年销售量。

要求：

(1)计算新产品的年固定成本总额和单位变动成本。

(2)计算新产品的盈亏平衡全年销售量、安全边际率和年息税前利润。

(3)计算该项目的经营杠杆系数。

五、案例思考题

寻找奶茶店的“盈亏临界点”

餐饮一直被认为“低门槛，高回报”的行业，也是很多创业者首选行业。奶茶店更是餐饮界的异类。这个新型网红产业，在创业者眼里算得上遍地黄金。但其实奶茶是个竞争激烈行业，倒闭的比比皆是。本文通过本量利的模型分析，来寻找奶茶店的盈亏平衡点。

任何生意都有成功与失败。奶茶店遍布大街小巷，看似非常火爆，实际背后倒闭的也比比皆是。有人开奶茶店不到一年时间，先后投入设备、租金、加盟费等花了20多万。可这一年来，经常连一天的租金人工成本都达不到，在行业不断发展，单店有着很高坪效与毛利率的情况下，很多奶茶创业者都发现，盈利变成了特别艰难的事。

奶茶店一般都会选择在客流量大的地方，譬如学校、商圈等密集区。除了选址、产品质量、营销手段。还有一点，如何保障盈亏平衡？这里需要结合本量利分析，根据产品销量、价格、变动成本和固定成本等因素同利润之间的相互关系，通过分析计量而确定奶茶店目标利润的一种方法。

下面以奶茶店为例进行本量利的分析，一起来看看本量利分析是如何在奶茶店生意中运用的。假设：奶茶店每月固定成本20 000元，由房租、工资、杂费及材料制作成本构成，见表11-3。

表11-3　奶茶店本量利分析

零售与销量	珍珠奶茶	柠檬果汁	拿铁咖啡
单价(元)	12	10	15
销量(杯/月)	900	900	600
销售额(元/月)	10 800	9 000	9 000
销售收入占比	37.5%	31.3%	31.3%

该奶茶店主要销售的有珍珠奶茶、柠檬果汁、拿铁咖啡，售价分别为每杯 12 元、10 元、15 元，假设每天大概销售奶茶 30 杯、果汁 30 杯和咖啡 20 杯。销售收入合计为 28 800元，分别占销售收入的 37.5%、31.3%、31.3%。奶茶、果汁、咖啡的变动成本分别为 4 元、3 元、3 元，可计算出单位边际利润率，见表 11-14。

表 11-14　奶茶店模拟本量利分析

奶茶店本量利分析	珍珠奶茶	柠檬果汁	拿铁咖啡
单价(元)	12	10	15
销量(杯/月)	900	900	600
销售额(元/月)	10 800	9 000	9 000
销售收入占比	37.5%	31.3%	31.3%
变动成本(元/杯)	4.00	3.00	3.00
边际利润率(各类)	66.7%	70.0%	80.0%
边际利润率(元/月)	7 200	6 300	7 200
边际利润率	71.9%		
盈亏临界点(元/月)	27.826		
固定成本(元/月)	20 000		
边际利润总额(元/月)	20 700		

根据保本分析公式：盈亏临界点销售额=固定成本/边际贡献率。实际最后求出的综合边际利润率即是公式里的边际贡献率，则根据公式可求出盈亏临界点的销售额=20 000/71.9%=27 826 元。也就是说当奶茶店的销售额为 27 826 元时，既不赔也不赚，盈亏平衡，恰好能保住投入奶茶店中的成本。根据保本点销售量=固定成本/(单位售价-单位变动成本)计算，大概每月至少需要销售 740 杯才能保本。

经营一家奶茶店需要建立长期的本量利分析，并且要以竞争对手为参照确定自身是否具备成本竞争优势。同时，需要做到深入的市场调研，确定奶茶店的目标客户群，确定奶茶店的投资规模，做到投资规模适度。运用管理会计知识，可以充分把握成本动因分析，避免在日后经营中可能出现的成本浪费现象。

通过上述奶茶店的分析，在经营中运用本量利分析的方法，是为了在追求利润前，先要保住投入的本金，至少能维持奶茶店正常运营的销售量及销售额的计划。在经营中不能只看成本多少、毛利多少，必须对利润目标的实现做出规划，这样才有对销量的追求。只有对本、量、利三者间的关系进行研究，才能做出更好的决策，让奶茶店的生意红红火火。

(来源:《管理会计知识汇》)

项目十二 绩效管理

【知识目标】

1. 熟悉绩效管理的概念、原则和应用环境。
2. 理解绩效管理的工具方法和一般程序。
3. 掌握平衡计分卡的概念及应用。

【能力目标】

1. 能够阐述管理会计工具方法如何开展绩效管理工作。
2. 能够运用平衡计分卡开展绩效管理工作。

【素质目标】

1. 引领学生了解高效的管理体系可以帮助企业实现其运营目标。
2. 通过设计科学合理的量化指标，让学生感性认知在绩效工作中的服务意识，提高交流沟通的能力。
3. 制定和执行员工激励机制，激发学生的团队合作精神。

【案例引入】

绩效管理就是依据企业战略，通过目标分解、计划实施、绩效评估并将评估结果用于企业的日常管理活动中，以促进组织和个人绩效的持续改进并最终实现组织战略目标的一种管理方式。绩效管理不是一个静态的结果，而是一个循环往复、持续的过程；不只是一个管理工具、环节和方法，而是一个系统工程，这就决定了我们要有系统的思考，把它放到战略地位来进行谋划，通过有效地组织管理，建立起客观、简洁的绩效优化体系，实现组织与个人绩效的紧密融合，就能持久地发挥效用，取得最佳效果。

其实,绩效管理与建造房子有同工异曲之妙,很大程度上取决于管理者的心态,诚如《木匠的房子》这个故事,过去有个老木匠准备退休,他告诉老板,说要离开建筑行业,回家与妻子儿女享受天伦之乐。老板舍不得他的好工人走,问他是否能帮忙再建一座房子,老木匠说可以。但他的心思已不在工作上,用软料,出粗活。房子建好的时候,老板把钥匙递给他说"这是你的房子,我送给你的礼物。"他震惊得目瞪口呆,羞愧得无地自容。如果他早知道是在给自己建房子,他怎么会这样做呢?现在他得住在一幢粗制滥造的房子里了。绩效管理与改进又何尝不是这样,如果凡事消极应付,不肯精益求精,在关键时刻不能尽最大努力,一旦发现问题,早已深困在自己建造的"房子"里了。绩效管理从推广到成果产出,如同一颗种子"春天播种、秋天收获",只要每天都朝"追求卓越"方向前进,就一定会使团队成员产生积极的、拼搏向上的企业文化,确保企业"如同运行良好的汽车"及时把握市场脉搏、适应市场环境的变化,管理上持续精进,不断创造新的辉煌!

(来源:邓志文 《北大纵横》)

任务一 绩效管理认知

一、绩效管理的含义

绩效管理是指企业与所属单位(部门)、员工之间就绩效目标及如何实现绩效目标达成共识,并帮助和激励员工取得优异绩效,从而实现企业目标的管理过程。绩效管理的核心是绩效评价和激励管理。绩效评价是企业实施激励管理的重要依据,激励管理是促进企业绩效提升的重要手段。

二、绩效管理的原则

(一)战略导向原则

绩效管理应为企业实现战略目标服务,支持价值创造能力提升。绩效评价指标设计体现单位的战略导向才可以引导企业、部门和个人在努力实现绩效目标的过程中合力完成企业的战略目标。

(二)客观公正原则

绩效管理应实事求是,评价过程应客观公正,激励实施应公平合理。绩效管理客观公正才能起到激励和约束作用,才能体现绩效管理的真正作用。

(三)规范统一原则

绩效管理的政策和制度应统一明确,并严格执行规定的程序和流程。绩效评价指标对企业、部门和员工具有引导作用,因而规范、统一的制度可以使企业、部门和职工明确努力的目标和内容,从而更好地予以实施。

(四)科学有效原则

绩效管理应做到目标符合实际,方法科学有效,激励与约束并重,操作简便易行。

三、绩效管理的应用环境

(一)设置绩效管理机构

企业进行绩效管理时,应设立薪酬与考核委员会或类似机构,主要负责审核绩效管理的政策和制度、绩效计划与激励计划、绩效评价结果与激励实施方案、绩效评价与激励管理报告等,协调解决绩效管理工作中的重大问题。

薪酬与考核委员会或类似机构下设绩效管理工作机构,主要负责制定绩效管理的政策和制度、绩效计划与激励计划,组织绩效计划与激励计划的执行与实施,编制绩效评价与激励管理报告等,协调解决绩效管理工作中的日常问题。

企业设置绩效管理机构应按照适应性的原则,对于大型集团公司而言,应单独设置上述机构完成相应的职能;对于中、小型企业而言,可由人力资源管理部门实施上述职能。总之,无论何种规模的企业,无论是否单独设置绩效管理机构,都应由牵头部门负责绩效管理工作。

(二)建立制度体系

企业应建立健全绩效管理的制度体系,明确绩效管理的工作目标、职责分工、工作程序、工具方法、信息报告等内容。

(三)建立信息化系统

企业应建立有助于绩效管理实施的信息系统,为绩效管理工作提供信息支持。

四、绩效管理的工具方法

绩效管理领域应用的管理会计工具方法包括:关键绩效指标法、经济增加值法、平衡计分卡、股权激励等。企业可根据自身战略目标、业务特点和管理需要,结合不同工具方法的特征及适用范围,选择一种适合的绩效管理工具方法单独使用,也可选择两种或两种以上的工具方法综合运用。

(一)关键绩效指标法

关键绩效指标法是指基于企业战略目标,通过建立关键绩效指标(key performance Indicator,KPI)体系,将价值创造活动与战略规划目标有效联系,并据此进行绩效管理的方法。关键绩效指标是对企业绩效产生关键影响力的指标，是通过对企业战略目标、关键成果领域和绩效特征进行分析，识别和提炼出的最能有效驱动企业价值创造的指标。

1. 关键绩效指标法的核心思想

企业绩效指标的设置必须与企业战略挂钩，企业应当只评价与其战略目标实现关系最密切的少数关键绩效指标。关键绩效指标法是一种能将战略目标分解为可运作的远景目标和量化指标的有效工具。另外，这种方法从企业的战略目标出发，通过分析企业的价值链，确定企业关键成果领域和关键绩效指标，并层层分解，直至形成企业、部门和岗位三级关键绩效指标体系。

2. 关键绩效指标的选取

企业的关键绩效指标可分为结果类和动因类两类指标。结果类指标是反映企业业绩的价值指标，主要包括投资资本回报率、净资产收益率、经济增加值、息税前利润、自由现金流等综合指标；动因类指标是反映企业价值关键驱动因素的指标，主要包括资本性支出、单位生产成本、产量、销量、客户满意度、员工满意度等。影响企业经营成果的因素有很多，如经营决策、市场条件、政府监管、自然资源条件等，但关键绩效指标只衡量经营成果中的可影响部分，即关键绩效指标的衡量领域主要包括企业的经营决策与执行部分。其中，效益类指标以投资资本回报率、自由现金流和利润总额为核心，根据职位影响力及业务性质作出选择；营运类指标根据各责任中心的核心任务而定，如考虑与发展战略相一致，或突出战略的核心驱动因素，分为销售收入类、成本费用类和投资控制类（固定资产、营运资本）等。选择时应优先考虑有明确计算方法和数据来源、在财务报表中已存在，并且有较大影响力的指标作为关键绩效指标。

关键绩效指标法可单独使用，也可与经济增加值法、平衡计分卡等其他方法结合使用。关键绩效指标法普遍适用于不同性质、不同行业、不同规模的企业。关键绩效指标法的应用对象可分为企业、所属单位（部门）和员工。

（二）经济增加值法

经济增加值法是指以经济增加值（economic value added，EVA）为核心，建立绩效指标体系，引导企业注重价值创造，并据此进行绩效管理的方法。经济增加值，是指税后净营业利润扣除全部投入资本的成本后的剩余收益。经济增加值是将净经营利润与投资者用同样资本投资其他风险相近的有价证券的最低回报相比，超出或低于后者的量值，是企业为出资人创造的“真正的利润”，是股东定义的利润。经济增加值及其改善值是全面评价经营者有效使用资本和为企业创造价值的重要指标。经济增加值为正，表明经营者在为企业创造价值；经济增加值为负，表明经营者在损毁企业价值。

经济增加值法较少单独使用，一般与关键绩效指标法、平衡计分卡等其他方法结合使用。经济增加值法的适用对象为成长期以上企业。初创期企业、人力资本和信息资本等无形资产占主导的企业，以及周期性、波动性较大的企业，应慎重选用经济增加值法。企业应用经济增加值法进行绩效管理的对象可为企业及其所属单位或部门（可单独计算经济增加值）和高级管理人员。

（三）平衡计分卡

平衡计分卡，是指基于企业战略、从财务、客户、内部业务流程、学习与成长四个维度，将战略目标逐层分解转化为具体的、相互平衡的绩效指标体系，并据此进行绩效管理的方法。平衡计分卡是企业进行绩效管理的重要方法之一。平衡计分卡具有战略规划与实施的功能，通常与战略地图等其他工具结合使用。平衡计分卡适用于战略目标明确、管理制度比较完善、管理水平相对较高的企业。平衡计分卡的应用对象可为企业、所属单位（部门）和员工。

五、绩效管理的一般程序

绩效管理工具方法应用的一般程序包括制订绩效计划与激励计划、执行绩效计划与激励计划、实施绩效评价与激励、编制绩效评价与激励管理报告。

（一）制订绩效计划与激励计划

企业应根据战略目标，综合考虑绩效评价期间宏观经济政策、外部市场环境、内部管理需要等因素，结合业务计划与预算，按照上下结合、分级编制、逐级分解的程序，在沟通反馈的基础上，编制各层级的绩效计划与激励计划。

（二）执行绩效计划与激励计划

审批后的绩效计划与激励计划，应以正式文件的形式下达执行，确保与计划相关的被评价对象能够了解计划的具体内容和要求。绩效计划与激励计划下达后，各计划执行单位（部门）应认真组织实施，从横向和纵向两方面落实到各所属单位（部门）、各岗位员工，形成全方位的绩效计划与激励计划执行责任体系。

绩效计划与激励计划执行过程中，企业应建立配套的监督控制机制，及时记录执行情况，进行差异分析与纠偏，持续优化业务流程，确保绩效计划与激励计划的有效执行。

（三）实施绩效计划与激励计划

绩效管理工作机构应根据计划的执行情况定期实施绩效评价与激励，按照绩效计划与激励计划的约定，对被评价对象的绩效表现进行系统、全面、公正、客观的评价，并根据评价结果实施相应的激励。评价主体应按照绩效计划收集相关信息，获取被评价对象的绩效指标实际值，对照目标值，应用选定的计分方法，计算评价分值，并进一步形成对被评价对象的综合评价结果。

绩效评价过程及结果应有完整的记录，结果应得到评价主体和被评价对象的确认，并进行公开发布或非公开告知。公开发布的主要方式有召开绩效发布会、企业网站绩效公示、面板绩效公告等；非公开发布一般采用一对一书面、电子邮件函告或面谈告知等方式进行。

评价主体应及时向被评价对象进行绩效反馈，反馈内容包括评价结果、差距分析、改进建议及措施等，可采取反馈报告、反馈面谈、反馈报告会等形式进行。

绩效结果发布后，企业应依据绩效评价的结果，组织兑现激励计划，综合运用绩效薪酬激励、能力开发激励、职业发展激励等多种方式，逐级兑现激励承诺。

(四)编制绩效评价与激励管理报告

绩效管理工作机构应定期或根据需要编制绩效评价与激励管理报告，对绩效评价和激励管理的结果进行反映。

绩效评价与激励管理报告是企业管理会计报告的重要组成部分，应确保内容真实、数据可靠、分析客观、结论清楚，为报告使用者提供满足决策需要的信息。

【德技并举】

建立全面规范透明、标准科学、约束有力的预算制度，全面实施绩效管理对于政府运行和国家治理有深远意义。绩效管理的理念是以人民为中心，绩效评价方向是高质量发展，注重结果，但不唯结果，坚持正确政绩观，不简单以国内生产总值增长率论英雄。树立和践行绿水青山就是金山银山的理念，破除“唯 GDP 论”。绩效评价的主体是人民，以人民是否满意为标准。“全面实施绩效管理”是习近平新时代中国特色社会主义思想指导下的新方略、新举措。

任务二　平衡记分卡

一、平衡计分卡的含义、内容与特点

平衡计分卡源自哈佛大学教授卡普兰与诺顿在 1992 年创新的绩效管理工具方法，其主要针对传统绩效评价只重财务指标的弊端，设计了多维度的评价体系，以更好地反映信息社会企业、部门和个人的绩效。卡普兰和诺顿在美国企业推行平衡计分卡绩效管理的过程中，按照绩效与战略之间的关系，进一步将其创新为战略管理的工具——战略地图，从而建立了以战略地图为前提设计绩效评价体系的战略绩效一体化管理的创新的管理工具。

(一)平衡计分卡的含义

平衡计分卡是从财务、客户、内部业务流程、学习与成长四个角度，将组织的战略落实为可操作的衡量指标和目标值的一种新型绩效管理体系。

平衡计分卡中的衡量指标和目标设计基于企业战略，它把组织的使命和战略转化为有形的目标和衡量指标，以建立“实现战略制导”的绩效管理系统，从而保证企业战略得到有效的执行。因此，人们通常称平衡计分卡是加强企业战略执行力的最有效的战略管理工具和绩效管理工具。

（二）平衡计分卡的主要内容

在平衡计分卡中，公司的财务、客户、内部业务流程、学习与成长四个方面是相互影响的。

1. 财务层面

平衡计分卡保留了财务评估，因为财务评估在总结已实施的行为的财务结果上很有价值。财务业绩评估指引公司的战略，并检验经理人和行政部门是否对底层的开发有贡献。建立一个平衡计分卡必须鼓励经营单位把他们的财务目标融合到公司的战略中去。财务指标作为目标和所有其他计分卡远景的评估的聚焦，每一个指标的选择必须融合进一种达到提升财务业绩的因果关系中去。从长期的财务目标开始，按顾客、内部运作过程所采取的行动的顺序排列起来，最后提交设计好的长期业绩成功所需的系统和员工。财务主题中的增加收益与生产率的提高和成本合理化、资本利用的加强和危机的减少都可以通过平衡计分卡的四个要素获得必要的连接。因此，平衡计分卡的财务方面列示了组织的财务目标，财务目标表明公司的长期目标，在资本投资的基础上获得更多的回报。所有的战略目标和评估方法都应联系起来，衡量战略的实施和执行是否在为最终的经营成果的改善做出贡献。

2. 客户层面

管理者们确认了组织将要参与竞争的客户和市场部分，并将目标转换成一组指标。如市场份额、客户留住率、客户获得率、顾客满意度、顾客获利水平等。

3. 内部业务流程层面

为吸引和留住目标市场上的客户，满足股东对财务回报的要求，管理者须关注对客户满意度和实现组织财务目标影响最大的那些内部过程，并为此设立衡量指标。在这一方面，平衡计分卡重视的不是单纯的现有经营过程的改善，而是以确认客户和股东的要求为起点、满足客户和股东要求为终点的全新的内部经营过程。

4. 学习与成长层面

确认了组织为了实现长期的业绩而必须进行的对未来的投资，包括对雇员的能力、组织的信息系统等方面的衡量。组织在上述各方面的成功必须转化为财务上的最终成功。产品质量、完成订单时间、生产率、新产品开发和客户满意度方面的改进只有转化为销售额的增加、经营费用的减少和资产周转率的提高，才能为组织带来利益。

平衡记分卡四个维度如图 12-1 所示。

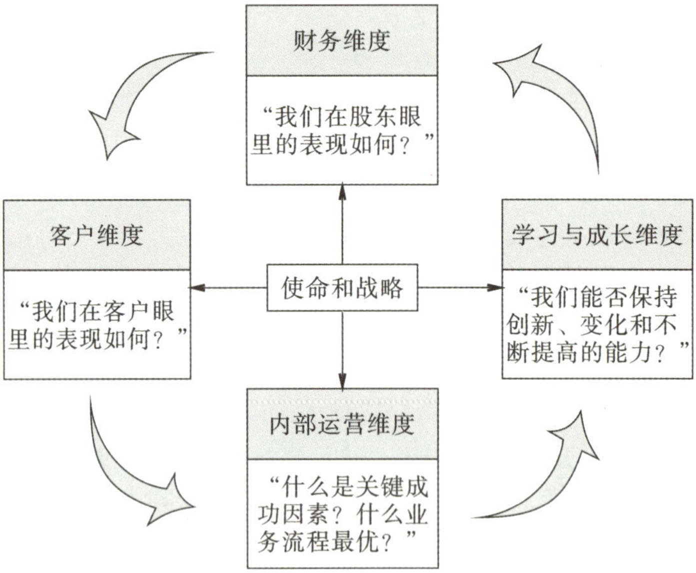

图 12-1　平衡记分卡的四个维度

（三）平衡计分卡的特点

平衡计分卡指标体系构建时，应注重财务指标与非财务指标的平衡、短期目标与长期目标的平衡、结果性指标与动因性指标的平衡、企业内部利益与外部利益的平衡。

1. 财务指标和非财务指标的平衡

目前企业考核的一般是财务指标，而对非财务指标（客户、内部业务流程、学习与成长）的考核很少，即使有对非财务指标的考核，也只是定性的说明，缺乏量化的考核，缺乏系统性和全面性。

2. 短期目标和长期目标的平衡

平衡计分卡是一套战略执行的管理系统，如果以系统的观点来看平衡计分卡的实施过程，则战略是输入，财务是输出。

3. 结果性指标与动因性指标之间的平衡

平衡计分卡以有效完成战略为动因，以可衡量的指标为目标管理的结果，寻求结果性指标与动因性指标之间的平衡。

4. 企业内部利益与外部利益的平衡

平衡计分卡中股东与客户为外部群体，员工和内部业务流程是内部群体，平衡计分卡可以发挥在有效执行战略的过程中平衡这些群体间利益的重要性。

二、平衡计分卡的指标设计

平衡计分卡中财务、客户、内部业务流程、学习与成长每个维度的指标通常为 4 ~ 7 个，总数量一般不超过 25 个。平衡计分卡指标体系构建时，企业应以财务维度为核心，其他维度的指标都与核心维度的一个或多个指标相联系。通过梳理核心维度目标的实现过程，确定每个维度的关键驱动因素，结合战略主题，选取关键绩效指标。企业可根据实际情况建立通用类指标库，不同层级单位和部门结合不同的战略定位、业务特点选择适合的指标体系。

（一）财务维度

在企业战略业务单元层次上，可以使用基于成本、财务和价值的绩效评价方法。财务维度以财务术语描述了战略目标的有形成果。企业常用指标有以下几种。

1. 资产负债率

资产负债率是指企业负债总额与资产总额的比值，反映企业整体财务风险程度。一般计算公式如下：

资产负债率=负债总额/资产总额×100%

2. 总资产周转率

总资产周转率是指营业收入与总资产平均余额的比值，反映总资产在一定会计期间内周转的次数。一般计算公式如下：

总资产周转率=营业收入/总资产的平均余额

3. 资本周转率

资本周转率是指企业在一定会计期间内营业收入与平均资本占用的比值。一般计算公式如下：

资本周转率=营业收入÷平均资本占用×100%

（二）客户维度

在客户层面，管理者需要首先确定细分市场和细分客户，然后设定相应的绩效指标来考核其业务单元开发并维持目标细分客户的能力。客户维度界定了目标客户的价值主张。企业常用指标有市场份额、客户获得率、客户满意度、客户保持率、客户获利率和战略客户数量等。

1. 市场份额

市场份额是指一个企业的销售量在市场同类产品中所占比重。一般计算公式如下：

市场份额=本企业某商品销售量÷该种商品市场总销售量×100%

2. 客户获得率

客户获得率是指企业在争取新客户时获得成功部分的比例。该指标可用客户数量增长率或客户交易额增长率来描述，一般计算公式如下：

客户数量增长率=（本期客户数量-上期客户数量）/上期客户数量×100%

客户交易额增长率=（本期客户交易额-上期客户交易额）/上期客户交易额×100%

3. 客户保持率

客户保持率是指企业继续保持与老客户交易关系的比例。该指标可用老客户交易增长率来描述，一般计算公式如下：

老客户交易增长率=(老客户本期交易额-老客户上期交易额)/老客户上期交易额×100%

4. 客户获利率

客户获利率是指企业从单一客户得到的净利润与付出的总成本的比率。一般计算公式如下:

单一客户获利率=单一客户净利润单/客户总成本×100%

5. 战略客户数量

战略客户数量是指对企业战略目标实现有重要作用的客户的数量。

(三)内部业务流程维度

在内部业务流程层面,管理者必须建立企业在实施其战略时所有的重要的内部流程。内部流程代表了使企业能够完成下列任务的处理过程:交付能够吸引和保持目标市场上客户的价值变量;满足股东财务回报的需求。因此,内部业务流程指标应该关注对客户满意度和完成企业财务目标有重大影响的流程。每个企业都有一套独特的客户创造价值和产生超额财务回报的流程。内部价值链模型提供了一个便利的模型,帮助公司制定其目标与内部业务流程的衡量手段。一般的价值链包含创新流程、运营流程和售后服务流程三个主要的业务流程。企业常用关键指标有交货及时率、生产负荷率、产品合格率、存货周转率、单位生产成本等。

1. 交货及时率

交货及时率是指企业在一定会计期间内及时交货的次数占其总交货次数比例。一般计算公式如下:

交货及时率=及时交货的订单个数/总订单个数×100%

2. 生产负荷率

生产负荷率是指投产项目在一定会计期间内的产品产量与设计生产能力的比例。一般计算公式如下:

生产负荷率=实际产量/设计生产能力×100%

3. 产品合格率

产品合格率是指合格产品数量占总产品数量的比例。一般计算公式为:

产品合格率=合格产品数量/总产品数量×100%

4. 存货周转率

存货周转率是指企业营业成本与存货平均余额的比值,反映存货在一定会计期间内周转的次数。一般计算公式如下:

存货周转率=营业成本/存货平均余额×100%

5. 单位生产成本

单位生产成本是指生产单位产品平均耗费的成本。

(四)学习与成长维度

学习与成长维度确定了对战略最重要的无形资产,将注意力引向企业未来成功的基础,涉及人员、信息系统和市场创新等问题。企业的学习与成长过程包括三部分:人员、信息系统和企业程序。企业常用指标有员工流失率与员工保持率、员工生产率、培训计划完成率等。

1. 员工流失率与员工保持率

员工流失率是指企业一定会计期间内离职员工占员工平均人数的比例。员工流失率和员工保持率的计算公式如下:

员工流失率=本期离职员工人数/员工平均人数×100%

员工保持率=1-员工流失率

2. 员工生产率

员工生产率,指员工在一定会计期间内创造的劳动成果与其相应的员工数量的比值。该指标可用人均产品生产率或人均营业收入进行衡量。一般计算公式如下:

人均产品生产率=本期产品生产总量/生产人数×100%

人均营业收入=本期营业收入/员工人数

3. 培训计划完成率

培训计划完成率,指培训计划实际执行的总时数占培训计划总时数的比例。一般计算公式如下:

培训计划完成率=培训计划实际执行的总时数/培训计划总时数×100%

三、平衡记分卡的应用

【例 12-1】 LD 为国内某著名的房地产开发商,2020 年开始采用平衡计分卡绩效评价方式来加强管理,实现战略,增强核心竞争能力。该企业在财务层面、客户层面、内部业务流程层面、学习与成长层面的关键指标见表 12-1 至表 12-4。

(1)财务层面(表 12-1)。

表 12-1 财务层面的关键指标

评价目的	具体绩效指标
实现项目预期利润	项目净利润
提高项目盈利能力	集团资源回报率、项目销售毛利率、项目销售额、销售均价
控制成本费用、优化成本结果	土地成本比重、单方建安成本、单方管理费用、单方销售费用
提高项目资金利用率,保证资金平衡和现金畅通	土地储备周转率、单位开发面积的资金成本、应收账款回收期、商品达到可销售状态时间、每年可销售商品房数量

(2)客户层面(表 12-2)。

表 12-2　客户层面的关键指标

评价目的	具体绩效指标
了解目标市场与客户	目标与区域市场占有率、产品结构合理性
提供客户满意的产品与服务	客户满意度、客户推荐购买率、客户忠诚度
提升企业形象、增加产品附加值	媒体宣传覆盖率、品牌认知度与影响力
创造良好的外部环境	合作方满意度

(3)内部业务流程层面(表 12-3)。

表 12-3　内部业务流程层面的关键指标

评价目的	具体绩效指标
提高项目设计水平	市场与产品的把握能力、出图时间、设计的创新
加强项目开发能力与业务拓展能力	业务区域扩展、土地储备率
明确、合理的开发节奏与计划,有效降低风险	开工、开盘、入住时间、具备抵押贷款、提供融资抵押物,资金解决方案
缩短工程周期与提高工程质量,实现资源的整合	竣工时间、现场管理组织架构、工程合格率、企业资源共享度

(4)学习与成长层面(表 12-4)。

表 12-4　学习与成长层面的关键指标

评价目的	具体绩效指标
提高人才储备管理	员工培训比率与周期、储备人才比率
优化人力资源配备	主要职位合格人数比率、主要岗位人才满足度
创造和谐的工作氛围、支持战略执行	员工满意度、员工岗位交叉培训度

四、平衡记分卡的评价

平衡记分卡的主要优点是:平衡计分卡将战略目标逐层分解,转化为被评价对象的绩效指标和行动方案,使整个组织行动协调一致;平衡计分卡从财务、客户、内部业务流程、学习与成长四个维度确定绩效指标,使业绩评价更为全面完整;平衡计分卡将学习与成长作为一个维度,注重员工的发展要求和组织资本、信息资本等无形资产的开发利用,有利于增强企业可持续发展的动力。

平衡记分卡的主要缺点是：应用平衡计分卡专业技术要求高，工作量比较大，操作难度也较大，需要持续的沟通和反馈，实施比较复杂，实施成本高；平衡计分卡各指标权重在不同层级及各层级不同指标之间的分配比较困难，且部分非财务指标的量化工作难以落实；平衡计分卡系统性强、涉及面广，需要专业人员的指导、企业全员的参与和长期持续地修正与完善，对信息系统、管理能力有较高的要求。

【复习思考】

一、单选题

1. 在平衡计分卡框架中，关于一个企业核心竞争力的评价，应该主要关注平衡计分卡的(　　)。

A. 财务维度　　B. 顾客维度

C. 内部业务流程维度　　D. 学习和成长维度

2. 下列关于经济增加值的表述中正确的是(　　)。

A. 经济增加值是利润总额扣除全部投入资本的成本后的剩余收益

B. 经济增加值是净营业利润扣除全部投入资本的成本后的剩余收益

C. 经济增加值是净营业利润扣除债务成本后的剩余收益

D. 经济增加值是净营业利润扣除股东投资成本后的剩余收益

3. 以下不属于短期薪酬激励计划的是(　　)。

A. 股票期权　　B. 绩效工资

C. 绩效奖金　　D. 绩效福利

4. 平衡计分卡中为股东和客户设置的指标是(　　)。

A. 财务指标　　B. 非财务指标

C. 内部指标　　D. 外部指标

5. 平衡计分卡指标体系构建时，属于核心维度的是(　　)。

A. 客户维度　　B. 内部流程维度

C. 财务维度　　D. 学习与成长维度

6. “生产率提升战略”考虑的是(　　)。

A. 长期财务成果的实现　　B. 短期财务成果的实现

C. 长、短期财务成果兼顾　　D. 不很明确

7. 平衡计分卡的优点是(　　)

A. 业绩评价更为全面完整　　B. 实施成本高

C. 对信息系统要求高　　D. 对管理能力要求高

二、多选题

1. 甲公司用平衡计分卡进行业绩考评。下列各种维度中，平衡计分卡需要考虑的有(　　)。

A. 顾客维度

B. 股东维度

C. 债权人维度

D. 学习与成长维度

2. 下列各项中,属于平衡计分卡内部业务流程维度业绩评价指标的有(　　)。

A. 资产负债率

B. 息税前利润

C. 存货周转率

D. 单位生产成本

3. 薪酬与考核委员会的主要职责有(　　)

A. 制定绩效管理的政策和制度

B. 审核绩效管理的政策和制度

C. 审核绩效计划与激励计划

D. 解决绩效管理中的重大问题

4. 下列属于绩效管理工具方法的有(　　)

A. 关键绩效指标法

B. 经济增加值法

C. 平衡计分卡

D. 股权激励

5. 我国《管理会计应用指引》规定的绩效管理原则有(　　)

A. 战略导向原则

B. 客观公正原则

C. 科学有效原则

D. 权变性原则

6. 以下属于财务绩效指标的有(　　)

A. 净资产收益率

B. 经济增加值

C. 总资产周转率

D. 存货周转率

7. 平衡计分卡指标体系所包含的平衡有(　　)。

A. 短期目标与长期目标的平衡

B. 财务指标与非财务指标的平衡

C. 结果性指标与动因性指标之间的平衡

D. 内部利益与外部利益的平衡

8. 下列属于绩效管理应用环境影响因素的有(　　)。

A. 薪酬与考核委员会

B. 绩效管理工作机构

C. 绩效管理制度体系

D. 信息系统

9. 确定绩效目标值可参考的标准有(　　)。

A. 预算标准

B. 历史标准

C. 行业标准

D. 标杆标准

10. 编制绩效评价与激励管理报告时,应符合的要求有(　　)。

A. 内容真实

B. 有可比性

C. 数据可靠

D. 分析客观

三、案例思考题

H集团的绩效管理体系

H集团的绩效管理体系由三部分组成:绩效目标体系、绩效管理流程、绩效考核制度,这三个部分通过绩效管理组织和绩效责任体系来实现。

（一）H 集团的绩效目标体系

与众多企业的 KPI 一样，H 集团的 KPI 也是通过目标分解转换为绩效目标。那么，H 集团的绩效管理的 KPI 指标是怎么分解的呢？

H 集团公司每年 5～7 月会重新定一个未来 5 年的战略，然后在新的战略目标的基础上，确定下一年度关注的业务重点，包括订货、发货、收入，还有增长率的一些指标等。在 HB 的基础上，各个部门制订未来一年的年度计划，再形成后续管理团队的关键绩效指标 KPI，以及主管个人的绩效指标。

KPI 设计有三种方法，分别是：外部导向设计法（标杆基准法）、内部导向设计法、综合平衡计分卡。其中，综合平衡计分卡是最常用、最全面的绩效管理工具。H 集团的 KPI 考核指标就是基于综合平衡计分卡建立起来的。

H 集团公司在构造公司的平衡计分卡时采取了一种循序渐进的方式，具体分为三个步骤：

首先，设定财务目标。财务目标的设定以与战略计划相关的财务措施为基础，确定为实现财务目标而应当采取的行动。

其次，以“如果我们打算完成我们的财务目标，我们的客户怎样看待我们”这样的想法面对客户和消费者。

最后，明确向客户和消费者转移价值所必需的内部过程，公司管理层必须反复思考，企业是否具备创新精神，是否选择了合适的方式。经过上述过程，公司要确保各方利益达到平衡，所有的参数和行动都要朝同一个方向变化。

（二）H 集团的绩效管理流程

绩效管理是“向上承接战略，向下激活组织”的管理过程，它不仅仅是一个结果，而是包括了绩效目标、绩效辅导、绩效评价、结果反馈四个循环的管理过程。

目标管理环节的核心问题是保证组织目标、部门目标以及个人目标的一致性，保证个人绩效和组织绩效得到同步提升，这是绩效目标制定环节需要解决的主要问题。

1. 绩效目标

绩效目标是一个自上而下和自下而上结合的产物。目标制定时需遵循三对齐原则，即目标对齐（帮助下属聚焦正确的事情）、思路对齐（辅导下属将事情做正确）、理念对齐（激发下属拥抱挑战的热情）。

2. 绩效辅导

绩效辅导是绩效管理循环中持续时间最长的阶段，也是真正产生绩效的阶段，是主管辅导员工共同达成目标的最重要方式，包括：绩效诊断、过程监控、收集数据三方面工作。

3. 绩效评价

绩效评价这个阶段是绩效管理循环中最易引发矛盾的地方，其最主要的工作任务包括以下两方面：

（1）综合收集到的考核信息，结合关键事件记录，公正、客观地评价员工；在 H 集团,对员工的评议、激励采用集体评议的方式,以尽可能地确保客观公正。

(2)诊断员工的绩效并拟定下一阶段的绩效目标计划(PBC)、绩效发展计划。

4. 结果反馈

经过充分准备后就考核结果向员工进行面对面反馈,内容包括肯定成绩、指出不足及改进措施、共同制定下一步目标等。反馈是双向的,主管应该注意留出充分的时间让员工发表意见。

除了以上的常规流程,H集团还专门针对低绩效员工实施绩效预警—警告—PIP实施—结果沟通等流程;对于那些对绩效结果不满意的员工设有专门的绩效申诉通道,集中受理、隔层处理、三方合议、客观公正。

(三)H集团的绩效考核制度

H集团采用分层分级的绩效考核制度。高层关注长期目标,中高层兼顾中长期目标的达成和规划的落实,中基层关注短期目标的达成和过程行为的规范。

1. 中高层

H集团中高层考核是述职+KPI,实行季度打分,年度述职,逐级向上,层层负责。述职内容主要包括8个方面:目标完成情况,外部环境分析,KPI实现程度,提升核心竞争力的措施,客户满意度分析,学习与成长,预算与KPI承诺,及反馈意见。

2. 中基层

H集团中基层员工的KPI考核分为本部门工作和跨部门团队工作考核,没有派出的概念。考核立足于员工的现实工作,强调员工的工作表现与工作要求相一致,不完全局限于员工在本部门的工作评价。

考核原则:责任结果导向,目标承诺原则,考评结合原则,客观性原则。

部门组织绩效与部门员工考核比例挂钩,从而牵引员工关注并提升组织绩效。

(四)总结

H集团的绩效管理以实现企业价值增长为目的,由个人绩效和部门绩效两种形式组成,注重管理者和员工的互动及责任共担,它将绩效考核看成一个企业管理过程,以目标为导向架构绩效管理体系,向上承接战略,向下激活组织。

诚然,在实际运用过程中,H集团的绩效管理体系有很多值得借鉴的地方。但是,企业在进行绩效管理制度设计和推行时,也要综合考虑自身的特点和环境的作用,包括计划、流程、组织、战略、文化及企业发展阶段等诸多因素。

(来源:李红梅 《北大纵横》)

参考文献

[1]财政部会计资格评价中心.财务管理[M].北京:经济科学出版社,2022.

[2]财政部会计司编写组.管理会计案例示范集[M].北京:经济科学出版社,2019.

[3]中国注册会计师协会.财务成本管理[M].北京:中国财政经济出版社,2022.

[4]中国资产评估协会.资产评估实务(二)[M].北京:中国财政经济出版社,2022.

[5]杨晔.管理会计案例与解析[M].北京:经济科学出版社,2019.

[6]周顾宇,蒋崴.财务管理[M].北京:清华大学出版社,2021.

[7]孔德兰,许辉.财务管理[M].北京:高等教育出版社,2022.

[8]韩慧博,汤谷良,祝继高.财务管理案例[M].北京:北京大学出版社,2021.

[9]何瑛.财务管理[M].北京:北京大学出版社,2021.

[10]袁建国,周丽媛.财务管理[M].大连:东北财经大学出版社,2021.

[11]吴大军.管理会计[M].大连:东北财经大学出版社,2018.

附录一　复利终值系数表

$(F/P,i,n)=(1+i)^n$

	1%	2%	3%	4%	5%	6%	7%	8%	9%	10%	12%	14%	16%	18%	20%
1	1.010 0	1.020 0	1.030 0	1.040 0	1.050 0	1.060 0	1.070 0	1.080 0	1.090 0	1.100 0	1.120 0	1.140 0	1.160 0	1.180 0	1.200 0
2	1.020 1	1.040 4	1.060 9	1.081 6	1.102 5	1.123 6	1.144 9	1.166 4	1.188 1	1.210 0	1.254 4	1.299 6	1.345 6	1.392 4	1.440 0
3	1.030 3	1.061 2	1.092 7	1.124 9	1.157 6	1.191 0	1.225 0	1.259 7	1.295 0	1.331 0	1.404 9	1.481 5	1.560 9	1.643 0	1.728 0
4	1.040 6	1.082 4	1.125 5	1.169 9	1.215 5	1.262 5	1.310 8	1.360 5	1.411 6	1.464 1	1.573 5	1.689 0	1.810 6	1.938 8	2.073 6
5	1.051 0	1.104 1	1.159 3	1.216 7	1.276 3	1.338 2	1.402 6	1.469 3	1.538 6	1.610 5	1.762 3	1.925 4	2.100 3	2.287 8	2.488 3
6	1.061 5	1.126 2	1.194 1	1.265 3	1.340 1	1.418 5	1.500 7	1.586 9	1.677 1	1.771 6	1.973 8	2.195 0	2.436 4	2.699 6	2.986 0
7	1.072 1	1.148 7	1.229 9	1.315 9	1.407 1	1.503 6	1.605 8	1.713 8	1.828 0	1.948 7	2.210 7	2.502 3	2.826 2	3.185 5	3.583 2
8	1.082 9	1.171 7	1.266 8	1.368 6	1.477 5	1.593 8	1.718 2	1.850 9	1.992 6	2.143 6	2.476 0	2.852 6	3.278 4	3.758 9	4.299 8
9	1.093 7	1.195 1	1.304 8	1.423 3	1.551 3	1.689 5	1.838 5	1.999 0	2.171 9	2.357 9	2.773 1	3.251 9	3.803 0	4.435 5	5.159 8
10	1.104 6	1.219 0	1.343 9	1.480 2	1.628 9	1.790 8	1.967 2	2.158 9	2.367 4	2.593 7	3.105 8	3.707 2	4.411 4	5.233 8	6.191 7
11	1.115 7	1.243 4	1.384 2	1.539 5	1.710 3	1.898 3	2.104 9	2.331 6	2.580 4	2.853 1	3.478 5	4.226 2	5.117 3	6.175 9	7.430 1
12	1.126 8	1.268 2	1.425 8	1.601 0	1.795 9	2.012 2	2.252 2	2.518 2	2.812 7	3.138 4	3.896 0	4.817 9	5.936 0	7.287 6	8.916 1
13	1.138 1	1.293 6	1.468 5	1.665 1	1.885 6	2.132 9	2.409 8	2.719 6	3.065 8	3.452 3	4.363 5	5.492 4	6.885 8	8.599 4	10.699 3
14	1.149 5	1.319 5	1.512 6	1.731 7	1.979 9	2.260 9	2.578 5	2.937 2	3.341 7	3.797 5	4.887 1	6.261 3	7.987 5	10.147 2	12.839 2
15	1.161 0	1.345 9	1.558 0	1.800 9	2.078 9	2.396 6	2.759 0	3.172 2	3.642 5	4.177 2	5.473 6	7.137 9	9.265 5	11.973 7	15.407 0
16	1.172 6	1.372 8	1.604 7	1.873 0	2.182 9	2.540 4	2.952 2	3.425 9	3.970 3	4.595 0	6.130 4	8.137 2	10.748 0	14.129 0	18.488 4
17	1.184 3	1.400 2	1.652 8	1.947 9	2.292 0	2.692 8	3.158 8	3.700 0	4.327 6	5.054 5	6.866 0	9.276 5	12.467 7	16.672 2	22.186 1
18	1.196 1	1.428 2	1.702 4	2.025 8	2.406 6	2.854 3	3.379 9	3.996 0	4.717 1	5.559 9	7.690 0	10.575 2	14.462 5	19.673 3	26.623 3
19	1.208 1	1.456 8	1.753 5	2.106 8	2.527 0	3.025 6	3.616 5	4.315 7	5.141 7	6.115 9	8.612 8	12.055 7	16.776 5	23.214 4	31.948 0
20	1.220 2	1.485 9	1.806 1	2.191 1	2.653 3	3.207 1	3.869 7	4.661 0	5.604 4	6.727 5	9.646 3	13.743 5	19.460 8	27.393 0	38.337 6

附录二　复利现值系数表

$(P/F,i,n)=(1+i)^{-n}$

期数	1%	2%	3%	4%	5%	6%	7%	8%	9%	10%	12%	14%	16%	18%	20%
1	0.990 1	0.980 4	0.970 9	0.961 5	0.952 4	0.943 4	0.934 6	0.925 9	0.917 4	0.909 1	0.892 9	0.877 2	0.862 1	0.847 5	0.833 3
2	0.980 3	0.961 2	0.942 6	0.924 6	0.907 0	0.890 0	0.873 4	0.857 3	0.841 7	0.826 4	0.797 2	0.769 5	0.743 2	0.718 2	0.694 4
3	0.970 6	0.942 3	0.915 1	0.889 0	0.863 8	0.839 6	0.816 3	0.793 8	0.772 2	0.751 3	0.711 8	0.675 0	0.640 7	0.608 6	0.578 7
4	0.961 0	0.923 8	0.888 5	0.854 8	0.822 7	0.792 1	0.762 9	0.735 0	0.708 4	0.683 0	0.635 5	0.592 1	0.552 3	0.515 8	0.482 3
5	0.951 5	0.905 7	0.862 6	0.821 9	0.783 5	0.747 3	0.713 0	0.680 6	0.649 9	0.620 9	0.567 4	0.519 4	0.476 1	0.437 1	0.401 9
6	0.942 0	0.888 0	0.837 5	0.790 3	0.746 2	0.705 0	0.666 3	0.630 2	0.596 3	0.564 5	0.506 6	0.455 6	0.410 4	0.370 4	0.334 9
7	0.932 7	0.870 6	0.813 1	0.759 9	0.710 7	0.665 1	0.622 7	0.583 5	0.547 0	0.513 2	0.452 3	0.399 6	0.353 8	0.313 9	0.279 1
8	0.923 5	0.853 5	0.789 4	0.730 7	0.676 8	0.627 4	0.582 0	0.540 3	0.501 9	0.466 5	0.403 9	0.350 6	0.305 0	0.266 0	0.232 6
9	0.914 3	0.836 8	0.766 4	0.702 6	0.644 6	0.591 9	0.543 9	0.500 2	0.460 4	0.424 1	0.360 6	0.307 5	0.263 0	0.225 5	0.193 8
10	0.905 3	0.820 3	0.744 1	0.675 6	0.613 9	0.558 4	0.508 3	0.463 2	0.422 4	0.385 5	0.322 0	0.269 7	0.226 7	0.191 1	0.161 5
11	0.896 3	0.804 3	0.722 4	0.649 6	0.584 7	0.526 8	0.475 1	0.428 9	0.387 5	0.350 5	0.287 5	0.236 6	0.195 4	0.161 9	0.134 6
12	0.887 4	0.788 5	0.701 4	0.624 6	0.556 8	0.497 0	0.444 0	0.397 1	0.355 5	0.318 6	0.256 7	0.207 6	0.168 5	0.137 2	0.112 2
13	0.878 7	0.773 0	0.681 0	0.600 6	0.530 3	0.468 8	0.415 0	0.367 7	0.326 2	0.289 7	0.229 2	0.182 1	0.145 2	0.116 3	0.093 5
14	0.870 0	0.757 9	0.661 1	0.577 5	0.505 1	0.442 3	0.387 8	0.340 5	0.299 2	0.263 3	0.204 6	0.159 7	0.125 2	0.098 5	0.077 9
15	0.861 3	0.743 0	0.641 9	0.555 3	0.481 0	0.417 3	0.362 4	0.315 2	0.274 5	0.239 4	0.182 7	0.140 1	0.107 9	0.083 5	0.064 9
16	0.852 8	0.728 4	0.623 2	0.533 9	0.458 1	0.393 6	0.338 7	0.291 9	0.251 9	0.217 6	0.163 1	0.122 9	0.093 0	0.070 8	0.054 1
17	0.844 4	0.714 2	0.605 0	0.513 4	0.436 3	0.371 4	0.316 6	0.270 3	0.231 1	0.197 8	0.145 6	0.107 8	0.080 2	0.060 0	0.045 1
18	0.836 0	0.700 2	0.587 4	0.493 6	0.415 5	0.350 3	0.295 9	0.250 2	0.212 0	0.179 9	0.130 0	0.094 6	0.069 1	0.050 8	0.037 6
19	0.827 7	0.686 4	0.570 3	0.474 6	0.395 7	0.330 5	0.276 5	0.231 7	0.194 5	0.163 5	0.116 1	0.082 9	0.059 6	0.043 1	0.031 3
20	0.819 5	0.673 0	0.553 7	0.456 4	0.376 9	0.311 8	0.258 4	0.214 5	0.178 4	0.148 6	0.103 7	0.072 8	0.051 4	0.036 5	0.026 1

附录三　年金终值系数表

$$(F/A,i,n)=\frac{(1+i)^{n-1}}{i}$$

期数	1%	2%	3%	4%	5%	6%	7%	8%	9%	10%	12%	14%	16%	18%	20%
1	1.000 0	1.000 0	1.000 0	1.000 0	1.000 0	1.000 0	1.000 0	1.000 0	1.000 0	1.000 0	1.000 0	1.000 0	1.000 0	1.000 0	1.000 0
2	2.010 0	2.020 0	2.030 0	2.040 0	2.050 0	2.060 0	2.070 0	2.080 0	2.090 0	2.100 0	2.120 0	2.140 0	2.160 0	2.180 0	2.200 0
3	3.030 1	3.060 4	3.090 9	3.121 6	3.152 5	3.183 6	3.214 9	3.246 4	3.278 1	3.310 0	3.374 4	3.439 6	3.505 6	3.572 4	3.640 0
4	4.060 4	4.121 6	4.183 6	4.246 5	4.310 1	4.374 6	4.439 9	4.506 1	4.573 1	4.641 0	4.779 3	4.921 1	5.066 5	5.215 4	5.368 0
5	5.101 0	5.204 0	5.309 1	5.416 3	5.525 6	5.637 1	5.750 7	5.866 6	5.984 7	6.105 1	6.352 8	6.610 1	6.877 1	7.154 2	7.441 6
6	6.152 0	6.308 1	6.468 4	6.633 0	6.801 9	6.975 3	7.153 3	7.335 9	7.523 3	7.715 6	8.115 2	8.535 5	8.977 5	9.442 0	9.929 9
7	7.213 5	7.434 3	7.662 5	7.898 3	8.142 0	8.393 8	8.654 0	8.922 8	9.200 4	9.487 2	10.089 0	10.730 5	11.413 9	12.141 5	12.915 9
8	8.285 7	8.583 0	8.892 3	9.214 2	9.549 1	9.897 5	10.259 8	10.636 6	11.028 5	11.435 9	12.299 7	13.232 8	14.240 1	15.327 0	16.499 1
9	9.368 5	9.754 6	10.159 1	10.582 8	11.026 6	11.491 3	11.978 0	12.487 6	13.021 0	13.579 5	14.775 7	16.085 3	17.518 5	19.085 9	20.798 9
10	10.462 2	10.949 7	11.463 9	12.006 1	12.577 9	13.180 8	13.816 4	14.486 6	15.192 9	15.937 4	17.548 7	19.337 3	21.321 5	23.521 3	25.958 7
11	11.566 8	12.168 7	12.807 8	13.486 4	14.206 8	14.971 6	15.783 6	16.645 5	17.560 3	18.531 2	20.654 6	23.044 5	25.732 9	28.755 1	32.150 4
12	12.682 5	13.412 1	14.192 0	15.025 8	15.917 1	16.869 9	17.888 5	18.977 1	20.140 7	21.384 3	24.133 1	27.270 7	30.850 2	34.931 1	39.580 5
13	13.809 3	14.680 3	15.617 8	16.626 8	17.713 0	18.882 1	20.140 6	21.495 3	22.953 4	24.522 7	28.029 1	32.088 7	36.786 2	42.218 7	48.496 6
14	14.947 4	15.973 9	17.086 3	18.291 9	19.598 6	21.015 1	22.550 5	24.214 9	26.019 2	27.975 0	32.392 6	37.581 1	43.672 0	50.818 0	59.195 9
15	16.096 9	17.293 4	18.598 9	20.023 6	21.578 6	23.276 0	25.129 0	27.152 1	29.360 9	31.772 5	37.279 7	43.842 4	51.659 5	60.965 3	72.035 1
16	17.257 9	18.639 3	20.156 9	21.824 5	23.657 5	25.672 5	27.888 1	30.324 3	33.003 4	35.949 7	42.753 3	50.980 4	60.925 0	72.939 0	87.442 1
17	18.430 4	20.012 1	21.761 6	23.697 5	25.840 4	28.212 9	30.840 2	33.750 2	36.973 7	40.544 7	48.883 7	59.117 6	71.673 0	87.068 0	105.930 6
18	19.614 7	21.412 3	23.414 4	25.645 4	28.132 4	30.905 7	33.999 0	37.450 2	41.301 3	45.599 2	55.749 7	68.394 1	84.140 7	103.740 3	128.116 7
19	20.810 9	22.840 6	25.116 9	27.671 2	30.539 0	33.760 0	37.379 0	41.446 3	46.018 5	51.159 1	63.439 7	78.969 2	98.603 2	123.413 5	154.740 0
20	22.019 0	24.297 4	26.870 4	29.778 1	33.066 0	36.785 6	40.995 5	45.762 0	51.160 1	57.275 0	72.052 4	91.024 9	115.379 7	146.628 0	186.688 0

附录四　年金现值系数表

$$(P/A,i,n)=\frac{1-(1+i)^{-n}}{i}$$

期数	1%	2%	3%	4%	5%	6%	7%	8%	9%	10%	12%	14%	16%	18%	20%
1	0.990 1	0.980 4	0.970 9	0.961 5	0.952 4	0.943 4	0.934 6	0.925 9	0.917 4	0.909 1	0.892 9	0.877 2	0.862 1	0.847 5	0.833 3
2	1.970 4	1.941 6	1.913 5	1.886 1	1.859 4	1.833 4	1.808 0	1.783 3	1.759 1	1.735 5	1.690 1	1.646 7	1.605 2	1.565 6	1.527 8
3	2.941 0	2.883 9	2.828 6	2.775 1	2.723 2	2.673 0	2.624 3	2.577 1	2.531 3	2.486 9	2.401 8	2.321 6	2.245 9	2.174 3	2.106 5
4	3.902 0	3.807 7	3.717 1	3.629 9	3.546 0	3.465 1	3.387 2	3.312 1	3.239 7	3.169 9	3.037 3	2.913 7	2.798 2	2.690 1	2.588 7
5	4.853 4	4.713 5	4.579 7	4.451 8	4.329 5	4.212 4	4.100 2	3.992 7	3.889 7	3.790 8	3.604 8	3.433 1	3.274 3	3.127 2	2.990 6
6	5.795 5	5.601 4	5.417 2	5.242 1	5.075 7	4.917 3	4.766 5	4.622 9	4.485 9	4.355 3	4.111 4	3.888 7	3.684 7	3.497 6	3.325 5
7	6.728 2	6.472 0	6.230 3	6.002 1	5.786 4	5.582 4	5.389 3	5.206 4	5.033 0	4.868 4	4.563 8	4.288 3	4.038 6	3.811 5	3.604 6
8	7.651 7	7.325 5	7.019 7	6.732 7	6.463 2	6.209 8	5.971 3	5.746 6	5.534 8	5.334 9	4.967 6	4.638 9	4.343 6	4.077 6	3.837 2
9	8.566 0	8.162 2	7.786 1	7.435 3	7.107 8	6.801 7	6.515 2	6.246 9	5.995 2	5.759 0	5.328 2	4.946 4	4.606 5	4.303 0	4.031 0
10	9.471 3	8.982 6	8.530 2	8.110 9	7.721 7	7.360 1	7.023 6	6.710 1	6.417 7	6.144 6	5.650 2	5.216 1	4.833 2	4.494 1	4.192 5
11	10.367 6	9.786 8	9.252 6	8.760 5	8.306 4	7.886 9	7.498 7	7.139 0	6.805 2	6.495 1	5.937 7	5.452 7	5.028 6	4.656 0	4.327 1
12	11.255 1	10.575 3	9.954 0	9.385 1	8.863 3	8.383 8	7.942 7	7.536 1	7.160 7	6.813 7	6.194 4	5.660 3	5.197 1	4.793 2	4.439 2
13	12.133 7	11.348 4	10.635 0	9.985 6	9.393 6	8.852 7	8.357 7	7.903 8	7.486 9	7.103 4	6.423 5	5.842 4	5.342 3	4.909 5	4.532 7
14	13.003 7	12.106 2	11.296 1	10.563 1	9.898 6	9.295 0	8.745 5	8.244 2	7.786 2	7.366 7	6.628 2	6.002 1	5.467 5	5.008 1	4.610 6
15	13.865 1	12.849 3	11.937 9	11.118 4	10.379 7	9.712 2	9.107 9	8.559 5	8.060 7	7.606 1	6.810 9	6.142 2	5.575 5	5.091 6	4.675 5
16	14.717 9	13.577 7	12.561 1	11.652 3	10.837 8	10.105 9	9.446 6	8.851 4	8.312 6	7.823 7	6.974 0	6.265 1	5.668 5	5.162 4	4.729 6
17	15.562 3	14.291 9	13.166 1	12.165 7	11.274 1	10.477 3	9.763 2	9.121 6	8.543 6	8.021 6	7.119 6	6.372 9	5.748 7	5.222 3	4.774 6
18	16.398 3	14.992 0	13.753 5	12.659 3	11.689 6	10.827 6	10.059 1	9.371 9	8.755 6	8.201 4	7.249 7	6.467 4	5.817 8	5.273 2	4.812 2
19	17.226 0	15.678 5	14.323 8	13.133 9	12.085 3	11.158 1	10.335 6	9.603 6	8.950 1	8.364 9	7.365 8	6.550 4	5.877 5	5.316 2	4.843 5
20	18.045 6	16.351 4	14.877 5	13.590 3	12.462 2	11.469 9	10.594 0	9.818 1	9.128 5	8.513 6	7.469 4	6.623 1	5.928 8	5.352 7	4.869 6